Tim Alexander Herberger (Hrsg.)

Die Digitalisierung und die Digitale Transformation der Finanzwirtschaft

Tectum Verlag

Tim Alexander Herberger (Hrsg.)
Die Digitalisierung und die Digitale Transformation der Finanzwirtschaft

ISBN 978-3-8288-4345-5
eBook 978-3-8288-7296-7

Printed in Germany

Informationen zum Verlagsprogramm finden Sie unter
www.tectum-verlag.de

Bibliografische Informationen der Deutschen Nationalbibliothek
Die Deutsche Nationalbibliothek verzeichnet diese Publikation in der Deutschen Nationalbibliografie; detaillierte bibliografische Angaben sind im Internet über http://dnb.ddb.de abrufbar.

Bibliographic information published by the Deutsche Nationalbibliothek
The Deutsche Nationalbibliothek lists this publication in the Deutsche Nationalbibliografie; detailed bibliographic data are available online at http://dnb.ddb.de.

Tim Alexander Herberger (Hrsg.)

Die Digitalisierung und die Digitale Transformation der Finanzwirtschaft

Vorwort

„Wie können der Schwarm und Roboter Anlageentscheidungen für mich treffen?“

„Was sind Mobile und Instant Payment-Lösungen?“

„Wie hängt Big Data mit meiner Kreditwürdigkeit zusammen?“

„Welche Rolle kann die Blockchain in der Finanzwelt von Morgen spielen?“

„Sind FinTechs eine Disruption innerhalb der Finanzindustrie?“

Solchen exemplarisch ausgewählten Fragestellungen begegnet man regelmäßig in der öffentlichen Diskussion in der Schnittmenge zwischen Finanzwirtschaft, Digitalisierung und Digitalen Transformation. Ohne Frage bringen die Digitalisierung, verstanden als konkrete Umstellung von analog hin zu digital, und die Digitale Transformation, verstanden als Implementierungsprozess eben jener Umstellung, zahlreiche Veränderungen am Dienstleistungsangebot in der Finanzwirtschaft mit sich. Dies bedeutet für jeden einzelnen Akteur mit seiner individuellen Motivations- und Interessenslage, dass sowohl Chancen als auch Risiken in zahlreichen konkreten finanzwirtschaftlichen Entscheidungssituationen aus der Digitalisierung und Digitalen Transformation resultieren können, die sich auch in der individuellen ökonomischen Bewertung digitaler Geschäftsmodelle in der Finanzwirtschaft widerspiegeln.

Es wird jedoch in der Diskussion nicht selten übersehen, dass wir aktuell zwar in der Finanzwirtschaft zumindest neu erscheinenden technologischen Entwicklungen und Angeboten begegnen (z.B. Blockchain, Crowdfunding, Social Trading, digitale Zahlungssysteme), aber die Digitalisierung und Digitale Transformation der Finanzwirtschaft schon seit ca. 25 Jahren in vollem Gange ist (z.B. computergestützte Überweisungssysteme; Girokarten; Tele- und Online-Banking). Es stellt sich daher die Frage, welche als neuartig erscheinenden digitalen Geschäftsmodelle in der Finanzwirtschaft

(Stichwort: FinTech) stellen wirklich disruptive Innovationen dar, wie sie zum Teil von den Anbietern auch als solche gegenüber (potenziellen) Kunden beworben werden. Haben diese Geschäfts-modelle das Potential, die Finanzdienstleistungsbranche nachhaltig und substanziell verändern zu können, wodurch bereits etablierte Anbieter dazu bewegt werden könnten, ihre bisherigen Geschäftsmodelle – einschließlich der Preisstruktur – zu überdenken und in der Folge zu überarbeiten? Oder handelt sich bei den meisten dieser Geschäftsmodelle lediglich um "kleinere" Neuerungen innerhalb des bereits bekannten Spektrums an digitalen Finanzdienstleistungen und sind vielmehr Optimierungen einzelner Wertschöpfungsprozessschritte innerhalb der Finanzdienstleistungsbranche?

Durch diese Beitragssammlung wird ein breites Spektrum an Themenkreisen in diesem Kontext adressiert und reicht von durch die Digitalisierung und Digitalen Transformation ausgelösten Veränderungen im Dienstleistungsangebot der Finanz-, Versicherungs- und Immobilienindustrie, über den Einsatz innovativer Technologien zur möglichen Effizienzsteigerung auf Kapitalmärkten bis hin zur Analyse, ob bildungspolitisch und regulierungsseitig weiterer Handlungsbedarf aufgrund der sich im Gang befindlichen Veränderungen in der Finanzwirtschaft besteht. Neben deskriptiven und erklärenden Elementen zu einzelnen „neuen“ Technologien in den einzelnen Beiträgen, stehen grundsätzlich jeweils auch eine perspektivenorientierte Herangehensweise in der ökonomischen Bewertung der einzelnen Technologien im Analysefokus.

Der Sammelband berücksichtigt ausgewählte Forschungsarbeiten, die auf Grundlage studentischer Forschung zum Thema Digitalisierung und Digitale Transformation in der Finanzwirtschaft an der Zeppelin Universität in Friedrichshafen sowie im Zusammenhang mit Forschungsarbeiten an der Otto-Friedrich-Universität Bamberg und dem dortigen Lehrstuhl für Betriebswirtschaftslehre, insb. Finanzwirtschaft, entstanden sind. Die Arbeiten wurden im Rahmen von Workshops im Frühjahr 2019 oder auf internationalen Fachtagungen vorgestellt und in den dortigen Auditorien diskutiert.

Mein größter Dank gilt den Autoren der einzelnen Beiträge, die diesen Sammelband durch ihre Forschungsarbeit erst ermöglicht haben sowie den verschiedenen Diskutanten in den jeweiligen Auditorien, die mit ihrem Feedback und fachlichen Input die Arbeiten inhaltlich bereichert haben.

Ferner möchte ich herzlich Frau Anika Rehder und Frau Dr. Isabell Häcker-Kruck in deren Rolle als Programmdirektorinnen der betriebswirtschaftlichen Studiengänge an der Zeppelin Universität für ihre Unterstützung im Rahmen dieses Projekt danken. Zudem möchte ich Frau Silke Bengel sowie Herrn Tim Bronner meinen Dank für die administrative Abwicklung mit dem Verlag sowie der redaktionellen Unterstützung beim Erstellen der Druckvorlage aussprechen.

Der Zeppelin Universität sowie dem Dr. Theo und Friedl Schöller Forschungszentrum für Wirtschaft und Gesellschaft an der Friedrich-Alexander-Universität Erlangen-Nürnberg danke ich ganz besonders für deren finanzielles Engagement beim Gelingen dieses Projektes.

Budapest, im Oktober 2019 *Dr. Tim Alexander Herberger*

Inhalt

Brauchen wir in Zeiten der weiter voranschreitenden Digitalisierung der Finanzwirtschaft auch eine Financial Literacy „4.0“? Eine ökonomische Analyse aus Sicht verschiedener Verbrauchertypen

Jakob Viefers[a]*

Key Words: FinTech; Digitalization; Financial Literacy

Inhaltsübersicht:

[a]Research Student at Zeppelin University
*Please address correspondence to Jakob Viefers, Zeppelin University, Am Seemoser Horn 20, 88045 Friedrichshafen.

1 Einleitung

Durch den derzeitigen Koalitionsvertrag von SPD und CDU ist das Thema einer Grundrente wieder öffentlich präsent und wird vielseitig thematisiert, da eine solche Grundrente die finanzielle Sicherheit für Arbeitnehmer gewährleisten und Altersarmut vorbeugen würde.[1] In dieser öffentlichen Diskussion geht es vor allem um das Thema der Gerechtigkeit und darum, ob die Grundrente als ökonomisch sinnvoll anzusehen ist.[2] Es stellt sich unabhängig davon allerdings auch die Frage, ob Menschen die Angst vor der Altersarmut nicht auch durch andere Maßnahmen genommen werden kann.

Finanzdienstleistungen sind Vertrauensgüter, da der Nutzen für Verbraucher erst nach einigen Jahren absehbar bzw. eintreffend ist.[3] Dies wird besonders durch die immer stärkere Interdisziplinarität in Bezug auf die Digitalisierung und die Finanzwelt verstärkt, weshalb die Idee der Financial Literacy im Rahmen des digitalen Wandels überdacht werden sollte. Die von Oehler vorgestellte Meta-Bildung mag dem Verbraucher zwar in den ersten Zügen helfen, jedoch wird der durchschnittliche Verbraucher am vielfältigen Informations- und Entscheidungsangebot keine effizienten Entscheidungen treffen können.[4] Dies liegt oft daran, dass die Financial Literacy generell unzureichend ist.[5] Es scheint also, als würde der Grundstein für eine Financial Literacy 4.0 fehlen, jedoch wird im Folgenden gezeigt, dass die Kundenbetreuung und die Anwendungen durch die digitale Transformation im Finanzsektor für den Verbraucher immer individualisierter und einfacher gestaltet werden, was zu einer erhöhten Nutzerfreundlichkeit führt und somit ein geringeres Grundwissen voraussetzt.

In dieser Arbeit soll evaluiert werden, ob eine Financial Literacy 4.0, also eine Bildung in Bezug auf die immer weiter digitalisierte Finanzwelt, nötig ist oder ob diese aufgrund der wachsenden Vernetzung hinfällig wird und es den

[1] Vgl. Thelen 2019.

[2] Vgl. FAZ 2019.

[3] Vgl. Oehler 2012.

[4] Vgl. Oehler 2013.

[5] Vgl. Schlösser et al. 2011, 21-03, Lusardi et al. 2010, 358-380, Fischer/Wagner 2016.

Verbrauchern genügt, auf Regularien und Gesetze zu vertrauen. Diese Fragestellung soll im Rahmen einer ökonomischen Analyse aus Sicht verschiedener Verbrauchertypen behandelt werden.

Die Arbeit ist wie folgt aufgebaut: In Kapitel 2 werden die theoretischen Grundlagen in Bezug auf Financial Literacy 4.0 erklärt. Hierbei wird im ersten Teil eine ausführliche Definition der Financial Literacy, die Daseinsberechtigung des Namenszusatzes „4.0" durch einen Einblick in die Digitalisierung der Finanzwelt sowie die Ziele und der Status quo der Financial Literacy 4.0 vorgestellt. Im Anschluss werden die von Micklitz et al. (2010) etablierten Verbrauchertypen definiert und vom vorherrschenden Bild des mündigen Verbrauchers differenziert. In Kapitel 3 wird mithilfe des „Kanon der finanziellen Allgemeinbildung" von Habschick et al. (2004) eine Analyse anhand der vorher definierten Verbrauchertypen in Bezug auf die Financial Literacy 4.0 durchgeführt. In Kapitel 4 wird die Arbeit zusammenfassend dargestellt.

2 Theoretische Grundlagen

2.1 Financial Literacy 4.0

2.1.1 Definition

Der Begriff Literacy wird vom Oxford Dictionary (2019) als die Fähigkeit des Lesens und Schreibens einer Person definiert.[6] Kirsch et al. (2001) zählten zusätzlich die Fähigkeit, gesellschaftliche Informationen zum Erreichen eines Ziels zu verarbeiten, um so das eigene Wissen und die eigenen Kompetenzen zu verbessern.[7] In Bezug auf Financial Literacy bedeutet dies, dass Personen erlerntes Finanzwissen und finanzspezifische Informationen nutzen können.[8] Zur Financial Literacy gehören dementsprechend zwei aufeinander aufbauende Dimensionen: Die Wissens-Dimension (Knowledge Dimension bzw. Financial Knowledge) sowie die Anwendungs-Dimension (Application Dimension bzw. Financial Capability).[9] Dieser Grundgedanke der Financial Literacy wird in Abbildung 1 dargestellt.

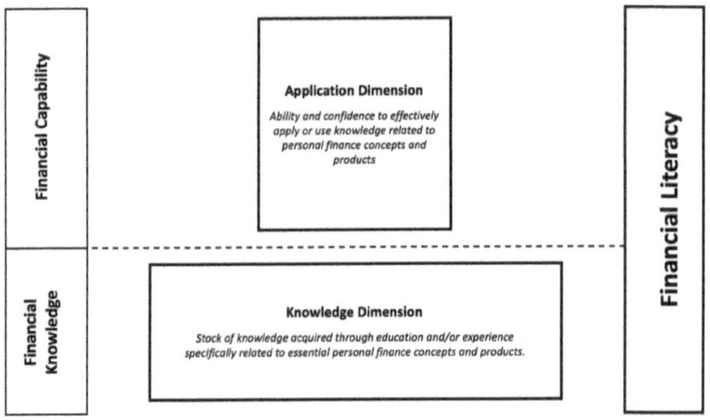

Abbildung 1: Eigene Darstellung nach Huston (2010)

[6] Vgl. Oxford Dictionary 2019.
[7] Vgl. Kirsch et al. 2001.
[8] Vgl. Kenning et al. 2017, Schlösser et al. 2011, Habschick et al. 2004.
[9] Vgl. Huston 2010, 296-316.

Es muss zwischen der Anwendung, dem Wissen sowie der übergeordneten Financial Literacy unterschieden werden. Financial Knowledge bezieht sich lediglich auf die Grundlagen des Finanzwissens, welche in der Regel durch schulische oder häusliche Erziehung erlangt werden.[10] Dass diese finanzielle Grundbildung nötig ist, zeigt die Untersuchung von Schürkmann & Schuhen (2013), welche deutliche Fehler der teilnehmenden Schüler in Bezug auf Finanzbegriffe und das Nutzen eines Onlinerechners für Ratenzahlungen darlegte.[11] Somit wurde der Unterschied zwischen Financial Knowledge und Financial Capability verdeutlicht. Financial Literacy ist also „eine Kombination aus Bewusstsein, Wissen, Fähigkeiten, Einstellungen und Verhaltensweisen, die notwendig sind, um solide finanzielle Entscheidungen zu treffen und letztendlich das individuelle finanzielle Wohlergehen zu erreichen".[12]

Der Zusatz „4.0" ist ursprünglich durch den Begriff Industrie 4.0 geprägt, welcher für die vierte industrielle Revolution steht und sich auf die Flexibilität, die Vernetzung sowie die Automatisierung, also auf eine technologische Revolution bezieht.[13] In der Finanzbranche handelt es sich zwar nicht um eine vierte Revolution, dennoch kann aufgrund der erhöhten Vernetzung und Automatisierung der Zusatz „4.0" als zutreffend beschrieben werden.[14] Wie sich die Digitalisierung auf die Finanzwelt und Verbraucher auswirkt, soll im folgenden Abschnitt dargestellt werden.

2.1.2 Digitalisierung der Finanzwelt

Die Digitalisierung in der Finanzwelt beschreibt die Veränderung der Regularien, der Vernetzung sowie der Struktur aufgrund der andauernden Fortschritte im IT-Bereich.[15] Es kommt vor allem zu starken Veränderungen in Bezug auf Kundenbeziehungen, Vertriebs- und Kommunikationskanäle sowie Kundensegmentierung.[16]

---

[10] Vgl. Willis 2018.
[11] Vgl. Schürkmann/Schuhen 2013, 73-89.
[12] OECD 2011, 3.
[13] Vgl. Barthelmäs et al., 2017, 33-56.
[14] Vgl. Brühl 2018, 3-12.
[15] Vgl. Kahin 2016, Sharokhi 2008, 365-398.
[16] Vgl. Schmidt/Drews 2016, 967-978.

Die Kundenbeziehungen verändern sich dadurch, dass vermehrt personalisierte Angebote nachgefragt werden, welche mithilfe von Big-Data Ansätzen auch von verschiedenen Institutionen angeboten werden. Das Kundenerlebnis steht hierbei im Vordergrund. Das bedeutet konkret, dass Kunden die bestehenden Services hinterfragen und somit eine Veränderung der (Kosten-)Erwartungen durchlaufen wird.[17] Dies kann jedoch auch als Chance gesehen werden, da durch die personalisierten Angebote die Kundentreue erhöht und somit die gesamte Struktur der Kundenbeziehungen nachhaltig verstärkt werden kann.[18] Zudem sollten Kunden besser digital involviert und bedient werden sowie durch eine funktionale, personalisierte App an das Unternehmen gebunden werden. Die Rendite, welche für Finanzinstitute aufgrund der niedrigen Zinsen verloren geht, kann so durch entgeltliche Dienstleistungen aufgefangen werden.[19]

Die Kanäle wandern von der analogen in die digitale Welt. Dadurch ist eine erhöhte Vernetzung von stationären sowie mobilen Technologien möglich, was zu einer intensivierten Kommunikation zwischen Kunden und Unternehmen führt.[20] Große Teile des Privatkundengeschäfts sind heutzutage bereits digital, wodurch Kosteneinsparungen im Filialbetrieb erzielt werden konnten.[21] [22] Als Verknüpfung der digitalen Wandlungen sowie der erhöhten Kommunikation werden heutzutage vermehrt digitale Assistenzsysteme eingesetzt, wodurch der Weg für ein Direktbankensystem geebnet wird.[23] Innerhalb dieser Kommunikation gilt zu beachten, dass vor allem jüngere, gut verdienende Kunden (sog. Young Professionals) als hybride Kunden angesehen werden sollten. Diese wollen sowohl analoge als auch digitale Zugangswege nutzen, wobei Beratungen in der Regel analog und der Vertragsabschluss oder

---

17 Vgl. Forest/Rose 2015.

18 Vgl. Bain/Company 2014.

19 Vgl. Accenture 2016.

20 Vgl. Carl/Enzweiler 2014.

21 Vgl. Baxter/Vater 2014, Schwartz et al. 2017, 181.

22 Seit 2000 wurden insgesamt rund 10200 Filialen geschlossen; Tendenz steigend (Schwartz et al., 2017).

23 Vgl. Baxter/Vater 2014, Carl/Enzweiler 2014.

der Erwerb von Finanzdienstleistungen bzw. -produkten digital abgeschlossen wird.[24]

Dass Young Professionals als solche, nämlich vor allem als interessante und rentable Kunden wahrgenommen werden, wird durch eine bedeutungsvollere Kundensegmentierung erreicht, welche aufgrund der Digitalisierung im Fokus der Finanzindustrie stehen sollte.[25] Diese Segmentierung soll ebenfalls die langfristige Bindung der Kunden ans Unternehmen erhöhen und zusätzlich grundlegende Kundenwünsche durch individualisierte Angebote erfüllen.[26]

Zusätzlich werden durch die Digitalisierung weitere Dimensionen der Servicequalität offengelegt und somit für Unternehmen nutzbar gemacht, was auch zu erhöhten Serviceleistungen gegenüber den Kunden und somit einer positiven Kundenbindung führt. So kann sich der Kunde bereits selbst umfassend über Finanzprodukte und -dienstleistungen im Internet informieren. Dennoch benötigen viele Kunden vor allem personalisierte Detailinformationen in verschiedenen Bereichen.[27] Wie bereits erwähnt, steht vor allem das Kundenerlebnis in Bezug auf Vertrauen und Service im Vordergrund der digitalisierten Finanzwelt. Dies soll vor allem durch sog. Algo-Banking, Mobile Payment, BigData-Ansätze sowie technische Veränderungen der Systeme erzielt werden.[28] Das Algo-Banking ist maßgebend für die Entwicklung von Markt zu kundenspezifischen Informationen, während Mobile Payment eine vor allem bequeme und sichere Zahlungsmöglichkeit für den Endverbraucher darstellt.[29] Diese beiden Instrumente können erhebliche Datenmengen erfassen, welche durch fundierte Analysen zu höchst-personalisierten Daten führen und somit eine verstärkte Kundenbindung, aufgrund der angepassten Produkte sowie Lösungen, zur Folge haben können. Auf diesem Weg zur einheitlichen Digitalisierungs- und Personalisierungs-Strategie der Finanzinstitute müssen Unternehmen vor

---

[24] Vgl. Naujoks et al. 2014, Reiter et al. 2014, 61-84.
[25] Vgl. Bain/Company 2014.
[26] Vgl. Jahn/Pfeiffer 2014, 79-93.
[27] Vgl. Reiter et al. 2014, 61-84.
[28] Vgl. Dapp et al. 2014.
[29] Vgl. Oehler 2017a, 69-80.

allem hohen Wert auf glaubhafte IT-Sicherheit und Diskretion legen.[30]

Die Sicherheit der Endnutzer sowie die Sicherheit der Daten spielt in allen digitalisierten Bereichen eine große Rolle. Es muss für den Kunden deutlich gemacht werden, welche Rechte dieser hat sowie welche Regeln und Datenschutzrichtlinien vorhanden sind.[31] Diese erhöhte Bedeutung von Datenschutz und Sicherheit haben zur Folge, dass eine hinreichende Transparenz der genutzten Daten sowie eine Auskunftmöglichkeit für Konsumenten bestehen muss, um einer erhöhten Überwachung wie sie u.A. in China zu beobachten ist, zu entgehen.[32] Ein großer Vorteil der Digitalisierung hingegen ist die Einsparung in Bezug auf die Transaktionskosten. So werden nicht nur die Zeit, Reichweite sowie die Speicherbarkeit von Datentransfers revolutioniert. Die Menge der verfügbaren Informationen nimmt erheblich zu, was zu Vorteilen in der gesamten Datenverarbeitung sowie Umbrüchen der Schutzmechanismen für Konsumenten führt.[33] Diese benötigen nicht mehr lediglich analoge, sondern ebenfalls, parallel dazu laufende, digitale Absicherungen und Schutzmaßnahmen.[34]

2.1.3 Ziele

Financial Literacy wurde von Willis (2018) in vier Konstrukte zusammengefasst. Das erste ist die Fähigkeit dazu, mit Geld umgehen zu können, und entspricht der traditionellen Sicht der Financial Literacy. Diese Fähigkeit kann laut Willis (2018) nicht gelehrt werden, sondern bedarf den Erfahrungswerten der jeweiligen Person.[35] Als zweites Konstrukt sieht er die Finanzbildung als Sozialisation, da Financial Literacy nicht nur von der Bildung sondern auch vom Selbstvertrauen, -beherrschung sowie vom Vertrauen in Andere der jeweiligen Verbraucher abhängig ist. Es ist also kein technisches, sondern ein kulturell definiertes Konstrukt. Als drittes wird die Financial Literacy ohne finanzielle Ressourcen abgebildet. So bringt

30 Vgl. Dapp et al. 2014.
31 Vgl. PwC 2018.
32 Vgl. Oehler 2017a, 69-80, Müller/Welpe 2017, 261-277, Ping 2001, 1.
33 Vgl. Oehler 2017a, 69-80.
34 Vgl. Müller/Welpe 2017, 261-277.
35 Vgl. Willis 2018.

einer nicht-vermögenden Person eine Financial Literacy nichts, da ohne Vermögen bzw. ohne Geld kein nennenswertes Vermögen aufgebaut werden kann und somit eine Verringerung der Vermögensungleichheit alleinig durch Financial Literacy nicht möglich ist. Als viertes und letztes Konstrukt wird die Finanzbildung als Allheilmittel dargestellt, was bereits durch das dritte Konstrukt verneint werden konnte. In der Literatur hingegen wird Financial Literacy dennoch als Lösung für finanzielle Probleme dargestellt: Financial Literacy soll sowohl in armen als auch reichen Ländern die geringen Ersparnisse und Schuldendefizite verbessern und ausgleichen. Ebenfalls kann fehlende Financial Literacy laut Willis (2018) nicht als Grund für Finanzkrisen gesehen werden, da Mitarbeiter der großen Finanzinstitutionen, die für die Krise 2008/2009 verantwortlich waren, in der Regel gute bis sehr gute Abschlüsse von renommierten Universitäten haben und somit das Gegenteil von Financial Illiteracy darstellen.[36] Es seien hingegen die menschliche Gier, fehlende Geldpolitik sowie unzureichende Regulierungen als Gründe für eine solche Krise festzumachen.

Da in dieser Arbeit jedoch eine ökonomische Analyse aus Sicht verschiedener Verbrauchertypen dargestellt werden soll, benötigt es nachvollziehbare, in der Praxis anwendbare Ziele der Financial Literacy, welche durch Schlösser et al. (2011) zusammengefasst wurden. Sie stellten vier Kernbereiche der Financial Literacy vor, welche allerdings nicht vollständig differenzierbar sind. So ist der erste Kernbereich die Möglichkeit zur Vermögensbildung. Das bedeutet, Konsum in der Gegenwart zu reduzieren und dadurch in der Zukunft einen erhöhten Konsum wahrnehmen zu können. Vermögen dient nicht nur der zukünftigen Absicherung, sondern auch dem Generieren von potentiellen Einkommensquellen, z.B. durch Zinsen, Mieteinnahmen oder Dividenden, wobei hier erneut das Rendite-Risiko-Verhältnis beachtet werden sollte. Ebenfalls eine zeitliche Entkopplung von Konsum und Einkommen bildet der zweite Kernbereich der Financial Literacy, nämlich mit Verschuldung umzugehen. Es geht also darum, zukünftigen Konsum aufgrund des heutigen zu verringern. Hierbei wird vor allem von jungen Menschen das Risiko der Verschuldung unterschätzt, da oftmals keine Abwägung der Vor- und Nachteile im

---

[36] Vgl. Willis 2018.

Vergleich zum Barkauf in Betracht gezogen werden.[37] Zur Minimierung von Einzel- und Familienrisiken muss der dritte Kernbereich, nämlich das Versichern, angewandt werden können. So sollte ein Individuum in der Lage sein, seine täglichen Risiken zu beschreiben und sich damit auseinderzusetzen. Dies dient der Abwägung, in welchem Maße Versicherungen abgeschlossen werden sollten und ob eine Unter- oder auch Überversicherung besteht. Der vierte Kernbereich ist der tägliche Umgang mit Geld. Dazu dient die Erstellung eines Haushaltsbuchs, die Gegenüberstellung von Einnahmen und Ausgaben sowie die Verwaltung und permanente Kontrolle des Girokontos.

Eine leicht differenzierte Ansicht wurde von Habschick et al. (2004) vorgestellt. Sie bezogen sich nicht auf lediglich vier, sondern fünf Kompetenzen, die miteinander im Einklang stehen, und stellen im "Kanon der finanziellen Allgemeinbildung" einen Leitfaden für Verbraucher vor.[38] Anhand dieses Leitfadens kann sich jede Person darüber bewusstwerden, ob sie im Sinne der Financial Literacy handelt und falls nein, wo Verbesserungen nötig sind. Dieser Leitfaden wird später in der ökonomischen Analyse verwendet. Die fünf Kompetenzen beziehen sich auf das Verständnis von Geld, Geld-Management, Umgang mit Lebensrisiken, Vermögensaufbau und Altersvorsorge sowie das Leihen von Geld. Beim Verständnis von Geld geht es darum, sich seine eigene finanzielle Situation sowie die ökonomischen und gesamtwirtschaftlichen Grundmechanismen vor Augen zu halten und diese zu verstehen. Ebenfalls ist wichtig, die persönlichen Vorteile von Finanzdienstleistungen zu erfassen und auch anzuwenden. Beim Geld-Management handelt es sich vor allem um das Gleichgewicht der Einnahmen und Ausgaben sowie um ein Bewusstsein der alltäglichen Geldgeschäfte in Bezug auf deren Kosten und Zeitaufwand. Darunter fällt die Evaluierung der nötigen Zahlungsmittel ebenso wie die wirklich nötigen Bankverbindungen und Kreditkarten. Der Umgang mit Lebensrisiken verlangt eine Übersicht der notwendigen sowie nicht notwendigen Versicherungen, in dieser Arbeit vor allem in Bezug auf die digitale Welt. Bei Vermögensaufbau und Altersvorsorge kommen zusätzlich

---

[37] Vgl. Schlösser et al. 2011, 21-03.
[38] Vgl. Habschick et al. 2004.

zum bereits angesprochenen Vermögensaufbau vor allem auch die nötige und richtige Altersvorsoge für Individuen. Diese gilt als Grundlage für zukünftige finanzielle Gesundheit und kann aufgrund von mangelnden Informationen oder fehlerhafter Beratung zu starken finanziellen Einschränkungen im Alter führen (Oehler, 2017b).[39] Hierbei kann auf eine qualitative Beratung gesetzt werden, dennoch wird eine zunehmende Expertise der Verbraucher benötigt, um zum einen eine solche qualitative Beratung von einer nicht-qualitativen Beratung zu unterscheiden und zum anderen bei zunehmenden Informations- und Entscheidungssituationen die richtigen Entscheidungen zu treffen.[40] Dazu muss der Verbraucher in der fünften Kompetenz (Geld leihen) fähig sein, seinen eigenen zukünftigen finanziellen Rahmen abzustecken und somit aufkommenden Problemen, zum Beispiel durch Versicherungen, entgegenzuwirken.[41]

Durch den steigenden Grad der Digitalisierung in der Finanzbranche steigt ebenfalls der Bedarf nach einer individuellen Finanzplanung für Verbraucher. Diese Finanzplanung wird in der Regel durch eine beratende Instanz durchgeführt, jedoch zeigt sich immer mehr, dass Finanzberater oft nicht in der Lage sind, die richtigen Entscheidungen für ihre Kunden zu treffen. Der Kunde sollte sich also selbst die Möglichkeit offenhalten, zu entscheiden, wo und durch wen er sich Hilfe bei der Finanzplanung beschaffen.[42] Es sollte also ein Ziel der Financial Literacy sein, Verbrauchern diese Möglichkeit nahezubringen, da eine vollumfängliche Finanzausbildung, vor allem in Entwicklungsländern, noch nicht realisierbar erscheint.[43]

2.1.4 Status quo

Zur Darstellung des potenziellen Bedürfnisses nach Financial Literacy, soll nun der Status quo anhand verschiedener Arbeiten und Tests zum Thema Financial Literacy abgebildet werden. Hierbei gilt wieder zu beachten, dass manche Tests lediglich das Wissen oder die Fähigkeit der jeweiligen Testpersonen

[39] Vgl. Oehler 2017b, 191-210.
[40] Vgl. OECD 2009.
[41] Vgl. Habschick et al. 2004.
[42] Vgl. Oehler/Wilhelm-Oehler 2011, 32-58.
[43] Vgl. Kefela 2010, 205-212.

prüfen. Da laut Definition der Financial Literacy sowohl das Wissen als auch die Umsetzung relevant sind, werden beide Themenbereiche vorgestellt.

Lusardi & Mitchell (2007a,b) zeigten, dass ein Defizit bei der Altersvorsorge von Babyboomern zu beobachten und dieses Defizit auf fehlende Financial Literacy zurückzuführen ist.[44] [45] Die Hauptprobleme waren die generell fehlende Vertrautheit von Familien mit den grundlegenden ökonomischen Konzepten, fehlende Informationen zum Spar- und Anlageverhalten sowie zur Altersvorsorge. Es konnte zudem erkannt werden, dass verstärkt männliche Personen bzw. Jugendliche aus Haushalten mit geregeltem Einkommen und ohne Geldprobleme eine verbesserte Financial Literacy aufwiesen als andere.[46] Für Deutschland wurde dies ausführlich in einer Studie von Fischer & Wagner (2016) bewiesen.[47] Hierbei handelt es sich primär um das fehlende Verständnis der Rendite-Risiko-Abhängigkeit, was auf fehlendes Basiswissen zurückzuführen ist. Anhand einer Studie bezüglich Financial Literacy und der Vorhersage von Kapitalmärkten konnten Van Rooij et al. (2011) zeigen, dass oft Grundkenntnisse des Finanzwissens und der Konzepte vorhanden seien, fachspezifische Begriffe sowie das Kapitalmarktverhalten für viele nicht greifbar waren.[48] Dies führt zu einer Verringerung der Anlagen in Kapitalmärkten, die laut Oehler et al. (2019) für viele Leute zugänglich sein sollten, um finanziell fundierte Entscheidungen treffen zu können. Ebenfalls konnten die Autoren herausfinden, dass junge BWL-Studenten eine gute bis sehr gute Financial Literacy aufweisen und zukünftige Tests verstärkt auf die Anwendung des Grundwissens eingehen sollten.[49] Generell kann gesagt werden, dass besser ausgebildete Personen höhere Renditen bei der Kapitalanlage erzielen als andere, unabhängig von der spezifischen finanziellen Bildung.[50]

---

[44] Vgl. Lusardi/Mitchell 2007a, 205-224.
[45] Vgl. Lusardi/Mitchell 2007b, 35-44.
[46] Vgl. Schlösser et al. 2011, 21-03, Lusardi et al. 2010, 358-380.
[47] Vgl. Fischer/Wagner 2016.
[48] Vgl. Van Rooji 2011, 449-472.
[49] Vgl. Oehler et al. 2019, 37-42.
[50] Vgl. Bianchi 2018, 831-859.

In Bezug auf die Financial Literacy 4.0, also auf den Umgang mit der digitalisierten Finanzwelt, konnten bereits vereinzelte Ergebnisse aus Mittel- und Fernost gesammelt werden. So wurde ein generell erhöhtes Bewusstsein in Bezug auf digitale Finanzservices.[51] Zudem konnte eine erhöhte Integration von Individuen in den Finanzsektor beobachtet werden, da eine erhöhte Kommunikation und der vereinfachte Zugang zu mobilen Endgeräten nachgewiesen werden.[52] Abschließend kann gesagt werden, dass eine verstärkte Selbstständigkeit von Endnutzern zu einer erhöhten Nutzung der digitalen Finanzdienstleistungen und -angeboten führt und diese in Zukunft durch den Staat und durch Finanzinstitute weiterhin vermittelt werden.[53]

Ein Problem bei der Messung von Financial Literacy stellt die fehlende Standardisierung dar. So waren alle Tests auf verschiedene Schwerpunkte ausgelegt und sind somit schwer vergleichbar. Zudem wurden oft keine Kontrollgruppen gebildet sowie Tests mit einer fehlenden bzw. unklaren Definition von Financial Literacy durchgeführt.[54] Aus diesem Grund führte die OECD (2011) einen standardisierten Fragebogen ein, der für zukünftige Tests verwendet werden sollte. Zielsetzung war, dass so Referenzen in verschiedenen Ländern gebildet werden und verschiedene Länder miteinander verglichen werden können. Den Fragebogen stellten sie aus 18 bereits bestehenden Fragebögen nach einem ausführlichen Prüfverfahren zusammen.[55] Die erste, flächendeckende und ausführliche Auswertung dieses Fragebogens führten Atkinson & Messy (2012) durch. In diesem Test wurde sowohl das finanzielle Wissen, dessen Anwendung als auch das Finanzverhalten, somit also die gesamte Financial Literacy, getestet. Es wurde herausgefunden, dass vor allem in Sachen Diversifikation erhebliche Defizite in nahezu allen Ländern und Altersklassen zu beobachten waren. Ebenfalls wurde gezeigt, dass in jedem Land

---

[51] Vgl. Rai/Sharma 2019.
[52] Vgl. Shen et al. 2018.
[53] Vgl. Gabor/Brooks 2017, 423-436, Servon/Kaestner 2008, 271-305.
[54] Vgl. Huston 2010, 296-316.
[55] Vgl. OECD 2011.

erhebliche Verbesserungen in Bezug auf das finanzielle Grundwissen nötig sind.[56]

2.2 Verbrauchertypen

Der mündige Verbraucher wird zwar in vielen Rechtsprechungen berücksichtigt, ist heutzutage aber kaum noch als repräsentativer Verbraucher zu rechtfertigen.[57] Er weist verstärkte Parallelen zum Homo oeconomicus auf, was für Modellbildungen oder Grundsatzüberlegungen in akademischen Bereichen zwar Zuspruch findet, in der Realität und für Verbraucher in der digitalen Welt jedoch nicht anwendbar ist. Dies liegt vor allem daran, dass sich Verbraucher nicht ausschließlich auf ihren monetären, sondern auch auf den gesellschaftlichen Nutzen fokussieren.[58]

Mündigkeit, die dem durchschnittlichen Verbraucher zugeschrieben wird, bezieht sich darauf, dass sich dieser, genügend Informationen beschaffen und somit nutzenmaximierend und vor allem selbstverantwortlich entscheiden kann.[59] Die Frage bleibt, ob sich ein einzelner Verbraucher so ein omnipräsentes Wissen aneignen und vor allem nutzen kann. Verbraucher funktionieren deutlich weniger perfekt als im neoklassischen Modell angenommen wird. So besitzen diese Informationsasymmetrien und Unsicherheiten, weshalb eine Vereinfachung von Vertragsabschlüssen sowie eine Verringerung der Informationsdefizite durch Regularien erstrebenswert ist.[60] Zusätzlich wird die Entscheidungsfindung einzelner Individuen stark von der Menge vorhandener Informationen und Entscheidungsmöglichkeiten sowie von Fairness-Aspekten beeinflusst.[61] Solche Beeinflussungen erscheinen im neoklassischen Modell als irrational oder anormal, besitzen in der realen Welt hingegen eine erhebliche Bedeutung, weshalb vor allem die Bereiche der Institutionenökonomie, Behavioral

---

[56] Vgl. Atkinson/Messy 2012.

[57] Vgl. Oehler 2013.

[58] Vgl. Brandl 2012.

[59] Vgl. Oehler 2013.

[60] Vgl. Oehler 2013.

[61] Vgl. Oehler et al. 2019, 37-42, Oehler 2017a, 69-80, Brandl 2012. So wird im Ultimatum Game zum Beispiel Fairness und Unfairness belohnt respektive bestraft (Güth et al., 1982; Thaler, 1988).

Economics & Finance sowie Neuro Economics in der Untersuchung und Darstellung der folgenden Verbrauchertypen von Micklitz et al. (2010) berücksichtigt wurden.[62]

Vertrauende Verbraucher

Der vertrauende Verbraucher kann als Mehrheit der tatsächlichen Verbraucher gesehen werden. Dieser Verbraucher nimmt sich nur wenig Zeit für die Entscheidungsfindung. Eine Verbesserung der Kompetenzen wäre selbst durch eine verstärkte Ausbildung nur bedingt erreichbar. Finanzbildung würde nur langsam Wirkung zeigen, weshalb der vertrauende Verbraucher auf unabhängige und renommierte Institutionen angewiesen ist. Er benötigt einen vertrauenswürdigen Mindestschutz, da sein Schicksal nicht von seiner Finanz- und Verbraucherkompetenz abhängig sein darf. Ihm ist ein mittlerer Schutzbedarf zuzuschreiben.[63]

Verletzliche Verbraucher

Der verletzliche Verbraucher befindet sich an der Peripherie der Verbraucherpolitik und hat Schwierigkeiten die Herausforderungen des Alltags sowie der Lebensökonomie zu bewältigen. Zusätzlich fehlen Kompetenzen in Bezug auf Überschuldung, Krankheit oder Versorgungsarmut sowie die Fähigkeit mit diesen Problemen umzugehen. Für diese Verbrauchergruppe ist die derzeitige sozialpolitische Dimension nur wenig hilfreich, da kaum mit verbesserten Informationen und erhöhter Markttransparenz umgegangen werden kann. Es ist eine gezielte Förderung und Beratung nötig, um diese Art der Verbraucher an der Gesellschaft teilhaben zu lassen. Es ist ein hoher Schutzbedarf notwendig.[64]

Verantwortungsvolle Verbraucher

Den verantwortungsvollen Verbraucher stellt eine kleine, aber wachsende Gruppe von Konsumenten dar. Sein verantwortungsbewusstes Konsumhandeln begrenzt seine individuelle Konsumfreiheit und er fühlt sich verpflichtet, selbst mit begrenzten Kapazitäten, relevante Informationen einzuholen

---

[62] Vgl. Micklitz et al. 2010, Oehler 2013.
[63] Vgl. Pagel 2017.
[64] Vgl. Pagel 2017.

und diese zu teilen. Der verantwortungsvolle Verbraucher sehnt sich nach vermehrten und präziseren Informationen für eigene Entscheidungen und betrachtet auch ressourcenschonende sowie faire und soziale Bedingungen in der wirtschaftlichen Welt. Für diesen Verbraucher ist der geringste Schutzbedarf festzustellen.[65]

Abschließend ist zu erwähnen, dass sich die Verbrauchertypen nicht auf einzelne Personen oder Personengruppen, sondern vielmehr auf Personen in einzelnen Situationen oder Entscheidungen beziehen. Eine einzelne Person kann also alle drei Verbrauchertypen in verschiedenen Situationen abbilden. Des Weiteren ist in digitale bzw. nicht-digitale Verbraucher zu unterscheiden, da nicht jeder die Möglichkeit hat, sowohl in Bezug auf die Hardware als auch in der persönlichen Anpassung, mit der Digitalisierung und der damit verbundenen erhöhten Vernetzung mitzuhalten. Zudem sollten diese Verbraucherleitbilder nicht als Stigmatisierung verschiedener Gruppen, sondern vielmehr als Hilfe zur Entscheidungsfindung in verschiedenen Situationen genutzt werden.[66]

---

65 Vgl. Pagel 2017.

66 Vgl. Oehler/Reisch 2016.

3 Ökonomische Analyse aus Sicht der Verbrauchertypen

3.1 Methode

Im Folgenden sollen das finanzielle Grundwissen sowie die Anwendung der verschiedenen Verbrauchertypen mithilfe von Use-Cases dargestellt werden. Zusätzlich soll evaluiert werden, in welchem Rahmen das Bedürfnis nach Financial Literacy durch die Digitalisierung verändert wird. Als Grundlage dieser Untersuchung dienen die vorgestellten Verbrauchertypen von Micklitz et al. (2010) sowie der Leitfaden von Habschick et al. (2004). Für jeden Verbrauchertyp wird eine kurze Personifikation vorgestellt, um das Verständnis für die folgende Analyse zu erleichtern. Es gilt zu beachten, dass diese Analogien nur dazu dienen, ein Bild für den Leser und somit verständliche Verbrauchertypen darzustellen. Die von Micklitz et al. (2010) entwickelten Verbraucherleitbilder beziehen sich weiterhin auf einzelne Situationen, es wird also nur eine vereinfachte Darstellung dieser Gruppen in Bezug auf Finanzentscheidungen dargestellt. Diese Untersuchung wird zudem verstärkt auf die digitale Finanzwelt bezogen.

In Bezug auf den Finanzsektor besteht eine besondere Pflicht des Bundesministeriums der Justiz und des Bundesministeriums für Verbraucherschutz. Diese muss aktiv bei Verstößen gegen kollektive Verbraucherrechte vorgehen und erlässt Regularien, um Informationsasymmetrien zu verringern und somit einen verbesserten Wettbewerb sowie Chancengleichheit zu gewährleisten. Problematisch ist, dass es im Finanzbereich keine validen Möglichkeiten gibt, die Risiken von Finanzprodukten ex-ante zu erkennen, was die Regulierung in Bezug auf Rendite-Risiko-Erwartungen erheblich erschwert. Zudem sind diese Finanzprodukte oft zu komplex, als dass ein Verständnis der jeweiligen Verbrauchergruppen zu erwarten ist.[67] Abhilfe können durch Informations- und Vergleichsportale geschafft werden, wobei nicht für alle Verbraucher klar ist, wie sich diese finanzieren, nämlich häufig durch Provisionen.[68]

---

[67] Vgl. Grugel 2017, 51-66, Oehler 2017c, 279-293.
[68] Vgl. Grugel 2017, 51-66, Micklitz et al. 2010, Oehler 2016.

3.2 Vertrauende Verbraucher

Der vertrauende Verbraucher ist ein durchschnittlich intelligenter, internetaffiner Endnutzer, der keinerlei datenschutzrechtliche Grundkenntnisse hat. Er weiß sich zeitsparend zu helfen und ist in seiner Entscheidungsfindung vor allem auf eine schnelle Entscheidung fokussiert. Da er die Mehrheit der Bevölkerung repräsentiert (Micklitz et al., 2010), ist er in den meisten Kategorien (Einkommen, Familienstatus etc.) als Durchschnittsbürger einzuordnen.[69]

Er ist zwar in der Lage, aber oft nicht gewillt und zeitlich zu eingeschränkt sich seiner finanziellen Situation bewusst zu werden. Es benötigt eine gewisse Zeit, seine eigene finanzielle Lebenslage zu verstehen und dafür alle Daten zu sammeln. Diese sollten ihm auf einen Blick dargelegt werden, was im Zuge der Digitalisierung und mit der Einführung von PSD2 heutzutage möglich ist.[70] Fraglich bleibt, ob er die ökonomischen Grundmechanismen versteht, welche für ihn zutreffend sind. Für dieses Verständnis benötigt er eine finanzielle Grundausbildung, damit er auf der einen Seite weiß, welche Grundmechanismen es gibt, und auf der anderen Seite, wofür diese zutreffend sind. Das gleiche gilt für die gesamtwirtschaftlichen Rahmenbedingungen, die dieser Verbraucher zwar verstehen kann, er aber abgeneigt ist, diese wirklich zu erlernen und auch umzusetzen. Den Vorteil von Finanzdienstleistungen kann er aufgrund der vereinfachten Kommunikationsmöglichkeiten sowie aufgrund der vereinfachten Informationsbeschaffung erlernen, ihm fehlt jedoch in der Regel das Verständnis, gute von schlechten Informationen zu trennen.

Sofern er die Funktion des Geldes verstanden hat, sollte er auch in der Lage sein, dieses zu verwalten. Dazu muss er ein Gleichgewicht für seine Einnahmen und Ausgaben finden, was ihm aufgrund der heutzutage leichten Übersicht in mobilen Apps möglich ist.[71] Durch solche individualisierten Apps ist es ihm ebenfalls möglich, vereinfacht und zeiteffizient seine täglichen Geldgeschäfte zu kontrollieren.[72] Um herauszufinden,

---

69 Vgl. Grugel 2017, 51-66, Micklitz et al. 2010, Oehler 2016.

70 Vgl. Deutsche Bundesbank 2018a, Smolinski et al. 2017.

71 Vgl. Tennert 2017, 67-87.

72 Vgl. Witt/Mumm 2017, 795-807.

welche Konten bzw. Zahlungsmittel er benötigt, muss er zunächst nach seinen Präferenzen handeln (was irrational erscheinen kann) und zusätzlich Informationen über das Angebot sowie die damit verbundenen Kosten sammeln. Diese Entscheidungen trifft der vertrauende Verbraucher in der Regel nicht komplett durchdacht, was unnötige Kosten für den Verbraucher zur Folge hat.[73]

Den Umgang mit Lebensrisiken kann der vertrauende Verbraucher zwar einschätzen, ihm fehlt hier allerdings erneut der Wille, vollständige und valide Informationen zu sammeln, um mit diesen eine fundierte Entscheidung zu treffen. Er schließt zwar in der Regel Versicherungen ab, tendiert aber aufgrund des Vertrauens in Vergleichsportale sowie Berater zu einer Überversicherung.[74] Ebenfalls versteht dieser nicht komplett die Funktion seiner Versicherungen und somit auch nicht die damit verbundenen Vor- und Nachteile. Er würde also ein vereinfachtes Angebot und vor allem eine vereinfachte Beschreibung des Angebots benötigen. Durch FinTechs ist es ihm heutzutage möglich, individuelle Versicherungen abzuschließen.[75]

Beim Thema Vermögensaufbau und Altersvorsorge ist dem vertrauenden Verbraucher häufig nicht bewusst, wie diese aktuell abgedeckt werden bzw. inwiefern er sich bereits eine solche Vorsorge aufgebaut hat. Dies liegt vor allem an den immer komplexeren Angeboten und der vermehrt benötigten eigenständigen Entscheidung in Bezug auf die Altersvorsorge.[76] Ihm ist also nicht bewusst, ob und wie er diesen Vermögensaufbau intensivieren kann und ob er sich darüber überhaupt kümmern muss. Dies könnte ihm anhand einer App (z.B. Clark) vereinfacht dargestellt werden.[77] Er besitzt zwar das grundlegende Wissen und ist sich seiner Pflicht bewusst, in die Rentenkasse einzuzahlen, aber es fehlt ihm am weiteren Verständnis zu entscheiden, ob eine spezielle Altersvorsorge für ihn notwendig ist. Zudem hat er aufgrund des großen Angebots keine effiziente Entscheidungsfindung, in welche Anlagegüter er investieren soll. Durch die Digitalisierung vermehrt sich hier das

---

73 Vgl. Hagen 2013.
74 Vgl. Wandt 2017, 11, 246.
75 Vgl. Revolut 2019, Oswald et al. 2018, 11-34.
76 Vgl. Habschick et al. 2004.
77 Vgl. Tennert 2017, 67-87.

Angebot, wodurch der vertrauende Verbraucher nur noch unsicherer wird.

Da ihm in Bezug auf den Vermögensaufbau die Entscheidungskraft fehlt, tut er sich ebenfalls mit dem Leihen von Geld schwer. Er ist sich unsicher, wie viel Geld er leihen kann und ob dies überhaupt sinnvoll ist. Aufgrund seiner geringen Ersparnisse hat er zwar nicht die Möglichkeit eines Barkaufs, aber die wachsende Anzahl an Finanzierungsangeboten bzw. die Anzahl der potentiellen Kreditgeber und die verschiedenen Bezeichnungen der Zinsen und somit der Kosten eines solchen Kredites sind für ihn schwer zu verstehen. Er fühlt sich nicht in der Lage einen Onlinerechner für Kreditvergaben zu benutzen, da viele Grundbegriffe unbekannt sind.[78] Diese kann er mithilfe des Internets ohne großen Aufwand suchen womit der Kreditabschluss für ihn erleichtert wird. Zusätzlich kann er Informations- und Vergleichsportale benutzen, um somit den günstigsten Kredit zu finden. Unklar bleibt, welche versteckten Kosten für ihn anfallen und wo der Unterschied in der Gesetzgebung der jeweiligen Länder liegt.[79]

Es wird festgehalten, dass es dem vertrauenden Verbraucher möglich ist, sein Geld zu verstehen und zu managen. Dieser Prozess wird durch die Digitalisierung vereinfacht, wobei es in diesem Bereich einer besonderen Ausbildung bedarf, da er Schwierigkeiten damit hat, die großen Datenmengen an Informationen und Entscheidungsmöglichkeiten vernünftig zu evaluieren und umzusetzen. So spart er zwar Zeit in der Informationsbeschaffung, benötigt diese gewonnene Zeit allerdings um die Informationen zu verarbeiten. In Bezug auf seine Lebensrisiken benötigt er eine vereinfachte Darstellung, welche durch Apps zwar möglich ist, aber weiterhin weiterführende Informationen beachtet werden müssen, um diese zu verstehen. Seinen Vermögensaufbau und das damit verbundene Leihen von Geld kann er vereinfacht wahrnehmen. Er besitzt gewisse Grundkenntnisse und Fachbegriffe kann er sich zeitsparend aneignen, um so Onlineportale sowie -tools zu nutzen. Sein Problem bei der Nutzung des Internets ist das unbewusste Zahlen mit Daten. So wird der Verbraucher bei der Nutzung zwar auf Cookies und Datennutzung hingewiesen, dennoch ist

---

[78] Vgl. Schürkmann/Schuhen 2013, 73-89.

[79] Vgl. Oehler 2017c, 279-293; Oehler 2016.

er bereit in verschiedenen Vergleichsportalen seine Daten preiszugeben, um „kostenlose“ Angebote zu erhalten.

3.3 Verletzliche Verbraucher

Der verletzliche Verbraucher ist unterdurchschnittlich intelligent und armutsgefährdet. Er ist ebenfalls in einem nichtwohlhabenden Haushalt aufgewachsen und benötigt Financial Literacy in der Regel zur Absicherung und um seine monatlichen Ausgaben zu kontrollieren. Es fällt ihm aufgrund seines Alters schwer, am Arbeitsmarkt erfolgreich zu sein und besitzt zudem eine schlechte Altersabsicherung.[80] Er ist skeptisch gegenüber FinTechs und deren Innovationen, da er häufig schlechte Entscheidungen in Bezug mit solchen gemacht hat.[81]

Dieser Verbraucher hat seine finanzielle Situation in der Regel verstanden und ist sich bewusst, dass er sparsam leben muss. Dennoch ist er nicht in der Lage, ökonomische und gesamtwirtschaftliche Rahmenbedingungen zu verstehen und deren Einflüsse auf seine Finanzen zu erkennen. Zudem hat er keinen Nutzen von Finanzdienstleistungen, da er aufgrund seiner geringen Sparquote keinen Nutzen aus diesen erwirtschaften kann. Zudem hat er keine Möglichkeiten und kein Interesse sich finanzielles Wissen anzueignen.

Beim Geld-Management muss der verletzliche Verbraucher täglich auf seine Einnahmen und Ausgaben achten. Er bringt sonst wenig Zeit auf, um diese zu organisieren, beschränkt sich also, wenn überhaupt, auf eine Gegenüberstellung der Einnahmen und Ausgaben. Er besitzt in der Regel nur eine Bankverbindung und zahlt häufig Bar oder mit EC-Karte, da ihm das Vertrauen in die digitalen Produkte und Banken aufgrund historischer Fehlentscheidungen fehlt.[82] Er benutzt lediglich Online-Banking, um seinen Kontostand zu prüfen und um kleinere Überweisungen zu tätigen.[83]

In Bezug auf seine Lebensrisiken fehlt ihm häufig eine nötige Versicherung. Aufgrund der fehlenden finanziellen Grundbildung versteht der verletzliche Verbraucher nicht die positive sowie negative Tragweite von Versicherungen und

---

[80] Vgl. Piorkowsky 2014, 17-36.
[81] Vgl. Smolinski et al. 2017.
[82] Vgl. Fungacova et al. 2019, 452-476, De Cremer 2015.
[83] Vgl. Statista 2018.

verzichtet häufig auf diese, sofern sie nicht gesetzlich vorgeschrieben sind.[84] Er ist sich also seinen Risiken nicht bewusst und kann dementsprechend nicht evaluieren, ob und welche Versicherungen benötigt werden. Vermögensaufbau sowie Altersvorsorge sind aufgrund der geringen Sparquote nahezu nicht möglich. Der verletzliche Verbraucher wohnt in der Regel in einer Mietwohnung und besitzt kein sonstiges Vermögen. Dementsprechend interessiert er sich auch nicht für Geldanlage-Angebote oder eine spezielle Altersvorsorge. Das Ziel der Financial Literacy für den verletzlichen Verbraucher stellt nicht die Vermögensbildung, sondern vielmehr eine potentielle Angleichung der Vermögensungleichheit dar. Dass dies schwierig ist, zeigte bereits Willis (2018).[85]

Geld wird sich teilweise kurzfristig bei der Bank geliehen, ohne auf den dazugehörigen Zins bzw. die Kosten zu achten. Es wird lediglich auf den kurzfristigen Bedarf geachtet und nicht auf die Folgen einer solchen Kreditaufnahme. Dies kann zu einer Abwärtsspirale führen.[86] Aufgrund der kurzfristigen und undurchdachten Kreditaufnahme werden keine Angebote verglichen und somit auch die aufkommenden Probleme und Anpassungsmöglichkeiten nicht weiterverfolgt.

Es kann zusammenfassend gesagt werden, dass der verletzliche Verbraucher zwar seine finanzielle Situation versteht, allerdings kein Interesse daran besitzt, Grundkonzepte zu lernen oder zu verstehen und sich somit selbstständig mit den finanziellen Möglichkeiten und Informationen zu befassen. Er überprüft lediglich seine Einnahmen und Ausgaben via App, die sonst lediglich für Online-Banking genutzt wird. Er versteht zudem nicht die Folgen seiner Entscheidungen und informiert sich nicht genügend über eventuell benötigte Versicherungen und die Folgen einer Nicht-Versicherung. In Bezug auf Altersvorsorge und Vermögensaufbau ist er auf staatliche Pflichten angewiesen, da diese sonst vollständig außer Acht gelassen würden. Geld wird sich kurzfristig zum Begleichen von Rechnungen geliehen, ohne die Konditionen oder vergleichbare Angebote zu kontrollieren. Das generell fehlende Grundverständnis und das fehlende Vertrauen führen dazu, dass der

---

[84] Vgl. Toller 2017.
[85] Vgl. Willis 2018.
[86] Vgl. Brown et al. 2017, 85-96.

verletzliche Verbraucher durch Regularien und Einschränkungen der Finanzinstitute geschützt werden muss, da er selbstständig nicht in der Lage dazu ist. Das Angebot von Onlineportalen sowie -tools und FinTechs wird nicht genutzt.

3.4 Verantwortungsvolle Verbraucher

Der verantwortungsvolle Verbraucher ist überdurchschnittlich im Internet aktiv und teilt dort seine Erfahrungen und Erkenntnisgewinne.[87] Er ist durchschnittlich bis überdurchschnittlich intelligent und erhält ein entsprechendes Gehalt. Eine Personengruppe die dazu personifiziert werden kann sind die bereits angesprochenen Young Professionals.[88]

Für den verantwortungsvollen Verbraucher ist ein hohes Verständnis von Geld und den damit verbundenen Konzepten anzunehmen. Die Grundkonzepte sind aufgrund des guten Bildungsstandards bekannt und können in der Regel angewandt werden. Sollten Begriffe oder Konzepte nicht bekannt sein, werden diese durch eine Internetrecherche erlernt. Durch den Zugang zu sämtlichen Portalen und Internetseiten verbucht diese Verbrauchergruppe eine erhebliche Zeiteinsparung bei der Informationsbeschaffung. Aufgrund des Grundwissens tut sich der verantwortungsvolle Verbraucher leichter beim Finden von Lösungen, da er spezifischer suchen kann. Finanzdienstleistungen nimmt er meist online in Anspruch, in der Regel nachdem er sich persönlich hat beraten lassen, um spezifische Fragestellungen zu klären.[89]

Das Geld-Management wird mithilfe einer App durchgeführt.[90] So hat er einen guten Überblick über Einnahmen und Ausgaben und einen geringen täglichen Zeitaufwand. Er ist sich zusätzlich dessen bewusst, welche Vor- und Nachteile gewisse Bankverbindungen und Zahlungsmöglichkeiten haben, weshalb er zwar mehrere, aber nicht zu viele besitzt.[91] Versicherungen besitzt diese Verbrauchergruppe aufgrund der hohen Informationen in ausreichendem Maße. Personen dieser Verbrauchergruppe tendieren zur Überversicherung, da sie

---

[87] Vgl. Micklitz et al. 2010.

[88] Vgl. Naujoks et al. 2014, Reiter et al. 2014, 61-84.

[89] Vgl. Naujoks et al. 2014, Reiter et al. 2014, 61-84.

[90] Vgl. Tennert 2017, 67-87, Smolinski et al. 2017.

[91] Vgl. Statista 2019, Deutsche Bundesbank 2018b.

sich in der Regel risikoaffin verhalten und somit durch verstärkte Werbungen von Apps und online Versicherungsanbietern zum Abschluss gedrängt werden.[92] Sie kennen in der Regel ihre Versicherungen und deren Funktion, können aber in bestimmten Situationen nicht auf alle Details der Versicherung zurückgreifen, weshalb es, ähnlich wie beim vertrauenden Verbraucher, zu Überversicherungen kommen kann.

Im Thema Vermögensaufbau und Altersvorsorge ist der verantwortungsvolle Verbraucher gut aufgestellt. So hat er in der Regel eine zusätzliche Altersvorsorge und besitzt ein moderates Vermögen, meistens in Form seiner eigenen Immobilie.[93] Er kümmert sich zudem sehr stark um seinen Vermögensaufbau und legt sein Geld zielgerichtet und gut informiert an. Er nutzt ein breites Spektrum des Geldanlage-Angebots und diversifiziert sich entsprechend.[94] Für all diese Zwecke nutzt er zusätzlich das Internet, da er so leichter Investitionsmöglichkeiten ausfindig machen kann.

Mit dem Leihen von Geld geht er ähnlich wie mit dem Vermögensaufbau um. Er informiert sich verstärkt über das Internet und vergleicht mithilfe von Portalen und Onlinetools die Angebote und auch die damit verbundenen Kosten. Er ist sich außerdem darüber bewusst, welche Kredite er sich leisten kann und welche wirklich nötig sind. Er achtet auch auf besondere Spezifikationen, wie z.B. Sondertilgungen.[95]

Der verantwortungsvolle Verbraucher ist also in allen Bereichen sehr gut informiert bzw. in der Lage, sich selbstständig und ausführlich zu spezifischen Themen gezielt Informationen zu suchen. Er versteht seine eigene finanzielle Lage sowie die Grundkonzepte der Kapitalmärkte, da er diese in der Regel zur Geldanlage nutzt. Somit ist ihm auch beim Geld- und Vermögensmanagement der Diversifizierungsvorteil bewusst und nutzt diesen. Er sichert sich zusätzlich durch Versicherungen ab und tendiert eher zur Über- als zur Unterversicherung. Geld leiht er sich in Bezug zum Vermögensaufbau und informiert sich in beiden Bereichen ausführlich vor Vertragsabschluss. Er profitiert am stärksten von der Digitalisierung sowie dem

---

[92] Vgl. Deloitte 2015, vbw, 2017.
[93] Vgl. Zwanzger 2017.
[94] Vgl. Von Gaudecker 2015, 489-507.
[95] Vgl. Noosten 2015, 39-56.

erhöhten Informationsangebot, da er sich die Zeit nimmt dieses zu nutzen. Dadurch erlangt er Wissen, welches analog schwieriger und vor allem nur mit deutlich höherem Zeitaufwand zu beschaffen wäre.

3.5 Diskussion

Es wurde gezeigt, dass vor allem für den verantwortungsvollen Verbraucher eine erhebliche Vereinfachung und Zeitersparnis durch entsprechende Apps erzielt werden kann. Dies liegt hauptsächlich daran, dass bereits ein fundiertes Grundwissen besteht bzw. er die Möglichkeit und Bereitschaft besitzt, sich dieses anzueignen, und so deutlich effektiver Informationen verarbeiten und somit effizientere Entscheidungen treffen kann. Diese Bereitschaft fehlt dem vertrauenden Verbraucher. Bei diesem ist zwar eine erhöhte Vereinfachung durch die Digitalisierung zu beobachten, dennoch wird lediglich eine moderate Zeitersparnis erreicht. Durch das Internet ist die Informationsbeschaffung zwar vereinfacht und somit eine Zeitersparnis gegeben, jedoch wird aufgrund der Masse an Informationen ein erheblicher Anteil der geringen Zeit des vertrauenden Verbrauchers für die Analyse und Beurteilung dieser Daten benötigt. Somit könnte er theoretisch zwar effizientere Entscheidungen treffen, hat aber Schwierigkeiten mit den Datenmengen umzugehen. Zusätzlich hat er Probleme, digitale von analogen Angeboten zu unterscheiden und sich versteckter Kosten bewusst zu werden.[96] Der verletzliche Verbraucher macht kaum Gebrauch vom digitalen Angebot, da ihm in der Regel die finanzielle Entscheidungsfreiheit aufgrund von fehlendem Vermögen und der geringen Sparquote fehlt. Somit ist zwar eine geringe Vereinfachung durch individualisierte Apps gegeben, eine Zeitersparnis jedoch so gut wie gar nicht vorhanden. Dies liegt primär an der fehlenden Bereitschaft, die Vorteile der verschiedenen Angebote zu evaluieren sowie der Fähigkeit dazu, daraus einen erhöhten Nutzen zu generieren.

Da nun der (fehlende) Nutzen der digitalen Finanzwelt evaluiert wurde, wird die Frage, ob eine Financial Literacy 4.0 nötig ist, betrachtet. Hier stellt sich zuerst die Frage, wie eine solche Bildung bzw. ein solches Verständnis den Verbrauchern

---

[96] Dazu gehören sowohl das Bezahlen mit seinen persönlichen Daten als auch verstecke Kosten bei der Nutzung von Vergleichsportalen etc.

nahegebracht werden soll. Ein Vorschlag für die Financial Literacy wurde bereits durch verschiedene Autoren in Form der Financial Education gemacht. Unter anderem sprachen sich Schlösser et al. (2011) für eine solche Ausbildung aus.[97] Dass diese eine positive Wirkung auf die Financial Literacy brachte, wurde ebenfalls durch verschiedene Arbeiten bestätigt. So zeigten Lusardi (2003) und Elert et al. (2015), dass die Teilnahme an Ausbildungsprogrammen in Bezug auf Finanzen einen positiven Effekt auf Financial Literacy hatten und vor allem praxisnahe Übungen diesen Lerneffekt verstärken würden.[98] Zusätzlich sollten durch solche Programme auch die Evaluation der eigenen finanziellen Lage nahegebracht werden.[99] Allerdings konnte auch gezeigt werden, dass es aus ökonomischer Sicht nicht rentabel ist, solche Programme anzubieten, da die Kosten für eine flächendeckende Ausbildung nur mit einer geringen Wahrscheinlichkeit den daraus resultierenden Nutzen rechtfertigen könnte. Dies liegt vor allem an den weiterhin existierenden Informationsasymmetrien sowie den häuslich bedingten Verzerrungen in Bezug auf Finanzentscheidungen.[100] Es würde sich also positiver auswirken, wenn Financial Literacy nicht extern, sondern intern, also durch häusliche Erziehung, erlangt wird.[101] Wie bereits erwähnt, weisen vor allem Personen aus finanziell stabilen Haushalten eine positive Financial Literacy und ein geringeres Insolvenzrisiko auf.[102] Oehler (2013) entwickelte mit der sog. Meta-Bildung einen weiteren Ansatz, in dem lediglich gelehrt wird, wie man mit Informationen umgeht und wie geeignete Expertise gefunden werden kann. Dazu sind vor allem sog. Informationslotsen von fundamentaler Bedeutung, da diese als Intermediär zwischen Verbrauchern und der Finanzindustrie dient.[103] Zu dieser Meta-Bildung im Finanzbereich müsste zusätzlich eine Meta-Bildung im digitalen Umfeld angeboten werden.[104] So

---

97 Vgl. Schlösser et al. 2011.

98 Vgl. Lusardi 2003, Elert et al. 2015, 209-223.

99 Vgl. Fox et al. 2005, 195-214.

100 Vgl. Willis 2008.

101 Vgl. Huston 2010, 236-316.

102 Vgl. Schlösser et al. 2011, Lusardi et al. 2010, 358-380.

103 Vgl. Oehler 2013.

104 Vgl. Seyda et al. 2018, 107-124.

müssten vor allem die Differenzen zwischen digitalen und analogen Angeboten sowie Verträgen nahegebracht werden.[105] Ähnlich wie die Financial Literacy ist bei der digitalen Bildung eine häusliche Basis von enormen Vorteil.[106] Anstatt einer solchen Meta-Bildung könnten ebenfalls vermehrte Regularien die fehlende Financial Literacy 4.0 ausgleichen. Dies würde aber primär zu einer Entmündigung der vor allem gut ausgebildeten Verbraucher führen und ist laut Oehler (2013) nur mit einer entsprechen Verbraucherbildung umzusetzen.[107] Um dieser Entmündigung entgegen zu wirken, sollte den Verbrauchern die selbstständige Auswahl nach Finanzberatern vermittelt werden, um fundierte Entscheidungen mit externem Wissen treffen zu können.

Blickt man auf die Entscheidungsfehler durch nicht-rationale Handlungen verschiedener Verbraucher, scheint eine zielführende und individuelle Beratung der potenzielle Ausweg zu sein. Das Auffinden einer solchen „richtigen“ Beratung muss den Konsumenten allerdings effektiv vermittelt werden, um die Financial Literacy zu komplettieren. Ein solches „Outsourcing“ des Wissens würde – ökonomisch betrachtet – eine nennenswerte Kostenreduktion durch niedrigere Informationsbeschaffungskosten bei nahezu gleichbleibendem Nutzen schaffen und somit die unabhängige Entscheidungsmöglichkeit des Verbrauchers stärken.[108]

---

[105] Vgl. Dinter et al. 2014, 123-146.
[106] Vgl. Herzig/Grafe 2007.
[107] Vgl. Oehler 2013, Willgerodt 2016.
[108] Vgl. Oehler 2011, Herberger 2013.

4 Fazit

Im ersten Teil der Arbeit wurden die theoretischen Grundlagen vorgestellt. Der Begriff der Financial Literacy bezieht sich sowohl auf das finanzielle Grundwissen (Financial Knowledge) als auch auf die Anwendung (Application oder Financial Capability), wozu auch das Verhalten der Verbaucher gehört. Der Zusatz „4.0" wird durch eine erhebliche Veränderung des Finanzsektors durch eine technologische Transformation gerechtfertigt und bezieht sich auf die Digitalisierung sowie erhöhte Automatisierung und Vernetzung der gesamten Branche. Es wurde auf verschiedene Sichtweisen der Ziele bzw. die Konstrukte von Financial Literacy eingegangen, wobei die fünf Ziele von Habschick et al. (2004) für die Analyse verwendet wurden. Zu diesen Zielen gehören das Verständnis von Geld, das Geld-Management, der Umgang mit Lebensrisiken, der Vermögensaufbau und die Altersvorsorge sowie das Leihen von Geld. Diese Komponenten werden zum einen durch verschiedene Apps sowie Internetportale und -tools vereinfacht, zum anderen wird jedoch durch die digitale Vernetzung ein unübersichtliches Überangebot an Informationen und Entscheidungsmöglichkeiten bereitgestellt, was vor allem eine effiziente Entscheidungsfindung erschwert. Die für die Analyse verwendeten Verbraucherleitbilder wurden von Micklitz et al. (2010) vorgestellt und sind namentlich der vertrauende, der verletzliche sowie der verantwortungsvolle Verbraucher. Diese unterscheiden sich vor allem in Bezug auf die Informationsbeschaffung, auf die Zeit, die für eine Entscheidung aufgebracht wird, sowie durch die Fähigkeit, Erlerntes umzusetzen und so den eigenen Nutzen zu erhöhen. Den geringsten Schutzbedarf benötigt der verantwortungsvolle Verbraucher, während der verletzliche Verbraucher den höchsten Schutzbedarf aufweist.[109] Ein wichtiger Aspekt bei dieser differenzierten Verbraucheransicht ist, dass ein Verbraucher in jeder Entscheidung einem anderen Verbrauchertypen entspricht und somit nicht festzulegen ist, welcher Verbraucher zu welchem Leitbild passt. Bei der Analyse im Hauptteil wurden Analogien für die Finanzentscheidungen vorgestellt, um eine übersichtliche und nachvollziehbare Darstellung zu gewährleisten. Mithilfe dieser

109 Vgl. Pagel 2017.

Anwendungsbeispiele wurde das Finanzverhalten in Bezug auf die fünf Anforderungen der Financial Literacy analysiert. Hierbei wurde vor allem auf die Vor- und Nachteile der Digitalisierung im Finanzsektor eingegangen.

Nachdem die Ergebnisse diskutiert wurden, stellt sich die Frage, wie die Financial Literacy 4.0 zur Verfügung gestellt werden soll. Eine gewisse Bildungsmaßnahme scheint unausweichlich, wobei zu beachten ist, ob diese für jeden Verbrauchertyp sinnvoll ist. So wäre aus ökonomischer Sicht lediglich eine Weiterbildung für verantwortungsvolle Verbraucher rentabel, da diese sowohl Zeit als auch die Fähigkeit besitzen, eine solche Bildung anzunehmen und ihren Nutzen zu erhöhen. Für den verletzlichen und vertrauenden Verbraucher wäre es schlüssiger, als Trittbrettfahrer von den Verantwortungsvollen zu profitieren, zum Beispiel durch den Austausch über Internetforen. Das Problem der überschüssigen Informationen bleibt auch hier bestehen. Also wäre eine Meta-Bildung, wie bereits von Oehler (2013) für Financial Literacy vorgeschlagen für den Umgang mit der digitalisierten Welt nötig. Der Fokus sollte auf der Informationsauswertung liegen, also darin, sachdienliche Informationen zu filtern und sich lediglich auf diese zu beziehen. Ob diese Fähigkeit durch Bildungsprogramme gelehrt werden kann, bleibt fraglich, voraussichtlich wäre ein erziehungsbedingtes digitales Bewusstsein hilfreicher.

Zusammenfassend kann ein eindeutiger Bedarf nach einer erweiterten Financial Literacy, nämlich der Financial Literacy 4.0, erkannt werden. Bildungsmaßnahmen werden als nicht ausreichend für das Problem der fehlenden Financial Literacy und vor allem der Financial Literacy 4.0 angesehen. Vielmehr muss diesen Verbrauchern durch häusliche, praktische Maßnahmen nahegebracht werden. Das Problem ist also nicht durch kurzfristige Methoden, sondern nur durch langfristige bildungs- und vermögenspolitische Diskurse zu beheben. So müssen Vermögensungleichheiten langfristig bekämpft werden, um eine adäquate Financial Literacy zu gewährleisten. Zusätzlich muss jedem Haushalt die Möglichkeit der Sensibilisierung in Bezug auf das Internet und die dazugehörigen Technologien für den pragmatischen Umgang mit Financial Litery 4.0 gegeben werden.

Literaturverzeichnis

Accenture (2016). Digitalisierung des Finanzsektors in Deutschland: Von der Strategie zum nachhaltigen Geschäft. Accenture Financial Services Digital Readiness Report.

Atkinson, A. & Messy, F.-A. (2012). Measuring Financial Literacy. OECD iLibrary, 2012(15).

Bain & Company (2014). Loyalty in Retail Banking 2013. Bain Reports.

Barthelmäs, N., Flad, D., Haußmann, T., Kupke, T., Schneider, S., & Selbach, K. (2017). Industrie 4.0 – eine industrielle Revolution? In Industrie 4.0: Wie cyber-physische Systeme die Arbeitswelt verändern. 33–56 Wiesbaden: Springer Fachmedien Wiesbaden.

Baxter, M. & Vater, D. (2014). Auf dem Weg zur Retail-Bank der Zukunft. Bain Reports.

Bianchi, M. (2018). Financial literacy and portfolio dynamics. The Journal of Finance, 73(2), 831–859.

Brandl, W. (2012). Der „mündige Verbraucher " ein Mythos zwischen Wunsch und Wirklichkeit. HiBiFo–Haushalt in Bildung & Forschung, 1(2).

Brown, J., Wäppling, A., Woodruffe-Burton, H., & Black, K. (2017). The orbit of consumer credit choices. Journal of Financial Services Marketing, 22(2), 85–96.

Brühl, V. (2018). Banking 4.0 strategische Herausforderungen im digitalen Zeitalter. In Praxishandbuch Digital Banking. (S. 3–12) Springer.

Carl, M. & Enzweiler, K. (2014). Trendstudie: „Das Omnichannel-Management der Zukunft: Wie Versicherer ihren Kundendialog zukunftssicher gestalten". 2b.Ahead: Think!Tank.

Dapp, T., Slonka, L., & Hoffmann, R. (2014). Fintech – Die digitale (R)evolution im Finanzsektor. Frankfurt am Main: Deutsche Bank Research.

De Cremer, D. (2015). Why our trust in banks hasn't been restored. Harvard Business Review.

Deloitte (2015). Was bewegt Kunden? Analyse des Kundenverhaltens im Bereich der privaten Schadenversicherung. https://www2.deloitte.com/content/dam/Deloitte/de/Documents/ financial-services/was-bewegt-kunden-Insurance_21_21.pdf; zuletzt abgerufen am 26.05.2019.

Deutsche Bundesbank (2018a). PSD2. https://www.bundesbank.de/de/aufgaben/ unbarer-zahlungsverkehr/psd2/psd2-775434; zuletzt abgerufen am 29.05.2019.

Deutsche Bundesbank (2018b). Zahlungsverhalten in Deutschland 2017. https://www.bundesbank.de/resource/blob/634056/8e22ddcd69de76ff40078b31119704db/ mL/zahlungsverhalten-in-deutschland-2017-data.pdf; zuletzt abgerufen am 22.05.2019.

Dinter, B., Funk, L., & Pagel, S. (2014). Der verletzliche Verbraucher im E-Commerce. In Der verletzliche Verbraucher. 123–146 Die sozialpolitische Dimension der Verbraucherpolitik. Düsseldorf: Verbraucherzentrale Nordrhein-Westfalen.

Elert, N., Andersson, F. W., & Wennberg, K. (2015). The impact of entrepreneurship education in high school on long-term entrepreneurial performance. Journal of Economic Behavior & Organization, 111, 209–223.

FAZ (2019). Ich werde die Grundrente durchsetzen.

https://www.faz.net/aktuell/wirtschaft/ arbeitsminister-hubertus-heil-werde-grundrente-durchsetzen-16070749. html; zuletzt abgerufen am 30.05.2019.

Fischer, M. & Wagner, D. (2016). Die Wissenslücken der Deutschen bei der Geldanlage: Eine empirische Untersuchung. essentials. Springer Fachmedien Wiesbaden.

Forest, H. & Rose, D. (2015). Delighting Customers and Democratising Finance: Digitalisation and the Future of Commercial Banking.

Fox, J., Bartholomae, S., & Lee, J. (2005). Building the case for financial education. Journal of consumer affairs, 39(1), 195–214.

Fungacova, Z., Hasan, I., & Weill, L. (2019). Trust in banks. Journal of Economic Behavior & Organization, 157, 452 – 476.

Gabor, D. & Brooks, S. (2017). The digital revolution in financial inclusion: international development in the fintech era. New Political Economy, 22(4), 423–436.

Grugel, C. (2017). Verbraucherpolitik statt Verbraucherschutz. In Verbraucherwissenschaften. (S. 51-66) Springer.

Güth, W., Schmittberger, R., & Schwarze, B. (1982). An experimental analysis of ultimatum bargaining. Journal of economic behavior & organization, 3(4), 367–388.

Habschick, M., Jung, M., & Evers, J. (2004). Kanon der finanziellen Allgemeinbildung. vom Commerzbank Ideenlabor. Frankfurt.

Hagen, J. (2013). Tilgen statt sparen. https: //www.handelsblatt.com/finanzen/immobilien/ratgeber-hintergrund/ tool-der-woche-fuer-kreditnehmer-tilgen-statt-sparen/8368480-all. html; zuletzt abgerufen am 17.05.2019.

Herberger, T. (2013): Finanzierungsstrategien für die eigene Aus- und Weiterbildung, Duncker & Humblot, Berlin.

Herzig, B. & Grafe, S. (2007). Digitale Medien in der Schule. Standortbestimmung und Handlungsempfehlungen für die Zukunft.

Huston, S. J. (2010). Measuring financial literacy. Journal of Consumer Affairs, 44(2), 296–316.

Jahn, B. & Pfeiffer, M. (2014). Die digitale Revolution—Neue Geschäftsmodelle statt (nur) neue Kommunikation. Marketing Review St. Gallen, 31(1), 79–93.

Kahin, B. (2016). Digitization and the Digital Economy. Available at SSRN 2782906.

Kefela, G. T. (2010). Promoting access to finance by empowering consumers-Financial literacy in developing countries. Educational Research and Reviews, 5(5), 205-212.

Kenning, P., Oehler, A., Reisch, L. A., & Grugel, C. (2017). Verbraucherwissenschaften: Rahmenbedingungen, Forschungsfelder und Institutionen. Springer-Verlag.

Kirsch, I., Yamamoto, K., Norris, N., Rock, D., Jungeblut, A., O'Reilly, P., Berlin, M., Mohadjer, L., Waksberg, J., Goksel, H., et al. (2001). Technical Report and Data File User's Manual for the 1992 National Adult Literacy Survey. ERIC.

Lusardi, A. (2003). Saving and the effectiveness of financial education. Pension Research Council WP2003-14.

Lusardi, A. & Mitchell, O. S. (2007a). Baby boomer retirement security: The roles of planning, financial literacy, and housing wealth. Journal of monetary Economics, 54(1), 205–224.

Lusardi, A. & Mitchell, O. S. (2007b). Financial literacy and retirement preparedness: Evidence and implications for financial education. Business economics, 42(1), 35–44.

Lusardi, A., Mitchell, O. S., & Curto, V. (2010). Financial literacy among the young. Journal of consumer affairs, 44(2), 358–380.

Micklitz, H.-W., Oehler, A., Piorkowsky, M.-B., Reisch, L., & Strünck, C. (2010). Der vertrauende, der verletzliche oder der verantwortungsvolle Verbraucher?: Plädoyer für eine differenzierte Strategie in der Verbraucherpolitik: Stellungnahme des Wissenschaftlichen Beirats für Verbraucher- und Ernährungspolitik beim BMELV vom Dezember 2010. Bundesministerum für Ernährung, Landwirtschaft und Verbraucherschutz.

Müller, S. C. & Welpe, I. M. (2017). Digitale Welt. In Verbraucherwissenschaften. (S. 261–277) Springer.

Naujoks, H., Schwarz, G., & Brettel, T. (2014). Versicherungsreport 2014. Bain Reports.

Noosten, D. (2015). Darlehensverträge. In Die private Bau- und Immobilienfinanzierung: Eine Einführung für Planer und Anbieter von Bauleistungen. (S. 39–56) Wiesbaden: Springer Fachmedien Wiesbaden.

OECD (2009). Pensions at a Glance 2009. OECD.

OECD (2011). Measuring Financial Literacy: Core Questionnaire in Measuring Financial Literacy: Questionnaire and Guidance Notes for conducting an Internationally Comparable Survey of Financial literacy. Paris: OECD.

Oehler, A. (2011). Behavioral Economics und Verbraucherpolitik: Grundsätzliche Überlegungen und Praxisbeispiele aus dem Bereich Verbraucherfinanzen.

Oehler, A. (2012). Anbieter- und verbrauchergerechte Beratung und Information, Mehr Anlegerschutz durch standardisierte Beratungsprotokolle und Produktinformationsblätter. Studie im Auftrag des MLR Ministerium für Ländlichen Raum und Verbraucherschutz Baden-Württemberg, des SparkassenVerband Baden-Württemberg, des Baden-Württembergischen Genossenschaftsverband eV.

Oehler, A. (2013). Neue alte Verbraucherleitbilder: Basis für die Verbraucherbildung? HiBiFo–Haushalt in Bildung & Forschung, 2(2).

Oehler, A. (2016). Digitale Finanzberatung braucht standardisierte Produktinformationen. Der Neue Finanzberater.

Oehler, A. (2017a). Der technologische Wandel: Herausforderungen in der Digitalen Welt. In Verbraucherwissenschaften. (S. 69-80) Springer.

Oehler, A. (2017b). Finanzen und Altersvorsorge. In Verbraucherwissenschaften. (S. 191–210) Springer.

Oehler, A. (2017c). Verbraucherinformation und Verbraucherbildung. In Verbraucherwissenschaften. 279–293 Springer.

Oehler, A., Horn, M., & Wendt, (2019). Zeigen junge Erwachsene Financial Literacy im ökonomischen Alltag? Eine realitätsnahe Alternative zu einfachen Wissensabfragen. Zeitschrift für Bankrecht und Bankwirtschaft, 31(1), 37–42.

Oehler, A. & Reisch, L. A. (2016). Verbraucherleitbild: Differenzieren, nicht diskriminieren.

Oehler, A. / Wilhelm-Oehler, D. (2011): Überlegungen zur Evaluation der Bildungskampagne „Altersvorsorge macht Schule“, in: Deutsche Rentenversicherung, Heft 1 / 2011, S. 32–58.

Oswald, G., Setzke, D. S., Riasanow, T., & Krcmar, H. (2018). Technologietrends in der digitalen Transformation. In Digitale Transformation. 11–34 Springer.

Oxford Dictionary (2019). Oxford living Dictionary: English.

Pagel, S. (2017). Das Verbraucherleitbild in der digitalen Welt.

Ping, X. (2001). The Debate on the Reform of China’s Rural Credit Cooperatives System [J]. Journal of Finance, 1.

Piorkowsky, M.-B. (2014). Verletzliche Verbraucher oder Haushalte? In Der verletzliche Verbraucher. (S. 17–36) Die sozialpolitische Dimension der Verbraucherpolitik. Düsseldorf: Verbraucherzentrale Nordrhein-Westfalen.

PwC (2018). Digitalisierung im Finanz- und Rechnungswesen und was sie für die Abschlussprüfung bedeutet. PricewaterhouseCoopers.

Rai, K. & Sharma, M. (2019). A Study on Awareness about Digital Financial Services among Students. Available at SSRN 3308732.

Reiter, J., Frere, E., Zureck, A., & Bensch, T. (2014). Young Professionals in der Finanzberatung. In Der verletzliche Verbraucher. (S. 61–84) Die sozialpolitische Dimension der Verbraucherpolitik. Düsseldorf: Verbraucherzentrale Nordrhein-Westfalen.

Revolut (2019). Pay-per-Day-Auslandskrankenversicherung. https://www.revolut.com/de-DE/pay-per-day-auslandskrankenversicherung; zuletzt abgerufen am 18.05.2019.

Schlösser, H. J., Neubauer, M., & Tzanova, P. (2011). Finanzielle Bildung. Aus Politik und Zeitgeschichte, 12(2011), 21–03.

Schmidt, J. & Drews, P. (2016). Auswirkungen der Digitalisierung auf die Geschäftsmodelle der Finanzindustrie Eine strukturierte Literaturanalyse auf der Grundlage des Business Model Canvas. Multikonferenz Wirtschaftsinformatik (MKWI), 967–978.

Schürkmann, S. & Schuhen, M. (2013). Kompetenzmessung im Bereich financial literacy. Zeitschrift fürökonomische Bildung, 73–89.

Schwartz, M., Dapp, T. F., Beck, G. W., & Khussainova, A. (2017). Deutschlands Banken schalten bei Filialschließungen einen Gang höher Herkulesaufgabe Digitalisierung. KfW Research, Fokus Volkswirtschaft, 2017(181).

Servon, L. J. & Kaestner, R. (2008). Consumer financial literacy and the impact of online banking on the financial behavior of lower-income bank customers. Journal of Consumer Affairs, 42(2), 271–305.

Seyda, S., Meinhard, D. B., & Placke, B. (2018). Weiterbildung 4.0 Digitalisierung als Treiber und Innovator betrieblicher Weiterbildung. IW-Trends Vierteljahresschrift zur empirischen Wirtschaftsforschung, 45(1), 107–124.

Shahrokhi, M. (2008). E-finance: status, innovations, resources and future challenges. Managerial Finance, 34(6), 365–398.

Shen, Y., Hu, W., & Hueng, C. J. (2018). The Effects of Financial Literacy, Digital Financial Product Usage and Internet Usage on Financial Inclusion in China. In MATEC Web of Conferences, volume 228: EDP Sciences.

Smolinski, R., Bodek, M. C., Gerdes, M., & Siejka, M. (2017). Innovationen und Innovationsmanagement in der Finanzbranche. Springer.

Statista (2018). Nutzerumfrage: Online-Banking. https://de.statista.com/statistik/daten/studie/556651/umfrage/ nutzung-von-online-banking-angeboten-in-deutschland/; zuletzt abgerufen am 21.05.2019.

Statista (2019). Statistiken zu Kreditkarten. https://de.statista.com/themen/108/kreditkarten; zuletzt abgerufen am 22.05.2019.

Tennert, F. (2017). Akzeptanz und Risikoeinschätzung digitaler Bezahlverfahren. In S. Fernhochschule (Ed.), Digitalisierung in Wirtschaft und Wissenschaft. (S. 67–87) Wiesbaden: Springer Fachmedien Wiesbaden.

Thaler, R. H. (1988). Anomalies: The Ultimatum Game. Journal of Economic Perspectives, 2(4), 195–206.

Thelen, P. (2019). So würde sich die Grundrente von Hubertus Heil auswirken. https://bit.ly/2VX6lNP; zuletzt abgerufen am 30.05.2019.

Toller, A. (2017). Wo Verbraucher schlechter versichert sind, als sie denken. https://bit.ly/2XcQ9ta; zuletzt abgerufen am 18.05.2019.

Van Rooij, M., Lusardi, A., & Alessie, R. (2011). Financial literacy and stock market participation. Journal of Financial Economics, 101(2), 449–472.

vbw (2017). Studie: Digitalisierung in der Versicherungswirtschaft. https://www.vbw-bayern.de/Redaktion/Frei-zugaengliche-Medien/ Abteilungen-GS/Planung- und-Koordination/2017/Downloads/ Digitalisierung-in-der-Versicherungswirtschaft.pdf; zuletzt abgerufen am 26.05.2019.

von Gaudecker, H.-M. (2015). How Does Household Portfolio Diversification Vary with Financial Literacy and Financial Advice? The Journal of Finance, 70(2), 489–507.

Wandt, M. (2017). Versicherungsrecht. Vahlen.

Willgerodt, V. H. (2016). Der Bürger zwischen Selbstverantwortung und sozialer Entmündigung. Werten und Wissen: Beiträge zur Politischen Ökonomie, 11, 246.

Willis, L. E. (2008). Against financial-literacy education. Iowa L. Rev., 94, 197.

Willis, L. E. (2018). Finanzinformierte Bürger innen, bürgerbestimmtes Finanzsystem: Ein Essay aus Anlass des International Handbook of Financial Literacy. JSSE-Journal of Social Science Education.

Witt, M. & Mumm, M. (2017). Mobile Banking – Erkenntnisse aus einem explorativen Case. HMD Praxis der Wirtschaftsinformatik, 54(5), 795–807.

Zwanzger, J. (2017). Die langfristige Altersvorsorge risiko- und versorgungsrechtlich exponierter Berufsanfänger. Universität der Bundeswehr München.

Appendix
Leitfaden der Financial Literacy

Der folgende Leitfaden wurde aus Habschick et al. (2004) entnommen und als Grundlage für die verbraucherspezifische Analyse verwendet.

1. Geld verstehen
- Verstehe ich meine finanzielle Situation?
- Welche ökonomischen Grundmechanismen muss ich verstehen, weil sie unmittelbar Einfluss auf meine Finanzen haben?
- Welche gesamtwirtschaftlichen Rahmenbedingungen muss ich verstehen, weil sie unmittelbar Einfluss auf meine Finanzen haben?
- Wozu können mir Finanzdienstleistungen dienen?
- Wie komme ich an die entscheidenden Informationen?

2. Geld-Management
- Sind meine Einnahmen und Ausgaben auf lange Sicht im Gleichgewicht?
- Mit welchen Kosten und welchem Zeitaufwand organisiere ich meine alltäglichen Geldgeschäfte?
- Welche Konten und welche Bankverbindung brauche ich?
- Welche Zahlungsmittel brauche ich außer Bargeld?

3. Umgang mit Lebensrisiken
- Was kann in meinem Leben passieren, das mich in finanzielle Schwierigkeiten bringt?
- Wie gehe ich mit versicherbaren Risiken überlicherweise um?
- Wie funktioniert eine Versicherung?
- Welche Versicherung brauche ich, welche nicht?

4. Vermögensaufbau und Altersvorsorge
- Wie ermittle ich, wo ich stehe?
- Wie intensiv will und kann ich mich um meinen Vermögensaufbau kümmern?
- Wie kann man Geld anlegen?

- An welchem Grundmodell zum Vermögensaufbau kann ich mich orientieren?
- Wie kann ich ein Geldanlage-Angebot für mich bewerten?
- Was ist speziell zur Altersvorsorge zu beachten?
- Welche Rolle können Immobilien für mich spielen?

5. Geld leihen

- Wann ist eine Kreditaufnahme sinnvoll?
- Wie viel Kredit kann ich mir leisten?
- Welche Kreditform für welchen Zweck?
- Wie bewerte ich für mich ein Kreditangebot?
- Wie erkenne ich aufkommende Probleme und welche Anpassungsmöglichkeiten habe ich?

Bei der Verbraucheranalyse wurde zusätzlich auf das Nutzen von Informations- und Vergleichsportalen sowie Onlinerechnern geachtet (Schürkmann & Schuhen, 2013; Oehler, 2017c).

Social Trading und Digital Investments

Andreas Oehler[a*], Matthias Horn[b], Stefan Wendt[c]

Key Words: FinTech; Digitalization; Social Trading; Robo Advisors; Investment Services; Consumers; Retail Investors

Inhaltsübersicht:

[a]Full Professor and Chair of Finance, Bamberg University
[b]Department of Finance, Bamberg University
[c]Department of Business Administration, Reykjavik University
*Please address correspondence to Andreas Oehler, Full Professor and Chair of Finance, Bamberg University, Kaerntenstrasse 7, 96045 Bamberg, e-mail: andreas.oehler@uni-bamberg.de.

1 Einführung

„Die Digitalisierung vieler Lebensbereiche der letzten zwanzig Jahre stellt viele Verbraucherinnen und Verbraucher vor immer neue Herausforderungen, auch und besonders angesichts der technisch bedingt immer größeren Beschleunigung der Entwicklung einerseits und der Erfassung immer weiterer Lebensbereiche andererseits. Teilhabe und Zugang müssen technisch und inhaltlich ebenso sichergestellt werden wie Schutz und Transparenz. Die Digitale Welt erfordert Verbraucher, die sich nicht als Opfer der Veränderung begreifen, sondern sich bietende Chancen nutzen und die sich verändernde Welt mitgestalten und gleichzeitig mit angemessenem Risikoverständnis die veränderte Rendite-Risiko-Teilung einschätzen können. Wesentliche Grundlagen bleiben dabei Verbrauchervertrauen und Verbraucherkompetenz. Die Befähigung der Verbraucherinnen und Verbraucher zu aktiven Marktteilnehmern in der Digitalen Welt geht deutlich über den herkömmlichen Schutz- und Präventionsgedanken hinaus. Verbraucherfragen zur Digitalen Welt ersetzen nicht solche der analogen Welt. Die analoge Welt bleibt parallel und teilweise verschränkt mit der Digitalen Welt erhalten. Der Wechselwirkung von analoger und Digitaler Welt kommt dabei besondere Bedeutung zu, wenn zum Beispiel Heuristiken der analogen Welt ungeprüft in der Digitalen Welt genutzt werden und vice versa. Ein analoger „Anker“ wird stets verbleiben, Bürgerinnen und Bürger handeln als analoge Menschen.“[1]

Es bestehen gravierende Unterschiede zwischen der Digitalen Welt einerseits und der traditionellen oder analogen Welt andererseits hinsichtlich Zeit/Geschwindigkeit, Reichweite/Menge, Unumkehrbarkeit/Speicherbarkeit sowie den damit verbundenen Transaktionskosten. Dies gilt sowohl für den privaten Lebensbereich als auch für die Arbeitswelt und die Zivilgesellschaft.[2] Dem Vorteil der sehr preiswerten digitalen Produktion und Kommunikation steht die Notwendigkeit der technischen Ausrüstung gegenüber. Verbraucher sind einer Informationsvielfalt ausgesetzt, die grundsätzlich dazu zwingen würde, sich auf die wesentlichen Informationen zu

[1] Oehler 2017, 12; vgl. auch Oehler 2016a, 2016e, 2019a, 2019b.
[2] Vgl. Oehler et al. 2011.

konzentrieren; der Vorteil der gigantischen Informationsvielfalt verkehrt sich ggf. sehr rasch in einen gravierenden Nachteil, wenn zum Beispiel die Informationsmenge stetig wächst und kaum mehr verarbeitet werden kann sowie die zwingend folgenden Wahrnehmungs- und Verarbeitungsheuristiken zu Fehlinformationen führen (information overload, choice overload). Funktionieren die Verhaltensmuster, Kompetenzen und Heuristiken der analogen Welt auch im digitalen Zeitalter? Welche jeweils besonderen Chancen und Risiken ergeben sich für vertrauende, verletzliche und verantwortungsvolle Muster des Verbraucherverhaltens?[3] In welcher Form und in welchem Ausmaß ändert sich die Rendite-Risiko-Teilung durch veränderte Anbieter-Nachfrager-Beziehungen in den neuen Geschäftsmodellen?[4]

Die Digitalisierung im Finanzbereich und die damit verbundene Entwicklung neuer Geschäftsmodelle betreffen bereits seit einigen Jahrzehnten den Zahlungsverkehr.[5] Wesentlich spürbarer für viele Bürgerinnen und Bürger ist aber die Weiterentwicklung und Neuentstehung im Bereich Digital Investments mit den Kernpunkten Social Trading[6], Robo Advice[7] und Crowdinvesting[8].

---

3 Vgl. Oehler 2010, vgl. auch Oehler 2019c, 2019d, 2011a, 2011b, Oehler/Reisch 2016.

4 Vgl. Oehler 2017, 12/13; vgl. auch Oehler 2019a, 2019b; vgl. auch EU-Kommission 2015.

5 Für einen Überblick und weitergehende Analysen vgl. Oehler 2017, 2015a, 2015b, Horn et al. 2019.

6 Für einen Überblick und weitergehende Analysen vgl. den Abschnitt 2 sowie Oehler 2017, Oehler 2015b, 2016a, Oehler et al. 2016a, 2018b, Horn et al. 2019.

7 Für einen Überblick und weitergehende Analysen vgl. den Abschnitt 3 sowie sowie Oehler 2017, 2015b, 2016d, Oehler et al. 2018b, Wendt et al. 2018, Horn et al. 2019.

8 Für einen Überblick und weitergehende Analysen vgl. den Abschnitt 4 sowie sowie Oehler 2017, 2015b, 2016a, Oehler et al. 2018a, 2018b, Wendt 2016, Horn et al. 2019.

2 Social Trading[9]

Während Soziale Netzwerke – wie auch andere Kommunikations(platt)formen – grundsätzlich schon länger auch zum Austausch über Anlageinformationen und/oder Anlageempfehlungen genutzt werden, bietet das Geschäftsmodell des Social Trading eine integrierte Anbindung an ein Anlagekonto (Brokerkonto), um solche Empfehlungen unverzüglich umsetzen zu können. Meist geht es um ein in der Regel automatisches Kopieren von Handelssignalen anderer Marktteilnehmer, denen eine Vorbildrolle als erfolgreiche Anleger in der jeweils definierten Social Community zugeschrieben wird. Gleichzeitig wird damit oft eine alternative Vermögensverwaltung intendiert. Das mit einem solchen Copy Trading verbundene Portfoliomanagement enthält damit nicht mehr nur Informationsaspekte, sondern direkt Empfehlungen als Wertelement, wenn auch nicht in persönlicher Form „face to face“. Doering berichtet darüber hinaus, dass zunehmend auch institutionelle Vermögensverwalter Social-Trading-Plattformen als Absatzkanal entdecken.[10] Zusätzlich ist bei dieser Form des „Teilens“ an die Rendite-Risiko-Teilung in der Sharing Economy zu denken, die Ratzesberger charakterisiert: „... geteilt wird vielmehr, um auf der Angebotsseite mehr Geld zu machen – und auf der Nachfrageseite günstiger wegzukommen.“[11] Allerdings gibt es Hinweise auf den Informationsgehalt von in Sozialen Netzwerken verbreiteten Börseninformationen: „... we find economically and statistically significant evidence that tweet sentiment contains distinct information that is not contained in the traditional pre-announcement variables such as Forecasts Error, Earnings Surprise, Bias, Coverage, Track Record, and Earnings Volatility.“[12] Timmler (2015, 25) nennt Social Trading denn auch „Facebook für Anleger”.

---

9 Dieser Text basiert im Wesentlichen auf einem Teil der Studie Oehler 2017, S. 101, 121-124; inhaltlich wurden allfällige Updates und Korrekturen vorgenommen. Diese wörtlichen Selbstzitate wurden zur besseren Unterscheidung ebenfalls enthaltener anderer wörtlicher Zitate nicht in Anführungszeichen gesetzt.

10 Doering 2015, 33; vgl. auch Doering et al. 2015.

11 Ratzesberger 2015, 25.

12 Liew et al. 2017, 7.

Lesser et al. (2015, 53) unterscheiden drei Formen. „Anlageempfehlungen“ („unterscheidet sich von traditionellen Börsen-Foren dahingehend, dass die Community-Mitglieder nicht nur ... diskutieren, sondern konkrete Kauf- und Verkauf-Empfehlungen ... abgeben“); „Kollektivfonds“ („sie verwenden die Anlageempfehlungen von Privatpersonen für die Titelauswahl ihres Fonds ... Anlageentscheidung [wird] im Kollektiv und nicht von einem einzelnen Fondsmanager getroffen“); „Mirror bzw. Copy Trading“ („User [können] die Handelsstrategie von anderen Tradern einsehen, kommentieren und mit ihrem eigenen Geld kopieren“). Die Autoren zählen hierzu für die erste Form die Plattformen Aktien Prognose und sharewise, zur zweiten Form H&A sharewise Community Fonds A, Intelligent Recommendations Global Growth Fund P, Multi Structure Fund Investor SRI Global A sowie Marketocracy Masters 100 und zur dritten und bekanntesten Form zum Beispiel Ayondo, copyop, Covestor, eToro, FXCopy, Investory, moneymeets, SignalTrader, TradeCrowd, Twindepot und Wikifolio.[13] Zu den Anbietern in Deutschland zählen vor allem eToro, Ayondo, moneymeets und Wikifolio.[14]

Die BaFin (2016a) kennzeichnet eine „Plattform zur Signalgebung und automatisierten Auftragsausführung – Signal Following oder Social Trading“ wie folgt: „Der Betreiber einer Plattform zur Signalgebung eröffnet den sogenannten Signalgebern oder Tradern die Möglichkeit, ihre Wertpapier-Portfolien öffentlich einsehbar zu führen (Referenzportfolio). So können sämtliche Handelsentscheidungen der Trader beobachtet werden, üblicherweise über das Internet.

Die Kunden (Follower) der Plattform verknüpfen ihr eigenes Portfolio mit einem oder mehreren Referenzportfolien. Sowohl das Portfolio der Kunden als auch die Referenzportfolien werden in der Regel bei einem Institut geführt, mit dem der Plattformbetreiber kooperiert. Handelsentscheidungen des entsprechenden Traders werden dann auch automatisiert für den Kunden ausgeführt. So kann der Kunde der Handels- bzw. Anlagestrategie des oder der Trader(s) folgen, die seiner Ansicht nach am erfolgreichsten sind.

---

13 Vgl. Lesser et al. 2015, 54-57.

14 Vgl. Doering 2014, 34, Toller 2015.

Die Trader erhalten für die Veröffentlichung ihrer Handelsentscheidungen typischerweise eine Vergütung. Diese kann unter anderem von der Entwicklung ihrer Portfolien, der Anzahl ihrer Follower oder den Handelsumsätzen der Follower abhängen. Die Vergütung wird zumeist von der Plattform gewährt oder zumindest vermittelt.

Neben der Übernahme einer Handelsstrategie für das eigene Portfolio existieren noch weitere Spielarten des Geschäftsmodells, durch die der Follower die Referenzportfolien nachbilden kann. Denkbar ist z. B., dass der Follower Wertpapiere (strukturierte Anleihen, sog. Zertifikate) erwirbt, die die Entwicklung der Referenzportfolien abbilden. Durch deren Rendite partizipiert er am Erfolg oder Misserfolg der Referenzportfolien." (Abbildung 1).

Abbildung 1: Plattform zur Signalgebung und automatisierten Auftragsausführung (BaFin 2016a)

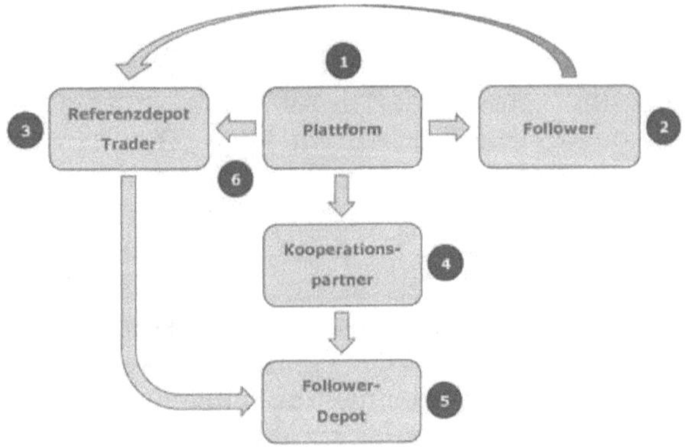

„(1) Der Betreiber stellt eine Plattform (zumeist online) zur Verfügung. Darauf können die Signalgeber (Trader) ihre Depots und Handelsentscheidungen in Wertpapieren öffentlich führen, und die Kunden (Follower) können diese beobachten.

(2) Der Follower registriert sich bei der Plattform und erteilt die Weisung bzw. erklärt sich damit einverstanden, dass die

Handelsentscheidungen mindestens eines Traders für ihn kopiert werden sollen.

(3) Der Trader trifft in seinem öffentlichen Depot, das in der Regel beim Kooperationspartner geführt wird, Handelsentscheidungen. Diese werden von der Plattform registriert.

(4) Die Plattform leitet die Handelsentscheidung des Traders als Order des Followers an ihren Kooperationspartner weiter. Der Kooperationspartner ist in der Regel ein Finanzdienstleistungsunternehmen oder ein Kreditinstitut, bei der neben dem Trader auch der Follower sein Depot führt.

(5) Der Kooperationspartner führt die von der Plattform übermittelte Order des Followers in dessen Depot aus. Gegebenenfalls (aber nicht notwendigerweise) erhält die Plattform für die Übermittlung der Order an den Kooperationspartner eine Provision.

(6) Gegebenenfalls (aber nicht notwendigerweise) leitet die Plattform einen Teil der vom Kooperationspartner vereinnahmten Provision an den Trader weiter. Als Grundlage dient z.B. ein bestimmter Verteilungsschlüssel aus erzielter Performance, Zahl der Follower bzw. generiertem Ordervolumen.“[15]

Ob der „Schwarm“ mit seiner kollektiven „Intelligenz“ oder „Weisheit“ tatsächlich überlegen ist, wird unter anderem in der ersten wissenschaftlichen empirischen Analyse zur Performance von Social Trading (Copy Trading) untersucht. Die Autoren kommen zu dem Schluss: „The performance of social trading has hardly been in the focus of research so far. We analyze the performance of 1084 wikifolio certificates used in social trading and issued in 2012 and 2013. We apply factor models to analyze these certificates' returns and alphas relative to benchmark indexes. We find that, on average, wikifolios do not outperform the market. However, wikifolios with geographical focus provide better performance than those without. Furthermore, the best performing wikifolios earn significant short-term excess returns.“[16]

---

[15] BaFin 2016a.
[16] Oehler et al. 2016a, 202.

„As we analyze short-term performance of wikifolios, our findings of outperformance of some signal providers is in line with findings for short-term outperformance of some mutual fund managers when it comes to active investment management ... . Given the limited time period of the availability of wikifolios and similar social trading instruments, we cannot yet answer the question about long-term performance of (non-professional) signal providers. Given the limited time period that our analysis covers and restrictions regarding data availability with regard to when the labels were assigned, it also appears too early to ascribe the labels informational value for an investment choice. In addition, the label *often bought* which turned out significant in most of our regression analyses is not awarded for historical performance but solely for followers historical order flow with respect to the underlying wikifolio certificate.

Our results have implications for followers and signal providers in social trading, for regulators, and for academics. Followers who wish to invest in wikifolios need to be aware that if they randomly choose a wikifolio, chances will on average be weak that they outperform the market. The results for signal providers' performance also indicate that a geographic investment focus might help to build up investment skill. However, the results should not be interpreted in the sense that geographic investment focus will yield in superior investment outcomes. From a regulatory point of view it should be interesting to further discuss the signal providers' role as investment managers although not directly having access to the followers' money, in particular given the considerable losses in some of the wikifolios. Finally, our findings call for further research both with respect to other social trading platforms and longer time horizons as well as a deeper analysis of the sources and persistence of some signal providers' superior investment decisions."[17]

[17] Oehler et al. 2016a, 209-210.

3 Robo Advisors[18]

Die BaFin (2016c) stellt „Robo-Advice und Auto-Trading – Plattformen zur automatisierten Anlageberatung und automatischem Trading" so vor: „Der Betreiber einer Plattform zur automatisierten Anlageberatung bietet Kunden oder Interessenten die Möglichkeit, einen Anlagevorschlag, ein Musterportfolio oder eine Anlageempfehlung zu erhalten. Dies geschieht meist ohne vorherige Registrierung auf Grundlage persönlicher Angaben. ... Teilweise kann der Anlagevorschlag dann auch auf den Plattformen umgesetzt werden. Dies erfolgt oftmals erst nach einer Registrierung und Eröffnung eines Wertpapierdepots. Vergütet wird die Leistung entweder provisionsbasiert oder anhand eines honorarbasierten Modells, beispielsweise durch einen monatlichen Pauschalbetrag, in dem sämtliche Dienstleistungen des Anbieters enthalten sind" (Abbildung 2).

Abbildung 2: Robo-Advice und Auto-Trading (BaFin 2016c)

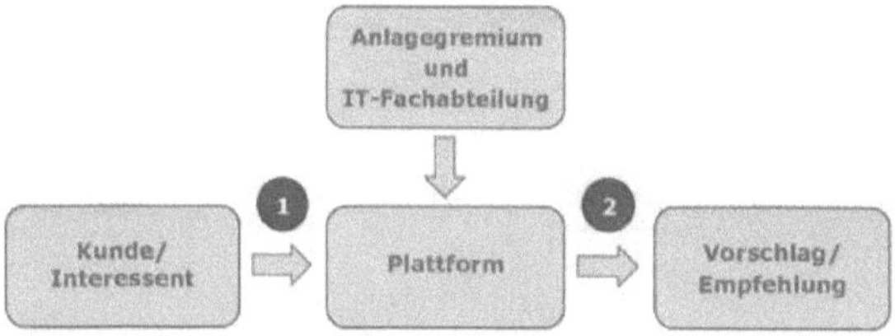

„(1) Die Kunden oder Interessenten beantworten einen webbasierten Katalog mit Fragen zu ihren persönlichen Umständen sowie ihren anlagerelevanten Kenntnissen und Handelserfahrungen. Manche Betreiber stellen darüber hinaus Fragen zur persönlichen Risikotragfähigkeit, also in welchem Rahmen Verluste bei der Geldanlage verkraftet werden können. Gegebenenfalls werden Kunden zu ihren persönlichen Anlagezielen

[18] Dieser Text basiert im Wesentlichen auf einem Teil der Studie Oehler 2017, S. 100-101, 118-121; inhaltlich wurden allfällige Updates und Korrekturen vorgenommen. Diese wörtlichen Selbstzitate wurden zur besseren Unterscheidung ebenfalls enthaltener anderer wörtlicher Zitate nicht in Anführungszeichen gesetzt.

befragt, also ob die Geldanlage beispielsweise der Altersvorsorge oder der Ausbildung der Kinder dienen soll.

(2) Auf Basis dieser Angaben wird durch einen Algorithmus dann ein Anlagevorschlag, ein Musterportfolio oder eine Anlageempfehlung erstellt. Der Grad der Standardisierung kann dabei zwischen verschiedenen Plattformen stark variieren."[19]

In Ergänzung dazu unterscheidet die BaFin (2016d) die „Automatisierte Finanzportfolioverwaltung": „Die Vergütung der Anbieter automatisierter Vermögensverwaltung wird in der Regel prozentual zum Depotvolumen ermittelt und enthält oft auch eine erfolgsabhängige Komponente." (Abbildung 3).

Abbildung 3: Automatisierte Finanzportfolioverwaltung (BaFin 2016d)

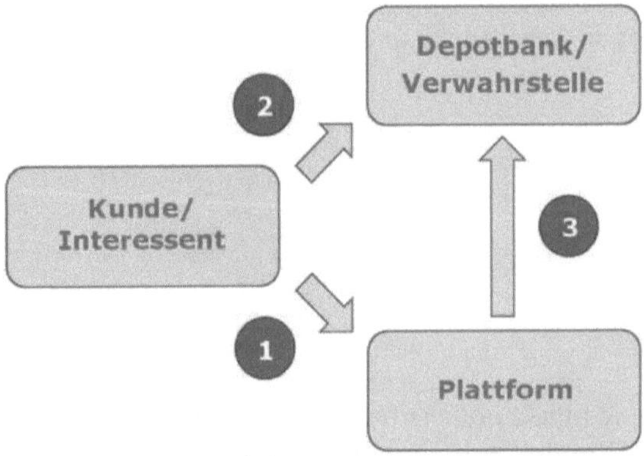

„(1) Bei der automatisierten Finanzportfolioverwaltung beantworten die Kunden – wie auch bei Robo-Advisory-Plattformen – einen webbasierten Fragenkatalog. Darin geben sie dem Anbieter Auskunft zu ihren persönlichen Umständen, ihren Anlagezielen sowie anlagerelevanten Kenntnissen und Handelserfahrungen. Basierend darauf erstellt ein Algorithmus eine Anlagestrategie oder ein Musterportfolio. Im Unterschied

[19] BaFin 2016c.

zu den Robo-Advisory-Plattformen erhält der Kunde jedoch nicht nur eine einmalige Anlageempfehlung. Vielmehr verwaltet der Vermögensverwalter das Anlageportfolio fortlaufend, und zwar nach Maßgabe der Parameter, die Verwalter und Kunde in den Anlagerichtlinien vereinbart haben. Die Vorschläge zur Änderung der Zusammensetzung des Portfolios basieren hierbei ebenfalls auf einem Algorithmus. Umgesetzt werden die Vorschläge allerdings bisher meistens manuell. Die dem Kunden empfohlene Anlagestrategie setzt in der Regel auf ETFs (Exchange Traded Funds). Diese Finanzinstrumente werden gerne eingesetzt, um die Anlageziele und Risikopräferenzen des Kunden sowie die Chancen- bzw. Risikomerkmale eines Portfolios fortlaufend deckungsgleich zu halten.

(2) Das Depot des Kunden muss bei einer Depotbank oder Verwahrstelle im Sinne des Kapitalanlagegesetzbuches (KAGB) liegen und nicht beim Vermögensverwalter selbst. Das Mandat des Verwalters umfasst daher nur die Betreuung des Kundenportfolios, jedoch nicht seine Verwahrung. Die Verwaltung und Verwahrung von Finanzinstrumenten durch den Verwalter selbst löst in aller Regel weitere Erlaubnispflichten aus, etwa für das Depotgeschäft, das Finanzkommissionsgeschäft oder das eingeschränkte Verwahrgeschäft. Dies hängt stark von der Ausgestaltung im Einzelfall ab.

(3) Zur Verwaltung des Depots erteilt der Kunde dem Verwalter eine sogenannte Dispositionsvollmacht. Mit dieser Vollmacht erhält der Verwalter einen Zugang zum Kundendepot bei der Depotbank. Er erhält jedoch keine Befugnis, sich Eigentum und Besitz an Geldern und Wertpapieren des Kunden zu verschaffen.“[20]

In Deutschland werden diesem Geschäftsmodell unter anderem Quirion, Vaamo, FinanceScout24 sowie finanzblick, Geldempfehlung.de und Mint zugerechnet.[21] Oehler et al. (2016b, 28) nennen Fintego (D), Betterment (USA), Ginmon (D), MoneyFarm (GB), Quirion (D), Nutmeg (GB), Scalable Capital (D), Schwab Intelligent Portfolios (USA), Vaamo (D),

[20] BaFin 2016d.

[21] Vgl. Penzel 2015, 10-11, Doering 2014, 37, Toller 2015.

TradeKing Advisors (USA) und Wealthfront (USA).[22] Doering (2014, 37) ergänzt für solche Ansätze zum persönlichen Finanz-Management im deutschen Markt: „Der Mehrwert der Wertschöpfungsidee für die Nutzer besteht darin, sämtliche Konten – inkl. Kreditkarten und PayPal-Accounts – zentralisiert verwalten zu können. Ein proprietärer Algorithmus unterstützt den Anwender dabei, die Ausgaben verschiedenen Kategorien wie Lebensmittel, Transport, Freizeit etc. zuzuordnen und über die Festlegung von Budgets eine persönliche Finanzplanung zu ermöglichen", ohne dass jeder Account mit einem separaten Internet-Zugang oder einer speziellen App einzeln erreicht werden muss (Bequemlichkeit). Das mit einem solchen automatisierten Vermögensmanagement verbundene Portfoliomanagement enthält damit nicht mehr nur Informationsaspekte, sondern direkt Empfehlungen als Wertelement, wenn auch nicht in persönlicher Form „face to face".

Groves (2016) resümiert in seinem aktuellen Report „Robo Advisors 3.0": „We see that robo-advisors are starting up on an almost weekly basis worldwide. However, while the robo phenomenon is here to stay, many of the robo-advisors will not survive. The number of offerings is growing faster than clients' willingness to shift enough assets to them to make them economically viable. In order to achieve staying power in this game, robo-advisors must offer their prospects and clients a smooth, pleasurable and supportive digital customer journey. However, many of today's players are not meeting these standards and demonstrate gaps and weak spots in particular in the critical areas of digital onboarding and client assessment."[23]

Jenseits dieses Aspekts eines geeigneten Geschäftsmodells von Robo Advisors im Wettbewerb stellt sich für nicht-professionelle Investoren die grundlegende Frage, inwieweit die von vielen heutigen Robo Advisorn verfolgte Strategie des Rebalancing einen erkennbaren ökonomischen Nutzen für deren Klientel bedeutet. In einer in dieser Art ersten empirischen Untersuchung kommen Horn & Oehler (2019) zur folgenden ernüchternden Einschätzung:

„The empirical analysis regarding a hypothetical robo-advisor that rebalances households' investments in the asset

[22] Vgl. auch Willmroth 2016, 16.

[23] Groves 2016, 6.

classes stocks, bonds, real estate funds, articles of great value, and cash(-equivalents) shows that the analyzed German households, on average, hardly would have benefited from such an automated rebalancing service compared to a buy-and-hold-strategy with ETFs in the period from September 2010 to July 2015."[24]

Although transaction costs and management fees may play a crucial role for the success of a rebalancing service ... they are not considered in the previous analyses as the rebalancing strategies would, on average, not have enhanced households' investment performance even without paying for the service. In an unpublished part of the analysis, we find that none of the households could improve its portfolio performance if annual fees exceed 0.4 percent of the portfolio value. But we abstain from taking such a threshold at face value, because, as one limitation of the results, asset markets were almost throughout in a bullish phase during the observation period. These market conditions are on principal more favorable for a buy-and-hold strategy ... because if markets are that trendy, there is hardly a chance for a rebalancing strategy to buy past loser assets that might reverse in the future. Instead assets that continue to go up are previously sold due to their past returns. Rebalancing strategies should perform better in times of more volatile asset markets which is why this study's results may underestimate the benefits that could be achieved with rebalancing strategies through a whole economic cycle.

Moreover, if a financial service that automatically rebalances households' cash and risky assets is available, the pure presence of this service – just like a financial advisor – might encourage some households that do not participate in risky asset markets yet (e.g., because the households feel not competent enough ... or mistrust financial markets ...) to invest in some risky-assets at all ... and therefore to enhance these households' investment performance.

Nevertheless, the findings of this study clarify that automated rebalancing is not a silver bullet to boost portfolio efficiency. In combination with the findings of Jacobs et al. (2014), who find that smaller shifts in portfolios' asset weights do not hamper portfolio efficiency as long as the portfolio is not tilted

[24] Horn/Oehler 2019, 27-28.

extremely towards one asset, our results support the implication of Tokat and Wicas (2007) that reasonable (e.g., yearly) monitoring frequencies and allocation thresholds are sufficient to control households' portfolio risk. Hence, the findings of this study indicate that households which already invest in different asset classes with ETFs would not have benefited from rebalancing services. Instead, the charged management fees would have harmed these households' investment performance. The latter effect is comparable to paying high fees for active fund management which fails to outperform the benchmark.

Due to the rebalancing strategies' statistically significant impact on the ASR-Factor, i.e. the portfolio returns' skewness and kurtosis, it seems a promising path for further research to elaborate rebalancing strategies that also consider the portfolio returns' skewness and kurtosis instead of solely focusing on the mean return and the returns' standard deviation."

4 Crowdinvesting[25]

In allgemeiner Form können im Rahmen der internetbasierten Kredit- und Wagnisfinanzierung (Crowdfunding, Schwarmfinanzierung) Nutzer auf einer Online-Plattform in einem spezifischen Umfeld Darlehen (Crowdlending), oft Mikro-Darlehen, vergeben oder erhalten und Projektbeteiligungen eingehen, ebenfalls oft im Mikro-Format (Crowdinvesting), teilweise mit hohem Eigenkapitalcharakter, allerdings meist ohne Mitwirkungs- und Kontrollrechte. Die Digitale Welt schafft hier neue Formen der Projektfinanzierung, entweder in einer eher eigenkapitalähnlichen (equity-based; Crowdinvesting) oder in einer eher fremdkapitalähnlichen (lending-based; Crowdlending) Struktur. Das jeweilige Geschäftsmodell der Plattform bedingt unter anderem, inwieweit es sich um Anlageberatung, Anlage- oder Abschlussvermittlung oder Platzierungsgeschäfte für Dritte handelt.[26]

Beim Crowdinvesting schließen sich viele Personen zusammen, die „Crowd", um sich gemeinsam an einem Projekt-Unternehmen, meist Start-ups, zu beteiligen. In der Regel können Investoren einen Betrag ihrer Wahl investieren und gewinnen dafür eine Beteiligung an den Erträgen und den Wertsteigerungen des Projekts. Das über eine solche Crowdinvesting-Plattform finanzierte Start-up erhält neben den Finanzierungsmitteln insbesondere Öffentlichkeitswirkung, Marketinginstrumente und viele unterschiedlich aktive Unterstützer.[27] Es werden auch Finanzierungsmodelle angeboten, die im Rahmen der Finanzierungsstruktur weniger die monetäre Komponente, sondern vor allem nicht-finanzielle und emotionale Aspekte herausheben (reward-based), die bis zu einer reinen Spendenorientierung reichen können (donation-based). Im Fokus dieses Kapitels stehen nicht die beiden letztgenannten Formen oder solche der „Nachbarschaftsfinanzierung" oder Bürgerprojekte, sondern ausschließlich professionelle

[25] Dieser Text basiert im Wesentlichen auf den beiden Studien Oehler 2016a und Oehler 2018; inhaltlich wurden allfällige Updates und Korrekturen vorgenommen. Diese wörtlichen Selbstzitate wurden zur besseren Unterscheidung ebenfalls enthaltener anderer wörtlicher Zitate nicht in Anführungszeichen gesetzt.

[26] Vgl. Oehler 2016a, vgl. auch Wendt 2016.

[27] Vgl. Oehler 2016a, 1; Wendt 2016; Hampel/Willmroth 2015, 27.

Geschäftsmodelle, die sich unter anderem an nicht-professionelle Investoren richten.[28]

Die Bundesanstalt für Finanzdienstleistungsaufsicht charakterisiert Crowdinvesting ähnlich (vgl. Abbildung 4): „Beim Crowdinvesting erhält der Geldgeber entweder eine Beteiligung an zukünftigen Gewinnen des finanzierten Projekts, oder Anteile oder Schuldinstrumente, wenn das Investment mit Wertpapieranlagen verbunden ist."[29]

Abbildung 4: Crowdinvesting (BaFin 2016b)

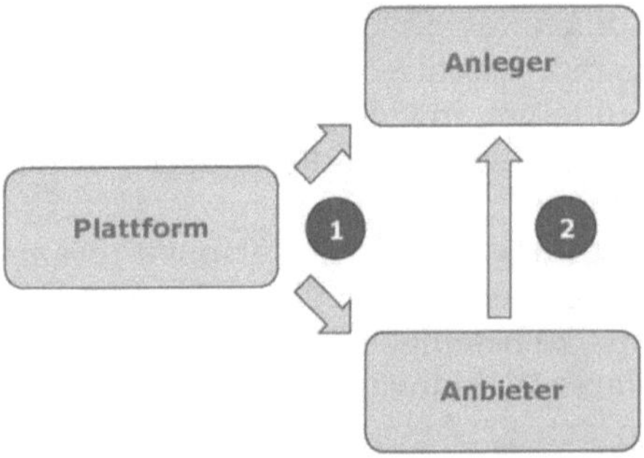

„(1) Auf einer Plattform bieten Anbieter ihre Ideen zur Investition an. Anleger können sich dort ihre Investitionsobjekte aussuchen.

(2) Der Anleger finanziert das Projekt mit und erhält im Gegenzug eine Beteiligung an zukünftigen Gewinnen des finanzierten Projekts oder, wenn das Investment mit Wertpapieranlagen verbunden ist, Anteile oder Schuldinstrumente."[30]

Solche Geschäftsmodelle oder Anbieter stellen also eine Intermediärleistung zur Verfügung, weil ihr jeweiliges Unternehmen oder ihre jeweilige Plattform einzelne bestehende oder angestrebte Fristeninkongruenzen, Betrags- oder Losgrößendivergenzen sowie Informationsbedarfsunterschiede aus-

[28] Vgl. Oehler 2016b, Oehler 2016c.

[29] BaFin 2016b.

[30] BaFin 2016b.

gleichend miteinander verknüpft („Netz"). Insofern ist der Begriff der Disintermediation[31] vollkommen unpassend, da hier zumindest drei der vier Finanzintermediationsleistungen erbracht werden (gegebenenfalls teilweise fehlend: Risikotransformation[32]). Auch die Monopolkommission scheint in ihrem Hauptgutachten XXI hier noch eher einer analogen Denkweise verhaftet zu sein, wenn behauptet wird, dass Plattformen selbst keine Intermediationsleistungen erbringen würden.[33] Crowdfunding oder insbesondere auch Crowdinvesting hat aus ökonomischer Perspektive auch nichts mit der gerne kolportierten „Demokratisierung" der Finanzmärkte zu tun.[34] Crowdfunding und insbesondere Crowdinvesting ist einfach ein anderer und weiterer Typ der Finanzintermediation, via Plattform im Internet anstatt mittels Banken oder anderer Finanzintermediäre.

Crowdinvesting (auch „equity based crowdfunding"[35]) stellt also eine eigenkapitalbasierte Form der Projektfinanzierung dar, bei der sich viele Personen, die „Crowd", über digitale Plattformen zusammenschließen, um sich gemeinsam an einem Unternehmensprojekt, meist einem Start-up, zu beteiligen, inzwischen eher sogar an einem Immobilienprojekt und weniger häufig an einem Energieprojekt.[36]

Zum Ende des Jahres 2016 waren mindestens 31 Crowdinvesting-Plattformen in Deutschland aktiv,[37] andere gehen von über 50 Plattformen aus.[38] Seit dem Jahr 2011 wurden mehr als 154 Millionen Euro über Crowdinvesting-Plattformen (unter anderem Companisto, Exporo, Seedmatch, Bergfürst, Zinsland, Zinsbaustein oder Deutsche Mikroinvest) investiert.[39] Für 2017 wird von Crowdfunding.de eine weiter steigende Tendenz berichtet (vgl. Abbildung 5).

---

[31] Vgl. z.B. Smith/Hong 2016, 1.

[32] Vgl. z.B. Oehler 2006, 75-91, Oehler 2012; vgl. auch Cumming/Zhang 2016.

[33] Vgl. Monopolkommission 2016, 433.

[34] So z.B. Zinsbaustein-Vorstand Noé zitiert in Drost/Schneider 2017.

[35] Vgl. BaFin 2017.

[36] Vgl. Oehler 2016a. Vgl. auch Wendt 2016.

[37] Vgl. Crowdfunding.de 2017.

[38] Vgl. Rexer 2015, 19.

[39] Vgl. Hornuf/Schmitt 2016.

Abbildung 5: Crowdinvesting in Deutschland 2011-2017 (Crowdfunding.de 2018a, 4)

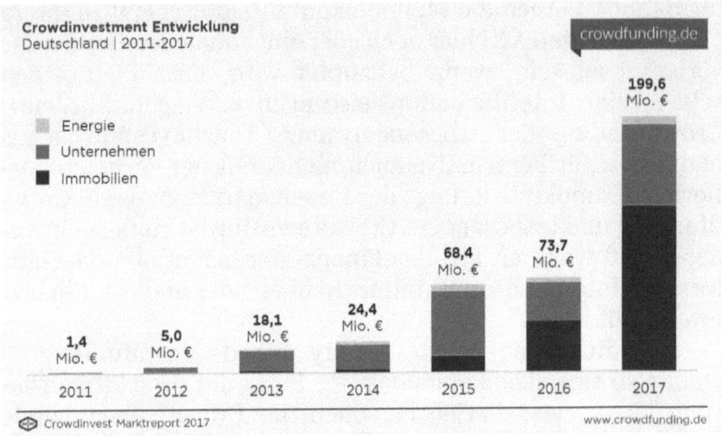

Für 2016 wird insgesamt ein Crowdinvestment-Volumen in Höhe von ca. 64 Millionen Euro angegeben, das sich zu 63% auf Immobilienprojekte, zu 29% auf Unternehmensprojekte und zu 8% auf Energieprojekte verteilt; Immobilienprojekte verzeichnen dabei einen Zuwachs gegenüber 2015 in Höhe von 93%.[40] Für 2017 und 2018 wird eine weitere Steigung genannt.[41]

Obwohl einige Start-ups bereits drei Monate nach dem Abschluss der Finanzierung über eine Crowdinvesting-Plattform in Zahlungsschwierigkeiten geraten[42], verzeichnen die Plattformen weiter steigende Investitionen.[43] Blohm et al. (2015) schätzen auf Grundlage von Expertenbefragungen ein jährliches Wachstum des gesamten Crowdfunding-Markts (also auch inklusive Crowdlending) von 30% bis ins Jahr 2020, womit der Crowdinvesting-Markt in den kommenden Jahren

---

[40] Vgl. Crowdfunding.de 2017, 3 und 11.

[41] Vgl. Crowdfunding.de 2018a, 3.

[42] Vgl. Barkow 2015, 18-19.

[43] Vgl. Hornuf/Schmitt 2016.

weiter an Bedeutung gewinnen würde.[44] Außerdem wird ein immer breiteres Spektrum an Investitionsmöglichkeiten über Crowdinvesting-Plattformen angeboten.

Statt Beteiligungen an Start-ups rücken zunehmend Immobilienprojekte (sowohl Neubauten als auch Renovierungen) als vermeintlich wenig riskante Investments in den Fokus (vgl. Abbildung 6). Dies erinnert an die Entwicklung bei offenen und geschlossenen Immo-Fonds nach dem Jahrtausendwechsel. Zudem drängen professionelle Investoren in den Markt, als Teil der Crowd, nicht als Plattform. Kritisiert wird dabei unter anderem, dass die Bundesregierung unter dem Label der Start-up-Förderung kommerzielle Crowd-Immobilienprojekte fördert (siehe Anteil der Immo-Projekte am gesamten Crowdinvestment-Volumen).[45] Crowdfunding.de berichtet für 2017, dass sich Immobilien-Crowdinvestments im dritten Jahr in Folge mehr als verdreifacht haben.[46]

Abbildung 6: Crowdinvesting in Deutschland 2017 (Crowdfunding.de 2018a, 3)

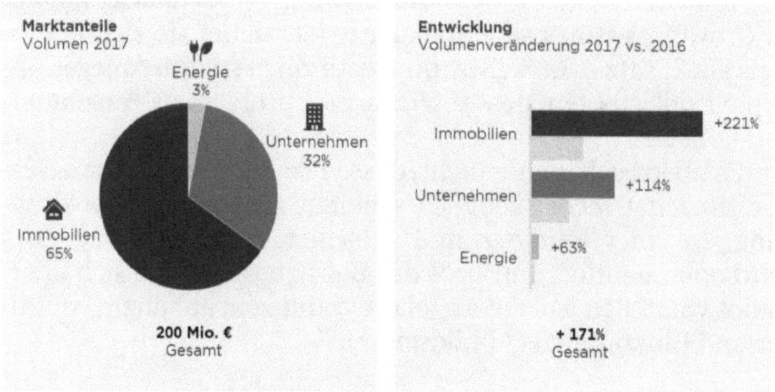

Vielen Kleinanlegern dürfte hierbei allerdings kaum klar sein, dass sie

44 Vgl. Blohm et al. 2015.

45 Vgl. Drost/Schneider 2017; Hock 2017; Schneider 2017.

46 Vgl. Crowdfunding.de 2018a, 3.

(1) nur deswegen den Zugang zu diesen Immobilienprojekten erhalten, weil Banken und Projektentwickler nicht bereit waren, die damit verbundenen Risiken in ihre eigenen Bilanzen zu nehmen, und dass sie

(2) aufgrund der Beschaffenheit des Finanzierungsinstruments als erste bis zu einem Totalverlust ihres Investitionsbetrags von Verlusten des finanzierten Projekts betroffen sind.

Privaten Anlegern sollen allein im Jahr 2015 Verluste in Höhe von 8 Millionen Euro entstanden sein.[47] Auch im Jahr 2016 kam es zu mehreren Insolvenzen von Start-ups; z.T. haben sie zuvor mehr als eine Million Euro auf Crowdinvesting-Plattformen eingeworben.[48] Dies hat sich auch danach fortgesetzt, z.B. mit der recht prominenten Insolvenz des Zugbetreibers Locomore 2017[49] oder der über die Plattform Zinsland eingeworbenen 1,25 Millionen Euro für Mikroappartments.[50] Inzwischen werden aber auch warnende Stimmen zu nicht durchschaubaren Risiken, gerade im besonders stark wachsenden Bereiche der Immobilien-Crowdinvestments, lauter, so z.B. Lohrer: „Doch Vorsicht: Die Investments bergen teils erhebliche Risiken."[51] Oder die Stiftung Warentest: „Weil Geldanlage in Crowdinvestings sehr spekulativ ist, eignet sie sich höchstens als Zusatz ... In Schwarminvestitionen sollten Anleger nur „Spielgeld" stecken, dessen Verlust sie problemlos verschmerzen können ...".[52]

Es überrascht daher nicht, dass viele Bürgerinnen und Bürger zunächst recht skeptisch scheinen gegenüber Crowdfunding. In einer Studie zum Deutschen Verbrauchertag 2015 wird dokumentiert, nur 26% der Befragten könnten sich überhaupt vorstellen, solche Angebote zu nutzen, abhängig von Alter und Einkommen (Abbildung 7).

[47] Vgl. Rexer 2015, 19.
[48] Vgl. Müller/Zdrzalek 2017.
[49] Vgl. Kirsch et al. 2017.
[50] Vgl. Gojdka 2018.
[51] Lohrer 2018.
[52] Stiftung Warentest 2018, 88.

Abbildung 7: Potenzial des Teilens (Crowdfunding) (Vzbv 2015)

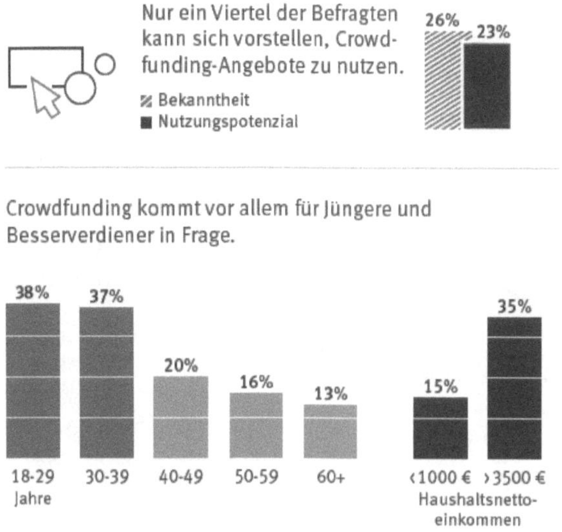

Neuere Befragungsdaten von Crowdfunding.de zeigen inzwischen einen leichten Aufwärtstrend. Als Geldanlage spielt Crowdinvesting unter der erfragten Rubrik „Beteiligung“ allerdings eine deutlich untergeordnete Rolle, es dominieren die „reward-based“-Modelle und die „donation-based“-Modelle.[53] Zudem gelten weiterhin überdurchschnittlich hohe Werte für „Bekanntheit“, „Verständnis“ und „Beteiligung“ bei Männern, jungen Altersklassen, hohem Einkommen und hohem Bildungsniveau (vgl. Abbildungen 8).

[53] Crowdfunding.de 2018b, 3.

Abbildung 8: Crowdfunding 2015 bis 2018[54]

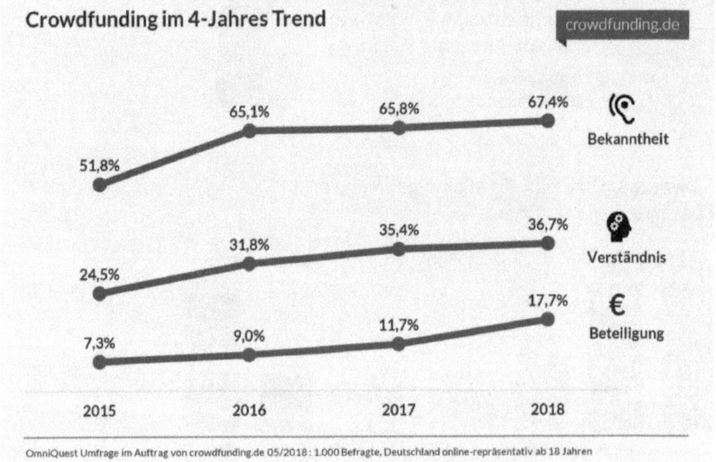

Die bisherigen Analysen und insbesondere die Studie zur Anlegerinformation beim Crowdinvesting für das Land Baden-Württemberg (Oehler 2018) haben gezeigt, dass unter anderem die bestehenden Informationen im Bereich des Crowdinvesting keine gute Verbraucherinformation darstellen. Einerseits fehlen für Verbraucherinnen und Verbraucher relevante Informationen zu den Risiken und Chancen der Crowdinvesting-Produkte, andererseits erzeugen sie bei den Verbraucherinnen und Verbrauchern trotz des Mangels an Information die Illusion, gut über das Produkt informiert zu sein.[55] Somit scheint sich die Informationslage in diesem Bereich, insbesondere zur Finanzierung von Start-up Unternehmen, für Verbraucherinnen und Verbraucher durch die bereitgestellten Informationen auch nach der Einführung des Kleinanlegerschutzgesetzes kaum verbessert zu haben. Dabei ist es sowohl

[54] Crowdfunding.de 2018b, 4; „Bekanntheit“: Anteil der Befragten, die schon mal von Crowdfunding gehört haben; „Verständnis“: Anteil der Befragten, die nach eigener Angabe wissen, worum es sich bei Crowdfunding handelt; „Beteiligung“: Anteil der Befragten, die nach eigener Angabe sich finanziell an einem Crowdfunding Projekt beteiligt haben.

[55] Siehe hierzu auch Oehler et al. 2019.

im Interesse von Verbraucherinnen und Verbrauchern, ihren Interessensverbänden und des Gesetzgebers, als auch von Crowdinvesting-Plattformen und jungen Unternehmen, dass Verbraucherinnen und Verbrauchern beim Crowdinvesting gute Informationen zur Verfügung gestellt werden: Einerseits, um die Verbraucherinnen und Verbraucher vor unbekannten Risiken zu schützen, und andererseits, um sie für das Thema Frühphasenfinanzierungen von Unternehmen zu gewinnen.[56]

[56] Vgl. Oehler 2018.

5 Fazit

Man könnte ja fragen, warum über Regulierung nachgedacht wird, wenn doch aktuell kaum große „Finanzskandale“ zu Social Trading, Robo Advice oder Crowdfunding öffentlich geworden sind? Eine reparierende, aufräumende Regulierung mag unvermeidbar sein, jedoch wäre eine zusätzliche präventive Regulierung geeignet, zumindest die Wahrscheinlichkeit neuer Anlagekatastrophen zu reduzieren. Wäre es nicht klug, Risiken zu begrenzen, um die vielen Chancen der Digitization im Finanzbereich zu erhalten und auszubauen?[57]

Hier hilft nur, wenn sicher auch nicht abschließend, endlich den „Graumarkt“ und die Regulierung zweiter Klasse zu beenden! Schafft nicht erst ein durchgehend „weißer“ Markt die notwendige Voraussetzung, dass viele Menschen mehr Zutrauen gewinnen zu Investments, die für ihr späteres Einkommen so wichtig sein könnten, nämlich Partizipation am wirtschaftlichen Erfolg statt Scheinsicherheit?[58]

---

[57] Vgl. Oehler 2016c, 77.
[58] Vgl. Oehler 2016b.

Literaturverzeichnis

BaFin (2016a). Plattform zur Signalgebung und automatisierten Auftragsausführung - Signal Following oder Social Trading. https://www.bafin.de/DE/Aufsicht/FinTech/Signalgebung/signalgebung_artikel.html; zuletzt abgerufen am 20.4.2016.

BaFin (2016b). Crowdinvesting. https://www.bafin.de/DE/Aufsicht/FinTech/Crowdfunding/-Crowdinvesting/crowdinvesting_artikel.html; zuletzt abgerufen am 20.4.2016.

BaFin (2016c). Robo-Advice und Auto-Trading – Plattformen zur automatisierten Anlageberatung und automatischem Trading. https://www.bafin.de/DE/Aufsicht/FinTech/Anlageberatung/anlageberatung_artikel.html;jsessionid=EBCC23496CB20FDF37A734E1963C9353.1_cid390; zuletzt abgerufen am 18.4.2016.

BaFin (2016d). Automatisierte Finanzportfolioverwaltung. https://www.bafin.de/DE/Aufsicht/FinTech/Finanzportfolioverwaltung/finanzportfolioverwaltung_node.html; zuletzt abgerufen am 18.4.2016.

BaFin (2017). Crowdfunding. https://www.bafin.de/DE/Aufsicht/FinTech/Crowdfunding/-crowdfunding_node.html; zuletzt abgerufen am 26.8.2017.

Barkow, Peter (2015). Crowdinvesting: Schwarm ohne Schwung?. Die Bank, Heft 3, 18-19.

Blohm, Ivo; Sieber, Eva; Haas, Philipp; Schulz, Moritz; Leimeister, Jan Marco; Wenzlaff, Karsten; Gebert, Michael (2015). Delphi-Studie Crowdfunding 2020 – Komplement oder Substitut für die Finanzindustrie?. Universität St. Gallen.

Crowdfunding.de (2016). Marktreport 2016. https://www.crowdfunding.de/marktdaten/; zuletzt abgerufen am 26.8.2017.

Crowdfunding.de (2018a). Crowdinvest Marktreport 2017. https://www.crowdfunding.de/crowdinvest-marktreport-2017/; zuletzt abgerufen am 11.3.2019.

Crowdfunding.de (2018b). Crowdfunding Barometer 2018. https://www.crowdfunding.de/crowdfunding-barometer/; zuletzt abgerufen am 11.3.2019.

Cumming, Douglas; Zhang, Yelin (2016). Are Crowdfunding Platforms Active and Effective Intermediaries?. Working Paper, Toronto.

Doering, Philipp (2015). Vermögensverwaltung über Social-Trading-Plattformen. Paul, Stephan: Wissen und Handeln 14, ifk, Bochum, 33-43.

Doering, Philipp; Neumann, Sascha., Paul, Stephan (2015). A Primer on Social Trading Networks. Working Paper, Bochum.

Drost, Frank Matthias; Schneider, Katharina: Intelligenter Schwarm (2017). Beim Crowdinvesting besteht erheblicher Reformbedarf. Handelsblatt, 27.4.2017, 2017, 40.

EU-Kommission (2015). Grünbuch über Finanzdienstleistungen für Privatkunden. COM(2015) 630 final, Brüssel.

Gojdka, Victor (2018). Riskante Schwärmerei. Süddeutsche Zeitung, 9.7.2018, 2018, 20.

Groves, Francis (2016). Robo-Advisors 3.0, myprivatebanking research, http://www.myprivatebanking.com/Report/report-creating-robo-advisors-that-win-and-keep-customers-in-banking-wealth-and-fund-management; zuletzt abgerufen am 25.8.2016.

Hampel, Lea, Willmroth, Jan (2015). Ausschwärmen; Süddeutsche Zeitung, 11.7.2015, 27.

Hock, Martin (2017). Die Crowd hat die besseren Start-ups. https://www.faz.net/aktuell/finanzen/start-ups-mit-crowdfinanzierung-verzeichnen-weniger-pleiten-14998778.html; zuletzt abgerufen am 15.7.2017.

Horn, Matthias; Oehler, Andreas (2019). Automated Portfolio Rebalancing: Automatic Erosion of Investment Performance? 88th International Atlantic Economic Conference, Miami, October 17-20, 2019; 2019 Annual Meeting Academy of Financial Services, October 15-16, 2019, Minneapolis; EURO 2019, 30th European Conference on Operational Research, Dublin, June 23-26, 2019; 2019 FMA European Conference, Glasgow, June 12-14, 2019, Bamberg.

Horn, Matthias; Oehler, Andreas; Wendt, Stefan (2019). FinTech for Consumers and Retail Investors: Opportunities and Risks of Digital Payment and Investment Services, Bamberg.

Hornuf, Lars; Schmitt, Matthias (2016). Success and Failure in Equity Crowdfunding. CESifo DICE Report 2/2016, 2016, 16-22.

Jacobs Heiko; Müller, Sebastian; Weber, Martin (2014). How should individual investors diversify? An empirical evaluation of alternative asset allocation policies. Journal of Financial Markets 19, 2014, 62-85.

Kirsch, Sebastian, Schönwitz, Daniel, Schlesiger, Christian (2017). Wenn der Schwarm auf der Strecke bleibt, WirtschaftsWoche, 11.8.2017.

Lesser, Kathrin; Schneider, Antonia; Röder, Klaus (2015). Social Trading. BIT Banking and Information Technology 16, No 3, 2015, 52-61.

Liew, Jim Kyung-Soo; Guo, Shenghan; Zhang, Tongli (2017). Tweet Sentiments and Crowd-Sourced Earnings Estimates as Valuable Sources of Information around Earnings Releases. Journal of Alternative Investments 19, No 3, 2017, 7-26.

Lohrer, Ulrich (2018). Crowdinvesting boomt: Achtung, Risiken lauern! Euro am Sonntag, https://www.finanzen.net/nachricht/private-finanzen/euro-am-sonntag-service-crowdinvesting-boomt-achtung-risiken-lauern-6384299; zuletzt abgerufen am 11.3.2019, 2018.

Monopolkommission (2016). Hauptgutachten XXI, Kapitel V (Digitale Märkte: Sharing Economy und FinTechs). Bonn.

Müller, Benedikt; Zdrzalek, Lukas (2017). Das Crowd-Kasino. Süddeutsche Zeitung 13.1.2017, 20.

Oehler, Andreas (2006). Zur Makrostruktur von Finanzmärkten – Börsen als Finanzintermediäre im Wettbewerb. Kürsten, Wolfgang; Nietert, Bernhard (Hrsg.): Kapitalmarkt, Unternehmensfinanzierung und rationale Entscheidungen, Springer, Berlin [u. a.], 75-91.

Oehler, Andreas (2010). Behavioral Economics meets Personal Finance: Ein alter Hut in der forschungsgeleiteten Verbraucherpolitik?. Vortrag, Workshop des DIW Deutsches Institut für Wirtschaftsforschung und der FES Friedrich Ebert Stiftung Wissenschaft und Politik im Gespräch – Perspektiven forschungsgeleiteter Verbraucherpolitik, Berlin.

Oehler, Andreas (2011a). Behavioral Economics und Verbraucherpolitik: Grundsätzliche Überlegungen und Praxisbeispiele aus dem Bereich Verbraucherfinanzen. BankArchiv 59, 707-727.

Oehler, Andreas (2011b). Check Verbraucherpolitik & Verbraucherverhalten: Mehr Realismus, mehr Verbraucherbeteiligung, mehr Unabhängigkeit?!. Parlamentarischer Abend, Berlin.

Oehler, Andreas (2012). Anbieter- und verbrauchergerechte Beratung und Information. Mehr Anlegerschutz durch standardisierte Beratungsprotokolle und Produktinformationsblätter. Studie im Auftrag des Ministeriums für Ländlichen Raum und Verbraucherschutz (MLR) Baden Württemberg, des SparkassenVerband Baden-Württemberg, des Baden-Württembergischen Genossenschaftsverband e.V., Bamberg/Stuttgart.

Oehler, Andreas (2015a). Risiko-Warnhinweise in Kurzinformationen für Finanzdienstleistungen. Eine empirische Analyse. ZBB Zeitschrift für Bankrecht und Bankwirtschaft 27, 208-212.

Oehler, Andreas (2015b). Digitale Welt und Finanzen. Zahlungsdienste und Finanzberatung unter einer Digitalen Agenda. Veröffentlichungen des Sachverständigenrats für Verbraucherfragen, Berlin.

Oehler, Andreas (2015c). Alles digital? Innovative Geschäftsmodelle im digitalen Zahlungsverkehr und Verbraucherpolitik. Wirtschaftsdienst, Dezember 2015, 817-821.

Oehler, Andreas (2016a). Digitale Welt und Finanzen. Formen des Crowdfunding: Handlungsbedarf für die Verbraucherpolitik? Veröffentlichungen des Sachverständigenrats für Verbraucherfragen, Berlin.

Oehler, Andreas (2016b). Es braucht eine klare, einfache und verständliche Regulierung – Interview mit Univ.-Prof. Dr. Oehler. crowdfunding.de, 22.8.2016, http://www.crowdfunding.de/interview-mit-univ-prof-dr-oehler-vom-sachverstaendigenrat-fuer-verbraucherfragen/; zuletzt abgerufen am 11.3.2019.

Oehler, Andreas (2016c). Auch der Schwarm braucht klare Regeln. Euro am Sonntag, 6.8.2016, 76-77.

Oehler, Andreas (2016d). Digitale Finanzberatung braucht standardisierte Produktinformationen. Der Neue Finanzberater, 1, 15.

Oehler, Andreas (2016e). Upgrade notwendig? Finanzieller Verbraucherschutz in einer digitalisierten Welt - Einführung und Überblick. Fachgespräch, Deutscher Bundestag, Fraktion Die Grünen, Berlin, 22. Februar 2016.

Oehler, Andreas (2017). Digitalisierung bei Finanzdienstleistungen in den Bereichen bargeldlose Bezahlmethoden und Online-Beratungs- und Informationsangebote. Studie im Auftrag des Bundesministerium der Justiz und für Verbraucherschutz (BMJV), Bamberg/Berlin.

Oehler, Andreas (2018). Infos für den Schwarm: Werden Crowdinvesting-Kleinanleger mit VIBs gut informiert? Eine empirische Untersuchung. Studie im Auftrag des Ministerium für Ländlichen Raum und Verbraucherschutz (MLR) Baden Württemberg, Bamberg/Stuttgart.

Oehler, Andreas (2019a). Finanzen und Altersvorsorge. Kenning, Peter; Oehler, Andreas; Reisch, Lucia (Hrsg.): Verbraucherwissenschaften – Rahmenbedingungen, Forschungsfelder und Institutionen. 2. Aufl., Springer, Wiesbaden (forthcoming).

Oehler, Andreas (2019b). Der technologische Wandel: Herausforderungen in der Digitalen Welt. Kenning, Peter; Oehler, Andreas; Reisch, Lucia (Hrsg.): Verbraucherwissenschaften – Rahmenbedingungen, Forschungsfelder und Institutionen. 2. Aufl., Springer, Wiesbaden (forthcoming).

Oehler, Andreas (2019c). Entwicklungspfade der Verbraucherwissenschaften. Kenning, Peter; Oehler, Andreas; Reisch, Lucia (Hrsg.): Verbraucherwissenschaften – Rahmenbedingungen, Forschungsfelder und Institutionen. 2. Aufl., Springer, Wiesbaden (forthcoming).

Oehler, Andreas (2019d). Verbraucherinformation und Verbraucherbildung. Kenning, Peter; Oehler, Andreas; Reisch, Lucia (Hrsg.): Verbraucherwissenschaften – Rahmenbedingungen, Forschungsfelder und Institutionen. 2. Aufl., Springer, Wiesbaden (forthcoming).

Oehler, Andreas; Höfer, Andreas; Wendt, Stefan (2011). Von Konsumenten & Anbietern. Herausforderungen der Verbraucherpolitik im digitalen Zeitalter. uni.vers Forschung, Mai, 28-31.

Oehler, Andreas; Horn, Matthias; Wendt, Stefan (2016a). Benefits from social trading? Empirical evidence for certificates on wikifolios. International Review of Financial Analysis 46, 202-210.

Oehler, Andreas; Horn, Matthias; Wendt, Stefan (2016b). Was taugt Finanzberatung durch Robo-Advisor wirklich?. Der Neue Finanzberater, Mai, 28-29.

Oehler, Andreas; Horn, Matthias; Wendt, Stefan (2018a). Mehr als nur Crowdfunding? – Wie die Digitalisierung Prozesse der Mittelstandsfinanzierung verändert. Corporate Finance 9 (1-2), 2018a, 3-7.

Oehler, Andreas; Horn, Matthias; Wendt, Stefan (2018b). Neue Geschäftsmodelle durch Digitalisierung? Eine Analyse aktueller Entwicklungen bei Finanzdienstleistungen. Keuper, Frank; Schomann, Marc; Sikora, Linda Isabell; Wassef, Rimon (Hrsg.), Disruption und Transformation Management, Springer, Wiesbaden, 325-341.

Oehler, Andreas; Horn, Matthias; Wendt, Stefan (2019). Information Illusion: Placebic Information and Stock Price Estimates. 88th International Atlantic Economic Conference, Miami, October 17-20, 2019; 2019 Annual Meeting of the Academy of Financial Services, Minneapolis, October 15-16, 2019; 2019 IAREP/SABE Conference, Dublin, September 1-4, 2019; 2019 Behavioural Finance Working Group Conference, London, 6-7 June 2019, Bamberg.

Oehler, Andreas; Reisch, Lucia (2016). Verbraucherleitbild: Differenzieren, nicht diskriminieren!. Veröffentlichungen des Sachverständigenrats für Verbraucherfragen, Berlin.

Penzel, Hans-Gert (2015). FinTechs: Fluch und Segen für die Banken. BIT Banking and Information Technology 16, 9-12.

Ratzesberger, Pia (2015). Ökonomie des Teilens. Süddeutsche Zeitung, 4.4.2015, 25.

Rexer, Andrea (2015). Gefeiert und gescheitert. Süddeutsche Zeitung, 29.12.2015, 19.

Schneider, Katharina (2017). Digitale Geldanlage. Crowdinvesting wirkt wie eine Ersatzdroge. Handelsblatt, 27.04.2017, https://www.handelsblatt.com/finanzen/anlagestrategie/trends/digitale-geldanlage-crowdinvesting-wirkt-wie-eine-ersatzdroge/19723092.html; zuletzt abgerufen am 06.05.2017.

Smith, Roy; Hong, Won (2016). Crowdfunding: A New Disruptive Technology?. Working Paper, New York.

Stiftung Warentest (2018). Top oder Flop test, Juni, S. 86-88.

Timmler, Vivian (2015). Filiale statt FinTech.In: Süddeutsche Zeitung, 21.9.2015, 22.

Tokat Yesim; Wicas Nelson (2007). Portfolio Rebalancing in Theory and Practice. Journal of Investing 16(2), 52–59.

Toller, Andreas (2015). Die Banken rennen PayPal hinterher; Wirtschaftswoche, 27.3.2015, http://www.wiwo.de/unternehmen/banken/online-bezahlung-die-banken-rennen-paypal-hinterher/11567920.html; zuletzt abgerufen am 29.8.2015.

Vzbv:Deutscher Verbrauchertag (2015). Infografiken zu Sharing Economy. http://www.vzbv.de/sites/default/files/downloads/infografik_sharing-economy_vzbv_gro%C3%9F_CMYK.pdf, 5; zuletzt abgerufen am 4.7.2015, 2015.

Wendt, Stefan (2016). Geld anlegen mit und im Schwarm – Chancen und Risiken für Verbraucherinnen und Verbraucher. Studie für das Bundesministerium der Justiz und für Verbraucherschutz, Berlin.

Wendt, Stefan; Horn, Matthias; Oehler, Andreas (2018). Robo-Advisors: The Future of Financial Advice?. Tölvumál 43, 20-21.

Willmroth, Jan (2016). Mach mich reich, Robo. Süddeutsche Zeitung, 19.8.2016, 16.

Ist Crowdfunding eine relevante Finanzierungsalternative für Unternehmen? Eine ökonomische Analyse aus Sicht unterschiedlicher Unternehmenstypen

Fabian Stützle[a*]

Key Words: Finance; FinTech; Crowdfunfing

Inhaltsübersicht:

[a]Research Student at Zeppelin University
*Please address correspondence to Fabian Stützle, Zeppelin University, Am Seemoser Horn 20, 88045 Friedrichshafen.

1 Einleitung

Das ursprünglich aus den Vereinigten Staaten kommende Crowdfunding gewinnt auch in Europa zunehmend an Popularität, was sich unter anderem an der Anzahl der vorhandenen Crowdfunding-Plattformen, an der Anzahl der themenbezogenen Suchanfragen in Google und an der immer breiteren Masse an finanzierbaren Projekten zeigt.[1] Das Konzept, ein Vorhaben über eine breite Masse an Investoren finanzieren zu lassen ist zwar nicht grundsätzlich neu und wurde bspw. bereits bei Wahlkämpfen oder beim Bau der Freiheitsstatue genutzt, durch das Internet und die damit verbundenen Möglichkeiten ist diese Form der Finanzierung nun allerdings massentauglich geworden.[2] So wird Crowdfunding inzwischen in verschiedenen Bereichen genutzt, bspw. zur Bereitstellung von Mikrokrediten, zur Finanzierung von Immobilienprojekten oder im Bereich Kunst und Kultur.[3] Ein weiteres Anwendungsfeld ist die Finanzierung von Unternehmen. So sehen sich bspw. Start-ups, ebenso wie kleine und mittlere Unternehmen (KMU) nicht selten mit Problemen bezüglich der Finanzierung konfrontiert, welche durch Crowdfunding gelöst oder zumindest verbessert werden könnten.[4]

Grundsätzlich gibt es dabei verschiedene Formen des Crowdfundings, welche sich vor allem darin unterscheiden, wie das eingesetzte Kapital vergütet wird.[5] Mit Betterplace als Plattform im Bereich des Crowdsponsorings und Smava, bzw. eLolly als Plattformen für das Lending-based Crowdfunding unter Privatpersonen[6] hat 2007 das Crowdfunding auch in Deutschland begonnen, auf Basis der durch Crowfunding finanzierten Projekte kann aber eher das Jahr 2011 als wirkliches Startjahr für das Crowdfunding in Deutschland

[1] Vgl. Stahlmann 2013.

[2] Vgl. Schedensack 2018.

[3] Vgl. Dorfleitner et al. 2019; Schedensack 2018; Harzer 2013.

[4] Vgl. Borello et al. 2015.

[5] Vgl. Stahlmann 2013.

[6] Die erste Plattform im Bereich Lending-based Crowdfunding für Unternehmen war Zencap in 2014; vgl. Dorfleitner und Hornuf (2016).

ausgemacht werden.[7] In 2011 startete außerdem mit Seedmatch die erste Plattform für das Equity-based Crowdfunding.[8]

Da das Crowdfunding in Deutschland immer mehr an Bedeutung gewinnt und sich verschiedene Unternehmenstypen – wie bereits erläutert – durchaus mit Finanzierungsproblemen konfrontiert sehen, soll das Crowdfunding in der vorliegenden Arbeit aus Unternehmensperspektive betrachtet werden. Um auf die Frage ob Crowdfunding eine relevante Finanzierungsalternative für Unternehmen ist einzugehen, wird zunächst beschrieben, was genau Crowdfunding ist, welche Formen Crowdfunding annehmen kann und welchen Regularien Crowdfunding in Deutschland unterliegt. Hierbei wird im Hinblick auf den Investitionscharakter einer Finanzierung die Fokussierung auf das renditeorientierte Crowdfunding vorgenommen. Danach wird dieses sowohl aus Unternehmens-, als auch aus Investorenperspektive betrachtet, um zu beantworten, warum die beiden beteiligten Parteien Crowdfunding grundsätzlich als Finanzierungs-, bzw. Investitionsalternative in Betracht ziehen sollten. Anschließend soll das Crowdfunding als Finanzierungsalternative aus Sicht unterschiedlicher Unternehmenstypen – Start-up und KMU – betrachtet werden. Der Public Sector wird im Hinblick auf Crowdfunding als Finanzierungsalternative für Unternehmen in der vorliegenden Arbeit ausgeklammert, auch wenn Crowdfunding hier bspw. auf kommunaler Ebene durchaus eine Rolle spielen kann.[9] Abschließend wird ein Fazit gezogen. Der Fokus auf Deutschland wird einerseits damit begründet, dass hier ein stark wachsender Markt existiert und andererseits durch bundesweit einheitliche Regularien, welche bei der Thematik nicht außer Acht gelassen werden können.[10]

---

[7] Vgl. Dorfleitner/Hornuf 2016; Stahlmann 2013.

[8] Vgl. Dorfleitner/Hornuf 2016.

[9] Vgl. Assenmacher 2017.

[10] Vgl. Dorfleitner/Hornuf 2016; Klein/Pinkert 2017.

2 Crowdbasierte Finanzierungsmodelle

2.1 Definition Crowdfunding

Crowdfunding ist eine Untergruppe des Crowdsourcings, bei welchem es darum geht Probleme mittels einer großen Anzahl von Menschen zu lösen und beschreibt im Allgemeinen die Finanzierung eines konkreten Vorhabens durch einen Schwarm, also eine hohe Anzahl von Spendern oder Investoren.[11] Dazu gehört neben einem konkreten Finanzierungszweck auch ein öffentlicher Aufruf nach finanziellen Mitteln, und auch die Nutzung des Internets und die Sammlung kleiner oder sehr kleiner Einzelbeiträge sind in der Regel kennzeichnend für das Crowdfunding.[12]

Beim Crowdfunding kann zum einen danach unterschieden werden, ob ein Intermediär, also eine Crowdfunding-Plattform, genutzt wird oder ob direktes Crowdfunding stattfindet, d.h. dass der Kapitalsuchende sowohl den Aufruf als auch die Zahlungen selbst, bspw. auf der eigenen Website, abwickelt.[13] Zum anderen kann nach den verschiedenen Formen des Crowdfundings unterschieden werden. Zwar gibt es zum Themengebiet Crowdfunding hier noch keine ganz einheitliche Nomenklatur, die Unterscheidung zwischen dem Donation-based Crowdfunding, dem Reward-based Crowdfunding, dem Lending-based Crowdfunding und dem Equity-based Crowdfunding hat sich in der internationalen Literatur aber weitestgehend durchgesetzt.[14] Diese Kategorisierung stimmt außerdem mit jener der Bundesanstalt für Finanzdienstleistungsaufsicht BaFin (o. J.a) überein.[15] Außerdem hat die gewählte Nomenklatur zwei weitere Vorteile gegenüber alternativer Bezeichnungen[16]: erstens erfolgt die Benennung der verschiedenen Formen des Crowdfundings hier nach einem einheitlichen

---

11 Vgl. Deffains-Crapsky/Sudolska 2014, 3-19; BaFin o. J.a.; Schedensack 2018; Stahlmann 2013.

12 Vgl. Belleflamme et al. 2014, 585-609; Schedensack 2018.

13 Vgl. Schedensack 2018.

14 Vgl. Beck 2014; Moritz/Block 2016, 25-53; Oehler 2016; Schedensack 2018.

15 Vgl. BaFin o.J.a.

16 Eine Auswahl an alternativen Bezeichnungen für die einzelnen Formen des Crowdfundings wird im Laufe der vorliegenden Arbeit noch vorgestellt.

Schema und zweitens bleibt der Überbegriff „Crowdfunding" bei allen Formen erhalten.

Die BaFin (o. J.a) fasst die ersten beiden Formen des Crowdfunding zusätzlich unter dem Begriff Crowdsponsoring zusammen, da das aufgewendete Kapital weder in Form einer Gewinnbeteiligung noch in Form einer Rückzahlung der investierten Geldsumme vergütet wird.[17] Stahlmann (2013) hingegen verwendet den Begriff Crowdsponsoring für eine Form des Crowdfundings, bei der Unternehmen sich an einem Vorhaben beteiligen und dafür im Gegenzug Werbung erhalten – also als Sponsor auftreten.[18] Dies lässt sich allerdings auch dem Reward-based Crowdfunding zuordnen, weshalb der Begriff Crowdsponsoring in der vorliegenden Arbeit analog zum Verständnis der BaFin als Überbegriff für das Donation-based Crowdfunding und das Reward-based Crowdfunding verwendet wird. Im Folgenden sollen die vier Formen des Crowdfunding näher beschrieben werden.

Donation-based Crowdfunding

Donation-based Crowdfunding wird in anderen Quellen auch als Crowddonating oder spendenbasiertes Crowdfunding bezeichnet.[19] Beim Donation-based Crowdfunding handelt es sich wie der Name schon sagt um Spenden, d.h. dass Geld eingesammelt wird, ohne dies in Form einer Gegenleistung zu vergüten.[20]

Das Donation-based Crowdfunding läuft wie folgt ab: Der Kapitalsuchende stellt Informationen zum Vorhaben bereit und legt ein sogenanntes Fundingziel[21] mit zugehörigem Zeitrahmen fest. Wenn das Fundingziel am Ende des Zeitrahmens entweder erreicht oder sogar überschritten wurde, wird das gesammelte Geld an den Kapitalsuchenden ausgezahlt, ansonsten wird es in der Regel wieder an die Spender zurückgezahlt.[22]

---

17 Vgl. BaFin o.J.a.

18 Vgl. Stahlmann 2013.

19 Vgl. Dorfleitner et al. 2014; Stahlmann 2013; BaFin o.J.a.

20 Vgl. Stahlmann 2013.

21 Das Fundingziel der Zielbetrag, der eingesammelt werden soll um das Vorhaben zu realisieren; vgl. Schedensack (2018).

22 Vgl. Schedensack 2018.

Reward-based Crowdfunding

Das Reward-based Crowdfunding ist eine ganz klassische Form des Crowdfundings.[23] Je nach Quelle wird es auch schlicht als Crowdfunding, als gegenleistungsbasiertes Crowdfunding oder als Crowdsupporting bezeichnet.[24] Beim Reward-based Crowdfunding wird ein Vorhaben aus „nicht gewinnorientiertem Antrieb" finanziert, d.h. es handelt sich eher um eine Spende mit nicht-monetärer – materieller oder immaterieller – Gegenleistung, wie etwa dem Prototypen eines Produkts, einem Goodie, der namentlichen Erwähnung in einem Filmabspann, o.ä., als um ein Investment.[25] Vom Ablauf her ähnelt das Reward-based Crowdfunding dem Donation-based Crowdfunding mit dem Unterschied, dass der Unterstützer je nach Höhe des eingesetzten Kapitals eine der angebotenen Gegenleistungen auswählt.[26]

Lending-based Crowdfunding

Das Lending-based Crowdfunding oder Crowdlending, ähnelt der klassischen Kredit- bzw. Darlehensvergabe von Banken: Als Gegenleistung für die Finanzierung eines Vorhabens wird das eingesetzte Kapital zu einem festgelegten Prozentsatz verzinst, welcher in der Regel bereits vorab bekannt ist.[27] Dieser kann grundsätzlich auch bei null liegen, d.h. dass das eingesetzte Kapital schlicht unverzinst zurückgezahlt wird.[28] Als Synonyme für das Lending-based Crowdfunding sind auch die Begriffe Peer-to-Peer-Lending, bzw. Peer-to-Business-Lending gebräuchlich, ersteres wenn das Darlehen an eine Privatperson vergeben wird und zweiteres wenn es an ein Unternehmen vergeben wird.[29]

Das Lending-based Crowdfunding läuft wie folgt ab: Auf Basis der Angaben des Kapitalsuchenden und weiteren

[23] Vgl. Stahlmann 2013.

[24] Vgl. Stahlmann 2013; BaFin o.J.a.; Dorfleitner et al. 2014, 283-303; Schedensack 2018.

[25] Vgl. Stahlmann 2013; Schedensack 2018.

[26] Vgl. Schedensack 2018.

[27] Vgl. BaFin o.J.a.; Dorfleitner et al. 2014, 283-303; Dorfleitner/Hornuf 2016.

[28] Vgl. BaFin o.J.a.

[29] Vgl. Schedensack 2018.

Auskünften, wie bspw. einer Schufa-Auskunft, wird dem Kapitalsuchenden ein Score zugewiesen, der dazu dient die Investoren über das Investment zu informieren, sie bei der Entscheidung zu unterstützen und einen angemessenen Zinssatz festzulegen.[30] In der Praxis wird die Bonität des kreditsuchenden Unternehmens (bzw. die Rückzahlungsfähigkeit der kreditsuchenden Privatperson) und damit das Risiko des Investments oft mit Hilfe einer dritten Partei bewertet.[31]

Equity-based Crowdfunding

Equity-based Crowdfunding – auch Crowdinvesting, Investment-based Crowdfunding oder Securities Crowdfunding[32] – ist „eine Form von Crowdfunding, bei der Emittenten Eigenkapital oder hybride Finanzierungsinstrumente über das Internet an Kleinanleger ausgeben.“.[33]

D.h., dass die Investoren Beteiligungen an zukünftigen Zahlungsströmen des Unternehmens oder an der Veränderung des Unternehmenswerts erhalten, es ist aber auch möglich, dass eine feste Verzinsung des investierten Kapitals vereinbart wird.[34] In der Regel erfolgt die Beteiligung an der Unternehmensentwicklung mittels partiarischen Nachrangdarlehen[35], es können aber auch Unternehmensanteile vergeben werden.[36] In Deutschland wurden hier in den letzten Jahren tendenziell immer häufiger partiarische Darlehen und Nachrangdarlehen und immer seltener stille Beteiligungen vereinbart, d.h. in der

---

30 Vgl. Schedensack 2018.

31 Vgl. Dorfleitner/Hornuf 2016; Schedensack 2018.

32 Vgl. Beck 2014; Dorfleitner et al. 2014, 283-303; Schedensack 2018; Stahlmann 2013.

33 Schedensack 2018, 54.

34 Vgl. BaFin o.J.a.; Oehler 2017a; Schedensack 2018.

35 Partiarische Nachrangdarlehen sind Mischformen aus Nachrangdarlehen und partiarischen Darlehen. Ein Nachrangdarlehen ist dadurch gekennzeichnet, dass die Forderung im Falle einer Insolvenz nachrangig gegenüber sonstigen Forderungen ist. Ggf. kann hier auch die stärkere Form, der sogenannte qualifizierte Nachrang, vereinbart werden, bei dem im Fall einer Insolvenz das Geld der Investoren wie Eigenkapital des Unternehmens behandelt wird. Bei einem partiarisches Darlehen wird anstatt eines festen Zinssatzes eine Gewinnbeteiligung vereinbart; vgl. Söpper (2016).

36 Vgl. Schedensack 2018, BaFin o.J.a.

Praxis ist ein eindeutiger Trend erkennbar.[37] Da im Rahmen des Kleinanlegerschutzgesetzes (KASG) in Deutschland für diese beiden Beteiligungsformen gewisse Ausnahmeregelungen eingeführt wurden, ist der Trend allerdings nicht zwangsläufig durch den freien Markt, sondern ggf. schlicht durch die bestehenden rechtlichen Rahmenbedingungen begründet.[38] Gerade in Westeuropa und in den USA erfährt das Equity-based Crowdfunding zur Zeit ein starkes Wachstum.[39]

Das Equity-based Crowdfunding läuft wie folgt ab: Auf Basis der eingereichten Unterlagen des Kapitalsuchenden – bspw. Businessplänen, Jahresabschlüssen oder sonstigen Informationen – und persönlichen Gesprächen werden geeignete Kandidaten ausgewählt. Anschließend werden wie auch bei den anderen Formen des Crowdfundings die Konditionen festgelegt, hier bspw. eine Fundingschwelle[40], ein Fundinglimit[41], die Angebotsdauer, etc. Wenn die potenziellen Investoren am Unternehmenserfolg beteiligt werden sollen muss das Unternehmen außerdem bewertet werden und es muss festgelegt werden, welcher Anteil am Unternehmen, bspw. an den Zahlungsströmen, abgegeben werden soll. Anschließend können die Investoren auf Basis der bereitgestellten Informationen, wie bspw. dem Vermögensanlagen-Informationsblatt, entscheiden, ob sie in das Unternehmen investieren. Wenn die Fundingschwelle am Ende des Zeitraums erreicht wurde, werden die Mittel abzüglich der Provision an das kreditsuchende Unternehmen ausgezahlt.[42]

Da Crowdfunding in der vorliegenden Arbeit als Finanzierungsalternative für Unternehmen betrachtet werden soll,

---

[37] Vgl. Hainz et al. 2019, 26-37.

[38] Vgl. Dorfleitner/Hornuf 2016; Oehler 2016.

[39] Vgl. Deffains-Crapsky/Sudolska 2014, 3-19.

[40] Die Fundingschwelle gibt den Betrag an, der mindestens erreicht werden muss, um das Projekt zu realisieren. In der Praxis wird hier zwischen dem Alles-oder-Nichts Prinzip, bei dem es nur zu einer Auszahlung kommt, wenn die Fundingschwelle mindestens erreicht wurde, und dem Keep-it-All Prinzip, bei dem es auch bei nichterreichen der Fundingschwelle zu einer Auszahlung kommt, unterschieden. Ersteres ist üblicher.; vgl. Schedensack (2018).

[41] Das Fundinglimit gibt den Betrag an, der maximal eingesammelt werden kann; vgl. Schedensack (2018).

[42] Vgl. Schedensack 2018.

wird das Crowdsponsoring ausgeklammert. Diese Einengung der Thematik im Hinblick auf Kapitalanlagen ist im Einklang mit der BaFin (o. J.a) und der Unterscheidung von Schedensack (2018) nach Crowdfunding im engeren Sinne und renditeorientiertem Crowdfunding.[43] Auch Dorfleitner et al. (2014) merken an, dass in erster Linie das Lending-based Crowdfunding und das Equity-based Crowdfunding aufgrund der hier erwarteten finanziellen Rückflüsse wichtig für die Theorie sind.[44] Abschließend sollen deshalb diese beiden Formen noch einmal klar voneinander abgegrenzt werden. Das Lending-based Crowdfunding unterscheidet sich in zwei wichtigen Punkten vom Equity-based Crowdfunding: Zum einen sind die Rückzahlungsansprüche beim Lending-based Crowdfunding nicht nachrangig und zum anderen profitiert der Investor beim Lending-based Crowdfunding nicht von der (positiven) Entwicklung des Unternehmens.[45] Außerdem handelt es sich aus Unternehmenssicht beim Lending-based Crowdfunding um die Aufnahme von Fremdkapital, während beim Equity-based Crowdfunding Eigenkapital aufgenommen wird.[46] Dennoch lässt sich das Crowdfunding in der Praxis nicht immer exakt einer Form zuordnen, weshalb jedes angebotene Modell individuell betrachtet werden muss.[47] Es ist bspw. auch möglich, zwei Formen des Crowdfundings miteinander zu kombinieren und die Grenzen zwischen den verschiedenen Formen des Crowdfundings sind – zumindest in der Praxis – oft fließend.[48]

2.2 Rechtlicher Rahmen in Deutschland

Im Folgenden soll beschrieben werden, welchen Regularien das Crowdfunding in Deutschland unterliegt, d.h. der rechtliche Rahmen soll skizziert werden. Dies dient in erster Linie dazu, die rechtlichen Beschränkungen für das Crowdfunding in Deutschland darzustellen und ist dementsprechend nur wenig ausführlich. Das Crowdfunding wird in Deutschland vor allem durch das KASG, einer Sammlung von entsprechenden

[43] Vgl. BaFin o.J.a.; Schedensack 2018.
[44] Vgl. Dorfleitner et al. 2014, 283-303.
[45] Vgl. Schedensack 2018.
[46] Vgl. Oehler et al. 2018, 3-7.
[47] Vgl. BaFin o.J.a.
[48] Vgl. Schedensack 2018; Oehler et al. 2018, 3-7.

Gesetzesänderungen, reguliert.[49] Von Seiten der entsprechenden Aufsichtsbehörde sind bei der Regulierung des Crowdfundings grundsätzlich eher das Lending-based Crowdfunding und das Equity-based Crowdfunding von Interesse, da die anderen beiden Formen in Deutschland generell nicht der Erlaubnispflicht unterliegen.[50] Dies deckt sich – wie bereits erläutert – auch mit der vorherigen Fokussierung auf das renditeorientierte Crowdfunding.

Generell wird in Deutschland das *öffentliche Angebot von Vermögensanlagen* durch das Vermögensanlagegesetz (VermAnlG) reguliert, welches unter anderem die Veröffentlichung eines Verkaufsprospekts vorschreibt.[51] Die Erstellung eines Verkaufsprospekts ist allerdings sehr teuer, da es nicht nur aufwändig ist, ein solches Prospekt zu erstellen, sondern zusätzlich auch noch Gebühren für das Verkaufsprospekt anfallen.[52] Dementsprechend gibt es von dieser Regelung auch Ausnahmen, zum einen gemäß § 2 VermAnlG, auf welchen in der vorliegenden Arbeit nicht detailliert eingegangen werden soll, zum anderen gibt es auch (weniger umfassende) Befreiungen für das Crowdfunding (§ 2a VermAnlG), für soziale Projekte (§ 2b VermAnlG) und für kirchliche oder gemeinnützige Projekte (§ 2c VermAnlG).[53] Gemäß § 2a Abs. 1 VermAnlG betreffen die Befreiungen für das Crowdfunding sowohl das Lending-based als auch das Equity-based Crowdfunding.[54] Demnach muss bei Vermögensanlagen durch Crowdfunding, solange diese maximal 2,5 Mio. € betragen, unter anderem kein Verkaufsprospekt mehr, sondern lediglich ein Vermögensanlagen-Informationsblatt (VIB) erstellt werden, welches vor Veröffentlichung von der BaFin formell geprüft und freigegeben wird.[55] Dies gilt allerdings nur für partiarische Darlehen, Nachrangdarlehen und sonstige Anlagen[56], nicht aber für stille

---

[49] Vgl. Deutscher Bundestag 2016; Oehler 2016.

[50] Vgl. BaFin o.J.a.

[51] Vgl. Hainz et al. 2019, 26-37.

[52] Vgl. Beck 2014; Dorfleitner et al. 2014, 283-303.

[53] Vgl. Hainz et al. 2019, 26-37.

[54] Vgl. Deutscher Bundestag 2011.

[55] Vgl. Hainz et al. 2019, 26-37.

[56] Gemäß § 1 Abs. 2 Nr. 7 VermAnlG sind darunter Anlagen zu verstehen, „[...] die eine Verzinsung und Rückzahlung oder einen

Beteiligungen welche dementsprechend nur dann von der Verkaufsprospektpflicht befreit sind, wenn sie unter § 2 VermAnlG fallen, bspw. wenn der Gesamtverkaufspreis der Anteile maximal 100.000 € über einen Zeitraum von zwölf Monaten beträgt.[57] Auch wenn Produktinformationsblätter für den Verbraucher durchaus einen hohen Nutzen stiften können (vgl. Oehler, 2017b), sind die aktuellen Vorgaben zu den VIB in Deutschland nicht unumstritten, unter anderem weil kein klarer Mustertext vorgegeben wird.[58] Auch die einseitige Bevorzugung einzelner Anlageformen, wie eben partiarischer Darlehen und Nachrangdarlehen könnte in Zukunft dahingehend abgeändert werden, dass die Befreiungen auch auf andere Formen wie bspw. stille Beteiligungen erweitert werden.[59] Dies ist allerdings zum aktuellen Zeitpunkt noch nicht der Fall. Auf Investorenseite kann je nach Einkommen bis zu 10.000 € in ein Projekt investiert werden, für Investments bis zu 1.000 € ist nicht einmal eine Selbstauskunft zwingend notwendig.[60]

Neben der Prospektpflicht beinhaltet das VermAnlG noch weitere Vorgaben, bspw. zur Rechnungslegung und zur Werbung für Vermögensanlagen, außerdem ist das VermAnlG nicht das einzige Gesetz, welches im Hinblick auf das Crowdfunding von Bedeutung ist.[61] So können sowohl beim Lending-based, als auch beim Equity-based Crowdfunding bspw. das Kreditwesengesetz und das Zahlungsdiensteaufsichtsgesetz von Bedeutung sein.[62] Außerdem kann die Prospektpflicht in beiden Fällen nicht nur nach dem VermAnlG, sondern ebenso nach dem Wertpapierprospektgesetz bestehen.[63] Die BaFin betont in diesem Zusammenhang, dass es aus rechtlicher Sicht immer auf die individuelle Vertragsausgestaltung anstatt auf

vermögenswerten Barausgleich im Austausch für die zeitweise Überlassung von Geld gewähren oder in Aussicht stellen."; Deutscher Bundestag (2011).

[57] Vgl. Hainz et al. 2019, 26-37.

[58] Vgl. Oehler 2017b, 279-293; Oehler 2017a.

[59] Vgl. Dorfleitner/Hornuf 2016.

[60] Vgl. Hainz et al. 2019, 26-37.

[61] Vgl. Deutscher Bundestag 2011.

[62] Vgl. BaFin o.J.b., o.J.c.

[63] Vgl. BaFin o.J.b., o.J.c.; Dorfleitner et al. 2014, 283-303.

die Zuordnung zu einem der verschiedenen Modelle ankommt.[64]

2.3 Crowdfunding aus Unternehmensperspektive

Die offensichtliche Gemeinsamkeit der insgesamt vier verschiedenen, bzw. in der vorliegenden Arbeit zwei relevanten Formen des Crowdfundings besteht darin, dass sie als Mittel der Geldbeschaffung dienen. Dabei gilt es zu beachten, dass die Erstellung eines Verkaufsprospekts wie bereits erwähnt sehr teuer ist und ein Verkaufsvolumen oberhalb der 2,5 Mio. € aus Unternehmenssicht deshalb nur dann interessant ist, wenn das Verkaufsvolumen auch wirklich weit darüber liegt und so die anfallenden Kosten wieder halbwegs im Verhältnis zum erzielten Nutzen stehen.[65] Doch warum sollte ein Unternehmen überhaupt auf eine Alternative zu den bereits bestehenden Kapitalquellen zurückgreifen?

Zunächst einmal hat sich im Rahmen der globalen Finanzkrise 2007/2008 die starke Abhängigkeit von Banken als nachteilig erwiesen, weshalb alternative Finanzierungsformen grundsätzlich sinnvoll sein können.[66] Außerdem stellt Crowdfunding aus Unternehmensperspektive auch deshalb eine Chance dar, weil die Investoren im Crowdfunding auf Basis anderer Kriterien investieren als das bspw. Banken tun und dementsprechend ggf. auch in andere Unternehmen investieren.[67] Dies liegt auch daran, dass Banken aufgrund der Basel-Reformen Kredite für risikobehaftete Projekte eher zögerlich vergeben.[68] Da aufgrund eben dieser Reformen außerdem ein klassischer Bankkredit gerade für Unternehmen mit einem schlechteren Kreditranking aufgrund der höheren Eigenkapitalanforderungen eher teuer ist, könnte Crowdfunding auch hier eine interessante Finanzierungsalternative darstellen.[69]

Neben der Finanzierung können zudem noch weitere Ziele durch Crowdfunding erreicht werden. So verfügt das Crowdfunding bspw. über einen Zusatznutzen im Hinblick auf das

---

[64] Vgl. BaFin o.J.a.
[65] Vgl. Beck 2014.
[66] Vgl. Gomber et al. 2017, 327-332.
[67] Vgl. Gomber et al. 2017, 327-332.
[68] Vgl. Dorfleitnr et al. 2014, 283-303.
[69] Vgl. Dorfleitner/Hornuf 2016.

Marketing: Für das eigene Projekt kann bereits zu einem frühen Zeitpunkt geworben werden, außerdem berichten die Investoren Freunden und Bekannten – ggf. auch über Social Media – von ihrem Investment.[70] Solange die Crowdfunding-Branche in Deutschland noch verhältnismäßig klein ist, entsteht auch ein zusätzlicher Werbeeffekt durch Internetseiten und themenbezogene Blogs, die über die (moderne) Finanzierungsalternative berichten.[71] Des Weiteren kann ein Stück weit Marktforschung mittels Crowdfunding betrieben werden: Durch Crowdfunding wird (indirekt) auch gleichzeitig das Interesse am Produkt des Unternehmens getestet.[72] Dasselbe gilt natürlich auch für das Geschäftsmodell, bspw. eines Start-ups.[73] Die Investoren stellen überdies – wenn die Kommunikation zwischen Unternehmen und Investoren möglich ist – auch eine wertvolle Quelle für Input bzgl. des Produkts und/oder des Geschäftsmodells dar.[74] Schließlich kann mittels Crowdfunding auch noch Preisdiskriminierung betrieben werden, wenn im Rahmen der Investition auch die Möglichkeit besteht, das Produkt bereits zu einem höheren Preis vorzubestellen, sprich wenn das renditeorientierte Crowdfunding mit dem Reward-based Crowdfunding kombiniert wird.[75]

Natürlich stehen den positiven Aspekten des Crowdfundings auch negative gegenüber: Zunächst muss ein Unternehmen die für das Crowdfunding notwendigen – ggf. vertraulichen – Informationen offenlegen, was eben diese Informationen auch für konkurrierende Unternehmen verfügbar macht und bspw. dazu führen kann, dass ein Geschäftsmodell imitiert wird.[76] Außerdem ist nicht gesagt, dass die Fundingschwelle erreicht wird und das Vorhaben entsprechend erfolgreich ist. Wird nicht einmal die Fundingschwelle erreicht kann das neben dem erfolglosen Versuch der Kapitalbeschaffung auch einen Reputationsverlust für das Unternehmen zur Folge haben,

---

[70] Vgl. Gomber et al. 2017, 327-332; Dorfleitner et al. 2014, 283-303; Stahlmann 2013.

[71] Vgl. Stahlmann 2013.

[72] Vgl. Gomber et al. 2017, 327-332; Pronti/Pagliarino 2019, 1-16; Schedensack 2018.

[73] Vgl. Stahlmann 2013.

[74] Vgl. Schedensack 2018.

[75] Vgl. Pronti/Pagliarino 2019, 1-16.

[76] Vgl. Dorfleitner et al. 2014, 283-303; Stahlmann 2013.

schließlich zeichnet sich das Crowdfunding ja durch die Öffentlichkeit aus.[77] Sollte die Auktion erfolgreich sein, so müssen die Investoren regelmäßig über ihr Investment informiert werden, ggf. muss sogar auf individuelle Anfragen vonseiten einzelner Investoren reagiert werden, was zu einem gewissen Verwaltungsaufwand führt.[78] Auch das bereits beschriebene Marketing vonseiten der Investoren durch Mundpropaganda und Social Media ist zwar in der Regel positiv für das Unternehmen, kann aber auch – je nach (zunächst unbekanntem) Investor – zu ungewünschten Assoziationen führen.[79]

2.4 Crowdfunding aus Investorenperspektive

Auch wenn die vorliegende Arbeit das Crowdfunding eigentlich aus Sicht verschiedener Unternehmenstypen analysiert, ist es dennoch wichtig auch auf die Investorenperspektive einzugehen, also die Frage zu beantworten, warum ein privater Investor überhaupt Crowdfunding nutzen sollte. Schließlich dient Crowdfunding – wie bereits erläutert – in erster Linie als Mittels der Geldbeschaffung und die Investoren stellen die Quelle eben dieses Geldes dar.

Zunächst sind die Rahmenbedingungen am Kapitalmarkt aktuell durch niedrige Zinsen gekennzeichnet, wodurch es für einen potenziellen Investor grundsätzlich sinnvoll erscheint, sich nach alternativen Anlagemöglichkeiten umzusehen.[80] Eine davon ist bspw. das (digitale) Crowdfunding. Für die grundsätzliche Nutzung spricht hier unter anderem, dass die allgemeine Hemmschwelle im Hinblick auf digitale Kanäle sinkt und diese bereits zum Vertragsabschluss und für Finanztransaktionen genutzt werden.[81] Crowdfunding hat den Vorteil, dass hier in ein konkretes Projekt in der Realwirtschaft investiert wird, was dazu führt, dass ein Investor eine Investition oft besser nachvollziehen kann, als bspw. bei einem komplizierten Finanzprodukt.[82] Zudem ist Crowdfunding für den Investor sehr einfach, da er sich zum einen über das Internet

---

77 Vgl. Stahlmann 2013.
78 Vgl. Oehler et al. 2018, 3-7; Stahlmann 2013.
79 Vgl. Stahlmann 2013.
80 Vgl. Schedensack 2018.
81 Vgl. Gomber et al. 2017, 327-332.
82 Vgl. Stahlmann 2013.

sowohl informieren als auch die Investition tätigen kann, er also alles über einen Kanal abwickelt, und zum anderen zeitlich unabhängig ist, d.h. dass er theoretisch rund um die Uhr investieren und Informationen sammeln kann.[83]

Für das Equity-based Crowdfunding spricht zudem, dass es der breiten Masse ermöglicht, direkt in ein (nicht-börsennotiertes) Unternehmen – bspw. in ein Start-up – zu investieren, was zuvor nur wenigen wohlhabenden Investoren vergönnt war.[84] Allerdings ist solch eine Investition in der Regel recht risikobehaftet – ein Nachteil welcher mittels Diversifizierung, welche aufgrund der geringen Mindestinvestitionen auch für die breite Masse an Investoren möglich ist – geschmälert werden kann, d.h. dass es möglich ist das Risiko zu streuen.[85] Wird davon ausgegangen, dass sich der Investor bereits im Vorfeld umfassend über das entsprechende Projekt informiert, sollte dieser zudem in der Lage sein das Risiko zumindest approximativ einschätzen zu können.[86] Dem Risiko gegenüber steht eine hohe erwartete Rendite, allerdings bei einer geringen Liquidität, d.h. dass das eingesetzte Kapital oftmals über einen längeren Zeitraum gebunden ist.[87] Betrachtet man ein großes Portfolio aus verschiedenen Anlageformen, so stellt eine solche Investition in Risikokapital zudem eine spannende Möglichkeit zur Diversifikation dar, da das Investment nicht mit dem Gesamtmarkt korreliert.[88]

Zusammenfassend kann also festgestellt werden, dass es diverse Anreize für (potenzielle) Investoren gibt Crowdfunding zu nutzen.

---

83 Vgl. Beck 2014.
84 Vgl. Beck 2014.
85 Vgl. Beck 2014; Borello et al. 2015.
86 Vgl. Beck 2014.
87 Vgl. Beck 2014.
88 Vgl. Schedensack 2018.

3 Analyse nach Unternehmenstypen

3.1 Start-ups

Bei Start-ups ist die Finanzierung ein wichtiger Erfolgsfaktor, weshalb die Suche nach der richtigen Form der Finanzierung ein bedeutender und oft sehr aufwändiger Prozess ist, bei dem es auch darauf ankommt, in welcher Entwicklungsphase sich das Start-up befindet.[89] Im Folgenden sollen zunächst die klassischen Finanzierungsphasen eines Start-ups vorgestellt werden. Anschließend werden die verschiedenen Kapitalquellen für Start-ups vorgestellt und den Finanzierungsphasen zugeordnet. Schließlich wird erörtert, inwiefern das Crowdfunding eine Alternative zu den bestehenden Kapitalquellen darstellt und/oder diese sogar ergänzen kann.

Im Großen und Ganzen wird der Lebenszyklus eines Start-ups in drei verschiedene Phasen aufgeteilt – die Frühphase oder Early Stage, die Expansions-, bzw. Wachstumsphase oder Expansion Stage und die Reifephase oder Late Stage – die sich wiederum ggf. in einzelne Abschnitte untergliedern lassen. In der Praxis können die einzelnen Phasen zwar nicht immer ganz trennscharf voneinander abgegrenzt werden, allerdings sollen diese dennoch im Folgenden näher beschrieben werden: Die Frühphase stellt dabei die erste der drei Phasen dar und besteht aus der sogenannten Seed-Phase vor der eigentlichen Gründung des Unternehmens, in welcher die Geschäftsidee entwickelt und ein Businessplan erstellt wird, in welcher viel Forschung und Entwicklung stattfindet und in welcher schließlich auch geeignete Finanzierungsmöglichkeiten für das zu gründende Unternehmen gesucht werden, und der Start-up-Phase, die mit der formellen Unternehmensgründung beginnt und zum Ziel hat, das Unternehmen anzukurbeln und möglichst aus der Verlustzone in die Gewinnzone zu befördern. Die nächste Phase ist die Expansionsphase, in welcher das Unternehmen wächst, bspw. durch die Erschließung neuer Absatzmärkte oder durch die Einführung neuer Produkte, und sich zunehmend etabliert. Schlussendlich kommt das Unternehmen in die Reifephase. Diese kennzeichnet sich dadurch, dass das Wachstumspotenzial größtenteils aufgebraucht ist

---

[89] Vgl. Stahlmann 2013.

und lässt sich in zwei Abschnitte unterteilen: Die Bridge-Phase und die Buyout-Phase. Erstere dient dazu den Verkauf des Unternehmens, bspw. in Form eines Börsengangs, vorzubereiten und in letzterer steigen die bestehenden Gesellschafter in der Regel schließlich aus und verkaufen das Unternehmen.[90]

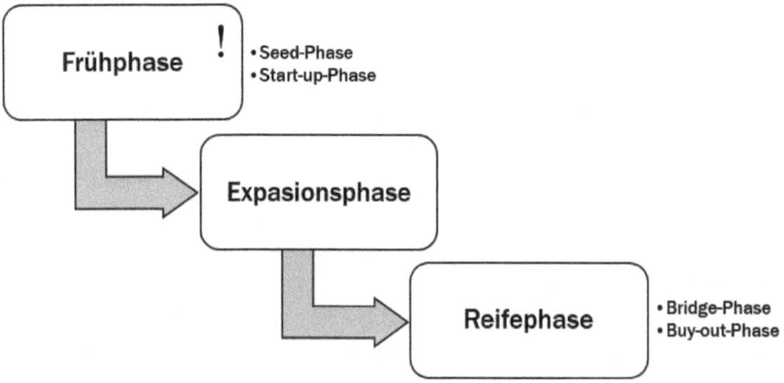

Abbildung 1: Finanzierungsphasen eines Start-ups (eigene Darstellung in Anlehnung an Beck, 2014).

Generell gibt es verschiedene Möglichkeiten ein Start-up zu finanzieren: *Family, Friends and Fools*, also Kapital aus dem näheren privaten Umfeld, und/oder *Eigenfinanzierung* stellen oft die ersten Kapitalquellen dar, welche dementsprechend der Frühphase eines Start-ups zugeordnet werden und bspw. dazu genutzt werden können einen ersten Prototypen zu bauen.[91] Diese Finanzierung ist zwar oft mangels alternativer Geldgeber notwendig, bringt aber auch verschiedene Probleme mit sich: Zum einen ist eine Investition zu einem so frühen Zeitpunkt sehr risikobehaftet, was im Fall eines Scheiterns negative Konsequenzen im privaten Umfeld nach sich ziehen könnte, zum anderen sind die Mittel, welche durch diese Finanzierungsform generiert werden können – wenn überhaupt vorhanden – oft sehr schnell erschöpft.[92] Eine weitere Form der Start-up-Finanzierung stellen *Business Angels* dar, also (wohlhabende)

[90] Vgl. Beck 2014.
[91] Vgl. Beck 2014; Stahlmann 2013; Tech 2018, 65-75.
[92] Vgl. Stahlmann 2013.

Privatpersonen, welche junge Unternehmen einerseits finanziell und andererseits auch ideell gegen Unternehmensanteile unterstützen.[93] In der Regel investieren Business Angels in Deutschland zwischen 10.000 € und 500.000 € und kommen deshalb meist auch in einer relativ frühen Phase des Start-ups zum Einsatz, klassischerweise direkt nach Family, Friends and Fools, bzw. der Eigenfinanzierung als zeitlich betrachtet zweite Kapitalquelle.[94] Auch Beck (2014) ordnet Business Angels der Frühphase eines Start-ups zu, weist allerdings darauf hin, dass insgesamt in Deutschland nur relativ wenig Kapital durch Business Angels zu Verfügung gestellt wird, was dazu führt dass die Nachfrage nicht bedient werden kann.[95] Generell zeichnet sich die Frühphase durch eine eher geringe und kritische Kapitalverfügbarkeit aus, wobei die Verfügbarkeit von Kapital in der Seed-Phase noch geringer ist als in der Start-up-Phase, in welcher ggf. bereits erste *Venture Capital (VC)-Geber* akquiriert werden können.[96] Bei VC handelt es sich um außerbörsliches Beteiligungskapital, welches von Beteiligungsgesellschaften genutzt wird, um in erfolgsversprechende Start-ups im Gegenzug für Unternehmensanteile zu investieren, d.h. die VC-Geber werden durch ihre Investition Gesellschafter im entsprechenden Unternehmen.[97] Ziel dabei ist es, die Anteile anschließend wieder gewinnbringend zu veräußern, also den Unternehmenswert zu steigern, weshalb meist auch Unterstützung im Management und sonstige ideelle Unterstützung angeboten wird.[98] In der Regel tätigen VC-Geber Investments mit hohen Volumina (ab 500.000 €), d.h. dass VC-Geber zu einem späteren Zeitpunkt als Business-Angels tätig werden.[99] Auch Beck (2014) ordnet VC eher der Expansionsphase zu, in der VC-Geber wesentlich besser verfügbar sind als in der Frühphase.[100] In dieser Phase erscheinen auch erstmals Private-Equity-Geber und strategische Investoren und auch die

---

93 Vgl. Stahlmann 2013.
94 Vgl. Stahlmann 2013; Tech 2018, 65-75.
95 Vgl. Beck 2014.
96 Vgl. Beck 2014.
97 Vgl. Stahlmann 2013.
98 Vgl. Stahlmann 2013.
99 Vgl. Stahlmann 2013.
100 Vgl. Beck 2014.

Kreditvergabe durch Banken, welche zuvor nur gegen (private) Sicherheiten verfügbar war, nimmt zu.[101] Bei *Private Equity* handelt es sich – genau wie bei VC – um außerbörsliches Beteiligungskapital an Unternehmen mit dem Unterschied, dass hier in bereits etablierte Unternehmen investiert wird, weshalb die Investition auch mit einem geringeren Risiko verbunden ist, *strategische Investoren* sind in der Regel Großunternehmen, welche sich durch den Kauf eines neuen Unternehmens Technologien, Know-How oder sonstige Vorteile sichern möchten.[102] Wird ein *Kredit*, bzw. ein *Darlehen* bei einer Bank aufgenommen, so erfolgt die Rückzahlung in der Regel ganz klassisch zu festen Konditionen, also auch mit einem vorher vereinbarten Zinssatz, und ist dementsprechend unabhängig von der Unternehmensentwicklung[103], weshalb der aufgenommene Kredit entsprechend anderweitig besichert werden muss und schlussendlich nur auf der Kreditwürdigkeit des Kreditnehmers basiert.[104] Dies ist auch der Grund, warum Banken eine eher ungewöhnliche Kapitalquelle für Start-ups darstellen und dementsprechend – wenn überhaupt – eher in einer späten Phase zum Einsatz kommen.[105] Insgesamt nimmt die Kapitalverfügbarkeit in der Expansionsphase sehr stark zu, wodurch die Finanzierungsprobleme – vor allem für erfolgreiche Start-ups – zunehmend verschwinden.[106] In der Reifephase gibt es schließlich eine Vielzahl möglicher Kapitalquellen: Von Bankkrediten, über Private Equity und strategische Investoren bis hin zum finalen Buy-out in Form eines *Börsengangs* ist eigentlich alles vorhanden.[107]

Zusammenfassend können zwei Dinge festgestellt werden: Erstens können die klassischen Kapitalquellen von Start-ups – ebenso wie die zwei verschiedenen Arten des Crowdfundings – zum einen in Eigenkapitalgeber (Family, Friends and Fools, Eigenfinanzierung, Business Angel, VC, Private Equity und

---

[101] Vgl. Beck 2014.
[102] Vgl. Beck 2014.
[103] Insofern diese nicht dazu beiträgt, dass das Unternehmen zahlungsunfähig wird.
[104] Vgl. Stahlmann 2013; Schedensack 2018.
[105] Vgl. Tech 2018, 65-75.
[106] Vgl. Beck 2014.
[107] Vgl. Beck 2014.

strategische Investoren, Börsengang), welche vom Erfolg des Unternehmens direkt abhängig sind und zum anderen in Fremdkapitalgeber (Kredite und Darlehen), welche nur indirekt vom Unternehmenserfolg im Falle von Rückzahlungsausfällen betroffen sind, aufgeteilt werden. Zweitens ist die Kapitalverfügbarkeit in der Frühphase kritisch. Man spricht in diesem Zusammenhang auch von der Frühphasen-Finanzierungslücke oder Early-Stage-Gap, welche auch deshalb vorhanden ist, weil beim VC in Deutschland ein Trend in Richtung späterer Finanzierungsphasen zu beobachten ist.[108] Dementsprechend kommen zwischen Family, Friends and Fools, bzw. Eigenfinanzierung und VC-Gebern nur noch Business Angel als mögliche Kapitalquelle infrage, welche wie bereits erläutert die Nachfrage nicht decken können.[109] Auf die genauen Gründe für die Finanzierungslücke soll in der vorliegenden Arbeit allerdings nicht detailliert eingegangen werden, wohl aber auf die Frage, ob sich diese mittels Crowdfunding schließen lässt.

Wenn Crowdfunding dazu beitragen soll, die Frühphasen-Finanzierungslücke zu schließen, so muss es sowohl aus Unternehmensperspektive eine geeignete Kapitalquelle als auch aus Investorenperspektive eine attraktive Investitionsmöglichkeit darstellen. Aus Unternehmensperspektive weißt das Equity-based Crowdfunding Potenzial auf, das verfügbare Kapital in der Frühphase eines Start-ups zu erhöhen und so die Finanzierungslücke zu schließen.[110] Gemäß Stahlmann (2013) schwankt das benötigte Kapital in der Frühphase oft zwischen 75.000 € und 200.000 €, was wie bereits erläutert im Rahmen des rechtlich durch Crowdfunding realisierbaren Gesamtbetrags liegen würde.[111] Dorfleitner et al. (2014) merken an dieser Stelle an, dass das Equity-based Crowdfunding in Deutschland aktuell auch durch eine natürlichen Schranke – gegeben durch die Anzahl der verfügbaren Investoren – limitiert ist und das realisierbare Kapital daher meist im unteren sechsstelligen

---

108 Vgl. Beck 2014; Deffains-Crapsky/Sudolska 2014, 3-19; Schedensack 2018; Stahlmann 2013.

109 Vgl. Deffains-Crapsky/Sudolska, 2014, 3-19.

110 Vgl. Deffains-Crapsky/Sudolska, 2014, 3-19; Dorfleitner et al. 2014, 283-303; Oehler 2017a; Stahlmann 2013.

111 Vgl. Stahlmann 2013.

Bereich liegt.[112] Es ist also noch nicht klar, in wie fern das Crowdfunding tatsächlich dazu beitragen kann, die Frühphasen-Finanzierungslücke zu schließen.[113] Aus Investorenperspektive liegt der Reiz hier vor allem in der erwarteten, bzw. erhofften hohen Wertsteigerung des Start-ups.[114] Beim Lending-based Crowdfunding hingegen können die Investoren von eben dieser aufgrund der festen Verzinsung nicht profitieren. Außerdem richten sich die vorhandenen Angebote im Bereich Lending-based Crowdfunding auch eher an KMU.[115]

Nachdem das Crowdfunding als Ergänzung zu den bestehenden Kapitalquellen betrachtet wurde, soll nun erörtert werden, in wie fern Crowdfunding die bestehenden Kapitalquellen substituieren kann. Gemäß Stahlmann (2013) ist Crowdinvesting keine Alternative zu Family, Friends and Fools oder zur Eigenfinanzierung, da diese beiden Kapitalquellen meist nur in einer sehr frühen Finanzierungsphase zum Einsatz kommen.[116] Im Unterschied zu VC-Gebern und Business Angels, welche in der Regel *smart money*[117] bereitstellen, handelt es sich beim Equity-based Crowdfunding in der Regel um *stupid money*, weshalb das Equity-based Crowdfunding meist weniger ein Substitut, als eine Ergänzung zum VC und zu Business Angels darstellt.[118] Allerdings bietet auch die Crowd – wie teils bereits erläutert – diverse Vorteile, d.h. die individuellen Vorteile der verschiedenen Kapitalquellen sollten gegeneinander abgewogen werden.[119] Auch Deffains-Crapsky und Sudolska (2014) beschreiben, dass Business Angels und Equity-based Crowdfunding zwar Parallelen zueinander aufweisen, allerdings dennoch nicht miteinander vergleichbar sind.[120] Hierbei ist auch zu erwähnen, dass die Forschung dazu, wie genau

---

[112] Vgl. Dorfleitner et al. 2014, 283-303.

[113] Vgl. Moritz/Block 2016, 25-53.

[114] Vgl. Dorfleitner et al. 2014, 283-303.

[115] Vgl. Dorfleitner/Hornuf 2016.

[116] Vgl. Stahlmann 2013.

[117] Man spricht von *smart money*, wenn neben dem Geld noch ein zusätzlicher Nutzen erbracht wird, wie bspw. die Vermittlung von Aufträgen oder nützlichen Kontakten, wird lediglich Geld bereitgestellt, so spricht man von *stupid money*; vgl. Schedensack (2018).

[118] Vgl. Beck 2014; Schedensack 2018.

[119] Vgl. Schedensack 2018.

[120] Vgl. Deffains-Crapsky/Sudolska, 2014, 3-19.

Kapitalgeber - vor allem Business Angels und VC-Geber - ihre Entscheidung treffen, noch sehr jung und deshalb kaum vorhanden ist.[121]

3.2 Kleine und mittlere Unternehmen

Die OECD (2019) definiert KMU als Unternehmen mit weniger als 250 Mitarbeitern, weist allerdings darauf hin dass die Definition je nach Land und sogar innerhalb eines Landes variieren kann.[122] Das Institut für Mittelstandsforschung Bonn (o. J.) merkt an, dass ein Großteil der KMU dem Mittelstand zugeordnet werden können, die Begriffe „KMU" und „Mittelstand" allerdings dennoch keine Synonyme seien, da ersteres eher quantitativ und letzteres eher qualitativ als „Einheit von Eigentum und Leitung" definiert sei.[123] Dementsprechend sei bspw. der Begriff „Familienunternehmen" als Synonym zum Mittelstand zu betrachten (vgl. Institut für Mittelstandsforschung Bonn, o. J.).[124] Daube, Dobernig, Becker und Peskes (2017) hingegen schreiben, dass ein Großteil – also nicht alle – der Familienunternehmen in Deutschland dem Mittelstand angehören und Oehler et al. (2018) verstehen die Bündelung von Eigentum und Verfügungsmacht bei einer Person zwar als charakteristisch für den Mittelstand, jedoch nicht als zwingend notwendig.[125] Zusammenfassend kann also festgestellt werden, dass die Begriffe „Mittelstand" und „Familienunternehmen" nicht ganz eindeutig definiert sind, allerdings in beiden Fällen sehr hohe Überschneidungen mit dem Begriff „KMU" vorliegen, der wiederum auch nicht komplett einheitlich definiert ist. Aufgrund der wenigen Literatur zum Crowdfunding im Kontext von KMU und den hohen Überschneidungen in der Praxis, sollen die drei Begriffe „KMU", „Mittelstand" und „Familienunternehmen" in der vorliegenden Arbeit vereinfachend als Synonyme verstanden werden.

Sowohl die nachhaltige Sicherung der Unternehmensfinanzierung, als auch der Umgang mit der Digitalisierung gehören zu den wichtigsten Herausforderungen für mittel-

---

121 Vgl. Moritz/Block 2016, 25-53.

122 Vgl. OECD 2019.

123 Vgl. Institut für Mittelstandsforschung Bonn o.J.

124 Vgl. Institut für Mittelstandsforschung Bonn o.J.

125 Vgl. Daube et al. 2017, 728-733; Oehler et al. 2018, 3-7.

ständische Unternehmen.[126] Aus diesem Gesichtspunkt würde sich das Crowdfunding, welches sich in der Schnittmenge der Unternehmensfinanzierung und der Digitalisierung befindet, wohl gut als alternative Kapitalquelle für den Mittelstand eignen. Grundsätzlich finanziert sich ein (mittelständisches) Unternehmen in der Regel sowohl durch Innenfinanzierung, also durch erwirtschaftete Überschüsse die reinvestiert werden, als auch durch Außenfinanzierung mittels Eigenkapital oder Fremdkapital.[127] In diesem Zusammenhang kann auch die sogenannte Pecking-Order-Theorie betrachtet werden, wonach Unternehmen zunächst internes Eigenkapital, dann externes Fremdkapital und im letzten Schritt erst externes Eigenkapital zur Finanzierung neuer Projekte nutzen.[128] Auch hier würden die beiden renditeorientierten Formen des Crowdfundings dementsprechend im Grunde genommen gut in das Schema passen. Im Folgenden sollen zunächst junge KMU und anschließend bereits etabliertere KMU im Kontext des Crowdfundings betrachtet werden.

Grundsätzlich können KMU – ebenso wie Start-ups – jung sein und sich dementsprechend in der Anfangsphase ihres Lebenszyklus befinden, allerdings sind diese dennoch nicht automatisch mit Start-ups gleichzusetzen.[129] Start-ups und junge KMU unterscheiden sich dahingehend voneinander, dass Start-ups eher auf ein schnelles Wachstum abzielen während junge KMU eher versuchen organisch und nachhaltig zu wachsen und möglichst zeitnah in die Gewinnzone zu gelangen, weshalb die Gründer von KMU in der Regel auch länger im Unternehmen bleiben als solche von Start-ups.[130] KMU ziehen dementsprechend auch andere Investorentypen an als Start-ups, bspw. eignen sich Business Angels und VC-Geber eher für Start-ups als für (junge) KMU.[131] Crowdfunding kann im Gegensatz dazu gemäß Moritz und Block (2016) ganz allgemein als Finanzierungsalternative für junge Unternehmen

[126] Vgl. Daube et al. 2017, 728-733.
[127] Vgl. Oehler et al. 2018, 3-7.
[128] Vgl. Dorfleitner et al. 2014, 283-303.
[129] Vgl. Tech 2018, 65-75.
[130] Vgl. Tech 2018, 65-75.
[131] Vgl. Tech 2018, 65-75.

betrachtet werden und eignet sich demnach auch für junge KMU.[132] Auch die Finanzierungslücke in der Frühphase gibt es nicht nur bei Start-ups, sondern generell bei jungen Unternehmen.[133] Bei der Aufnahme eines Kredites, bzw. eines Darlehens haben es kleine Unternehmen zunehmend schwerer als große, nicht nur weil diese als verhältnismäßig riskant betrachtet werden und weil kleine Unternehmen von Abschwüngen in der Wirtschaft meist stärker getroffen werden als große, sondern auch aufgrund der immer strengeren Vorgaben für Banken.[134] Da Banken zwar nicht die einzige, dafür aber eine wichtige Kapitalquelle für kleine Unternehmen darstellen, haben Mach et al. (2014) untersucht, in wie fern das Lending-based Crowdfunding für solche Unternehmen eine Alternative zu Banken darstellt mit dem Ergebnis, dass die Wahrscheinlichkeit auf entsprechenden Plattformen einen Kredit zu erhalten bei KMU höher ist als bei sonstigen Kapitalsuchenden, dass zudem der Verwaltungsaufwand verhältnismäßig gering ist, aber dass KMU in der Regel auch etwas höhere Zinsen als sonstige Kapitalsuchende zahlen müssen.[135]

Nachdem das Crowdfunding nun als alternative Kapitalquelle für junge KMU betrachtet wurde, soll es im Folgenden auch als Finanzierungsalternative für bereits etabliertere KMU betrachtet werden. Gemäß Daube et al. (2017) stellt die eigene Hausbank, zu welcher traditionell eine recht enge Bindung besteht, nicht nur für kleine Unternehmen sondern generell für den Mittelstand eine wichtige Kapitalquelle dar.[136] Auch stellt auch die zunehmende Schwierigkeit einen Kredit zu erhalten, aufgrund immer strengerer Vorgaben für Banken, ein Problem dar, das KMU generell betrifft.[137] Allerdings ist die Erstellung der erforderlichen Unterlagen für das Crowdfunding für mittelständische Unternehmen, welche meist sehr enge Bindungen zu ihrer Hausbank pflegen, im Vergleich zur Kreditaufnahme bei eben dieser ggf. verhältnismäßig aufwendig, da die

---

132 Vgl. Moritz/Block 2016, 25-53.
133 Vgl. Moritz/Block 2016, 25-53; Schedensack 2018.
134 Vgl. Mach et al. 2014.
135 Vgl. Mach et al. 2014.
136 Vgl. Daube et al. 2017, 728-733.
137 Vgl. Kuess 2018.

Hausbank oft bereits detaillierte Informationen über das Unternehmen hat.[138]

Gemäß Schedensack (2018) eignet sich auch das Equity-based Crowdfunding nicht nur zur Finanzierung junger Unternehmen, sondern ebenso zur Finanzierung von Wachstumsunternehmen.[139] Dies ist im Einklang mit Beck (2014), der beschreibt, dass auch etablierte Unternehmen auf Equity-based Crowdfunding zurückgreifen, um zu wachsen oder bspw. neue Produkte einzuführen.[140] Bei Unternehmen, für die stark regulierte Märkte wie bspw. Wertpapierbörsen aus welchen Gründen auch immer[141] keine Option zur Kapitalbeschaffung sind, könnte das Equity-based Crowdfunding aufgrund der relativ niedrigen Markteintrittsbarrieren und der geringen Kosten eine alternative Kapitalquelle darstellen, solange das benötigte Kapital die Fundingschwelle in Höhe von 2,5 Mio. € nicht überschreitet.[142] Das Problem hierbei ist allerdings, dass diese Summe für den Mittelstand eher niedrig ist und bei Überschreitung der 2,5 Mio. € aufgrund der Prospektpflicht hohe Kosten entstehen.[143] Auch Dorfleitner et al. (2014) beschreiben, dass das Equity-based Crowdfunding für Unternehmen in späteren Finanzierungsphasen aufgrund des hohen Kapitalbedarfs eher keine ernstzunehmende Finanzierungsalternative darstellt.[144] Ein weiteres Problem beim Equity-based Crowdfunding ist für mittelständische Unternehmen, dass die Kommunikationsströme im Vergleich zu großen Unternehmen oft weniger institutionalisiert und standardisiert sind, stattdessen erfolgt die Kommunikation oft situativ durch die Geschäftsführung und nicht selten auch unkoordiniert aufgrund dem nicht Vorhandensein einer Kommunikationsabteilung, was zu Problemen führen kann die potenziellen Investoren anzusprechen.[145] Wenn innovative Produkte öffentlich ausgeschrieben

---

138 Vgl. Oehler et al. 2018, 3-7.

139 Vgl. Schedensack 2018.

140 Vgl. Beck 2014.

141 In der Regel sind sowohl die dafür anfallenden Kosten, als auch der Aufwand und das benötigte Emissionsvolumen zu hoch für die meisten KMU; vgl. Kuess (2018).

142 Vgl. Oehler et al. 2018, 3-7.

143 Vgl. Oehler et al. 2018, 3-7.

144 Vgl. Dorfleitner et al. 2014, 283-303.

145 Vgl. Oehler et al. 2018, 3-7.

werden, können außerdem die Wettbewerber den Innovationsvorsprung des eigenen Unternehmens ggf. schneller aufholen, da die Innovation bereits vor Markteinführung (oder sogar vor Produktionsbeginn) bekannt wird, was dazu führt, dass bewusst aufrechterhaltene Informationsasymmetrien abgebaut werden.[146] Je nachdem wie wertvoll dieser Innovationsvorsprung für das Unternehmen ist kann das Crowdfunding bereits deswegen grundsätzlich als Finanzierungsalternative ausgeschlossen werden.[147]

146 Vgl. Oehler et al. 2018, 3-7.
147 Vgl. Oehler et al. 2018, 3-7.

4 Fazit und Ausblick

Zusammenfassend wird beim Crowdfunding zwischen vier verschiedenen Formen unterschieden, wobei es sich nur bei zwei davon – dem Lending-based Crowdfunding und dem Equity-based Crowdfunding – um renditeorientiertes Crowdfunding handelt. Der rechtliche Rahmen in Deutschland sieht für diese Arten von Crowdfunding Obergrenzen vor: Einmal 2,5 Mio. € aus Unternehmenssicht und einmal den maximal investierbaren Betrag in Höhe von generell 1.000 €, bzw. je nach Einkommen bis zu 10.000 € aus Investorensicht. Wird das Fundinglimit höher angesetzt, so fällt das Crowdfunding-Projekt unter die Verkaufsprospektpflicht, was sowohl aufwändig als auch teuer ist und sich dementsprechend nur dann lohnt, wenn das Fundinglimit tatsächlich wesentlich höher als 2,5 Mio. € angesetzt ist, im Hinblick darauf, dass das Projekt potenziell auch scheitern könnte ggf. sogar gar nicht.

Sowohl aus Unternehmens-, als auch aus Investorenperspektive bietet das Crowdfunding spannende Anreize, hat aber ebenso auch Nachteile gegenüber anderen Formen der Finanzierung. Generell kann das Crowdfunding auch nicht als (perfektes) Substitut zu einer der im Rahmen der vorliegenden Arbeit vorgestellten Finanzierungsalternativen betrachtet werden, wohl aber als Ergänzung zu diesen. So werden bspw. dem Equity-based Crowdfunding hohe Potenziale zur Beseitigung der Finanzierungsprobleme von jungen Unternehmen, wie bspw. Start-ups, beigemessen und auch das Lending-based Crowdfunding kann als Ergänzung zur Kredit-, bzw. Darlehensvergabe von Banken, welche durch immer stärkere Regularien zunehmend kritischer wird – sowohl für junge als auch für etablierte Unternehmen betrachtet werden. Bei der Nutzung von Equity-based Crowdfunding durch mittelständische Unternehmen, stellt die Obergrenze von 2,5 Mio. € ein Problem dar, da dieser Betrag für eben diese Unternehmen eher gering ist.

Im Rahmen der vorliegenden Arbeit wurde zur Analyse von Crowdfunding als Finanzierungsalternative für unterschiedliche Unternehmenstypen die Unterscheidung zwischen Start-ups und KMU gewählt. Es würde sich allerdings ebenso anbieten, auf Branchenspezifikationen einzugehen und dementsprechend nach verschiedenen Unternehmenstypen zu trennen. Gemäß Schedensack (2018) eignet sich das Equity-based Crowdfunding bspw. nicht nur zur Finanzierung von Unternehmen, sondern auch zur Finanzierung von Immobilien und erneuerbaren Energiequelle.[148] Nach Kuess (2018) eignet sich das Crowdfunding auch gut für die Tourismusbranche.[149]

Im Hinblick auf zukünftige Entwicklungen im Crowdfunding prognostizieren Dorfleitner und Hornuf (2016), dass bspw. durch die Einbindung von *Smart Contracts* die beim Crowdfunding anfallenden Kosten sogar noch gesenkt werden können, was zu einer Attriktivitätssteigerung führen würden.[150] Auch ist es denkbar, dass das KASG dahingehend geändert wird, dass zukünftig auch andere Anlageformen als partiarische Darlehen und Nachrangdarlehen unter die 2,5 Mio. € Grenze fallen, wodurch den Investoren prinzipiell auch ein Stimmrecht eingeräumt werden könnte.[151] Generell prognostizieren Dorfleitner und Hornuf (2016) sowohl für das Equity-based Crowdfunding, als auch für das Lending-based Crowdfunding ein Marktwachstum in Deutschland, wobei gerade im Lending-based Crowdfunding Unternehmenskredite voraussichtlich stark zu diesem beitragen werden.[152]

---

148 Vgl. Schedensack 2018.
149 Vgl. Kuess 2018.
150 Vgl. Dorfleitner/Hornuf 2016.
151 Vgl. Dorfleitner/Hornuf 2016.
152 Vgl. Dorfleitner/Hornuf 2016.

Literaturverzeichnis

Assenmacher, K. (2017). Crowdfunding als kommunale Finanzierungsalternative. Wiesbaden: Springer Fachmedien Wiesbaden.

BaFin o. J.a. Crowdfunding. Verfügbar unter https://www.bafin.de/dok/7851520; zuletzt abgerufen am 15. Juli 2019.

BaFin o. J.b. Crowdinvesting. Verfügbar unter https://www.bafin.de/dok/7851560; zuletzt abgerufen am 19. Juli 2019.

BaFin o. J.c. Crowdlending. Verfügbar unter https://www.bafin.de/dok/7851530; zuletzt abgerufen am 19. Juli 2019.

Beck, R. (2014). Crowdinvesting: Die Investition der Vielen (2. Aufl.). Düsseldorf: Börsenbuchverlag.

Belleflamme, P., Lambert, T. & Schwienbacher, A. (2014). Crowdfunding: Tapping the right crowd. Journal of Business Venturing, 29(5): 585–609.

Borello, G., Crescenzo, V. de & Pichler, F. (2015). The Funding Gap and the Role of Financial Return Crowdfunding: Some Evidence from European Platforms. Journal of Internetbanking and Commerce, 20(1).

Daube, C. H., Dobernig, H., Becker, M. & Peskes, M. (2017). Mittelstandsfinanzierung: Rahmenbedingungen, Status quo und Entwicklung. Zeitschrift für das gesamte Kreditwesen(15): 728–733.

Deffains-Crapsky, C. & Sudolska, A. (2014). Radical Innovation and Early Stage Financing Gaps: Equity-based Crowdfunding Challenges. Journal of Positive Management, 5(2): 3–19.

Dorfleitner, G. & Hornuf, L. (2016). FinTech - Markt in Deutschland: Abschlussbericht 17. Oktober 2016. Studie im Auftrag des Bundesfinanzministeriums.

Dorfleitner, G., Kapitz, J. & Wimmer, M. (2014). Crowdinvesting als Finanzierungsalternative für kleine und mittlere Unternehmen. Die Betriebswirtschaft (DBW), 74(5): 283–303.

Dorfleitner, G., Oswald, E.-M. & Röhe, M. (2019). The access of microfinance institutions to financing via the worldwide crowd. Forthcoming in: The Quarterly Review of Economics and Finance.

Gomber, P., Koch, J.-A. & Siering, M. (2017). Mittelstandsfinanzierung im Kontext von FinTech und Digital Finance. Corporate Finance(11-12): 327–332.

Hainz, C., Hornuf, L., Nagels, L., Reiter, S. & Stenzhorn, E. (2019). Die Befreiungsvorschriften des Kleinanlegerschutzgesetzes: Eine Follow-up-Studie. ifo Schnelldienst, 72(09): 26–37.

Harzer, A. (2013). Erfolgsfaktoren im Crowdfunding. Teilw. zugl.: Ilmenau, Techn. Univ., Diplomarbeit, 2012 u.d.T.: Harzer, Alexandra: Crowdfunding als alternative Finanzierungsmethode kultureller und kreativer Projekte - eine empirische Untersuchung über die Erfolgsfaktoren kreativer Crowdfunding Projekte auf Basis internationaler Vergleiche: Univ.-Verl. Ilmenau.

Institut für Mittelstandsforschung Bonn o. J. Definitionen. Verfügbar unter https://www.ifm-bonn.org/definitionen; zuletzt abgerufen am 02. August 2019.

Klein, R. & Pinkert, T. (2017). Finanzierung durch die Crowd erreicht 2016 145,2 Mio. Euro, Start-ups verlieren. Crowdfinanzierung in Deutschland Nr. 1/2017.

(2015). Kleinanlegerschutzgesetz.

Kuess, R. (2018). Alternative Finanzierungsmodelle für KMU: Besondere Potenziale von Crowdinvesting für mittelständische Unternehmer und Anleger. Wien: Linde.

Mach, T., Carter, C. & Slattery, C. R. (2014). Peer-to-Peer Lending to Small Businesses. SSRN Electronic Journal.

Moritz, A. & Block, J. H. (2016). Crowdfunding: A Literature Review and Research Directions. In D. Brüntje & O. Gajda (Hrsg.), Crowdfunding in Europe. State of the Art in Theory and Practice, Bd. 5: 25–53 (1. Aufl.). Cham: Springer International Publishing.

OECD (2019). OECD SME and Entrepreneurship Outlook 2019.

Oehler, A. (2016). Formen des Crowdfunding: Handlungsbedarf für die Verbraucherpolitik?: Digitale Welt und Finanzen. Berlin.

Oehler, A. (2017a). Infos für den Schwarm: Werden Crowdinvesting-Kleinanleger mit VIBs gut informiert?: Eine empirische Untersuchung. Abschlussbericht an das Ministerium für Ländlichen Raum und Verbraucherschutz und das Forschungszentrum Verbraucher, Markt und Politik an der Zeppelin Universität.

Oehler, A. (2017b). Verbraucherinformation und Verbraucherbildung. In P. Kenning, A. Oehler, L. A. Reisch & C. Grugel (Hrsg.), Verbraucherwissenschaften, Bd. 59: 279–293. Wiesbaden: Springer Fachmedien Wiesbaden.

Oehler, A., Horn, M. & Wendt, S. (2018). Mehr als „nur“ Crowdfunding? Wie die Digitalisierung Prozesse der Mittelstandsfinanzierung verändert. Corporate Finance(01-02): 3–7.

Pronti, A. & Pagliarino, E. (2019). Not Just for Money. Crowdfunding a New Tool of Open Innovation to Support the Agro-Food Sector. Evidences on the Italian Market. Journal of Agricultural & Food Industrial Organization, 17(1): 1–16.

Schedensack, J. (2018). Crowdinvesting. Dissertation. Martin-Luther-Universität Halle-Wittenberg.

Söpper, P. (2016). Crowdfunding: Reward-Crowdfunding, Crowdlending und Crowdinvesting - eine Analyse aus schuld-, gesellschafts- sowie kapitalmarktrechtlicher Sicht. Münster: Verlagshaus Monsenstein und Vannerdat.

Stahlmann, M. (2013). Crowdinvesting als Finanzierungsalternative für deutsche Startups: Die Mehrwerte im Vergleich zu herkömmlichen Finanzierungsinstrumenten. Hamburg: Diplomica Verlag.

Tech, R. (2018). Startup Financing in Berlin. In N. Richter, P. Jackson & T. Schildhauer (Hrsg.), Entrepreneurial innovation and leadership. Preparing for a digital future, Bd. 18: 65–75. Palgrave Macmillan.

Portfoliomanagement durch Robo-Advisory? Eine ökonomische Analyse aus Sicht unterschiedlicher Anlegertypen

Clemens Krüger[a*]

Key Words: Finance; Investing; Algorithms

Inhaltsübersicht:

[a]Research Student at Zeppelin University

[*]Please address correspondence to Clemens Krüger, Zeppelin University, Am Seemoser Horn 20, 88045 Friedrichshafen.

1 Einleitung

> *„Aufklärung ist der Ausgang des Menschen aus seiner selbstverschuldeten Unmündigkeit. Unmündigkeit ist das Unvermögen, sich seines Verstandes ohne Leitung eines anderen zu bedienen. Selbstverschuldet ist diese Unmündigkeit, wenn die Ursache derselben nicht am Mangel des Verstandes, sondern der Entschließung und des Mutes liegt, sich seiner ohne Leitung eines anderen zu bedienen."*
>
> \- Immanuel Kant

Das Geldvermögen privater Haushalte in Deutschland stieg in den vergangenen Jahren konstant an und lag Ende 2018 bei 6 Bio. EUR. Gleichzeitig sind 20% des Geldvermögens im Aktienmarkt investiert, wohingegen sich die restlichen 80% aus Bargeld, Einlagen sowie Versicherungen ergeben.[1] Grund hierfür ist die negative öffentliche Wahrnehmung hinsichtlich der Volatilität des Aktienmarktes sowie eine hohe Risikoaversion, sodass in Anlagemöglichkeiten mit einer geringeren Volatilität investiert wird.[2] Die seit der quantitativen Lockerung niedrigen Zinsen verstärken das Problem. Ferner haben viele Verbraucher[3] aufgrund der globalen Finanzkrise 2008 und 2009, hoher Managergehälter sowie einer negativen medialen Berichterstattung das Vertrauen in den Bankensektor verloren.[4] Die Finanzkrise hat zusätzlich die öffentliche Wahrnehmung für riskante Wertpapiere sowie die Risiken einer inadäquaten Vermögensverwaltung geschärft.[5] Hauptkritikpunkt der Vermögensverwaltung ist, dass eine unabhängige Beratung oftmals erst ab einer Mindesteinlage von 200.000 EUR gewährleistet ist.[6] Dementsprechend ergibt sich ein Markt für

---

[1] Vgl. Bundesbank 2018.

[2] Vgl. Lapp 2001.

[3] Aus Gründen der besseren Lesbarkeit wird in dieser Arbeit die Sprachform des generischen Maskulinums angewandt. Es wird an dieser Stelle darauf hingewiesen, dass die ausschließliche Verwendung der männlichen Form geschlechterunabhängig verstanden werden soll.

[4] Vgl. Jansen et al. 2015, 127-141.

[5] Vgl. Times et al. 2012.

[6] Vgl. Gulden 2019.

unabhängige Finanzberater oder Finanzportfolioverwalter, die Kunden einer geringeren Mindesteinlage bedienen. Um trotz einer geringeren Mindesteinlage sowie hinsichtlich den Gebührenerwartungen der Kunden rentabel zu sein, unterliegt die klassische Vermögensverwaltung einem Transformationsprozess, welcher die bisherigen Mensch-zu-Mensch Prozesse mit Mensch-zu-Maschinen Prozesse herausfordert.[7] Aus dieser Entwicklung heraus entsteht die Robo-Advisory[8] als Finanzintermediär. Die Marktdurchdringung von Robo-Advisory ist mit 1% (Anteil des verwalteten Vermögens) im Jahr 2015 vergleichsweise gering, jedoch gehen Prognosen von einem verwalteten Vermögen zwischen 500 und 8.000 Mrd. US-$ im Jahr 2020 aus.[9] Epperson et al. (2015) argumentieren, dass ein Großteil der Kunden, die eine persönliche Beratung durch die Bank erwarten, risikoavers sind, ein geringes Finanzwissen besitzen und keine hohen Einlagen aufweisen.[10] Obwohl dies die typischen Kunden für Robo-Advisory wären, liegen mehr als die Hälfte der Einlagen des Robo-Advisors Betterment sowie mehr als ein Drittel der Einlagen bei Wealthfront über 100.000 US$.[11] Aus dieser vergleichsweise geringen Nutzungsrate ergibt sich die Frage nach dem ökonomischen Nutzen für einzelne Verbrauchergruppen.

Die vorliegende Arbeit ist in sechs Kapitel aufgeteilt. Im Rahmen des ersten Kapitels wird auf die Relevanz des Themas hingewiesen. Robo-Advisory ist als vergleichsweise junges Geschäftsmodell in die Vermögensverwaltung eingebettet, weshalb im zweiten Kapitel die Rolle der Vermögensverwaltung im Portfoliomanagement allgemein beschrieben wird. Im dritten Kapitel werden die Implikationen der Robo-Advisory beschrieben. Es wird verdeutlicht, dass nicht der typische Robo-Advisor existiert, sondern diese Geschäftsmodelle in drei Integrationsstufen aufgeteilt werden können. Ferner wird der Prozess der Robo-Advisory ausgehend von der Ermittlung der Anlegereigenschaften über die Generierung des Portfolios

---

[7] Vgl. Fischer 2017, 183-193.

[8] Robo-Advisory ist eine Komposition aus Robota (tschech. Sklave, hart arbeitend) und Advisor (engl. Berater).

[9] Vgl. BusinessInsider 2017.

[10] Vgl. Epperson et al. 2015.

[11] Vgl. Son/Collins 2016.

sowie der Handelsausführung beschrieben. Dadurch dass es keine spezielle Regulierung für Robo-Advisor gibt, ergeben sich aus der Überführung von Regelungen für die klassische Vermögensverwaltung in die digitale Welt diverse Problematiken. Die ökonomische Analyse aus der Sicht von Verbrauchergruppen erfordert eine Beschreibung und Einordnung dieser. Dieser Schritt wird im vierten Kapitel vorgenommen, welches sich aus einer Auswahl sowie anschließenden Beschreibung der Anlegergruppen zusammensetzt. Die im Rahmen der vorliegenden Arbeit betrachteten Anlegergruppen gehen über die Trennung in professionelle und nicht-professionelle Kunden im Rahmen des §67 WpHG. Im fünften Kapitel erfolgt die ökonomische Analyse, die von der Erarbeitung der Empfehlungen geleitet wird. Im Rahmen der Seminararbeit werden fünf Handlungsempfehlungen ausgearbeitet, die das Ziel haben, den ökonomischen Nutzen für die Verbrauchergruppen zu erhöhen. Mit einer kurzen Zusammenfassung sowie einem Ausblick auf die Verknüpfung der Robo-Advisory und künstlicher Intelligenz schließt die Arbeit mit dem sechsten Kapitel.

2 Die Rolle der Vermögensverwaltung im Portfoliomanagement

Markowitz (1952) legte mit seiner Arbeit „Portfolio Selection“ die Grundlage zum modernen Portfoliomanagement.[12] Anders als Williams (1938), gilt dementsprechend, dass die Investitionsentscheidung nicht nur von dem Erwartungswert, sondern auch von dem Risiko abhängig ist.[13] Markowitz (1952) betont, dass der rationale Investor Präferenzen hinsichtlich einer Minimierung der Varianz des Portfolios und an einer Maximierung des Erwartungswerts besitzt.[14] Durch die Kombination von nicht-perfekt positiv korrelierenden Anlagemöglichkeiten, ist der Investor in der Lage, ein geringeres Risiko zu erhalten. Dementsprechend eliminiert die Portfoliobildung das unsystematische Risiko, respektive das Risiko einer Unter-Diversifikation. Gegenstück dazu ist das systematische Risiko, welches nicht durch eine optimale Diversifikation des Portfolios eliminiert werden kann. Unter der Annahme, dass in dem perfekten Kapitalmarkt weder Steuern, Transaktionskosten noch Informationsasymmetrien vorliegen sowie alle Individuen Finanzentscheidungen zu den gleichen Konditionen treffen können, zeigen Modigliani & Miller (1959), dass Investitions- und Finanzentscheidungen unabhängig voneinander getroffen werden können.[15] In diesem Modell ist die Finanzierungsentscheidung unabhängig von der individuellen Risikopräferenz zu treffen, da Individuen eine steigende Rendite mit einem steigenden Faktor diskontieren.[16] Der Preis des Risikos wird mittels der Sharpe-Ratio beschrieben, welcher die Überrendite einer Anlagemöglichkeit im Vergleich zur risikofreien Rendite (r_f) beschreibt.[17] Wenn jedoch Individuen hinsichtlich des Risikos indifferent sind, da ein steigendes Risiko durch höhere Renditeerwartungen aufgewogen wird, ist es die Aufgabe, ein passendes Portfolio zu den eigenen Risikopräferenzen zu finden. Risikofreudige Investoren hätten demnach die

[12] Vgl. Markowitz 1952, 77-91.
[13] Vgl. Williams 1938.
[14] Vgl. Markowitz 1952, 77-91.
[15] Vgl. Modigliani/Miller 1959, 655-669.
[16] Vgl. Tobin 1958, 65-86.
[17] Vgl. Sharpe 1966, 119-138.

Möglichkeit, Geld am Kapitalmarkt zu leihen, um einen höheren Betrag zu investieren, risikoaverse Investoren würden dagegen einen größeren Anteil des Vermögens in die risikofreie Anlageoption investieren. Aus der Kombination zwischen der risikofreien Anlagemöglichkeit und dem Marktportfolio (r_m) ergibt die Kapitalmarktlinie, mit einer Steigung in Höhe der Sharpe-Ratio. Dieser Logik folgt das Capital Asset Pricing Model (CAPM), welches die erwartete Rendite (r_i) aus der Summe der risikofreien Rendite (r_f) und des normierten Risikomaßes (β_i) multipliziert mit der Marktrisikoprämie (Marktrendite (r_m) abzüglich risikofreier Rendite (r_f)) berechnet. Die Zusammenwirkung der Faktoren wird in der folgenden Gleichung beschrieben:

$$r_i = r_f + \beta_i(r_m - r_f) + \varepsilon_i$$

Abbildung 1: Das statische Sharpe-Lintner-Black CAPM; eigene Darstellung, erweitert nach Jagannathan & Wang, 1996, S. 6.

Überrenditen können nicht ausschließlich durch ein steigendes Risiko erklärt werden, weshalb eine Verzerrung durch ausgelassene Variablen vorliegt.[18] So zeigen beispielhaft Fama & French (1992) in ihrem Drei-Faktoren-Modell, dass neben der Marktrisikoprämie gewichtet mit β_i, auch die Faktoren Unternehmensgröße sowie Buchwert-Kurs-Verhältnis jeweils angepasst um einen Sensitivitätskoeffizienten.[19]

Jedoch sind nicht alle Marktteilnehmer in der Lage, diese systematische Überrendite zu erzielen. Frazzini & Pedersen (2014) entwickeln ein Modell, dass von Marktteilnehmern ausgeht, die Investmententscheidungen bedingt rational treffen.[20] Finanzintermediäre, wie Vermögensverwaltungen, sind hier in der Lage, dass Individuen der Zugang Anlagemöglichkeiten gewährt werden, die ihnen sonst verwehrt werden.[21] Sharpe (2011) formuliert hierbei vier Leitsätze zur Anlageberatung.[22] Der erste Leitsatz bildet die Diversifikation, bei der

[18] Vgl. Ang/Chen 2007, 1-40.
[19] Vgl. Fama/French 1992, 427-465.
[20] Vgl. Frazzini/Pederson 2014, 1-25.
[21] Vgl. Lerch 2015.
[22] Vgl. Sharpe 2011.

Vermögensverwalter das optimale Portfolio für den Investor auswählt, um das unsystematische Risiko zu minimieren und die erwartete Rendite zu maximieren. Der zweite Leitsatz ist die Kostenreduzierung, bei welchem der Vermögensverwalter mögliche Synergieeffekte mit bestehenden Investoren nutzt, um eine optimale Gebührenstruktur zu erzielen. Ferner werden Informationsvorteile hinsichtlich der Minimierung von Transaktionskosten an den Investor weitergegeben. Der dritte Leitsatz beinhaltet die Kontextualisierung, bei welchem der Vermögensberater die finanziellen Ressourcen anhand von unterschiedlichen Anlagemöglichkeiten allokiert. Die Kontextualisierung beinhaltet ferner die Möglichkeit, in ein breites Spektrum von Anlagemöglichkeiten, wie beispielsweise Immobilien, zu investieren. Der vierte Leitsatz ist die Individualisierung, welche neben Risiko-Rendite-Präferenzen auch individuelle Vorlieben, wie beispielsweise die Investition in „grüne Aktienwerte“, berücksichtigt. Vereinigendes Kriterium für die Vermögensverwalter ist ein kostenminimierender Zugang zu einem diversifizierten β. Diese Reduzierungen werden neben den Synergieeffekten mit weiteren Investoren durch eine Verringerung der Transaktionskosten, insbesondere der Informationsbeschaffungs- respektive Suchkosten erzielt.

Neben der klassischen Vermögensverwaltung hat sich die automatisierte Verwaltung etabliert. Die Robo-Advisory ist von einem algorithmenbasierten Empfehlungsmanagement hin zu einer automatisierten Handelsausführung geprägt, weshalb die Personalkosten (beispielsweise durch die Substitution von Analysten) reduziert werden. Weitere Rationalisierungspotenziale werden durch eine Investition in vergleichsweise günstige Finanzprodukte wie Exchange-Traded Funds (ETF) gehoben.[23]

---

[23] Vgl. Fischer 2017, 183-193.

3 Implikationen der Robo-Advisory

3.1 Implementierungsstrategien

Die Robo-Advisory ist in Relation zu der klassischen Vermögensberatung ein vergleichsweise junges Geschäftsmodell und kann als Fintech-Geschäftsmodell angesehen werden. Die folgende Abbildung ordnet die Robo-Advisory in die „Fintech-Landschaft" ein.

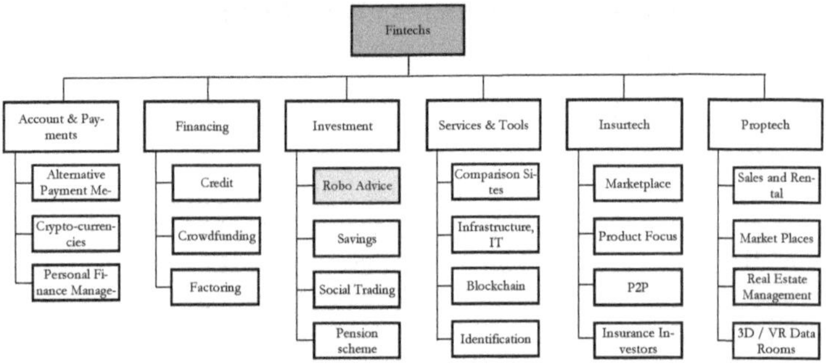

Abbildung 2: Einordnung der Robo-Advisory in die Fintech-Landschaft; eigene Darstellung nach Fischer, 2017, S. 186.

Robo-Advice-Geschäftsmodelle sind den Investment-Geschäftsmodellen zuzuordnen. Hauptunterschied zu den Savings-Geschäftsmodellen ist das Angebot an Kapitalmarktprodukten und nicht von festverzinslichen Sparkonten. Die Abgrenzung zum Social Trading liegt darin, dass der Robo-Advisor in der höchsten Integrationsstufe eine vollautomatische Vermögensverwaltung vornimmt. Hierbei liegt der Fokus nicht auf der sozialen Interaktion mit anderen Investoren oder dem Folgen von erfolgreichen Portfolios. Die Geschäftsmodelle der Robo-Advisory werden in vier Integrationsstufen eingeteilt, die im Folgenden näher beschrieben werden.[24]

Die einfachste Integrationsstufe der Robo Advisory Plattform ist die Tätigkeit als Anlageberater. Hierbei werden auf Grundlage des Anlegerprofils, das während des Registrationsprozesses, automatisiert Empfehlungen hinsichtlich

[24] Vgl. Hölscher/Nelde 2018, 14-19.

unterschiedlicher Finanzprodukte bereitgestellt. Der Kunde hat somit die Möglichkeit, aus einer Vielzahl von vorgeschlagenen Finanzprodukten zu wählen. Die depotführende Stelle wird durch die Plattform jedoch nicht vorgeschlagen, sodass der Investor selbst recherchiert, bei welchem Anbieter das ausgewählte Produkt erworben werden kann. Häufig wird Robo-Advice der ersten Integrationsstufe unentgeltlich oder gegen einen monatlichen Betrag angeboten.

Die zweite Integrationsstufe der Robo Advisory Plattform ist die Tätigkeit als Anlagevermittler. Als Erweiterung zu den Anlageberatern wird explizit bei der Empfehlung eine Bank oder ein Finanzdienstleister angegeben, bei dem der Kauf des Finanzproduktes möglich ist. Dementsprechend wird der Prozess der Anlagevorschläge automatisiert, wohingegen die Akquisition des Finanzproduktes erleichtert wird.[25] Die Differenzierung zwischen Beratung und Vermittlung hat Konsequenzen hinsichtlich der Regulatorik, die in Kapitel 3.3 beschrieben werden.

Die letzte Integrationsstufe ist der Finanz- und Vermögensverwalter. Dieser wählt nicht nur das Finanzprodukt aus, sondern trifft automatisiert Investitions- und Rebalancingentscheidungen.[26] Der Kunde gibt im Rahmen eines Fondssparplans die Kontrolle über die Vermögensverwaltung komplett ab. Die Landschaft der algorithmenbasierten Vermögensverwaltern ist hinsichtlich der Depotführungsgebühren sowie der Mindesteinlage heterogen. Die folgende Abbildung stellt die größten in Deutschland aktiven Full-Service-Robo-Advisor nach der Mindesteinlage sowie der Gebührenstruktur gegenüber.[27]

---

25 Vgl. Finanztest 2017, 56-63.

26 Vgl. Finanztest 2017, 56-63.

27 Im Rahmen eines Verbrauchertest hat Finanztest (2018) Musterportfolios erstellt. Parameter hierbei waren: männlich, Alter von 46 Jahren, Nettoeinkommen von 5.000 EUR, einer Sparquote von 10% sowie einem Anlagevolumen von 50.000 EUR.

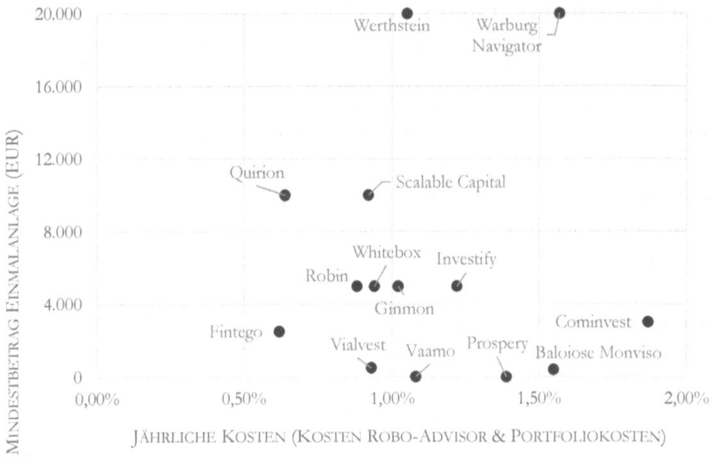

Abbildung 3: Vergleich ausgewählter Robo-Advisor; eigene Darstellung nach den Daten aus Finanztest, 2008, S. 46f.

Die Abbildung verdeutlicht, dass es innerhalb der Landschaft von Anbietern automatisierter Vermögensverwaltung große Unterschiede gibt. Jung (2019) betont, dass die Systeme in ihrer Beratungstransparenz nicht nur hinsichtlich der Kostentransparenz, sondern auch hinsichtlich der Prozess- und Informationstransparenz differieren.[28][29] Weitere notwendige Designprinzipien sind nach Jung (2019) eine einfache Interaktion hinsichtlich Navigation, Kontrollierbarkeit, strukturelle Konsistenz sowie Fehlertoleranz sowie die Informationsverarbeitung und kognitiver Belastung in Bezug auf Erwartungskonformität, Verständlichkeit und der sozialen Präsenz.[30] Letzteres thematisiert die Problematik, dass die digitalen Vermögensverwalter nur einen geringen Kundenservice anbieten und eine Verständniskontrolle selten stattfindet. Diese Designprinzipien sind notwendig, damit der Verbraucher mögliche Entscheidungsträgheiten überwinden kann.

[28] Vgl. Jung 2019.

[29] Fein (2015) führt das Beispiel des Robo-Advisor *Betterment* an, dessen AGB 140 Seiten umfassen.

[30] Vgl. Jung 2019.

Disselkamp (2015) differenziert den Innovationsbegriff in Produkt-, Prozess-, marktmäßige, strukturelle sowie kulturelle Innovationen.[31] Aufgrund der unterschiedlichen Integrationsstufen ist eine generelle Einordnung der Robo-Advisory nicht möglich. Vielmehr ist die Robo-Adviory eine Kombination aus Produktinnovation, da sie dem Kunden ein verbessertes Produkt bereitstellt, sowie eine Prozessinnovation, da sie durch die Digitale Transformation Neuerung bei den operativen Prozessen der Anbieter herbeiführt. Wie in Kapitel 1 beschrieben, kann die Robo-Advisory das Segment von Kunden erschließen, die den Mindesteinlagebetrag für eine klassische Vermögensverwaltung nicht aufbringen. Die marktmäßige Innovation dient „der Erschließung neuer Absatz- und Beschaffungsmärkte"[32], weshalb die Robo-Advisory das Potential besitzt, diese Ausprägung von Innovationen zu erfüllen. Innovationen können sich entweder als Technology Push oder Market Pull durchsetzen. Die Robo-Advisory ist der ersten Gruppe zuzuordnen, da der Anstoß für diese Innovation aus dem technologischen Bereich kommt und für die Kunden eine Verbesserungsinnovation darstellt.

3.2 Prozess der Robo-Advisory

Jacob (2012) definiert den Prozess der Vermögensberatung aus den Hauptprozessen der Anlegeranalyse und der Marktanalyse.[33] Bei der Anlegeranalyse wird im Rahmen des Prozesses die Renditeerwartung sowie die Risikopräferenzen erläutert. Außerdem werden die Liquidität sowie sonstige Ziele, wie beispielsweise der Anlagehorizont oder die zukünftige Lebensplanung hinsichtlich signifikanter Ausgaben erörtert. Herausforderung für die Vermögensberatung ist die Operationalisierung der qualitativen und quantitativen Informationen.[34] Nueesch et al. (2014) beschreiben den Beratungsprozess bei einer Schweizer Privatbank mit den Hauptprozessen Initiation (Herstellung des Kontaktes mit dem Kunden), Profiling

---

[31] Vgl. Disselkamp 2015.
[32] Disselkamp 2015, 26.
[33] Vgl. Jacob 2012.
[34] Vgl. Riess/Frank 2002, 273-285.

(Ermittlung der Anlegereigenschaften), Konzept (Erstellung eines Risikoprofils), Angebot (Vorschlagen einer Kundenlösung), Implementierung (Portfolioerstellung) sowie Pflege der Kundenbeziehung und Rebalancing des Portfolios.[35] Analog zu den Hauptprozessen der klassischen Vermögensberatung, gestalten sich die Prozesse bei der Robo-Advisory.[36]

Im ersten Hauptprozess werden die Anlegereigenschaften ermittelt. Die Anlegereigenschaften ergeben sich aus der Risikotoleranz, der Risikotragfähigkeit, der Unsicherheitsaversion sowie der finanziellen Allgemeinbildung. Die Risikotoleranz beinhaltet individuelle Präferenzen hinsichtlich des Risiko-Rendite-Verhältnis. Tertilt & Scholz (2018) betonen, dass in diesem Prozess bei automatisierten Vermögensverwaltungen aus zwei Teilprozessen, der Sammlung von investorenspezifischen Informationen sowie der Zuordnung zu einem Musterportfolio, besteht.[37] Außerdem werden Informationen hinsichtlich des Beitrags- und Auszahlungsplan des Kunden, anderen Vermögensquellen, monatlichen Ausgaben, die Steuersituation sowie erwartete Ausgaben, wie beispielsweise Studiengebühren, ermittelt.[38] Tertilt & Scholz (2018) haben den ersten Hauptprozess von zwölf digitalen Vermögensverwaltern mittels eines Algorithmus getestet, bei dem pro Robo-Advisor die Fragebögen in 10.000 Durchläufen bearbeitet wurden.[39] Insgesamt wurden 22% der Fragen zu allgemeinen Informationen wie des Alters, der beruflichen Tätigkeit, dem Geschlecht, der finanziellen Allgemeinbildung oder dem familiären Status gestellt. 27% der Fragen betrafen die Risikotragfähigkeit, wie beispielsweise Investitionshorizont, Einkommenserwartung, Sparquote oder dem Investmentziel. 51% des Fragebogens betraf die Risikotoleranz, wie beispielsweise Risiko-Rendite-Präferenzen oder ob die Investition in eine risikoreiche Anlage Genugtuung stiften würde. Als Zwischenfazit ziehen die Autoren, dass die Fragebögen zum einen nicht die psychometrischen Anforderungen von standardisierten Fragebögen beispielsweise Davey (2005), Roszkowski et al. (2005)

35 Vgl. Nueesch et al. 2014, 14-27.
36 Vgl. Hölscher/Nelde 2018, 14-19.
37 Vgl. Tertilt/Scholz 2018, 70-84.
38 Vgl. Fein 2015.
39 Vgl. Tertilt/Scholz 2018, 70-84.

erfüllen sowie zum anderen keine der Robo-Advisory-Plattformen ein erneutes Risikoprofiling aufwies.[40] Kahneman & Tversky (2013) betonen, dass sich Risikopräferenz im Zeitverlauf verändern.[41] Außerdem verändern sich individuelle Verzerrungen wie *Overconfidence* oder *Regret* im Altersverlauf.[42] Zudem zeigen Tertilt & Scholz (2018), dass bei keinem Robo-Advisor eine hohe Reliabilität aufgrund einer zu geringen Anzahl von Fragen in den Kategorien *Risikokapazität* und *Risikotoleranz* erzielt wurde.[43] [44] Ferner werden im Rahmen der Anlegereigenschaften keine Informationen hinsichtlich der Unsicherheitsaversion erhoben.[45] Die Verkürzung der Ermittlung der Anlegereigenschaften kann jedoch auch Kalkül der Robo-Advisory-Plattformen sein, um die Abbruchquoten von Fragebögen zu senken. Galesic & Bosnjak (2009) zeigen, dass die Länge eines Fragebogens positiv mit der Nichtbeantwortungsquote korreliert.[46] Des Weiteren zeigen die Autoren, dass die Antwortqualität von Kategorien, die zum Ende des Fragebogens angeordnet sind, vergleichsweise niedrig ist. Dies ist unter anderem durch Herzog & Bachman (1981) bestätigt worden.[47] Nachdem die individuellen Anlegereigenschaften erhoben wurden, werden die Anleger einem Musterportfolio zugeordnet. Diese Portfolios werden im Rahmen des zweiten Hauptprozesses, der Portfoliogenerierung, im Folgenden beschrieben.

Nachdem Investorenmerkmale hinsichtlich der Risikotragfähigkeit, Risikotoleranz sowie spezifischer Merkmale gesammelt wurden, werden die Verbraucher einem Musterportfolio zugeordnet. Dement-sprechend gibt es einen Informationsverlust durch die Generalisierung hinsichtlich

---

[40] Vgl. Davey 2005; Roszkowski et al. 2005, 66-77.

[41] Vgl. Kahneman/Tversky 2013, 99-127.

[42] Vgl. Pan/Statman 2012, 54-63.

[43] Vgl. Tertilt/Scholz 2018, 70-84.

[44] Für eine interne Stabilität, respektive die Reliabilität, dass Items einer Kategorie miteinander korrelieren, ist nach Cronbach (1951) ein α (auch Cronbach's α) zwischen 0.75 und 0.90 notwendig. Gewöhnlicherweise wird ein Wert von > 0.8 bei 25 Fragen pro Katgorie erreicht (Roszkowski et al., 2005).

[45] Vgl. Fein 2015.

[46] Vgl. Galesic/Bosnjak 2009, 349-360.

[47] Vgl. Herzog/Bachman 1981, 549-559.

Nutzerklassifikation sowie Assetallokation, da der Robo-Advice nicht individualisiert erfolgt.[48] Wie bereits in Kapitel 2 beschrieben, verwenden automatisierte Vermögensverwalter hauptsächlich passive Investments wie beispielsweise ETF oder Exchange-Traded Commodity (ETC). Während das Vertriebsmodell des klassischen Vermögensverwalters vergleichsweise heterogen und wenig skalierbar war, sind Robo-Advisor in der Lage, Kostensenkungspotenziale bei der Portfoliogenerierung zu heben. Dementsprechend kann entweder die daraus resultierende Produzentenrente abgeschöpft werden oder der Preis der Dienstleistung gesenkt werden, damit die automatisierte Vermögensverwaltung einer größeren Gruppe an Nachfragern zugänglich gemacht wird. Grundlegend ist zwischen einer aktiven sowie passiven Investmentstrategie zu unterscheiden. Bei der aktiven Strategie wird versucht, zeitlich begrenzte Marktineffizienzen auszunutzen, um so eine systematische Überrendite zu erzielen. Malkiel & Fama (1970) argumentieren, dass Marktteilnehmer langfristig nicht in der Lage sind, systematisch überdurchschnittliche Gewinne zu erzielen.[49] Kernbestandteil der Strategie ist es, die Marktrendite mittels einer passiven Anlagestrategie zu erzielen. Die automatisierten Vermögensverwalter verfolgen eine vergleichbare Handelsstrategie, wobei es erhebliche Unterschiede zwischen den Anbietern gibt. Die Anzahl der möglichen Musterportfolios liegt zwischen 4 und 23.[50] 6 der 14 Robo-Advisors bieten die Möglichkeit von aktiven Investments an, wobei es sich hierbei oftmals um Hybridlösungen von Anbietern handelt, die bereits in der klassischen Vermögensverwaltung tätig sind. Zu beachten ist, dass die Anbieter von aktiver Vermögensverwaltung ein intransparentes Preismodell aufweisen, das sich oftmals nicht von den klassischen Vermögensverwaltern unterscheidet.[51] Die Verwaltung der aktiven Investments wird dabei von menschlichen Vermögensverwaltern übernommen, sodass somit nicht von einer voll-automatisierten Vermögensverwaltung gesprochen werden kann. Liqid, die Robo-Advisory-Plattform der Deutschen Bank, bietet als einziger Anbieter in

---

[48] Vgl. Faloon/Scherer 2017, 30-36.
[49] Vgl. Malkiel/Fama 1970, 383-417.
[50] Vgl. Finanztest 2018, 42-47.
[51] Vgl. Müller/Pester 2019, 227-246.

Finanztest (2017) einen Zugang zu Private Equity Fonds, wobei dies erst ab einer Anlagesumme von 250.000 EUR möglich ist.[52] Zusätzlich findet zum Betrachtungszeitraum keine vollständige Abdeckung aller Assetklassen statt. Keiner der Robo-Advisor bietet die Möglichkeit, Devisen oder Immobilien in das Portfolio aufzunehmen.[53] Demnach sind die durch Sharpe (2011) beschriebenen Richtlinien der Vermögensverwaltung hinsichtlich der Diversifikation nicht uneingeschränkt für die Plattformen gültig.[54] Nachdem das Musterportfolio für den Anleger gefunden wurde und dieser dem zugeordnet wurde, übernimmt der vollautomatische Robo-Advisor die Handelsausführung sowie das Portfolio-Rebalancing. Im Folgenden wird dieser Hauptprozess beschrieben.

Die Handelsausführung erfolgt entweder über eine angeschlossene Depotbank oder direkt durch den Vermögensverwalter.[55] Im Rahmen von Finanztest (2017) werden bei *Fintego* (2019) Interessenkonflikte ermittelt.[56] Das Geschäftsmodell basiert darauf, dass ETFs über die angeschlossene depotführende Stelle *Ebase* erfolgt.

Die Plattform *BrokerVergleich.de* testet seit 2015 ausgewählte Robo-Advisor der dritten Integrationsstufe. Im Rahmen eines Portfoliovergleiches hielten die Robo-Advisor durchschnittlich 86,50% des Depots in ETFs, 4,20% in Anleihen, 4,10% in Aktien sowie 5,20% an liquiden Mitteln.[57] Tertilt & Scholz (2018) merken an, dass unabhängig von der individuellen Risikopräferenz der Anteil von Aktien deutlich unter den Empfehlungen liegt.[58] Dementsprechend gilt, dass die tatsächliche Depotzusammensetzung nur bedingt mit dem Anlegerprofil korreliert. Im Falle eine Kündigung des Robo-Advisors kann das Vermögen nicht ohne Weiteres übertragen werden. Es erfolgt stattdessen ein Zwangsverkauf des Vermögens und der liquidierte Betrag wird an den Kunden überwiesen.[59]

---

52 Vgl. Finanztest 2017, 56-63; Liqid 2019.
53 Vgl. Müller/Pester 2019, 227-246.
54 Vgl. Sharpe 2011.
55 Vgl. Hölscher/Nelde 2018, 14-19.
56 Vgl. Finanztest 2017, 56-63; Fintego 2019.
57 Vgl. BrokerVergleich 2019.
58 Vgl. Tertilt/Scholz 2018, 70-84.
59 Vgl. Finanztest 2018, 42-47.

Außerdem können Anteile aus einem bestehenden Depot nicht an den Robo-Advisor übertragen werden.

Im Rahmen des Performance Reportings werden dem Kunden Informationen über die Performance des Robo-Advisors zur Verfügung gestellt. Hierbei erhält der Kunde eine Datei im Portable Document Format (PDF) über die Performance des Depots, des getätigten Rebalancings, einem Benchmark sowie sonstiger Kennzahlen. Ferner wird dem Kunden die bei allen Plattformen die Jahressteuerbescheinigung zur Verfügung gestellt.[60]

3.3 Regulatorische Aspekte

Aufgrund der Heterogenität der Anbieter ergeben sich verbraucherrechtliche Besonderheiten für die Robo-Advisory-Plattformen. Dabei differenziert die Regulatorik nicht zwischen klassischen und automatisierten Anlagevermittlern und Anlageberatern. Gemäß Oppenheim & Lange-Hausstein (2016) weisen die Anbieter einen technischen Eingriff im Rahmen der Vertragsanbahnung und Vertragsabschluss sowie einen inhaltlichen Eingriff hinsichtlich des Empfehlens von Angeboten auf Grundlage zuvor ermittelter Präferenzen und dem Treffen von konkreten Anlageentscheidungen.[61] Die relevanten Vorschriften für die Regulierung von Robo-Advisory-Plattformen sind im deutschen Raum das Bürgerliche Gesetzbuch (BGB), das Wertpapierhandelsgesetz (WpHG) sowie das Kreditwesengesetz (KWG). Analog zu den Integrationsstufen sehen das WpHG und KWG die Anlageberatung, die Anlagevermittlung, die Abschlussvermittlung sowie die Finanzportfolioverwaltung vor.[62] Eine Differenzierung der Anbieter ist durch einen *Disclaimer* gegeben, in dem darauf hingewiesen

---

[60] Vgl. Scalable.Capital 2019.

[61] Vgl. Oppenheim/Lange-Hausstein 2016, 1966-1973.

[62] Die Anlageberatung beinhaltet das Vorschlagen eines Produktes, die Anlagevermittlung die Vermittlung des Geschäftsabschlusses und die Abschlussvermittlung die Handelsausführung auf fremden Namen und fremde Rechnung. Die Finanzportfolioverwaltung dagegen schließt die Anschaffung und Veräußerung von Finanzprodukten gemäß einer empfohlenen Anlagestrategie in fremdem Namen für fremde Rechnung ein (BaFin, 2016b).

wird, dass die angebotenen Produkte keine individuelle Kaufempfehlung darstellen.[63] Falls somit ein risikoaverser Anleger mit einem riskanten Portfolio in Verbindung gebracht wurde, haftet der Anbieter nicht, wenn der Kunde im Vorhinein informiert wurde. Pflichten des Anlagevermittlers ergeben sich nach §31 Abs. 5 Satz 1 WpHG und umfassen die „Pflicht, Informationen über Kenntnisse und Erfahrungen der Kunden in Bezug auf bestimmte Arten von Finanzinstrumenten und Wertpapierdienstleistungen einzuholen, soweit diese erforderlich sind, um die Angemessenheit des Produktes für den Kunden beurteilen zu können." Anders als jedoch bei einem klassischen Vermögensverwalter werden diese Informationen nicht im Rahmen eines Beratungsgespräches, sondern im Rahmen von Informationsschriften vermittelt. Die Pflichten umfassen hierbei nicht, dass der Anlagevermittler eine Verständniskontrolle durchführt. Für die Finanzportfolioverwalter sowie die Anlagevermittler gilt, dass das Geschäft nur mit einer aufsichtsrechtlichen Erlaubnis[64] betrieben werden darf, die durch die Bundesanstalt für Finanzdienstleistungsaufsicht (BaFin) ausgestellt wird. Die Konsequenzen ergeben sich nach §54 KWG.[65] Die Pflichten des Anlageberaters und Finanzportfolioverwalters ergeben sich nach §31 Abs. 4 Satz 1 WpHG und gehen weiter als die des Anlagevermittlers. Sie beinhalten eine Dokumentationspflicht der Beratungsgespräche, eine regelmäßige Bewertung der Anlegereigenschaften sowie die Aufklärung über Interessenkonflikte.[66]

Entscheidend ist, dass die Regulation nicht nur konkrete rechtliche Pflichten für die Plattformen mitbringt, sondern im Umkehrschluss die im Markt bestehenden Geschäftsmodelle

---

[63] Grundlage hierfür ist das Urteil XI ZR 313/12 am 04.03.2014 des Bundesgerichtshofs. Dieses regelt das Geschäftsverhältnis bei Execution-Only-Dienstleistungen (Handelsausführung durch den Kunden). Wenn der Anbieter nachweisen kann, dass bei der Aufnahme der Geschäftsbeziehung über ein Angebot aufgeklärt wurde, welches sich nur an gut informierte und erfahrene Anleger richtet und sich das Geschäftsmodell nicht auf das Angebot von individuellen Kaufempfehlungen bezieht, der Anbieter vor einer Falschberatung geschützt ist.

[64] Gemäß §32 Abs. 1 KWG fallen hierunter alle Anbieter, die gewerbsmäßig Bankgeschäfte und Finanzdienstleistungen erbringen möchten.

[65] Vgl. BaFin 2016a.

[66] Diese Pflichten ergeben sich nach §34 Abs. 2a WpHG, §63 Abs. 12, § 64 Abs. 1 WpHG sowie §64 Abs. 8 WpHG.

die Regulation beeinflussen. Hier zeigt sich, dass der online Vertrieb von Finanzdienstleistungen im Rahmen der Robo-Advisory (Abschlussvermittlung oder Finanzportfolioverwaltung) verbraucherrechtliche Besonderheiten mitbringt. Aus dem Geschäftsmodell heraus steht Verbrauchern gemäß §312g Abs. 1 BGB ein Widerrufsrecht zu, da es sich bei dem Vertrieb von digitalen Finanzprodukten ausschließlich im Fernabsatzverträge handelt.[67] Auf dieses Recht weisen die automatisierten Vermögensverwalter mehrfach mit *Disclaimern* hin, da ein Widerrufsrecht bei fehlender Unterrichtung gemäß §356 Abs. 3 BGB nicht erlischt.[68] Ein Widerruf innerhalb der gesetzlichen Frist setzt sowohl dem Verbrauch als auch im Gegenzug dem Anbieter einem Wertverlust aus, da der Anspruchsteller nach §357 Abs. 1 BGB Anspruch auf Werterstattung besitzt. So hat der Gesetzgeber im Rahmen von §312g Abs. 2 Nr. 8 BGB das Widerrufsrecht für bestimmte Finanzinstrumente ausgeschlossen, welches somit eine Werterstattung für offenes Investmentvermögen, wie Wertpapiere oder Indexfonds, ausschließt.

---

67 Ein Beispiel ist die Verbrauchereigenschaft, die nicht zwangsläufig für alle Kunden der Robo-Advisory gegenben ist. Nach §13 BGB ist ein Vertragspartner Verbraucher, wenn der Zweck des Vertragsabschlusses „überwiegend weder ihrer gewerblichen noch ihrer selbständigen beruflichen Tätigkeit zugerechnet werden können.“ Diese Eigenschaft wurde durch den Bundesgerichtshof im Rahmen des IV ZR 196/91 spezifiziert, indem ein gewerblicher Zweck dann vorliegt, „wenn ihr Umfang einen planmäßigen Geschäfts-betrieb erfordert, wie die Unterhaltung eines Büros [...]“. Diese Eigenschaft dürfte zumindest bei einigen Verbrauchern gegeben sein. Konsequenz dessen wäre die Zuordnung der Tätigkeit zur Selbstständigkeit und somit der gesamte Wegfall des Verbraucherschutzes.

68 Vgl. Oppenheim/Lange-Hausstein 2016, 1966-1973.

4 Einfluss der Robo-Advisory auf ausgewählte Anlegertypen

4.1 Auswahl der Anlegertypen

In Kapitel 2 herrscht das Leitbild des *homo oeconomicus* vor. Der rationale Verbraucher nutzt gezielt Vermögensverwaltungen, um die eigenen Transaktionskosten zu minimieren. Simon (1956) führt das Konzept der *Bounded Rationality* ein, was dem Individuum ein vollkommen rationales Verhalten abspricht.[69] Simon argumentiert, dass die Entscheidungs-prozessen Verzerrungen unterliegen. Daraus haben sich unterschiedliche verhaltensorientierte Strömungen in den Verbraucherwissenschaften ergeben. Diese haben gemein, dass sie nicht von einem mündigen Verbraucherleitbild ausgehen.[70] Vielmehr präsentieren die Leitbilder einen Gegenentwurf zu dem Mündigkeitsmodell, das die Illusion von Verbrauchern erzeugt, die zu jeder Zeit alles wissen könnten und sich wegen der notwendigen Information vollständig rational verhalten (Oehler, 2013).[71] Konsequenzen hiervon zeigt Micklitz (2013) auf, der postuliert, dass in Deutschland zwei Drittel aller rechtlichen Regelungen auf der Vorstellung des mündigen Verbrauchers basieren. Jedoch sind die kontemporären Entwicklungen in den Verbraucherwissenschaften von den Verhaltenswissenschaften und der neuen Institutionenökonomie geprägt. Hierbei werden die Beziehungen zwischen den Wirtschaftssubjekten von impliziten und expliziten Verträgen geregelt, wobei das Delegationsrisiko in der Principal-Agent-Problematik resultiert. Dabei sind die Agenten, in diesem Fall die digitalen Vermögensverwalter besser über die eigenen Prozesse informiert als die Verbraucher. Lösungsansatz ist hierbei, dass den besser informierten Plattformen Informationspflichten auferlegt werden, was beispielsweise im Rahmen von Regulationsprozessen durchgesetzt werden kann.[72]

Ahlert et al. (2001) und Oehler (2013) betonen, dass es zwischen drei Güterklassen signifikante Unterschiede hinsichtlich

---

[69] Vgl. Simon 1956, 129-138.

[70] Vgl. Oehler 2017a, 19-29.

[71] Vgl. Oehler 2013, 44-60.

[72] Vgl. Kenning/Wobker 2013; Oehler 2013, 44-60.

der Überbrückung von Informationsasymmetrien gibt.[73] Suchgüter sind dadurch gekennzeichnet, dass die Informationsasymmetrie ex ante, respektive vor dem Vertragsschluss, behoben werden kann. Dementsprechend kann durch geringe Such- und Informationsbeschaffungskosten ein verlässliches Urteil hinsichtlich der Qualität bereits vor der eigentlichen Entscheidung getroffen werden. Erfahrungsgüter können dagegen erst ex interim beurteilt werden. Oehler (2013) betont, dass Qualitätsvermutung im optimalen Fall vorliegen, die Opportunitätskosten der Entscheidung jedoch hoch sind. Vertrauensgüter sind dadurch charakterisiert, dass eine Qualitätsbeurteilung auch nach der Entscheidung nicht möglich ist.[74] Nach Ahlert et al. (2001) und Oehler (2013) ist das entsprechende Wissen nicht ohne Weiteres in einer vertretbaren Zeit zu vertretbaren Kosten erwerbbar.[75] Finanzdienstleistungen, wie die Robo-Advisory, sind nach Oehler (2013) den Vertrauensgütern zuzuordnen, da die Dienstleistung zum Abschluss des Vertrages nicht existiert und Erwartungen hinsichtlich der Rendite divergieren.[76]

Die Differenzierung in die unterschiedlichen Güter zeigt, dass es somit nicht das eine Gut gibt, weshalb es im Umkehrschluss auch nicht den einen mündigen Verbraucher geben kann. Hinsichtlich der ökonomischen Analyse ist es demnach von Notwendigkeit, den *einen Verbraucher* weiter aus zu differenzieren. Im Folgenden werden die nicht-professionellen Anleger analog zu Micklitz et al. (2010) in den vertrauenden, den verletzlichen sowie den verantwortungsvollen Anleger eingeteilt, welche die Eigenschaften der korrespondierenden Verbrauchergruppen teilen.[77] Dinter et al. (2014) betonen, dass nicht den einen Verbraucher gibt, weshalb eine pauschale Behandlung der Verbrauchergruppe eine Herausforderung darstellt.[78] Vielmehr können Individuen je nach Bereich anderen Verbrauchergruppen zugehörig sein. Vielmehr kann ein Individuum in der einen Situation den vertrauenden Verbraucher

[73] Vgl. Ahlert et al. 2001, 279-298; Oehler 2013, 44-60.
[74] Vgl. Oehler 2013, 44-60.
[75] Vgl. Ahlert et al. 2001, 279-298; Oehler 2013, 44-60.
[76] Vgl. Oehler 2013, 44-60.
[77] Vgl. Micklitz et al. 2010.
[78] Vgl. Dinter et al. 2014, 123-147.

zugeordnet werden, während es in einer anderen Situation kategorisch dem verantwortungsvollen Verbraucher entspricht.

4.2 Der vertrauende Anleger

Micklitz et al. (2010) betonen, dass der vertrauende Anleger, analog zum vertrauenden Verbraucher, die Anlageentscheidung in einer kurzen Zeit trifft.[79] Hierbei steht eine Minimierung der Suchkosten sowie Informationsbeschaffungskosten im Vordergrund. Dagegen profitiert der vertrauende Anleger nicht von einer verbesserten Verbraucherbildung oder einer Erhöhung der Informationspflicht.[80] Vielmehr ist die Verbraucherkompetenz auf einen Mindestschutz beschränkt, das durch Weatherill (1996) als ein Sicherheitsnetz beschrieben wird.[81] Dieser Anleger vertraut darauf, dass gesetzliche Standards durch den Anbieter eingehalten werden und die Geschäftspraktiken der Regulatorik entsprechen. Konkret bedeutet dies, dass der vertrauende Verbraucher davon ausgeht, dass die Beratung ohne Interessenkonflikte sowie Zuwendungen erfolgt. Nach gutem Glauben ist er der Ansicht, dass die Allgemeine Geschäftsbedingungen (AGB) des Robo-Advisors erwartungskonform sind und ihm keinen negativen Situationen aussetzen.

Der vertrauende Verbraucher verlässt sich hierbei darauf, dass der Eindruck, der auf der Plattform vermittelt wurde, der Realität entspricht. Konkret würde dies bedeuten, dass der Anlegertyp auch im Rahmen des Performance Reportings oder des Rebalancings gutgläubig ist, dass die Plattform in seinem individuellen Interesse gehandelt hat und das bestmögliche hinsichtlich der erwirtschafteten Rendite unternommen hat. Ferner ist der vertrauende Verbraucher hinsichtlich der ermittelten Risikoeigenschaften gutgläubig, weshalb dieser Anlagetyp nicht versucht, die asymmetrischen Informationen zu überbrücken. Im Rahmen von Finanztest (2018) wurde die komplexe und intransparente Gebührenstruktur der Plattformen kritisiert.[82] Auch hierbei vertraut der Anleger darauf, dass

---

79 Vgl. Micklitz et al. 2010.

80 Vgl. Micklitz et al. 2010.

81 Vgl. Weatherill 1996, 423-471.

82 Vgl. Finanztest 2018, 42-47.

die Plattform die für ihn günstigste und qualitativ hochwertigste Entscheidung trifft.

4.3 Der verletzliche Anleger

Coeckelbergh (2015) beschreibt die Verletzlichkeit als zentrales Moment in der Interaktion zwischen Mensch und Maschine, da letztere eine räumliche Distanz zu der materiellen Realität hervorrufen.[83] Dies gilt insbesondere für Vertrauensgüter, wie in diesem Fall die Vermögensberatung. Aufgrund der Substitution des klassischen durch die digitale Vermögensverwaltung, steigt die Distanz und damit auch die Verletzlichkeit.[84] Nach MacIntyre (1999) begeben sich die Menschen freiwillig im Rahmen der Mensch-Maschine-Interaktion in ein Moment der Verletzlichkeit.[85] Darüber hinaus verändert sich die Verletzlichkeit nach Beck (1992) auf einer subjektiven Ebene.[86] Dementsprechend ist es notwendig, das jeweilige Individuum in dem jeweiligen sozialen und kulturellen Kontext zu sehen. Allgemein argumentieren Dinter et al. (2014), dass Verletzlichkeit auf das Alter, die Bildung, dem sozialen Milieu sowie Kompetenzen, wie der Medienkompetenz, zurückzuführen ist.[87]

Der verletzliche Verbraucher zeichnet sich daraus aus, dass er „eher im Abseits der Verbraucherpolitik“[88] steht. Nach Burden (1998) ist die Verletzlichkeit auf die Faktoren *Informationszugänglichkeit* und *Wohlfahrtsverlust* zurückzuführen.[89] Erstere ist darin zu begründen, dass die Verbrauchergruppe höhere Transaktionskosten hinsichtlich der Informationsbeschaffung aufweist als andere. Zweitere ist dadurch bedingt, dass die verletzliche Verbrauchergruppe einen höheren Wohlfahrtsverlust bei dem Kauf von ungeeigneten Produkten aufweist als andere Gruppen.[90] Ferner ist der dadurch charakterisiert, dass er von technologischen Möglichkeiten abgehängt

---

[83] Vgl. Coeckelbergh 2015, 219-229.
[84] Vgl. Beltramini 2018, 250-263.
[85] Vgl. MacIntyre 1999.
[86] Vgl. Beck 1992.
[87] Vgl. Dinter et al. 2014, 123-147.
[88] Micklitz et al. 2010, 15.
[89] Vgl. Burden 1998.
[90] Vgl. Dinter et al. 2014, 123-147.

wird (möglich im Rahmen des „Digital Divide“). Schlussendlich kann die verletzliche Verbrauchergruppe durch beispielsweise Überschuldung die gesellschaftliche und wirtschaftliche Teilhabe verlieren. Ursachen für die Verletzlichkeit liegen nach Micklitz et al. (2010) in der Ermangelung von Einkommen oder Kompetenz.[91] Ohne das Wissen, Relevantes zu erkennen und das Bedürfnis zu entwickeln, sich selbst aus der Verletzlichkeit zu befreien, ist es für den verletzlichen Anleger eine Schwierigkeit, der eigenen Situation zu entkommen. Reiter et al. (2014) betonen, dass verletzliche Anleger auf die Anleitung durch Finanzintermediäre angewiesen sind und eine gesonderte Informationspflicht aufweisen.[92]

4.4 Der verantwortungsvolle Anleger

In seiner Arbeit betrachtet Akerlof (1970) die Einflüsse von Informationsverteilung und Unsicherheit auf die Entscheidungsfindung.[93] Er ist dabei in der Lage zu zeigen, dass asymmetrisch verteilte Informationen zu Marktineffizienzen führen, da Verbraucher nicht in der Lage sind, eine optimale Entscheidung zu treffen. Nelson (1970) argumentiert für eine Korrelation zwischen Information und Konsumentenverhalten. Beide Autoren argumentieren für Informationstransparenz.[94] Diese wird durch den verantwortungsvollen Verbraucher, respektive den Verantwortungsvollen Anleger genutzt, um eine in der Situation optimale Konsum- oder Anlageentscheidung zu treffen. Dieser Anlegertyp ist dadurch gekennzeichnet, dass er kundig, ökologisch-sozial und politisch engagiert ist.[95] Konsum beinhaltet für ihn den nachhaltigen, verantwortungsbewussten Konsum.[96] Dementsprechend besitzt er ein hohes Informationsbedürfnis. Oehler (2017b) beschreibt das Informationsparadigma, respektive die Annahme, dass der verantwortungsvolle Anleger immer eine optimale Entscheidung trifft, wenn ausreichend Informationen zur Verfügung stehen.[97]

[91] Vgl. Micklitz et al. 2010.
[92] Vgl. Reiter et al. 2014.
[93] Vgl. Akerlof 1970, 488-500.
[94] Vgl. Nelson 1970, 311-329.
[95] Vgl. Oehler/Reisch 2016.
[96] Vgl. Oehler/Reisch 2016.
[97] Vgl. Oehler 2017b, 279-293.

Bewusst trifft nach Oehler (2017b) der Verbraucher eine verantwortungsvolle Entscheidung, da der verantwortungsvolle Konsum den Rahmen für die individuelle Konsumentscheidung trifft.[98] Hinsichtlich der Robo-Advisory bedeutet dies, dass der verantwortungsvolle Verbraucher hohe Ansprüche an eine verantwortungsvolle Anlagestrategie aufweist. Ein Beispiel hierfür sind die in Kapitel 2 beschriebenen „grünen Aktienwerte". In diesem Fall ist der verantwortungsvolle Verbraucher gewillt, Informationen über die Zusammensetzung des Portfolios zu beschaffen, um so eine für sich optimale Anlageentscheidung zu treffen. Unter Berücksichtigung von Oehler (2017b) bedeutet dies, dass der Anleger nutzenmaximierend handelt (Auswahl des Portfolios mit dem optimalen Rendite-Risiko-Verhältnis) dies jedoch nur solange tut, wie das ökologische Bewusstsein (Ausprägung des verantwortungsvollen Konsums) nicht verletzt ist.[99] Dementsprechend ist die Investitionsentscheidung nicht auf ein Suchgut bezogen, da die notwendigen Informationen nicht vor der Konsumentscheidung feststehen. Dadurch dass die Rendite sowie die tatsächliche Portfoliozusammensetzung des Robo-Advisors erst nach der Investition bewertet werden kann, handelt es sich hierbei um Vertrauensgüter. Der verantwortungsvolle Anleger kann Informationsbeschaffung eine Qualitätsvermutung aufbauen, welche sich nicht zwangsläufig erfüllen muss.

---

[98] Vgl. Oehler 2017b, 279-293.
[99] Vgl. Oehler 2017b, 279-293.

5 Handlungsempfehlungen für die Anlegergruppen

Finanztest (2017) beschreibt die Zielgruppe für die Robo-Advisory-Plattformen als finanziell allgemeingebildet, online-affin sowie erfahren im Umgang mit Aktien.[100] Dem gegenüber steht eine breite Öffnung der Vermögensverwaltung: Während in der klassischen Vermögensverwaltung eine hohe finanzielle Allgemeinbildung vorherrschte, erodiert diese Vorstellung aufgrund geringer Mindesteinlagebeträge sowie Depotführungskosten.[101] Die vorgenommene Einschränkung zeigt, dass Robo-Advisory nicht für alle Anleger gleichermaßen geeignet ist. Dementsprechend weisen die Systeme veritable Risiken auf, den verletzlichen Anleger abzuhängen, und diesen so von der Möglichkeit der Vermögensverwaltung auszuschließen. Diese Risiken ergeben sich insbesondere bei der ersten und zweiten Integrationsstufe, in denen die Handelsausführung selbstständig erfolgen muss. Die Problematik der Online-Affinität besteht weiterhin bei den Systemen der dritten Integrationsstufe. Wenn im Rahmen der nicht- oder teilautomatisierten Vermögensverwaltung der verletzliche Verbraucher kein Wissen über die Anlageprodukte aufweist und die Investition und die klassische Vermögensverwaltung nicht lohnenswert ist, wird diese Gruppe nicht nur von der Vermögensverwaltung im Speziellen, sondern auch von der Kapitalanlage im Allgemeinen ausgeschlossen. Der verletzliche Verbrauchertyp besitzt somit erhebliche finanzielle Nachteile gegenüber den anderen Verbrauchergruppen. Im schlimmsten Fall tritt das beschriebene Szenario der verlorenen gesellschaftlichen Teilhabe ein. Ein weiteres Risiko bilden hier die von Finanztest (2017, 2018) ermittelten Interessenkonflikte.[102] Diese sind für den verletzlichen und vertrauenden Verbraucher relevant, da diese die Konflikte nicht weiter nachverfolgen. Hierbei ist es unerlässlich, dass der Robo-Advisor die wirtschaftlichen Interessen sichtbar offengelegt werden und die Verbrauchergruppen dahingehend informiert werden. Die erste Handlungsempfehlung ist deshalb, dass jeder Robo-Advisor

[100] Vgl. Finanztest 2017, 56-63.

[101] Vgl. Ji 2017, 1543-1584.

[102] Vgl Finanztest 2017; Finanztest 2018.

standardisierte Produktinformationen braucht, die auch für den uninformierten Verbraucher verständlich ist. Diese Produktinformationen können im ersten Schritt die Kostenstruktur[103], Erlösstruktur[104], Informationen über Interessenkonflikte[105] sowie der Regulation enthalten. Oehler (2016) argumentiert, dass diese standardisierten Produktinformationen im Rahmen eines robusten Verbraucherschutzes nicht nur für Produkte der Robo-Advisory, sondern für alle Finanzdienstleistungen gleichermaßen erbracht werden sollten.[106] Hierbei liegt es in der Verantwortung der staatlichen Institutionen Transparenz und Verbraucherschutz zu schaffen. Insbesondere bei der Anlageberatung durch Robo-Advisory ist es nach Oehler (2016) entscheidend, dass nicht nur die Beratungsprotokolle zur Verfügung gestellt werden, sondern auch eine aktive Kontrolle hinsichtlich des Verständnisses erfolgen muss.[107] Ferner eigenen sich unterschiedliche Medien, wie beispielsweise im Videoformat, für die Vermittlung der mit Robo-Advisory verbundenen Chancen und Risiken. Dementsprechend ist die zweite Handlungsempfehlung, dass durch unterschiedliche Medien eine aktive Kontrolle des Verständnisses erfolgt, die nicht nach Vertragsabschluss aufhört, sondern

103 Finanztest (2018) kritisiert die oftmals unzureichenden Informationen über die Kosten. Während im Rahmen der ersten Integrationsstufe monatliche Pauschalbeträge transp rent sind, ist oftmals der Depotwert in den höheren Integrationsstufen relevant für die Kosten. Dementsprechend ist es unerlässlich, dass die Robo-Advisor im Rahmen von Beispielportfolios zeigen, welche Kosten dem Kunden voraussichtlich entstehen

104 Oehler (2016) beschreibt die Problematik von vermeintlich kostenlosen Robo-Advisor der ersten Integrationsstufe. Oftmals basieren diese Geschäftsmodelle auf Honorberatung von einem kleinen Spektrum abhängiger Angebote.

105 Die in der Erlösstruktur angedeuteten Interessenkonflikte sollten ebenfalls auf der standardisierten Produktinformation abgebildet sein. Hierbei ist es entscheidend, dass sowohl Interessenkonflikte, die sich aufgrund der Algorithmen ergeben (beispielsweise anfallende Transaktionsgebühren bei dem Portfolio-Rebalancing), als auch Interessenkonflikte aufgrund eines eingeschränkten Produktportfolios (Ji, 2017). Wenn der Robo-Advisor Offenheit suggeriert, diese aber aufgrund von Interessenkonflikten nicht wahrt, dann ist dies ein wichtiger Aspekt für den Verbraucherschutz.

106 Vgl. Oehler 2016, 15.

107 Vgl. Oehler 2016, 15.

vielmehr kontinuierlich auch nach Vertragsabschluss folgt. Schlussendlich kann die Plattform nicht ermitteln, ob der Anleger die zur Verfügung gestellten Informationen tatsächlich verstanden hat und sich der Tragweite der eigenen Handlungen bewusst ist.[108] Damit schließt sich die dritte Handlungsempfehlung an, dass das im Rahmen der Vorabberatung ermittelte Risikoprofil, in regelmäßigen Abständen kontrolliert und gegebenenfalls adjustiert wird.

Entgegen der bisherigen Handlungsempfehlungen betont Micklitz et al. (2010), dass der verletzliche Verbraucher nicht seiner Vulnerabilität entflieht, wenn diesem weitere Informationen zur Verfügung gestellt werden.[109] Ferner wird eine stärkere Inklusion dieser Verbrauchergruppe benötigt. Eine stärkere Präsenz staatlicher Institutionen ist immer dann notwendig, "wenn marktliche Mechanismen bei der Erhöhung der Funktionsfähigkeit von Märkten mit asymmetrischen Informationsstrukturen versagen"[110]. Die asymmetrisch verteilten Informationen können im Rahmen des *Signalling* verfügbar gemacht werden, um somit Vertrauenseigenschaften der Anleger in Sucheigenschaften umzuwandeln. Dies ist für den verantwortungsvollen Verbraucher bei der Suche nach dem optimalen Produkt ein reduzierendes Moment der Informationsbeschaffungskosten. Für den verletzlichen sowie vertrauenden Verbraucher gilt dies jedoch nicht. Jung et al. (2018) beschreiben Gestaltungsprinzipien, die als Mindeststandards angesehen werden können.[111] Coeckelbergh (2013) beschreibt, dass die Mensch-Maschine-Interaktion grundsätzlich gestört ist.[112] Dementsprechend stellen Robo-Advisory-Plattformen hohe Anforderung an Servicequalität, Transparenz, Vertrauensbildung sowie dem Ausgleich von Informationsasymmetrien.[113] [114] Neben der Bedienbarkeit sind anbieterübergreifende

[108] Vgl. Oehler et al. 2016, 30-31.

[109] Vgl. Micklitz et al. 2010.

[110] Rischkowsky/Döring 2004, 318.

[111] Vgl. Jung et al. 2018, 367-380.

[112] Vgl. Coeckelbergh 2013.

[113] Vgl. Jung et al. 2018, 367-380.

[114] Grundlage bietet die EN ISO 9241-110, die den Entwicklungsprozess für Dialogsoftware regelt. Anhand der sieben Grundprinzipien Aufgabenangemenssenheit, Selbstbeschreibungsfähigkeit, Erwartungskonformität, Lernförderlichkeit, Steuerbarkeit, Fehlertoleranz sowie

Prinzipien relevant. So wird beispielsweise die finanzielle Situation nicht ausreichend ermittelt, da weder Liquiditätsreserven, Sicherheiten noch die Schuldentragfähigkeit mit einer relevanten Validität erhoben werden. Grundlage der bedarfsgerichteten Weiterentwicklung der Systeme sind deshalb Mindeststandards, welche die Ermittlung des Risikoprofils betreffen. Im Speziellen können standardisierte und anbieterunabhängige Fragen den Risikoermittlungsprozess ablösen. Dementsprechend bildet die vierte Handlungsempfehlung die Einführung eines Zertifizierungssystems sowie die Einführung von standardisierten Elementen in der Robo-Advisory.

Analog zu dem Einleitungszitat ist der Ausweg aus der selbstverschuldeten Unmündigkeit das Bedienen des eigenen Verstandes. Kurz gegriffen und polemisch zeigt der Merksatz der Aufklärung im Fall der Robo-Advisory, dass es eine neue finanzielle Allgemeinbildung braucht. Oehler (2017b) beschreibt dieses Wissen als Meta-Bildung, da nicht das technische Verständnis der Systeme im Vordergrund steht, sondern die Methodik.[115] Wie wichtig finanzielle Allgemeinbildung im Kontext von weitreichenden Entscheidungen ist haben Lusardi & Mitchelli (2007) im Rahmen von Entscheidungen hinsichtlich der Rente gezeigt.[116] Ferner haben Van Rooij et al. (2011) gezeigt, dass Anleger mit einer hohen finanziellen Allgemeinbildung häufiger in den Aktienmarkt investieren.[117] Behrman et al. (2012) kommen zu dem Schluss, dass eine höhere finanzielle Allgemeinbildung von Haushalten in einer höheren Akkumulation von Wohlstand resultiert.[118] Die Meta-Bildung rückt die Beherrschung der Systeme in den Vordergrund, unter der Beispielsweise das Verständnis des implizierten Rendite-Risiko-Verhältnisses für die Zusammenhänge im Risiko-Profiling, der Performance-Reports oder der AGB im Allgemeinen. Die abschließende fünfte Handlungsempfehlung

---

Individualisierbarkeit entstehen Designprinzipien für die Robo-Advisory. Diese Prinzipien garantieren eine anlegergruppenübergreifende Bedienbarkeit sowie den damit verbundenen Schutz der Gruppen.

115 Vgl. Oehler 2017b, 279-293.

116 Vgl. Lusardi/Mitchelli 2007, 35-44.

117 Vgl. Van Rooij et al. 449-472.

118 Vgl. Behrman et al. 2012, 300-304.

ist die Verbesserung der finanziellen Allgemeinbildung durch Meta-Bildung.

Die Handlungsempfehlungen gestalten sich abschließend demnach wie folgt:

1. Bereitstellung von öffentlich-zugänglichen standardisierten Produktinformationen über Erlösstruktur des Robo-Advisors, der Kostenstruktur des Anlegers, Interessenkonflikten sowie der Regulation.
2. Bereitstellung der Beratungsprotokolle und kontinuierliche Kontrolle des Verständnisses des Anlegers sowie Bereitstellung von den Erfahrungen des Anlegers angepasste Informationen.
3. Kontinuierliche Messung der Rendite-Risiko-Präferenzen sowie Anpassungen bei Abweichungen.
4. Einführung eines Zertifizierungssystems für Robo-Advisor sowie von Mindeststandards, die für alle Anbieter von Robo-Advisory gelten.
5. Verbesserung der finanziellen Allgemeinbildung durch Meta-Bildung.

6 Zusammenfassung und Ausblick

Robo-Advisory besitzt für die festgelegten Anlegertypen sowohl Vor- als auch Nachteile.

Vorteile liegen in den geringen Transaktionskosten sowie Mindesteinlagebeträgen. Ferner werden die Informationsbeschaffungskosten reduziert. Dementsprechend besitzen die Systeme das Potenzial, die Vermögensverwaltung einer breiten Öffentlichkeit zugänglich zu machen. Außerdem kann durch im Vorhinein festgelegte Anlagepräferenzen eine individualisierte Depotzuordnung getroffen werden. Dazu werden Handelsnachteile zwischen den Akteuren, die aufgrund von Informationsasymmetrien oder unterschiedlicher finanzieller Allgemeinbildung entstehen, reduziert. Außerdem werden Diversifikationsstrategien durch Rebalancing aufrechterhalten. Die Systeme weisen eine hohe Serviceverfügbarkeit auf, da Öffnungszeiten von Vermögensverwaltern nicht mehr beachtet werden müssen.

Nachteile der Robo-Advisory liegen darin, dass Assetklassen wie Immobilien und in der Mehrheit Devisen nicht berücksichtigt werden. Darüber hinaus ist das Risikoprofiling fehleranfällig, besitzt eine geringe Reliabilität und Stabilität sowie keine Standardisierung zwischen den Anbietern. Zudem werden im Risikoprofiling die finanzielle Situation sowie die Risikotragfähigkeit nicht ausreichend berücksichtigt. Ein weiterer Nachteil ist, dass ein Wechsel der Anbieter nicht ohne Weiteres möglich ist. Ferner ergibt sich Unsicherheit hinsichtlich der unklaren Regulation von Robo-Advisory-Systemen. Hierbei zeigt sich, dass es einen in den Handlungsempfehlungen beschriebenen, starken Verbraucherschutz bedarf. Dieser wird vor allem vor die Herausforderung der stetigen Weiterentwicklung der Robo-Advisor gestellt. Zudem kritisieren Oehler et al. (2016), dass im Rahmen des Beratungsprozesses die Exploration der Kundeneigenschaften nicht ausreichend vorhanden ist.[119]

Die verstärkte Digitalisierung der Finanzindustrie in Verbindung mit dem Erschließen neuer Geschäftsfelder zeigt, dass Applikationen von künstlicher Intelligenz zunehmen.[120] In der

---

[119] Vgl. Oehler et al. 2016, 30-31.

[120] Vgl. Bahrammirzaee 2010, 1165-1195.

Erkennung von Sprache und Emotionen Parität hat künstliche Intelligenz Parität zu Menschen erreicht.[121] Hierbei zeigt sich, welche Chancen und Risiken durch die Verbindung zwischen künstlicher Intelligenz und Robo-Advisory ergeben. Anhand der Nutzung von Social-Media-Daten ergeben sich im Bereich der Analytics vielfältige Anwendungsmöglichkeiten.[122] Im Rahmen einer Berücksichtigung aller zur Verfügung stehe der Informationen des Anlegers besteht die Möglichkeit, die Risikoklassifizierung zu optimieren. Außerdem könnte eine mit der nötigen Rechenkapazität ausgestattete Künstliche Intelligenz alle verfügbaren Informationen am Markt berücksichtigen und so den menschlichen Akteuren gegenüber einen Vorteil haben. Unter der Annahme, dass Informationen einen Einfluss auf die Entwicklung von Wertpapieren haben, hätten diese Algorithmen unter der Voraussetzung einer kurzen Reaktionszeit die Möglichkeit, Überrenditen im Vergleich zu menschlichen Akteuren zu erzielen. Dementsprechend wären diese „intelligenten Robo-Advisor“ nicht nur der klassischen Vermögensverwaltung hinsichtlich der erwarteten Rendite, sondern auch weiteren Akteuren am Markt überlegen. Somit würden diese Systeme nicht nur den nicht-professionellen Anlegern, sondern auch den professionellen Anlegern einen Mehrwert bieten. Die Verbindung der Robo-Advisory mit Künstlicher Intelligenz hat dabei Risiken, die sich insbesondere für die Regulation eines solchen Systems ergeben. Anknüpfungspunkte hierfür bietet die *Robotic Governance*, deren Hauptargument das *Chinese-Room-Argument* bildet.[123]

Abschließend hat die Robo-Advisory nicht nur das Potential einer Verbesserungsinnovation, sondern in der Verbindung mit einer künstlichen Intelligenz das Potential einer Radikalinnovation, die das Verständnis von Vermögensverwaltung vollständig ändert. Hinsichtlich der von Sharpe (2011) formulierten Leitsätze bietet die Robo-Advisory einen Mehrwert in Bezug auf die Diversifikation, die Kostenreduzierung sowie in begrenzten Maß die Individualisierung.[124] Die Kontextualisierung erfüllen die derzeitigen Systeme nicht, da die

[121] Vgl. LeCun et al. 2015, 436; Xiong et al. 2017, 2410-2423.
[122] Vgl. Stieglitz et al. 2014, 89-96.
[123] Vgl. Searle 1980, 417-424.
[124] Vgl. Sharpe 2011.

Anlageklassen limitiert sind. Hinsichtlich der Frage, ob Robo-Advisory der klassischen Vermögensverwaltung in Bezug auf die Anlagestrategie überlegen ist, zeigt sich auch in der Krisenrobustheit dieser Systeme, welche bislang noch nicht evaluiert werden konnte.

Literaturverzeichnis

Ahlert, D., Kenning, P., & Petermann, F. (2001). Die Bedeutung von Vertrauen für die Interaktionsbeziehungen zwischen Dienstleistungsanbietern und-nachfragern. In M. Bruhn & B. Stauss (Eds.), Dienstleistungsmanagement Jahrbuch 2001. Wiesbaden, 279–298.

Akerlof, G. A. (1970). The market for „lemons": Quality uncertainty and the market mechanism. The Quarterly Journal of Economics, 84(3), 488–500.

Ang, A. & Chen, J. (2007). CAPM over the Long Run: 1926–2001. Journal of Empirical Finance, 14(1), 1–40.

BaFin (2016a). Erlaubsnispflicht automatisierter Finanzportfolioverwaltung. https://www.bafin.de/DE/Aufsicht/FinTech/Finanzportfoliov erwaltung/finanzportfolioverwaltung_noode.html; zuletzt abgerufen am 01.07.2019.

BaFin (2016b). Robo-Advice und Auto-Trading – Plattformen zur automatisierten Anlageberatung und automatischem Trading. https://www.bafin.de/DE/Aufsicht/FinTech/Anlageberatung/ anlageberatung_node.html; zuletzt abgerufen am 01.07.2019.

Bahrammirzaee, A. (2010). A comparative survey of artificial intelligence applications in finance: artificial neural networks, expert system and hybrid intelligent systems. Neural Computing and Applications, 19(8), 1165–1195.

Beck, U. (1992). Risk society: Towards a new modernity. Newcastle.

Behrman, J. R., Mitchell, O. S., Soo, C. K., & Bravo, D. (2012). How financial literacy affects household wealth accumulation. American Economic Review, 102(3), 300–304.

Beltramini, E. (2018). Human Vulnerability and Robo-Advisory: An Application of Coeckelbergh's Vulnerability to the Machine-Human Interface. Baltic Journal of Management, 13(2), 250–263.

BrokerVergleich (2019). Robo Advisor im Echtgeld-Test 2019. https://www.brokervergleich.de/robo-advisor/echtgeld-test/#echtgeldtest-t3; zuletzt abgerufen am 01.07.2019.

Bundesbank (2018). Geldvermögensbildung und Außenfinanzierung in Deutschland im dritten Quartal 2018. https://www.bundesbank.de/de/presse/pressenotizen/geldvermoegensbildung-und-aussenfinanzierung-in-deutschland-im-dritten-quartal-2018-771042; zuletzt abgerufen am 01.07.2019.

Burden, R. (1998). Vulnerable consumer groups: quantification and analysis. London.

BusinessInsider (2017). THE ROBO-ADVISING REPORT: Market forecasts, key growth drivers, and how automated asset management will change the advisory industry. https://www.businessinsider.com.au/the-robo-advising-report-market-forecasts-key-growth-drivers-and-how-automated-asset-management-will-change-the-advisory-industry-2016-6; zuletzt abgerufen am 01.07.2019.

Coeckelbergh, M. (2013). Human being@ risk: Enhancement, technology and the evaluation of vulnerability transformations, volume 12 Dodrecht.

Coeckelbergh, M. (2015). The Tragedy of the Master: Automation, Vulnerability, and Distance. Ethics and Information Technology, 17(3), 219–229.

Cronbach, L. J. (1951). Efficient Alpha and the internal Structure of Tests. psychometrika, 16(3), 297–334.

Davey, T. G. (2005). Automated assessment of Personal Financial Risk Tolerance. US-Patent 6,859,788.

Dinter, B., Funk, L., & Pagel, S. (2014). Der verletzliche Verbraucher im E-Commerce. In C. Bala & K. Müller (Eds.), Der verletzliche Verbraucher. KVF NRW, 123–147.

Disselkamp, M. (2015). Innovationsmanagement: Instrumente und Methoden zur Umsetzung im Unternehmen. Wiesbaden.

Epperson, T., Hedges, B., Singh, U., & Gabel, M. (2015). Hype vs. Reality: The Coming Waves of "Robo" Adoption. https://www.atkearney.com/documents/10192/7132014/Hype+vs.+Reality_The+Coming+Waves+of+Robo+Adoption.pdf; zuletzt abgerufen am 01.07.2019.

Faloon, M. & Scherer, B. (2017). Individualization of Robo-Advice. The Journal of Wealth Management, 20(1), 30–36.

Fama, E. F. & French, K. R. (1992). The Cross-section of Expected Stock Returns. The Journal of Finance, 47(2), 427–465.

Fein, M. L. (2015). Robo-advisors: A closer look. Verfügbar bei SSRN 2658701.

Finanztest (2017). Beratung ist Programm. Finanztest, 18(1), 56–63.
Finanztest (2018). Die Maschine machts. Finanztest, 19(8), 42–47.
Fintego (2019). Fintego Managed Depot.https://www.fintego.de/konzept/; zuletzt abgerufen am 01.07.2019.
Fischer, M. (2017). Robo Advisory und automatisierte Vermögensverwaltung. Zeitschrift für das gesamte Genossenschaftswesen, 67(3), 183–193.
Frazzini, A. & Pedersen, L. H. (2014). Betting against Beta. Journal of Financial Economics, 111(1), 1–25.
Galesic, M. & Bosnjak, M. (2009). Effects of Questionnaire Length on Participation and Indicators of Response Quality in a Web Survey. Public Opinion Quarterly, 73(2), 349–360.
Gulden, J. (2019). Automatisierte Geldanlage - Determinanten und Einflussbedingungen der Akzeptanz von Investment Management FinTechs. Wiesbaden.
Herzog, A. R. & Bachman, J. G. (1981). Effects of questionnaire length on response quality. Public Opinion Quarterly, 45(4), 549–559.
Hölscher, R. & Nelde, M. (2018). Darstellung, Funktion und Portfolioaufteilung von Robo-Advisory. Zeitschrift für das gesamte Kreditwesen, 70(2), 14–19.
Jacob, M. (2012). Asset Management: Anlageinstrumente, Marktteilnehmer und Prozesse. Wiesbaden.
Jagannathan, R. & Wang, Z. (1996). The conditional CAPM and the Cross-Section of Expected Returns. The Journal of Finance, 51(1), 3–53.
Jansen, D.-J., Mosch, R. H., & van der Cruijsen, C. A. (2015). When does the general public lose trust in banks? Journal of Financial Services Research, 48(2), 127–141.
Ji, M. (2017). Are robots good fiduciaries: Regulating robo-advisors under the investment advisers act of 1940. Colum. L. Rev., 117, 1543–1584.
Jung, D. (2019). Robo-Advisory and Decision Inertia - Experimental Studies of Human Behaviour in Economic Decision-Making. Karlsruhe.

Jung, D., Dorner, V., Weinhardt, C., & Pusmaz, H. (2018). Designing a robo-advisor for risk-averse, low-budget consumers. Electronic Markets, 28(3), 367–380.

Kahneman, D. & Tversky, A. (2013). Prospect theory: An analysis of decision under risk. In L. MacLean & W. Ziemba (Eds.), Handbook of the fundamentals of financial decision making: Part I. Singapur, 99–127.

Kenning, P. & Wobker, I. (2013). Ist der „mündige Verbraucher“ eine Fiktion? Ein kritischer Beitrag zum aktuellen Stand der Diskussion um das Verbraucherleitbild in den Wirtschaftswissenschaften und der Wirtschaftspolitik. Zeitschrift für Wirtschafts-und Unternehmensethik, 14(2).

Lapp, S. (2001). Internationale Diversifikation in den Portfolios deutscher Kapitalanleger: Theorie und Empirie. Wiesbaden.

LeCun, Y., Bengio, Y., & Hinton, G. (2015). Deep learning. nature, 521(7553), 436.

Lerch, M. P. (2015). Anlageberater als Finanzintermediäre: Aufklärungspflichten über monetäre Eigeninteressen von Finanzdienstleistern in Beratungskonstellationen. Heidelberg.

Liqid (2019). LIQID Private Equity. https://www.liqid.de/de/pe; zuletzt abgerufen am 01.07.2019.

Lusardi, A. & Mitchelli, O. S. (2007). Financial literacy and retirement preparedness: Evidence and implications for financial education. Business economics, 42(1), 35–44.

MacIntyre, A. C. (1999). Dependent rational animals: Why human beings need the virtues. Chicago, IL.

Malkiel, B. G. & Fama, E. F. (1970). Efficient Capital Markets: A Review of Theory and empirical Work. The Journal of Finance, 25(2), 383–417.

Markowitz, H. (1952). Portfolio Selection. The Journal of Finance, 7(1), 77–91.

Micklitz, H. (2013). Jenseits des Informationsparadigmas – Ein Plädoyer für ein soziales Verbraucherrecht. Vortrag, Friedrichshafen, Januar 2013.

Micklitz, H.-W., Oehler, A., Piorkowsky, M.-B., Reisch, L., & Strünck, C. (2010). Der vertrauende, der verletzliche oder der verantwortungsvolle Verbraucher?: Plädoyer für eine differenzierte Strategie in der Verbraucherpolitik: Stellungnahme des Wissenschaftlichen Beirats für Verbraucher-und Ernährungspolitik beim BMELV vom Dezember 2010. Bundesministerum für Ernährung, Landwirtschaft und Verbraucherschutz.

Modigliani, F. & Miller, M. H. (1959). The Cost of Capital, Corporation Finance, and the Theory of Investment. The American Economic Review, 49(4), 655–669.

Müller, M. & Pester, M. (2019). Passive Anlagestrategien und Digitalisierung in der Vermögensverwaltung. In M. Seidel (Ed.), Banking & Innovation 2018/2019. Wiesbaden, 227–246.

Nelson, P. (1970). Information and consumer behavior. Journal of political Economy, 78(2), 311–329.

Nueesch, R., Puschmann, T., & Alt, R. (2014). Realizing Value From Tablet-Supported Customer Advisory: Cases From the Banking Industry. In Bled eConference, 14–27.

Oehler, A. (2013). Neue alte Verbraucherleitbilder: Basis für die Verbraucherbildung? HiBiFo–Haushalt in Bildung & Forschung, 2(2), 44–60.

Oehler, A. (2016). Digitale Finanzberatung braucht standardisierte Produktinformationen. Der Neue Finanzberater, 1(4), 15.

Oehler, A. (2017a). Entwicklungspfade der Verbraucherwissenschaften. In Verbraucherwissenschaften. Wiesbaden, 19–29.

Oehler, A. (2017b). Verbraucherinformation und verbraucherbildung. In Verbraucherwissenschaften. Wiesbaden, 279–293.

Oehler, A., Horn, M., & Wendt, S. (2016). Was taugt die Finanzberatung durch Robo-Advisors wirklich? Der Neue Finanzberater, 1(6), 30–31.

Oehler, A. & Reisch, L. A. (2016). Verbraucherleitbild: Differenzieren, nicht diskriminieren.

Oppenheim, R. & Lange-Hausstein, C. (2016). Robo Advisor–Anforderungen an die digitale Kapitalanlage und Vermögensverwaltung. Zeitschrift für Wirtschafts-und Bankrecht, 41, 1966–1973.

Pan, C. H. & Statman, M. (2012). Questionnaires of Risk Tolerance, Regret, Overconfidence, and other Investor Propensities. Journal of Investment Consulting, 13(1), 54–63.

Reiter, J., Frere, E., Zureck, A., & Bensch, T. (2014). Young Professionals in der Finanzberatung - Kritische und selbstbewusste Bankkunden. In C. Bala & K.

Müller (Eds.). Der verletzliche Verbraucher. KVF NRW, 61–84.

Riess, M. & Frank, U. (2002). Investmentprozess und -organisation eines großen Asset Managers. In E. Hehn (Ed.), Asset Management in Kapitalanlage- und Versicherungsgesellschaften. Altersvorsorge, Nachhaltige Investments, Rating. Wiesbaden, 273–285.

Rischkowsky, F. & Döring, T. (2004). E-Commerce und europäische Verbraucherpolitik. Wirtschaftsdienst, 84(5), 317–324.

Roszkowski, M. J., Davey, G., & Grable, J. E. (2005). Insights from Psychology and Psychometrics on measuring Risk Tolerance. Journal of Financial Planning, 18(4), 66–77.

Scalable.Capital (2019). Reporting und Steuern. https://de.scalable.capital/faq/reporting-und-steuern; zuletzt abgerufen am 01.07.2019.

Searle, J. R. (1980). Minds, brains, and programs. Behavioral and brain sciences, 3(3),417–424.

Sharpe, W. F. (1966). Mutual Fund Performance. The Journal of Business, 39(1), 119–138.

Sharpe, W. F. (2011). Investors and Markets: Portfolio Choices, Asset Prices, and Investment Advice. Princeton, NJ.

Simon, H. A. (1956). Rational choice and the structure of the environment. Psychological review, 63(2), 129–138.

Son, H. & Collins, M. (2016). The rich are already using robo-advisers, and that scares banks. Bloomberg. https://www.bloomberg.com/news/articles/2016-02-05/the-rich-are-already-using-robo-advisers-and-that-scares-banks; zuletzt abgerufen am 01.07.2019.

Stieglitz, S., Dang-Xuan, L., Bruns, A., & Neuberger, C. (2014). Social media analytics. Business & Information Systems Engineering, 6(2), 89–96.

Tertilt, M. & Scholz, P. (2018). To Advise, or Not to Advise—How Robo-Advisors Evaluate the Risk Preferences of Private Investors. The Journal of Wealth Management, 21(2), 70–84.

Tilmes, R., Jakob, R., & Nickel, H. (2012). Praxis der modernen Anlageberatung. Köln.

Tobin, J. (1958). Liquidity Peference as Behavior towards Risk. The Review of Economic Studies, 25(2), 65–86.

Van Rooij, M., Lusardi, A., & Alessie, R. (2011). Financial literacy and stock market participation. Journal of Financial Economics, 101(2), 449–472.

Weatherill, S. (1996). The evolution of European consumer law and policy: From well informed consumer to confident consumer. In H.-W. Micklitz (Ed.), Rechtseinheit oder Rechtsvielfalt in Europa. Baden-Baden, 423–471.

Williams, J. B. (1938). The Theory of Investment Value. Cambridge, MA.

Xiong, W., Droppo, J., Huang, X., Seide, F., Seltzer, M. L., Stolcke, A., Yu, D., & Zweig, G. (2017). Toward human parity in conversational speech recognition. IEEE/ACM Transactions on Audio, Speech and Language Processing (TASLP), 25(12), 2410–2423.

Unternehmenseigene Social-Media-Kanäle zur Kommunikation kapitalmarktrelevanter Unternehmensinformationen? Ein Blick in börsennotierte deutsche Unternehmen

Tim Alexander Herberger[a]* & Andreas Oehler[b]

Key Words: Social Media; Unternehmenskommunikation; kapitalmarktrelevante Unternehmensinformation; Informationsintermediation

Inhaltsübersicht:

[a] Associate Professor, Chair of Entrepreneurship, Finance and Digitalization, Andrássy University, Budapest, Hungary.

[b] Full Professor and Chair of Finance, Bamberg University, Bamberg, Germany.

* Please address correspondence to Tim Alexander Herberger, Chair of Entrepreneurship, Finance and Digitalization, Andrássy University, Pollack Mihály tér 3, 1088 Budapest, Hungary; email: tim.herberger@andrassyuni.hu.

1 Einleitung

"I am considering taking Tesla private at $420. Funding secured."[1]

(Elon Musk via Twitter)

Als Elon Musk die oben genannte Kurznachricht am 8. Juli 2018 ausschließlich über seinen privaten Twitter-Account versendete, löste diese eine deutliche Kursreaktion bei der Aktie von Tesla aus und sorgte in den nachfolgenden Handelsstunden für eine weit überdurchschnittliche Handelsaktivität. Schnell kam seitens der SEC der Verdacht auf, dass es sich bei dieser Nachricht weniger um eine ernstgemeinte kapitalmarktrelevante Unternehmensnachricht[2] handeln könnte, zumal sie nicht über die sonst vorgesehenen Kanäle kommuniziert wurde, sondern vielmehr um einen Versuch, den Aktienkurs zu manipulieren. In der sich auf diesen Tweet anschließenden und seitens der SEC durchgeführten Untersuchung wurde das Verhalten Elon Musks abschließend als Marktmanipulation gewertet und entsprechend sanktioniert.[3] Unabhängig von der juristischen Auseinandersetzung stellt sich jedoch die Frage, welche Rolle der Social-Media-Kanal[4] Twitter gespielt hat, um kapitalmarktrelevante Unternehmensnachrichten zu verbreiten; sozusagen als Trägermedium. Diente Twitter als Kommunikationsintermediär kapitalmarktrelevanter Unternehmensinformationen für verschiedene Stakeholdergruppen (Informationsbedarfstransformationsfunkion)?

---

[1] Elon Musk über Twitter am 08.07.2018; https://twitter.com/elonmusk/status/1026872652290379776 (abgerufen am 06.10.2019).

[2] Als kapitalmarktrelevante Unternehmensnachricht bzw. -information werden alle Informationen verstanden, die auf Grundlage der nationalen Regulierung zu den Ad-hoc-Mitteilungen gezählt werden.

[3] Vgl. SEC 2018.

[4] Im Rahmen dieses Beitrags wird vorrangig der Begriff Social-Media-Kanal als Synonym zu Social Network oder Soziales Netzwerk verwendet. Der Fokus auf den Terminus „Kanal" dient der Hervorhebung des Informationsflusses zwischen Sender und Empfänger.

Könnten Social-Media-Kanäle als Informationsintermediär im Kontext der Digitalisierung und deren gesellschaftlicher Verbreitung weltweit nicht auch als Finanzintermediäre im weiteren Sinn betrachtet[5] und mit "klassischen" Informationsdienstleistern wie Ad-hoc-Diensten oder Börseninformationsdiensten gleichgesetzt werden?

Ziel dieses Beitrags ist es, einen Blick darauf zu werfen, wie und in welchem Umfang börsennotierte Unternehmen in Deutschland ihre unternehmenseigenen Social-Media-Kanäle zum Zweck der Kommunikation kapitalmarktrelevanter Unternehmensinformationen nutzen und dies als Teil ihrer Investor Relations[6] verstehen, um verschiedene Stakeholder mit kapitalmarktrelevanten Informationen zu versorgen. Letztlich kann nur im Fall eines unbeschränkten Zugangs und einer weitreichenden Nutzung der unternehmenseigenen Social-Media-Kanäle zur Verbreitung kapitalmarktrelevanter Unternehmensinformationen davon ausgegangen werden, dass Stakeholder diese Kanäle als Informationsquelle für kapitalmarktrelevante Unternehmensnachrichten systematisch nutzen.

Als Untersuchungsgegenstand dienen die Social-Media-Aktivitäten der Jahre 2014 bis 2016 im Kontext der Kommunikation unternehmensrelevanter Informationen der in den deutschen Börsenindizes notierten Unternehmen (Dax, MDax, SDax und TecDax). Die Untersuchung erlaubt Aussagen darüber zu treffen, welche Art kapitalmarktrelevanter Informationen über die unternehmenseigenen Social-Media-Kanäle kommuniziert werden und ob diese über einen längeren Zeitraum genutzt werden. Schließlich lassen sich aus den zu erwartenden Ergebnissen erste Rückschlüsse auf

[5] Zu einem Überblick möglicher Transformationsfunktionen und zu einer Einordnung der Leistungen von Finanzintermediären im weiteren und engeren Sinne sowie den Adressatenkreis von Finanztransformationsleistungen, insb. Informationsbedarfstransformation vgl. Oehler 2004 und Oehler 2006.

[6] Als ein wesentlicher Teil der Investor Relations wird im Rahmen dieses Beitrags die Kommunikation kapitalmarktrelevanter Unternehmensinformationen verstanden. Die Kommunikation erfolgt hierbei nicht exklusiv gegenüber Investoren, sondern richtet sich grundsätzlich an alle Stakeholder des Unternehmens durch die öffentliche Bekanntmachung eben jener Informationen.

Kommunikationsstrategien im Rahmen der Investor Relations börsennotierter Unternehmen in Deutschland ziehen.

Der Beitrag ist wie folgt aufgebaut: Zunächst wird in Kapitel 2 die bestehende Literatur zum Einsatz von Social-Media-Kanälen im Rahmen der Investor Relations vorgestellt und deren Wirkungsweisen gezeigt. In Kapitel 3 wird das Untersuchungsdesign, das der empirischen Analyse zugrunde liegt, erörtert. Die Ergebnisse werden in Kapitel 4 präsentiert und diskutiert. Kapitel 5 fasst die wesentlichen Ergebnisse zusammen.

2 Relevante Literatur

Neben den verbreitetsten Social-Media-Kanälen wie Facebook, Youtube oder Instagram[7] bestehen weitere verwandte Dienste, die aber unterschiedliche Kommunikationsträger in den Mittelpunkt ihres Geschäftsmodells stellen (z.B. Kurznachricht, Fotos, Audiofiles). Der Begriff "sozial" bezieht sich ganz generell auf Personen, die miteinander verwandt oder miteinander verbunden sind und somit eine Gruppe darstellen, die jedoch nicht zwingend in sich homogen sein muss.[8]

Außer zur privaten Kommunikation können Social-Media-Kanäle auch von Unternehmen genutzt werden, um z.B. Unternehmensinformationen über die eigenen Waren und Dienstleistungen an verschiedene Stakeholdergruppen zu kommunizieren. Eine andere Informationskategorie stellen kapitalmarktrelevante Unternehmensinformationen dar, die Unternehmen auf Grund der an sie gestellten Transparenzanforderungen im Zusammenhang mit ihrer Börsenzulassung "öffentlich" kommunizieren müssen.[9] Hierbei ist die Verbreitung über Social-Media-Kanäle aber gegenwärtig in der Regel kein formal zugelassener Informationsweg, sondern gegebenenfalls nur zusätzlich möglich zu Ad-hoc-Mitteilungsdiensten oder, je nach Fall, der Publikation via Homepage des Unternehmens.[10] Es liegt aber durchaus im Sinne der Corporate Governance, eine möglichst umfassende Verbreitung kapitalmarktrelevanter Informationen auch an nicht-professionelle Investoren zu erreichen, die eher (nur) Social Media nutzen.[11]

[7] Vgl. Statista 2019. Facebook (2,2 Mrd.), Youtube (1,9 Mrd.) und Instagram (1 Mrd.).

[8] Vgl. Mack & Vilberger 2016.

[9] Vgl. Hales et al. 2018.

[10] Die Anforderungen zur Kommunikation kapitalmarkrelevanter Unternehmensinformationen, die für börsennotierte Unternehmen in Deutschland pflichtgemäß zu veröffentlichen sind, ist in der Wertpapierhandelsanzeigeverordnung (WpAV) geregelt.

[11] Bis April 2013 war es in den USA nach SEC Richtlinien US-börsennotierten Unternehmen sowie deren Führungspersonal nicht gestattet Social-Media-Kanäle zur Kommunikation kapitalmarktrelevanter Informationen zu verwenden. Im Zusammenhang mit einem Post des CEO von Netflix 2012 über die steigenden Nutzerzahlen des

Wesentlich hierbei ist, dass kein Informationskanal zeitlich begünstigt werden darf, sondern, dass die Nachrichten (nahezu) zeitgleich für alle Kommunikationskanäle freigegeben werden. Die Verbreitungsgeschwindigkeit der Nachricht innerhalb der Kanäle selbst liegt dann jedoch nicht mehr in der Verantwortung des veröffentlichenden Unternehmens.

Das besondere an der Form der Informationsbereitstellung kapitalmarktrelevanter Unternehmensinformationen via Social Media kann darin gesehen werden, dass Social Media eine Kommunikation in beide Richtungen ermöglichen; also nicht nur vom ursprünglichen Sender der Information (Unternehmen) zum Adressaten (Stakeholder), sondern die Adressaten können auf die gesendete Information direkt reagieren.[12] Dies ist entweder in Form eines konkreten Feedbacks in Textform oder in Form eines standardisierten Kommentars in Form eines "Like" oder weiterer standardisierter Kommentierungen (z.B. Emoticons) möglich.

Social-Media-Kanäle etablieren damit sowohl einen Feedback-Kanal von Adressaten zum publizierenden Unternehmen, als auch einen Austausch von Unternehmensinformationen zwischen den verschiedenen Adressaten, unter der Voraussetzung, dass diese Teil des Netzwerks und der konkreten sozialen Gruppe innerhalb des Netzwerks sind. Ein Teil der Literatur argumentiert, dass im Einklang mit der Transaktionskostentheorie[13] und der Theorie informationseffizienter Märkte[14] ein Nutzungspotenzial dieser zusätzlichen Alternativen zur Informationsverbreitung gegeben sein könnte.[15] Social-Media-Kanäle und das Internet insgesamt fungieren hierbei als Informationsvermittler, die bei

Streamingdienstanbieters und der damit einhergehenden Untersuchung, kam die SEC zu dem Schluss, dass Social-Media-Kanäle wesentliche Informationskanäle darstellen und als Ergänzung der offiziellen Unternehmenskommunikation verwendet werden können (vgl. SEC 2013).

12 Vgl. Hales et al. 2018; Blankespoor et al. 2014.

13 Vgl. Coase 1937; Williamson 1985.

14 Vgl. Fama 1970.

15 Vgl. Campbell et al. 2019; Chen et al. 2014; Jame et al. 2016.

kapitalmarktrelevanten Unternehmensinformationen auch als Finanzintermediäre im weiteren Sinne interpretiert werden können.[16]

Herkömmliche Nachrichten mit kapitalmarktrelevanten Informationen eines Unternehmens haben grundsätzlich eine begrenzte Reichweite. Dies führt zu einer potenziellen Informationsasymmetrie zwischen den Stakeholdern eines Unternehmens, da innerhalb der Stakeholdergruppen und zwischen ihnen ein unterschiedlicher Zugang besteht. Insbesondere für Unternehmen, die in den Massenmedien nicht besonders sichtbar sind (z.B. weil das Geschäftsmodell nicht im B2C-Geschäft liegt), könnte diese Informationsasymmetrie ausgeprägter sein, da sich die Massenmedien insbesondere auf die Verbreitung von Informationen über Unternehmen konzentrieren dürften, die in der breiten Öffentlichkeit bekannter sind, um eine größere Leserschaft zu adressieren. Demnach würde dies bedeuten, dass die Informationsasymmetrie zwischen den Stakeholdern weniger bekannter (börsennotierter) Unternehmen höher und die Marktliquidität dieser Unternehmen geringer ausfällt, da nicht der gleiche Anteil potenzieller Stakeholder mit den aktuellen Unternehmensnachrichten erreicht werden kann.

Blankespoor et al. (2014) zeigen in ihrer Arbeit (basierend auf Twitter), dass die Verbreitung von Unternehmensinformationen über Social-Media-Kanäle das Ausmaß der Informationsasymmetrien zwischen den Interessengruppen beeinflusst. Sie zeigen, dass eine geringere Asymmetrie zwischen den Stakeholdergruppen und eine Erhöhung der Marktliquidität durch den Einsatz von Twitter erzielt werden kann. Einerseits können durch die Nutzung von Social-Media-Kanälen die Informationskosten für die Stakeholder reduziert werden. Andererseits werden mehr potenzielle und bestehende Stakeholder erreicht, was letztendlich zu einer Erhöhung der Liquidität führt.[17]

---

[16] Vgl. Drake et al. 2017. Im Hinblick auf die Einordnung von Finanzintermediären im weiteren und engeren Sinne sowie den Adressatenkreis von Finanztransformationsleistungen, insb. Informationsbedarfstransformation, vgl. Oehler 2004; Oehler 2006.

[17] Vgl. Blankespoor et al. 2014.

Insbesondere nicht-professionelle Anleger könnten von Social-Media-Kanälen als Kommunikationskanal kapitalmarktrelevanter Informationen profitieren bzw. durch die publizierenden Unternehmen besser erreicht werden, weil anzunehmen ist, dass diese häufiger, induziert durch deren parallele private Nutzung, diese Kanäle nutzen und so schneller die kapitalmarktrelevanten Informationen erhalten, als mit der (zusätzlichen) Nutzung der Ad-hoc-Dienste. Die Unternehmen könnten folgerichtig diese Adressatengruppen leichter im Rahmen ihrer Investor-Relations-Aktivitäten erreichen.[18]

Neben einer Erörterung des potenziellen Nutzens von Social-Media-Kanälen als Informationskanal für kapitalmarkrelevante Unternehmensnachrichten gibt es in der Literatur aber auch kritische Hinweise. Durch die Nutzung von Social-Media-Kanälen hat zwar jeder Nutzer bzw. Mitglied der sozialen Gruppe, die dem jeweiligen Unternehmen folgt, innerhalb des betreffenden sozialen Netzwerks die Möglichkeit, seine persönliche Meinung über den Inhalt der jeweils kommunizierten Unternehmensnachricht mitzuteilen, jedoch stellt diese Möglichkeit auch eine große Herausforderung für das Management eines Unternehmens dar, weil es nur eine eingeschränkte Kontrolle über die weitere Informationsverbreitung der Unternehmensnachricht und die damit verbundene Wertung der Nachricht hat. Faktisch kann zwar das Unternehmen bestimmen, ob eine kapitalmarktrelevante Unternehmensinformation einmal über den jeweiligen Social-Media-Kanal offiziell kommuniziert wird, es verliert danach aber grundsätzlich die Kontrolle über die Informationshoheit im Sinne der Weiterverbreitung der Nachricht (= Teilen) und die Deutungshoheit im Sinne der Bewertung (= Kommentierung).[19] Dies kann durch eine fehlerhafte Verarbeitung der Nachricht bei den Adressaten in letzter Konsequenz zu Verzerrungen von Marktpreisen führen.[20]

In diesem Zusammenhang ist zudem zu berücksichtigen, dass durch die Möglichkeit "unechter" Nutzerprofile in Kombination mit der Verbreitung falscher Behauptungen (= Fake

---

[18] Vgl. Hoffmann 2017.

[19] Vgl. Miller & Skinner 2015.

[20] Vgl. Antweiler & Frank 2004; Das & Chen 2007.

News) die öffentliche Wahrnehmung und Reputation eines Unternehmens negativ in Mitleidenschaft gezogen werden kann.[21]

Blankespoor (2018) gibt für den Fall zu bedenken, dass zur Kommunikation und Kommentierung kapitalmarktrelevanter Unternehmensinformationen nicht nur der "unpersönliche" Unternehmens-Account, sondern zusätzlich auch der persönliche Account des CFO oder des CEO verwendet wird, dass sich das Risiko von Fehlbewertungen durch Stakeholder erhöhen kann. Dies kann dadurch begründet sein, dass in der persönlichen Kommunikation mehr emotionale Komponenten einfließen.[22] Elliott et al. (2018) zeigen in diesem Zusammenhang, dass im Fall schlechter Unternehmensnachrichten (z.B. operative Unternehmensziele verfehlt), die jedoch über den persönlichen Account eines so genannten "Social Executive" verschickt worden sind, von den Stakeholdern tendenziell milder bewertet werden. Dies führt zu geringeren negativen Kursausschlägen als es im Fall von Unternehmen der Fall ist, die ausschließlich den unternehmenseigenen Account zur Kommunikation der betreffenden Nachricht verwendet haben. Als Argument für diese Entwicklung führen die Autoren an, das ein größeres Vertrauen zu einem personifizierten Social-Media-Account bestehen würde und daher auch das Vertrauen und das entgegengebrachte Wohlwollen gegenüber dieser Person positiv verzerrend auf die Bewertung wirkt.[23] Dieser Effekt könnte sich womöglich noch verstärken, wenn neben der eigentlichen Sachinformation in der kapitalmarkrelevanten Unternehmensnachricht auch noch nicht direkt arbeitsbezogene Informationen des "Social Executive" kommuniziert werden (z.B. in Form von Bildern über Wohltätigkeitsaktionen).[24]

Abschließend merken zudem Jung et al. (2018) in ihrer Arbeit an, dass bei Unternehmen, die auch die unternehmenseigenen Social-Media-Kanäle zur Kommunikation kapitalmarktrelevanter Informationen nutzen, die Neigung besteht, dass diese eher positive Unternehmensnachrichten kommunizieren und im Fall negativer Nachrichten dazu neigen, die

[21] Vgl. Georgescu et al. 2015.
[22] Vgl. Blankespoor 2018.
[23] Vgl. Elliott et al. 2018.
[24] Vgl. Chen et al. 2018.

Kanäle nicht zu verwenden.[25] Eine Ursache könnte darin liegen, dass dies auch eine Reaktion der Unternehmen auf den potenziellen Verlust an Informations- und Deutungshoheit darstellt.

---

[25] Vgl. Jung et al. 2018.

3 Untersuchungsdesign

Der diesem Beitrag zugrunde liegende Datensatz bezieht sich auf die Geschäftsjahre derjenigen Unternehmen, die zu Beginn des dritten Quartals des Kalenderjahres 2014 in den Indizes DAX, MDAX, SDAX und TecDax der Frankfurter Wertpapierbörse notiert waren. Für diese Unternehmen kann angenommen werden, dass sie durch ihrer Vielzahl an Aktionären und deren heterogener Aktionärsstruktur (Streubesitz) und zugleich aufgrund ihrer Bedeutung für die deutsche Volkswirtschaft sowie mit Bezug zu den mit dem jeweiligen Listing geltenden hohen Transparaenzanforderungen am ehesten geneigt sind, Social-Media-Kanäle als zusätzlichen Distributionskanal für kapitalmarktrelevante Unternehmensinformationen und Investor-Relations-Aktivitäten zu nutzen.

Der Untersuchungszeitraum berücksichtigt die Geschäftsjahre 2014 bis 2016 der Unternehmen.[26] Zwischenzeitliche Änderungen in der Zusammensetzung der vier Indizes bleiben unberücksichtigt. Damit umfasst der Datensatz 160 Unternehmen darunter die nach Marktkapitalisierung und Handelsvorlumen größten 130 Unternehmen sowie die nach Marktkapitalisierung und Handelsvolumen größten 30 technologiebasierten Wachstumsunternehmen zum Stichtag 01.10.2014 (Tabelle 1).

[26] Entsprechend erstreckt sich die Datensammlung bis weit in das Jahr 2017 hinein, um eine eventuelle Kommunikation des Unternehmens zum Geschäftsabschluss 2016 berücksichtigen zu können.

Tabelle 1: Im Datensatz berücksichtigte Unternehmen (Stichtag 01.10.2014)

Unternehmen im Datensatz (N=160)			
Dax30	*MDax50*	*SDax50*	*TecDax30*
Adidas	Aareal Bank	Alstria Office	Aixtron
Allianz	Airbus	Amadeus Fire	BB Biotech
BASF	Aurubis	Bauer	Bechtle
Bayer	Axel Springer	Baywa	Cancom
BMW	Bilfinger	Bertrandt	Carl Zeiss Meditec
Beiersdorf	Brenntag	Biotest	Compugroup Medical
Commerzbank	Celesio	Borussia Dortmund	Dialog Semiconductor
Continental	Deutsche Euroshop	Braas Monier	Drillisch
Daimler	Deutsche Wohnen	C.A.T. oil	Drägerwerk
Deutsche Bank	DMG Mori Seiki	Capital Stage	Evotect
Deutsche Börse	Dt. Annington	CENTROTEC	Freenet
Deutsche Lufthansa	Dürr	CEWE	Jenoptik
Deutsche Post	Elringklinger	Comdirect Bank	Kontron
Deutsche Telekom	Evonik Industries	CTS Eventim	LPKF Laser und E.
Eon	Fielmann	Delticom	Manz
Fresenius Medical Care	Fraport	Deutsche Beteiligung	Morphosys
Fresenius	Fuchs Petrolub	DO Deutsche Office	Nemetschek
HeidelberCement	Gagfah	DEUTZ	Nordex
Henkel	Gea Group	DIC Asset	Pfeiffer Vacuum Tech.
Infineon	Gerresheimer	GESCO	Qiagen
K&S	Gerry Weber	GFK	QSC
Lanxess	Hannover Rück	Grammer	RIB Software
Linde	HochTief	Grenkeleasing	Sartorius
Merck	Hugo Boss	Hamborner	SMA Solar Technology
Munich Re	Kabel Deutschland	Hamburger Hafen	Software
RWE	Kion Group	Heidelberger Druckm.	Stratec Biomedical
SAP	Kloeckner & Co	Hornbach Holding	Telefonica Deutschland
Siemens	Krones	Hornbach-Baumarkt	United Internet
ThyssenKrupp	Kuka	INDUS Holding	Wirecard
Volkswagen	Leg Immobilien	Jungheinrich	Xing
	Leoni	KWS SAAT	
	MAN	MLP	
	Metro	Patrizia Immobilien	
	MTU Aero	Puma	
	Norma Group	Rational	
	Osram Licht	SAF HOLLAND	
	ProSieben Sat 1 Media	Schaltbau Holding	
	Rheinmetall	SGL Carbon	
	Rhoen-Klinikum	SHW	
	RTL Group	Sixt	
	Salzgitter	Stabilus	
	Sky Deutschland	Ströer Media	
	Stada Arzneimittel	SURTECO	
	Südzucker	TAKKT	
	Symrise	Tipp24	
	TAG Immobilien	TOM TAILOR Holding	
	Talanx	Villeroy & Boch	
	Tui	Vossloh	
	Wacker Chemie Wincor Nixdorf AG	Wacker Neuson	
		zooplus AG	

Diese Tabelle zeigt eine Übersicht über die im Datensatz berücksichtigten Unternehmen aus den Indizes Dax30, MDax50, SDax50 und TecDax30 in Abhängigkeit ihrer jeweiligen Indexzugehörigkeit zum Stichtag 01.10.2014.

Die für die Untersuchung berücksichtigen kapitalmarktrelevanten Unternehmensinformationen, die über die verschiedenen Social-Media-Kanäle kommuniziert werden, wurden händisch von den jeweiligen offiziellen Accounts erfasst. Hierbei werden folgende Informationskategorien erfasst.

Tabelle 2: Kategorien kapitalmarktrelevanter Unternehmensinformationen[27]

Kategorisierung kapitalmarktrelevanter Unternehmensinformationen	**Berücksichtigte kapitalmarktrelevante Unternehmensinformationen**
Informationen zum Jahresabschluss	• Geschäftsbericht für das Jahr 201X. • Geschäftsergebnis für das Geschäftsjahr 201X. • Geschäftszahlen für das Jahr 201X.
Informationen zu Quartalsergebnissen	• Quartalsbericht für das Quartal X im Geschäftsjahr 201X. • Quartalsergebnis für das Quartal X im Geschäftsjahr 201X. • Geschäftszahlen für das Quartal X im Geschäftsjahr 201X.
Informationen zur Hauptversammlung	• Ankündigung und/oder Rückblick zur Hauptversammlung. • Zusatzinformationen zur Hauptversammlung (z.B. Beteiligungsquote; Zitate von der Hauptversammlung etc.).
Informationen zur Absatzentwicklung	• Erhöhung und/oder Verringerung des Absatzes im Vergleich zum Vorjahr bzw. zum Vorquartal bzw. Vormonat.
Informationen zu Führungspersonal (Vorstand)	• Rücktritt bzw. Amtsniederlegung von Vorstandsmitgliedern. • Neuwahl bzw. Bestellung von Vorstandsmitgliedern. • Reguläres Ausscheiden von Vorstandsmitgliedern. • Tod eines aktiven Vorstandsmitgliedes. • Vertragsverlängerung von Vorstandsmitgliedern.

27 Quelle: Eigene Darstellung. Die Accounts der berücksichtigten Unternehmen wurden sowohl auf deutsche als auch auf englischsprachige kapitalmarktrelevante Unternehmensinformationen über die genannten Kategorien analysiert.

Informationen zu Kapitalmaßnahmen	• Informationen zu (geplanten) Kapitalerhöhungen. • Informationen zu (geplanten) Kapitalherabsetzungen. • Informationen zu (geplanten) Aktienrückkaufprogrammen. • Informationen zur (geplanten) Ausgabe von Zertifikaten. • Informationen zur (geplanten) Ausgabe von Anleihen.
Informationen über Directors' Dealings	• Kauf von Aktien durch Vorstandmitglieder oder ihnen nahestehenden Personen. • Verkauf von Aktien durch Vorstandsmitglieder oder ihnen nahestehenden Personen.
Informationen über M&A-Transaktionen	• Erwerb von Anteilen an Unternehmen XY (Zukäufe). • Verkauf von Anteilen an Unternehmen XY (Verkäufe). • Rechtsformwechsel der Unternehmen oder von Unternehmenstöchter • Stellungnahme über M&A Spekulationen • Gründung von Gemeinschaftunternehmen • Beendigung von Gemeinschaftsunternehmen

Diese Tabelle zeigt eine Übersicht über die in der Analyse berück-sichtigten Kategorien von kapitalmarktrelevanten Unternehmens-informationen (linke Spalte) und konkrete berücksichtigte kapitalmarktrelevante Unternehmensinformationen in Abhängigkeit der jeweiligen Kategorie (rechts Spalte).

Die für die Untersuchung berücksichtigen Social-Media-Kanäle berücksichtigen die genannte Bandbreite und unterscheiden sich sowohl in der Zielgruppenfokussierung als auch in der Schwerpunktsetzung der kommunikativen Elemente. Berücksichtigt werden Facebook und Google+[28], die eine große Bandbreite an kommunikativen Elementen auf einer einzelnen Plattform vorhalten (z.B. Posting, Messengerdienst, Storylines, Kommentierungen etc.). Instagram und Youtube stellen vor allem die audiovisuellen Social-Media-Elemente in den Mittelpunkt ihres Geschäftskonzepts, erlauben aber auch eine Vielzahl weiterer Social-Media-Elemente (z.B. Kommentierungen, Storylines etc.). Der Nachrichtendienst Twitter ist zwar ebenfalls in der Lage, audiovisuelle Inhalte im Netzwerk zu verbreiten, ist aber durch seine Zeichenlimitierung[29] in

[28] Der Dienst wurde im April 2019 für private Nutzer eingestellt.

[29] Im Analysezeitraum umfasste eine Nachrichtengröße bei Twitter 140 Zeichen. Seit November 2017 sind bis zu 280 Zeichen pro Nachricht möglich.

Textform in seiner verbalen Ausdruckslänge beschränkt. Abschließend werden in die Untersuchung noch die Social-Media-Kanäle Xing und LinkdIn mit einbezogen, da diese einen konkreten Zielgruppenfokus auf Unternehmen als (potenzielle) Arbeitgeber besitzen.

4 Ergebnisse und Diskussion

Tabelle 3 zeigt in Abhängigkeit des jeweiligen Social-Media-Kanals wie viele Unternehmen, absolut und relativ gemessen sowie sortiert je Index, einen offiziellen Social-Media-Kanal-Account im Untersuchungszeitraum besitzen und ob sie diesen auch zur Kommunikation kapitalmarktrelevanter Unternehmensinformationen im Rahmen ihrer Ad-hoc-Publizitätspflicht nutzen, oder, ob die Unternehmen die Kanäle ausschließlich zur Darstellung des Waren- oder Dienstleistungsangebotes einsetzen.

Tabelle 3: Der Einsatz von Social-Media-Kanälen zum Zweck der Kommunikation kapitalmarktrelevanter Informationen in deutschen börsennotierten Unternehmen in den Geschäftsjahren 2014 bis 2016[30]

Index	**Social-Media-Kanal**						
	Facebook	*Google+*	*Twitter*	*Insta-gram*	*Youtube*	*LinkedIn*	*Xing*
Dax (30)	28 / 20 93% / 71%	20 / 10 67% / 50%	30 / 21 100% / 70%	19 / 4 63% / 21%	28 / 13 93% / 46%	27 / 19 90% / 70%	28 / 16 93% / 57%
MDax (50)	19 / 12 38% / 63%	28 / 8 56% / 29 %	28 / 20 56% / 71%	10 / 0 20% / 0%	33 / 6 66% / 18%	39 / 15 78% / 38%	40 / 11 80% / 28%
SDax (50)	17 / 6 34% / 35%	26 / 6 52% / 23%	26 / 13 52% / 50%	8 / 0 16% / 0%	29 / 4 58% / 14%	42 / 7 84% / 17%	40 / 9 80% / 23%
TecDax (30)	10 / 7 33% / 70%	15 / 6 50% / 40%	22 / 16 73% / 73%	1 / 0 3% / 0%	19 / 7 63% / 37%	29 / 13 97% / 45%	25 / 10 83% / 40%

Diese Tabelle zeigt den Einsatz von Social-Media-Kanälen zum Zweck der Kommunikation kapitalmarktrelevanter Unternehmensinfor-mationen in deutschen börsennotierten Unternehmen in den Geschäftsjahren 2014 bis 2016. Vertikal ist nach den berücksichtigten Indizes, horizontal nach den berücksichtigten Social-Media-Kanälen sortiert. Beispielsweise besitzen im Fall der zum Stichtag 01.10.2014 im Dax gelisteten Unternehmen 28 von 30 Unternehmen (93%) einen offiziellen Facebook-Account. Von diesen 28 Unternehmen nutzen 20 Unternehmen diesen Kanal auch zur Kommunikation

[30] Quelle: Eigene Erhebung und Darstellung.

kapitalmarktrelevanter Unternehmensinformationen (71%).

Zunächst fällt auf, dass insbesondere Twitter zur Kommunikation kapitalmarktrelevanter Informationen genutzt wird. Beispielsweise besitzen alle 30 DAX-Unternehmen einen offiziellen Twitter-Account (100%) und 21 DAX-Unternehmen (70%) nutzen diesen offiziellen Account zur Kommunikation kapitalmarkrelevanter Unternehmensinformationen. Ähnlich verhält es sich bei Facebook, wo 28 Unternehmen (93%) einen offiziellen Facebook-Account betreiben und 20 Unternehmen (71%) diesen auch zum Zweck der Kommunikation kapitalmarktrelevanter Unternehmensinformationen nutzen. Instagram hingegen wird von den DAX30-Unternehmen zu Kommunikationszwecken kapitalmarktrelevanter Unternehmensinformationen kaum genutzt. Lediglich 4 Unternehmen (21%) nutzen diesen Kanal beispielweise durch Posts von Bildern aus der Hauptversammlung, auch ein Blick auf Präsentationsfolien wird erlaubt. Grundsätzlich wird Instagram von den berücksichtigten Unternehmen über alle Indizes hinweg kaum zur Übermittlung kapitalmarktrelevanter Informationen verwendet, was wohl insb. an dem audiovisuellen Fokus dieser Plattform liegen dürfte. Zudem spricht die Plattform vor allem ein junges Publikum an (unter 30 Jahre), das wohl weniger als Zielgruppe für kapitalmarktrelevante Unternehmensinformationen relevant sein dürfte. Ähnlich, wenn auch weniger deutlich, verhält es sich bei Youtube.

Grundsätzlich zeigen die Daten, dass zwischen den DAX30-Unternehmen einerseits und den übrigen berücksichtigten Unternehmen andererseits hinsichtlich der Existenz offizieller, unternehmenseigener Social-Media-Accounts sowie deren Nutzung zur Kommunikation kapitalmarktrelevanter Informationen ein deutlicher Unterschied zu erkennen ist. Eine ähnliche relative Nutzungsstärke zeigen lediglich TecDAX30-Unternehmen, wobei hier deutlich weniger Unternehmen offizielle Social-Media-Accounts betreiben. Eine gewisse Sonderrolle nehmen die Social-Media-Kanäle LinkedIn sowie Xing ein. Hier besitzen unabhängig von der Indexzugehörigkeit mindestens ca. 4/5 der Unternehmen einen Account, nutzen diesen aber wenig zum Zweck der Kommunikation kapitalmarktrelevanter Informationen. Dies legt zum einen die

Vermutung nahe, dass diese Kanäle, wenn sie kapitalmarktrelevante Unternehmensinformationen transportieren, insb. zur Anwerbung neuen Personals dienen sollen (also nur eine Adressatengruppe haben), zum anderen birgt dies auch die Gefahr, dass vor allem positive Unternehmensnachrichten kommuniziert werden (Signalling).[31]

Aufgrund der Nutzungsintensität bei DAX30-Unternehmen beschränkt sich die weitergehende Analyse, welche konkreten Informationskategorien an Stakeholder weitergegeben werden, auf diese. Tabelle 4 stellt hierzu dar, welche Kategorien kapitalmarktrelevanter Unternehmensinformationen über die verschiedenen Social-Media-Kanäle kommuniziert wurden.

---

[31] Vgl. Jung et al. (2018).

Tabelle 4: Der Einsatz verschiedener Social-Media-Kanäle zur Kommunikation unterschiedlicher Kategorien kapitalmarktrelevanter Unternehmensinformationen am Beispiel der DAX30-Unternehmen in den Geschäftsjahren 2014 bis 2016[32]

Social-Media-Kanal	**Kategorien kapitalmarktrelevanter Unternehmensinformationen**							
	Jahresergebnis	*Quartalsergebnisse*	*Hauptversammlung*	*Absatzentwicklung*	*Vorstand*	*Kapitalmaßnahmen*	*Directors' Dealings*	*M&A*
Facebook (28 / 20)	14	15	12	3	9 / 25	2 / 20	0 / 27	6 / 12
Google+ (20 / 10)	4	10	5	2	5 / 25	2 / 20	0 / 27	2 / 12
Twitter (30 / 21)	15	18	18	15	16 / 25	2 / 20	1 / 27	8 / 12
Instagram (19 / 4)	0	0	1	0	4 / 25	0 / 20	0 / 27	0 / 12
Youtube (28 / 13)	9	4	10	1	1 / 25	1 / 20	0 / 27	0 / 12
LinkedIn (27 / 19)	14	13	8	9	11 / 25	1 / 20	0 / 27	2 / 12
Xing (28 / 16)	6	9	6	4	12 / 25	0 / 20	0 / 27	1 / 12

Diese Tabelle zeigt den Einsatz verschiedener Social-Media-Kanäle zur Kommunikation unterschiedlicher Kategorien kapitalmarktrelevanter Unternehmensinformationen am Beispiel der DAX30-Unternehmen in den Geschäftsjahren 2014 bis 2016. Vertikal ist nach den berücksichtigten Social-Media-Kanälen, horizontal nach den berücksichtigten Kategorien kapitalmarktrelevanter Unternehmensin-formationen sortiert. Beispielsweise besitzen im Fall des Social-Media-Kanals Facebook 28 Unternehmen des Dax30 einen offiziellen Facebook-Account. 20 dieser Unternehmen nutzen diesen zur Kommunikation kapitalmarktrelevanter Unternehmensinformationen bezogen auf mindestens eine der berücksichtigten Kategorien. Beispielsweise nutzen 14 Unternehmen aus dem Dax30 mindestens einmal im Untersuchungszeitraum ihren offiziellen Facebook-Account, um Informationen zu ihrem Jahresergebnis zu kommunizieren. 9 Unternehmen nutzen mindestens einmal ihren offiziellen Facebook-Account, um kapitalmarktrelevante Unternehmensinformationen bezogen auf ihr Führungspersonal (Vorstand) zu kommunizieren. Im Untersuchungszeitraum haben 25 von 30 Unternehmen im Dax kapitalmarktrelevante Unternehmensinformationen bezogen auf ihr Führungspersonal (Vorstand) kommuniziert.

[32] Quelle: Eigene Erhebung und Darstellung.

Die DAX30-Unternehmen nutzten insbesondere Twitter, aber auch Facebook. Alle 30 DAX-Unternehmen haben einen unternehmenseigenen Twitter-Account. Von diesen 30 Unternehmen verwenden grundsätzlich 21 diesen Kanal zur Kommunikation kapitalmarktrelevanter Unternehmensinformationen (30/21; linke Spalte). Von diesen 21 Unternehmen haben 15 diesen Kanal (mindestens einmal) zur Information zu den Jahresergebnissen (zweite Spalte von links) und 18 für die Meldung von Quartalsergebnissen (dritte Spalte von links) genutzt. Ebenfalls 18 von 21 Unternehmen informierten über die Hauptversammlung via Twitter (vierte Spalte von links) und 15 von 21 Unternehmen berichteten (mindestens einmal) über ihre jeweilige Absatzentwicklung (fünfte Spalte von links), was Rückschlüsse auf die Erlössituation des jeweiligen Unternehmens erlaubt und daher als kapitalmarktrelevante Information einzuschätzen ist. Von den 25 Unternehmen, die im Untersuchungszeitraum (mindestens) eine Veränderung im Vorstand zu verzeichnen hatten, haben auch 16 Unternehmen über Twitter darüber informiert (sechste Spalte von links); 21 Unternehmen hätten maximal darüber berichten können. Über Kapitalmaßnahmen wird jedoch kaum über Twitter berichtet (siebte Spalte von links); lediglich 2 Unternehmen von 20 Unternehmen, die im Untersuchungszeitraum eine Kapitalmarktmaßnahme durchgeführt haben, nutzten diesen Kanal zu Kommunikationszwecken dieser Art der kapitalmarktrelevanten Information. Im Fall der Directors‘ Dealings verhält es sich ähnlich (zweite Spalte von rechts). Immerhin 2/3 der Unternehmen, die im Untersuchungszeitraum auch Aktivitäten im M&A-Bereich zu verzeichnen hatten (12 Unternehmen), informierten hierüber auch über Twitter (erste Spalte von rechts). Eine ähnliche Berücksichtigung durch die DAX30-Unternehmen erfahren die Social-Media-Kanäle Facebook und LinkedIn; mit Ausnahme der Kommunikation über die Absatzentwicklung im Fall von Facebook. Auch bei Facebook und LinkedIn stehen die Kommunikation von Jahres- und Quartalsergebnissen sowie die Informationsweitergabe über die Hauptversammlung im Mittelpunkt der Kommunikation unternehmenseigener kapitalmarktrelevanter Unternehmensinformationen über diesen Social-Media-Kanal.

Auf den ersten Blick lässt sich aus den vorliegenden Ergebnissen ableiten, dass etwa die Hälfte aller Unternehmen im DAX30 über Social-Media-Kanäle kapitalmarktrelevante Unternehmensinformationen kommunizieren, wenn auch vornehmlich nur bestimmte Kategorien. Es lässt sich daher im Fall der DAX30-Unternehmen durchaus von einer ausreichenden Anzahl an Unternehmen sprechen, die diese Kanäle zur Kommunikation unternehmenseigener kapitalmarktrelevanter Informationen nutzen. Jedoch zeigt sich bei einer genaueren Betrachtung auf Unternehmensebene im Weiteren, dass kein Unternehmen dies auch durchgehend über den gesamten Untersuchungszeitraum gewährleistet. Die betreffenden Unternehmen nutzen insb. bei der Kommunikation der Quartalsergebnisse die Kanäle nicht regelmäßig und dienen daher für die Stakeholder kaum als einzige Informationsquelle. Bei der Analyse auf Unternehmensebene lässt sich keine klare Strategie hinsichtlich des Einsatzes von Social-Media-Kanälen zur Kommunikation kapitalmarktrelevanter Unternehmensinformationen erkennen. Sieht man aber diese Ergebnisse vor dem Hintergrund der Überlegungen von Jung et al. (2018), dass Social-Media-Kanäle vor allem dann genutzt werden, um positive Unternehmensnachrichten zu kommunizieren, wird dieses Kommunikationsverhalten zumindest teilweise erklärt. Dies gilt wohl auch für die beiden auf das Personalwesen fokussierten Social-Media-Kanäle LinkedIn und Xing.

Auf Basis dieser Daten lassen sich damit auch keine Schlussfolgerungen hinsichtlich der eingangs formulierter Überlegung einer Informationsbedarfstransformation via Social-Media-Kanäle ableiten.

5 Fazit und Ausblick

Ziel des Beitrags war es, darzulegen, wie börsennotierte Unternehmen in Deutschland in den Geschäftsjahren 2014 bis 2016 ihre offiziellen Social-Media-Kanäle zur Kommunikation kapitalmarktrelevanter Unternehmensinformationen verwendet haben. Dadurch wurde eine erste Einschätzung möglich, ob es konkrete Kommunikationsstrategien seitens der Unternehmen im Zusammenhang mit deren Weitergabe kapitalmarktrelevanter Unternehmensinformationen via Social Media gibt.

Die qualitativen Ergebnisse legen den Schluss nahe, dass es keine umfängliche und regelmäßige Nutzung der Social-Media-Kanäle zur Kommunikation kapitalmarktrelevanter Unternehmensinformationen gibt. Tendenziell werden Twitter und Facebook noch am häufigsten genutzt.

Im Rahmen des Beitrags wurde zudem dargestellt, dass, je nach Art und Intensität der Nutzung der Social-Media-Kanäle zur Kommunikation kapitalmarktrelevanter Unternehmensinformationen, diese Kanäle bzw. Plattformen grundsätzlich als Finanzintermediäre im weiteren Sinne am Finanzmarkt fungieren könnten, dies aufgrund des aktuellen Nutzungsverhaltens aber bislang auszuschließen ist. Vielmehr dienen die Kanäle wohl vorwiegend der interessengeleiteten Kommunikation positiver Unternehmensinformationen jenseits einer verpflichtenden Kapitalmarktinformation.

Literaturverzeichnis

Antweiler, W. / Frank, M. (2004). All That Talk Just Noise? The Information Content of Internet Stock Message Boards. In: Journal of Finance, Vol. 59, Issue 3, 1259-1294.

Blankespoor, E. (2018). Firm communication and investor response: A framework and discussion integrating social media. In: Accounting, Organizations and Society, Vol. 68-69, 80–87.

Blankespoor, E. / Miller, G. / White, H. (2014). The Role of Dissemination in Market Liquidity: Evidence from Firms' Use of Twitter. In: The Accounting Review, Vol. 89, 79–112.

Cade, N. (2018). Corporate social media: How two-way disclosure channels influence investors. In: Accounting, Organizations and Society, Vol. 68-69, 63–79.

Campbell, J. / DeAngelis, M. / Moon, J. (2019). Skin in the Game: Personal Stock Holdings and Investors' Response to Stock Analysis on Social Media. In: SSRN Journal. DOI: 10.2139/ssrn.2837321.

Chen, H. / Hwang, B. / Liu, B. (2018). The Economic Consequences of Having 'Social' Executives. In: SSRN Journal. DOI: 10.2139/ssrn.2318094.

Chen, H. / De, P. / Hu, Y. / Hwang, B.-H. (2014). Wisdom of Crowds: The Value of Stock Opinions Transmitted Through Social Media. In: Review of Financial Studies, Vol. 27, 1367–1403.

Coase, R (1937). The Nature of the Firm. In: Economica, Vol. 4, 386–405.

Das, S. / Chen, M. (2007). Yahoo! for Amazon: Sentiment Extraction from Small Talk on the Web. In: Management Science, Vol. 53, Issue 9, 1375-1388.

Drake, M. / Thornock, J. / Twedt, B. (2017). The Internet as an Information Intermediary. In: Review of Accounting Studies, Vol. 22, 543–76.

Elliott, W. / Grant, S. / Hodge, F. (2018). Investor Reaction to $Firm or #CEO Use of Social Media for Negative Disclosures. In: SSRN Journal. DOI: 10.2139/ssrn.2612444.

Fama, E. (1970). Efficient Capital Markets, A Review of Theory and Empirical Work. In: Journal of Finance, Vol. 25, 383–417.

Georgescu, M. / Popescul, D. (2015). Social Media – the new paradigm of collaboration and communication for business environment. In: Procedia Economics and Finance, Vol. 20, 277-282.

Hales, J / Moon, J. / Swenson, L. (2018). A new era of voluntary disclosure? Empirical evidence on how employee postings on social media relate to future corporate disclosures. In: Accounting, Organizations and Society, Vol. 68-69, 88–108.

Hoffmann, Ch. / Aeschlimann, L. (2017). Shielding or engaging: the use of online shareholder platforms in investor relations. In: Corporate Communications: An international Journal, Vol. 22, 133-148.

Jame, R. / Johnston, R. / Markov, S. / Wolfe, M. (2016). The Value of Crowdsourced Earnings Forecasts. In: Journal of Accounting Research, Vol. 54, 1077–1110.

Jung, M. / Naughton, J. / Tahoun, A. / Wang, C. (2018). Do Firms Strategically Disseminate? Evidence from Corporate Use of Social Media. In: The Accounting Review, Vol. 93, 225–252.

Mack, D. / Vilberger, D. (2016). Social Media für KMU: Der Leitfaden mit allen Grundlagen, Strategien und Instrumenten. Gabler Verlag, Wiesbaden.

Miller, G. / Skinner, D. (2015). The Evolving Disclosure Landscape: How Changes in Technology, the Media, and Capital Markets Are Affecting Disclosure. In: Journal of Accounting Research, Vol. 53, 221–239.

Oehler, A. (2004). Anlegerschutz in einem markt- und intermediärbasierten System – Eine Analyse im Lichte der Neuen Institutionenökonomik, der Theorie der Finanzintermediation der Behavioral Economics & Finance, in: Bafifo – Bank- und Finanzwirtschaftliche Forschung, Nr. 28.

Oehler, A (2006). Zur Makrostruktur von Finanzmärkten – Börsen als Finanzintermediäre im Wettbewerb, in: Kürsten, Wolfgang / Nietert, Bernhard (Hrsg.), Kapitalmarkt, Unternehmensfinanzierung und rationale Entscheidungen: Festschrift für Jochen Wilhelm, Berlin, 75–91.

SEC (2013). Report of Investigation Pursuant to Section 21(a) of the Securities Exchange Act of 1934: Netflix, Inc., and Reed Hastings. https://www.sec.gov/litigation/investreport/34-69279.pdf; zuletzt abgerufen am 06.10.2019.

SEC (2018). Elon Musk Settles SEC Fraud Charges; Tesla Charged With and Resolves Securities Law Charge. https://www.sec.gov/news/press-release/2018-226; zuletzt abgerufen am 06.10.2019.

Statista (2019). Ranking der größten sozialen Netzwerke und Messenger nach der Anzahl der monatlich aktiven Nutzer (MAU) im Januar 2019 (in Millionen). https://de.statista.com/statistik/daten/studie/181086/umfrage/die-weltweit-groessten-social-networks-nach-anzahl-der-user; zuletzt abgerufen am 06.10.2019.

Williamson, O. (1985). The Economic Institutions of Capitalism. Firms, Markets, Relational Contracting. The Free Press, New York.

Sind InsureTechs die besseren Versicherer? Eine ökonomische Analyse aus Sicht verschiedener Verbrauchertypen

Vincent Geilenberg[a*]

Key Words: Insurance; Start-ups; Finance

Inhaltsübersicht:

[a]Research Student at Zeppelin University
*Please address correspondence to Vincent Geilenberger,
Zeppelin University, Am Seemoser Horn 20, 88045 Friedrichshafen.

1 Einleitung

Die Versicherungsbranche steht ein gewaltiger Wandel aufgrund der neu geschaffenen technischen Möglichkeiten durch Big Data bevor. Das Prinzip des Risikoausgleichs im Kollektiv wird sukzessive in das Prinzip der Risikoerfassung im Individuellen überführt, sodass individuellere Versicherungslösungen zu individuellen Preisen möglich werden, weil die Quantität und Qualität der miteinander verknüpfbaren Daten dies möglich machen wird. Immer mehr Geräte, welche in den Haushalten oder an den Körpern der Verbraucher angebracht sind, werden Daten generieren, welche sich zum oben genannten Zweck nutzen lassen. Diese Ausnutzung der Möglichkeiten von digitalen Technologien in der Versicherungsbranche wird allgemein InsureTech genannt, wobei man in einem zweiten Schritt zwischen etablierten Versicherern, die diese Möglichkeiten ausnutzen und neuen Start-Ups, die ebenfalls durch die Ausnutzung der technologischen Möglichkeiten die Branche revolutionieren wollen, unterscheiden sollte. Diese Arbeit befasst sich mit den Geschäftsmodellen der InsureTech Start-Ups, indem sie die Frage zu beantworten versucht, wie revolutionär die Geschäftsmodelle dieser für die Branche tatsächlich sind und dies gerade vor dem Hintergrund, welche Möglichkeiten die etablierten Versicherer durch die neuen Technologien haben, welche den InsureTech Start-Ups nicht zur Verfügung stehen. Zwecks der Untersuchung des revolutionären Potentials der Geschäftsmodelle werden drei unterschiedliche Verbrauchertypen vorgestellt, um an deren Beispiel den Nutzen der jeweiligen Geschäftsmodelle im Hinblick auf deren charakteristische Verbrauchermerkmale ausgiebig zu diskutieren.

In dem ersten Kapitel wird die Grundlage des Versicherungsgeschäfts in seiner klassischen Form beschrieben, um darauf aufbauend im zweiten Kapitel den Wandel durch die neuen Technologien analysieren zu können. Hierbei wird sich zeigen, dass es in der Versicherungsbranche der Zukunft maßgeblich darauf ankommen wird, welche Art von Daten und wie viele Daten man als Versicherer miteinander verknüpfen kann, da diese Fähigkeit die Schlüsselkompetenz zur Sicherung und zum Ausbau vom ökonomischen Erfolg sein wird. Im dritten

Kapitel wird der InsureTech Begriff definiert und die jeweiligen aktuellen Geschäftsmodelle von InsureTech Start-Ups in den jeweiligen Abschnitten einzeln beschrieben und jeweils die Frage nach der Konkurrenzfähigkeit mit etablierten Versicherern vor dem Hintergrund der analytischen erschlossenen Ergebnisse des zweiten Kapitels gestellt. Im vierten Kapitel werden zunächst die Auswahlkriterien für die drei repräsentativen Verbrauchertypen vorgestellt, indem darauf verwiesen wird, dass bei der Auswahl maßgeblich auf möglichst heterogene Merkmale im Verhältnis zueinander geachtet wurde und dass diese Verbrauchertypen für einen nennenswerten Anteil aller Verbraucher stehen. Diese Kriterien erfüllen der 1) Erfolgsverwöhnte Unternehmer, der 2) Familienorientierte und der 3) Sparsame Haushälter. Deren charakteristische Merkmale werden in den darauffolgenden Abschnitten jeweils zunächst beschrieben, um anschließend für alle Geschäftsmodelle der InsureTech Start-Ups einerseits alle Aspekte der Verbrauchermerkmale, die für ein Interesse an dem Start-Up Geschäftsmodell sprechen und andererseits alle Aspekte, die für ein Desinteresse an dem Start-Up Geschäftsmodell sprechen, diskutiert. Im letzten Kapitel werden die Erkenntnisse aus allen einzelnen Analyseschritten zu einem vereinheitlichenden Fazit zusammengezogen, um die Frage zu beantworten, ob die Geschäftsmodelle der InsureTech Start-Ups die Branche revolutionieren werden oder ob dies eher nicht der Fall sein wird.

2 Das Versicherungsgeschäft

Die Grundlage des Versicherungsgeschäfts bildet das Prinzip des Risikoausgleichs im Kollektiv, welches darin besteht, dass eine Vielzahl einzelner Risiken aggregiert werden, um dadurch im Aggregat das Gesamtrisiko der einzelnen Versicherungsgeschäfte zu reduzieren. Diese Risikoreduktion durch Risikenaggregation ist notwendig, weil im Versicherungsgeschäft Versicherungsverträge im Hinblick auf eine unbekannte Zukunft abgeschlossen werden, d.h. lediglich mit statistischen Wahrscheinlichkeitsaussagen, welche eine Mehrzahl relevanter Variablen in Bezug auf die wahrscheinlichkeitsbasierte Bezifferung des Ausmaßes des Eintretens möglicher Schadensfälle miteinander verknüpfen, gearbeitet werden kann.[1] Den Ausgangspunkt der Risikoklassifikation bilden Risikofaktoren also potentielle Schadensursachen, die mit einer gewissen Wahrscheinlichkeit eintreten können.[2] Das Ziel dieser Aggregierung von Einzelrisiken ist in erster Linie die Verringerung der Variabilität des Eintretens von Schadensfällen sowie die Reduzierung von extremen Schadensfällen.[3] Die einer solchen Kalkulation hierzu zugrunde gelegten geeigneten Variablen mit entsprechenden Daten, die darüber Auskunft geben, mit welcher Wahrscheinlichkeit Schadensfälle in einem bestimmten Versicherungsgeschäft auftreten, entstammen unumgänglich immer der Vergangenheit.[4] Die Fähigkeit der möglichst genauen Einschätzung des Ausmaßes des Eintrittrisikos von Schadensfällen hängt maßgeblich davon ab, wie umfangreich zeitlich und treffsicher sachlich betrachtet, die dem Versicherer zur Verfügung stehenden Daten sind. Denn es handelt sich bei den Daten um Variablen, die das jeweilige Risiko des Eintritts eines Schadenfalles beziffern.[5] Im Versicherungsgeschäft kommt es folglich für die jeweiligen Versicherer vor allem darauf an, dass sie diese Fähigkeit der exakten Bezifferung von Risiken ausbauen, um dadurch optimale Prämien für ihre jeweiligen Versicherungsprodukte veranschlagen zu können. Die

[1] Vgl. Arisov et al. 2019, S. 9.
[2] Vgl. Albrecht 2017, S. 189.
[3] Vgl. Cortis et al. 2018, S. 72.
[4] Vgl. Lewis 2017, S. 493.
[5] Vgl. Arisov et al. 2019, S. 9

Festsetzung der Höhe der Prämie auf ein konkretes Versicherungsprodukt ist von essentieller Bedeutung für den Versicherer, weil dieser darüber größtenteils seinen Profit erwirtschaftet.[6] Eine zu hoch angesetzte Versicherungsprämie bedeutet eine Abnahme der Konkurrenzfähigkeit mit anderen Versicherern, weil die potentiellen Versicherungsnehmer aufgrund der geringeren Versicherungsprämie die Versicherungsprodukte der Konkurrenten nachfragen würden. Gleichzeitig bedeutet eine zu niedrig angesetzte Versicherungsprämie wiederum, dass für die Begleichung der zukünftig eingetretenen Schadensfälle potentiell die eingenommene Prämiensumme verwendet werden muss oder der Versicherer sogar noch zusätzliche Gelder aus anderen Quellen aufgebringen muss. Daher handelt es sich bei der Festlegung der optimalen Prämie um einen "Balanceakt". Die Höhe der Prämie wird dabei nicht für jeden Versicherungsfall einzeln berechnet, sondern richtet sich nach der Zusammensetzung der Merkmale von Risikoklassen, in welchen jeweils die Individuen von den Versicherern einsortiert werden.[7] Innerhalb dieser Risikoklassen werden dann für den Einzelfall Gewichtungen vorgenommen, welche dann die abschließende Prämienhöhe bestimmen.[8] Dieses Verfahren der Einsortierung von Versicherungsnehmern in Risikoklassen ist maßgeblich der Unbekanntheit der weiterführenden individuellen Risiken geschuldet, da es für deren Integration und Bezifferung ebenfalls vorliegende Daten geben müsste, die eine veränderte Risikoeinschätzung gegenüber der Risikoklasse rechtfertigen.

[6] Vgl. Lewis 2017, S. 493.
[7] Vgl. McFall 2019, S. 54.
[8] Vgl. Hoy 1982, S. 323.

3 Das Versicherungsgeschäft und Big Data

Die ehemalige Unverfügbarkeit von persönlichen Daten wandelt sich aktuell aufgrund von Big Data in die Verfügbarkeit derselben um. Dabei bezeichnet der Begriff Big Data nicht einfach nur die Tatsache, dass immer mehr Daten gesammelt werden, sondern vielmehr noch, dass diese gesammelten Daten den unterschiedlichsten Quellen entstammen und miteinander auf neuartige Weisen verknüpft werden.[9] Denn durch die Nutzung von intelligenten Smart-Home Geräte lassen sich beispielsweise Daten von individuellen Verbrauchern sammeln, was zu individuellen Preismodellen führt. Daher bedeutet die zunehmende Verfügbarkeit von persönlichen Daten eine Veränderung der Beziehung zwischen den Versicherern und Versicherungsnehmern in der Hinsicht, dass die Versicherten zunehmend eigenständig Daten generieren können.[10] Diese eigenständig aggregierten Daten werden mit den Versicherern ausgetauscht, sodass diese die Ereignisse an entfernten Orten überwachen und dynamische Versicherungspreise nach Maßgabe der Nutzungsweise der Versicherten anbieten und umsetzen können.[11] Die Anzahl der miteinander verknüpften elektronischen Geräte wie Autos, Fitness-Trackern, Home-Assistenten oder Smart-Watches der Versicherten wird in Zukunft stark zunehmen und noch von anderen Produkten wie Kleidung, Augen-Sensoren oder medizinischen Geräten ergänzt werden. Diese Vielzahl von Datenquellen sowie die instantane Bereitstellung der Daten ermöglicht folglich 1) die Servicebereitstellung der Versicherer in Echtzeit, 2) die Bildung neuer Versicherungsprodukte sowie 3) eine individuellere Preissetzung.[12] Big Data wandelt demnach die zuvor durch Passivität ausgezeichnete Rolle der Versicherer zu einer aktiven Rolle der Kontrolle und zielgerichteten Intervention um, da die Versicherer, die in dem Haushalt und an dem Körper der Versicherten angebrachten elektronischen Geräte aus der Ferne überwachen können, um beispielsweise bei auftretenden Veränderungen des Wasserdrucks den Versicherten auf einen sich

[9] Vgl. Lehrer et al. 2018, S. 428.
[10] Vgl. Arisov et al. 2019, S. 7.
[11] Vgl. Silvello et al. 2019, S. 4.
[12] Vgl. Ramnath et al. 2018, S. 4.

möglicherweise anbahnenden größeren Schaden aufmerksam machen können, sodass dieser seinerseits frühzeitig intervenieren kann.[13] Die Versicherer können dank dieser technologischen Möglichkeiten erstmalig wirklich präventiv aktiv werden.[14] Der größte Effekt auf die Versicherungsbranche durch Big Data besteht jedoch nicht darin, dass die Versicherer 1) ihren Service in Echtzeit bereitstellen können, 2) neue Versicherungsprodukte konzipieren können oder 3) eine individuellere Preissetzung erstellen können, sondern viel grundsätzlicher darin, dass sie die heterogenen personenbezogenen Daten miteinander verknüpfen können, also aus der Verknüpfung der unterschiedlichsten Daten ein spezifisches Versichertenprofil gewinnen. Diese Fähigkeit der Verknüpfung heterogener Datenquellen dürfte voraussichtlich der entscheidende Wettbewerbsvorteil der Versicherungsbranche der Zukunft sein, da es, wie oben herausgestellt, auf die möglichst exakte Erfassung des Ausmaßes des Risikos des Eintretens des Schadensfalles im Versicherungsgeschäft ankommt zwecks der optimalen Ansetzung der Prämie, weswegen genauere und vor allem individuell verknüpfte Daten eine optimalere Ansetzung der Prämie ermöglichen. Denn schließlich gilt im Versicherungsgeschäft: *"Je höher die Korrelation der verfügbaren Daten zum Risiko ist, desto höher ist auch die Validität der Risikoeinschätzung."*[15] Und je valider die Risikoeinschätzung ist, desto zielsicherer kann die optimale Prämie auf ein Versicherungsprodukt bestimmt werden. Das Individuum wird also zunehmend nicht mehr einer Risikoklasse mit vergleichbaren Individuen zugeordnet, sondern tatsächlich aufgrund der Verfügbarkeit heterogener persönlicher Daten mit individuellen Versicherungspreisen konfrontiert werden.[16] Dies ermöglicht folglich den Versicherern eine viel genauere und auf den Einzelfall angepasste Prämienkalkulation.[17] Unter dem Einfluss von Big Data weicht das Prinzip des Risikoausgleichs im Kollektiv dem Prinzip der Risikoerfassung im Individuellen. Die Möglichkeit 1) zur Diversifikation der Versicherungsproduktpalette, 2) der

[13] Vgl. Cortis et al. 2018, S. 75.
[14] Vgl. Elhage et al. 2006, S. 744.
[15] Arisov et al. 2019, S. 12.
[16] Vgl. Lehrer 2018, S. 451.
[17] Vgl. Maas et al. 2014, S. 24.

Servicebereitstellung in Echtzeit sowie die 3) individuell gestaltete Preissetzung basieren maßgeblich auf dem Vermögen des Versicherers individuell zurechenbare Daten einerseits zu aggregieren und andererseits sinnvoll miteinander synchronisieren zu können, sodass jene über die Steigerung dieser Kernkompetenz die anderen Kompetenzen simultan mitsteigern. Ein weiterer Vorteil der durch Big Data ermöglichten Verknüpfung von personenbezogenen Daten ist derjenige, dass nicht nur die Aggregation und Verknüpfung möglich ist, sondern vielmehr noch die Daten in synchronisierter Fassung instantan abrufbar sind. Aufgrund der Gewährleistung dieser direkten Abrufbarkeit verkürzt sich die Wartezeit bis zum Vertragsabschluss von Versicherungsgeschäften aller Art für die Versicherten sowie für die Versicherer auf Minuten oder sogar Sekunden.[18] Gleichzeitig ermöglicht die direkte Abrufbarkeit der personenbezogenen Daten eine erhöhte Kapazität für die Schaffung von Transparenz bei Versicherungsgeschäften aller Art, da spezifische Gründe für beispielsweise die Ablehnung eines Versicherungsgeschäfts aufseiten des Versicherers oder die Gründe für die Höhe der verlangten Prämie für ein solches angegeben werden können.[19]

[18] Vgl. Ramnath et al. 2018, S. 5.
[19] Vgl. Greineder et al. 2018, S. 9.

4 InsureTechs und die Geschäftsmodelle

Die Ausnutzung von Big Data und anderen digitaler Technologien in Bezug auf die ökonomische Wertschöpfung in der Versicherungsbranche wird allgemein unter dem Begriff InsurTech gefasst. Der Begriff InsureeTech ist folgendermaßen definiert: "A phenomenon comprising innovations of one or more traditional or non-traditional market players exploiting information technology to deliver solutions specific to the insurance industry."[20] InsurTech bezieht sich also nicht darauf, dass es sich um ein kleines Start-Up handelt, welches mit seinem revolutionären Geschäftsmodell die Versicherungsbranche disruptieren will, sondern auf die schlichte Tatsache, dass ein der Versicherungsbranche angehörendes Unternehmen egal welcher Größe Gebrauch von neuartigen Möglichkeiten der Informationstechnologie macht, um entweder neue Geschäftsmodelle zu erschließen oder lediglich beispielsweise die Bereitstellung von Serviceleistungen zu optimieren. Inwieweit nun die Gechäftsmodelle der InsureTech Start-Ups tatsächlich revolutionäres Potential für die Branche haben, wird nun im Folgenden analysiert.

4.1 Die Mikroversicherung

Einige InsureTech-Start-Ups haben sich auf den Bereich der Mikroversicherung spezialisiert, d.h sie bieten spezielle Versicherungsprodukte für zeitlich kurzfristige bevorstehende Ereignisse an und für Ereignisse, die zeitlich nur kurz andauern. So kann man beim Start-Up Cuvaa noch kurz vor Reiseantritt eine Flugversicherung abschließen oder einen Autofahrer für den Zeitraum von einer Stunde versichern.[21] Dieses Geschäftsmodell der Mikroversicherung eröffnet sicherlich einen interessanten Nischenmarkt innerhalb der Versicherungsbranche, kann jedoch nicht als wirklich disruptive Innovation für die gesamte Branche gewertet werden, da über dieses Geschäftsmodell keine relevanten personenbezogenen Daten gesammelt und miteinander verknüpft werden. Schließlich hat das Risiko, ob ein Flug ausfällt oder nicht ausfällt, nichts mit der individuellen Person zu tun, sondern lediglich mit Variablen wie

[20] Stoeckli et al. 2018, S. 289.
[21] Vgl. Stoeckli et al. 2018, S. 296.

Wetterlage, Flughafenauslastung etc. Im zweiten Fall wären personenbezogene Daten sicherlich hilfreich, doch diese kann sich das Start-Up Cuvaa mit seinem Nischenprodukt nicht beschaffen. Kurzum in dieser Art Start-Ups werden dementsprechend keine nennenswerten interessanten personenbezogenen Daten erfasst, aufgrund derer Vorhandensein sie sukzessive ihre Marktmacht ausbauen könnten oder als interessante Übernahmekandidaten für die großen Versicherer gelten könnten. Außerdem könnten die großen Versicherer ihren Wettbewerbsvorteil über Plattformvertriebsstrategien ausspielen, indem sie die Produkte in der Form von eigenen Apps und Webseiten an ihre bestehenden Kunden verbreiten. Bei dem Geschäftsmodell der Mikroversicherung handelt es sich folglich um eine Nische, welche sich durchaus erfolgreich besetzen lässt, mehr aber auch nicht.

4.2 Die vollkommen Digitalen

Andere InsureTech-Start-Ups wollen darüber Kunden von sich überzeugen, indem sie alle Vertragsleistungen und Serviceleistungen in ausschließlich digitaler Form anbieten, also keine eigenen Niederlassungen unterhalten, in welchen Kunden oder potentielle Kunden mit Mitarbeitern vor Ort interagieren. So bietet das deutsche InsureTech Start-Up ottonova alle seine Leistungen ausschließlich digital an. Die Versicherten interagieren mit dem Unternehmen vor allem über die Smartphone-App, in welcher sie ihre Vertragsdaten einsehen und verwalten können. Außerdem ermöglicht es ihnen die Smartphone-App, beispielsweise Arztrechnungen einscannen zu können, um diese zwecks der Erstattung des Geldes an ottonova digital weiterzuleiten. Diese Rechnungen werden größtenteils bereits automatisch überprüft. Die Historie relevanter Ereignisse wie ärztliche Behandlungen erscheint in chronologischer Reihenfolge in der Timeline des Versicherten, sodass dieser sich jederzeit mit dem Einloggen in die Ottonova-App über diese relevanten Ereignisse auf einen Blick informieren kann.[22] Das Geschäftsmodell der ausschließlich digitalen Bereitstellung von Leistungen ist gleichermaßen wie das Geschäftsmodell der Mikroversicherung keine wirkliche Bedrohung für die etablierten Versicherer, da sich beide Geschäftsmodelle leicht

[22] Vgl. Schmidt et al. 2017, S. 3.

kopieren lassen. Jedem großen Versicherungsunternehmen steht es offen, den Versicherten dieselben digitalen Leistungen anzubieten, sofern diese in rein digitaler Form alle für ihre Bedürfnisse relevanten Leistungen in Anspruch nehmen wollen. Darüber hinaus verfügen sie über den Wettbewerbsvorteil, dass sie sowohl den Service vor Ort wie auch den digitalen Service, sowie sämtliche Servicemischformen aus analog und digital den Versicherten zur Auswahl anbieten können.

4.3 Die Versicherungs-Plug-Ins

Eine dritte Gruppe von InsureTech Start-Ups setzt auf Versicherungsplug-Ins für andere Webseiten. Andere Onlineshops, welche Produkte vertreiben, für welche die jeweiligen Start-Ups Versicherungen im Angebot haben, können entsprechende Versicherungsplug-Ins für die jeweiligen Produkte in ihrer Webseite integrieren.[23] Den Kunden der jeweiligen Onlineshops ist es sodann möglich, zu dem gekauften Produkt mit nur wenigen und unkomplizierten Schritten die passende Versicherung abzuschließen. Das InsureTech Start-Up SimpleInsurance bietet beispielsweise diese Art von PlugIns für Onlineshops an. Dieses Geschäftsmodell richtet sich folglich nicht nur an potentielle Kunden, sondern ebenso an andere Unternehmen und unterscheidet sich darin von den anderen weiter oben beschriebenen Start-Up-Geschäftsmodellen. Das interessante hieran ist die Möglichkeit der Ausnutzung von Netzwerkeffekten, welche durch die Plug-In Integration von anderen Unternehmen ermöglicht wird. Je mehr Onlineshops Gebrauch von dieser Plug-In Lösung machen und je umsatzstärker diese sind, desto wahrscheinlicher wird das Abschließen von Versicherungsverträgen aufgrund der immensen Sichtbarkeit für Verbraucher. Daher steigert Simple Insurance die Wahrscheinlichkeit seiner Umsatzgenerierung, je mehr und je größer die Onlineshops beschaffen sind, welche die Plug-In Lösung für ihre Produkte integrieren. Dieses Angebot ist für die Onlineshops interessant, weil sie unkompliziert Versicherungen für ihre Produkte mitanbieten können und die Kunden in ihrem jeweiligen Onlineshop ebenfalls nicht durch ein

[23] Vgl. Stoeckli et al. 2018, S. 294.

langes Prüfungsverfahren verärgert werden. Allerdings hängt der Erfolg dieses Geschäftsmodells nicht nur davon ab, wie viele und welche Art von Onlineshops den Plug-In integrieren wollen, sondern noch viel grundsätzlicher davon ab, für wie viele Produkte die InsureTech-Start-Ups wie Simple Insurance eigene Versicherungsprodukte im Angebot haben, sodass sich überhaupt erst entsprechende Plug-Ins integrieren lassen. Problematisch ist jedoch, dass sich auch dieses Geschäftsmodell von etablierten Versicherern leicht kopieren lässt, weil diese bereits seit Langem über eine umfassendes Versicherungsangebot verfügen und lediglich einen eigenen Plug-In entwickeln müssten, um einerseits viel mehr Onlineshops mit entsprechenden Versicherungsprodukten zu versorgen und andererseits aufgrund der besseren Datenlage dies zu günstigeren Vertragskonditionen bewerkstelligen könnten. Zudem handelt es sich bei den etablierten Versicherern um Unternehmen, die sich bereits eines hohen Bekanntheitsgrades erfreuen und nicht in dem Maße überhaupt erst einmal ein Kundenvertrauen aufbauen müssen, sondern auf dieses bereits setzen können, da sie über eine Vielzahl von langjährigen Kunden verfügen.

4.4 Die Versicherungsmanager

Eine weitere Gruppe von Start-Ups hat sich darauf spezialisiert, die bestehenden Versicherungen von anderen Versicherern auf einer Plattform zusammenzuführen, sodass diese dort von den Kunden eingesehen und verwaltet werden.[24] Die Start-Ups Knip, Clark, WeFox und GetSafe bieten diesen Service auch für den deutschen Versicherungsmarkt an. Alle vier Start-Ups ermöglichen es ihren Kunden alle ihre Versicherungen auf einer Plattform zu verwalten und darüber hinaus Empfehlungen zu günstigeren Versicherungskonditionen zu erhalten. Diese Start-Ups vereinen gewissermaßen in ihrem Geschäftsmodell die Vorteile eines Vergleichsportals mit den Vorteilen eines Versicherungsmanagers, was dazu führt, dass die Kunden individuelle Optimierungspotentiale zu bestehenden Versicherungen aufgezeigt bekommen und nicht einfach nur allgemeine Versicherungsangebote vergleichen können, wie es bei herkömmlichen Vergleichsportalen der Fall ist.

[24] Vgl. Stoeckli et al. 2018, S. 297.

Diese doppelte Leistung des Geschäftsmodells hat tatsächlich ein disruptives Potential für die Versicherungsbranche, weil einerseits alle einzelnen Versicherungen auf einer Plattform zusammengeführt werden, was die etablierten Versicherungen nicht kopieren können, weil es nicht sinnvoll wäre einen Service anzubieten, der die Verwaltung von Konkurrenzprodukten ermöglicht und andererseits alle auf diese Weise zusammengeführten Versicherungsprodukte mit vergleichbaren Versicherungsprodukten verglichen werden können, was aus besagtem Grund den etablierten Versicherern ebenso nicht möglich ist. Das bedeutet zugleich auch, dass dieser Service den Kunden gleich zwei miteinander verbundene Vorteile liefert, welche ihnen von den etablierten Versicherern nicht bereitgestellt werden können.

5 Die Wahl der Verbrauchertypen

Die Auswahl der drei Verbrauchertypen erfolgte einerseits nach dem Prinzip grundsätzlich verschiedener Merkmale und andererseits nach dem Prinzip, dass diese unterschiedlichen Merkmale für einen Großteil aller am Versicherungsmarkt teilnehmenden Verbraucher gelten, also eine allgemeine gesellschaftliche Relevanz aufgrund ihrer Häufigkeit haben. Die drei ausgewählten Verbrauchertypen sind 1) der Erfolgsverwöhnte Unternehmer, 2) der Familienorientierte und 3) der Sparsame Haushälter. Insbesondere wurde bei der Auswahl der drei Verbrauchertypen darauf geachtet, dass diese nicht alle derselben Altersgruppe angehören sowie über ein verschieden hohes Haushaltseinkommen verfügen und allgemein unterschiedliche Interessen und Hobbies haben. Schließlich spielt bei zahlreichen Arten von Versicherungen wie Krankenversicherung oder Lebensversicherung das Alter beim Abschluss im Hinblick auf die Beitragshöhe eine große Rolle und beeinflusst daher wesentlich die Vertragsabschlussentscheidung, weswegen das Merkmal Alter explizit bei der Auswahl der drei heterogenen Verbrauchertypen berücksichtigt wurde. Die Höhe des Haushaltseinkommens hat ebenso einen wesentlichen Einfluss auf Vertragsabschlussentscheidungen, weil von der Verfügbarkeit von Einkommen abhängt, ob und wie viele Versicherungen der Verbraucher abschließen kann bzw. sich für Versicherungen im weiteren Sinne überhaupt interessiert. Zudem handelt es sich bei den Merkmalen Alter und Haushaltseinkommen um zwei wesentliche Merkmale, die einen jeden Verbraucher betreffen und daher von der geforderten gesellschaftlichen Relevanz sind. Darüber hinaus wurde noch darauf geachtet, dass ein Verbrauchertyp ausgewählt wurde, welcher in seinen Entscheidungen nicht nur auf sich selbst achtet, sondern sich am Wohlergehen anderer orientiert. Dies trifft auf den Typen des Familienorientierten im Gegensatz zu den Typen des Erfolgsverwöhnten Unternehmers und des Sparsamen Haushälters zu. Schließlich macht es einen Unterschied im Hinblick auf das Haushaltseinkommen und die allgemeine Einstellung zu Versicherungsprodukten, ob man lediglich für sich selbst verantwortlich ist, oder für andere mitdenken muss und auch will. Dementsprechend war es wichtig, dass dieses

Merkmal ebenfalls in der Auswahl Berücksichtigung findet. Die Interessen der Verbrauchertypen reichen vom regelmäßigen Konsum von Luxusprodukten zum gewohnten Konsum von möglichst günstigen Produkten und sind folglich heterogener Natur. Im Folgenden werden nun die jeweiligen Verbrauchertypen mit ihren Merkmalen vorgestellt. Die Verbrauchertypen entstammen der VerbraucherAnalyse, welche eine der größten Markt-Media-Studien Europas im Auftrag der Axel Springer AG sowie der Bauer Media Group ist und in welcher 30 000 bevölkerungsrepräsentative Bürger mündlich und schriftlich befragt wurden.

Der erste Verbrauchertyp ist der sogenannte Erfolgsverwöhnte Unternehmer. Dieser Verbrauchertyp umfasst vor allem einen Großteil leitender Angestellter und Selbstständiger. Der Begriff Unternehmer bezieht sich also nicht auf den Beruf, sondern auf die Lebenseinstellung allgemein, weswegen dieser Typ sowohl Selbstständige wie auch leitende Angestellte umfasst. Außerdem verfügt dieser Typ über eine überdurchschnittliche Bildung und über ein sehr hohes Einkommen. Weiterhin ist er männlich dominiert und beinhaltet überdurchschnittlich viele 40-59-jährige.[25] Der Konsumstil dieses Typs zeichnet sich durch Qualitätsorientierung aus. Die Angehörigen dieses Verbrauchertyps ernähren sich gesundheitsbewusst und gönnen sich gerne auch Luxusprodukte, was ihnen aufgrund ihres sehr hohen Einkommens auch möglich ist. Das Interesse dieses Typs reicht von Finanzthemen, Kunst und Kultur bis hin zu Technik und Autos. Sie gehen regelmäßig kostspieligen Hobbies nach, welche beispielsweise Golf, Skifahren und Segeln sind. In der Geldanlage sind sie versiert, d.h. sie nutzen unterschiedliche Anlageformen und halten sich regelmäßigen auf den neuesten Stand über neue und weiterführende Anlagemöglichkeiten. Ihr Handeln im Beruf und im Alltag zeichnet sich allgemein durch Selbstsicherheit und Ehrgeiz im Verfolgen selbstgesetzter Ziele aus. Aufgrund ihres Ehrgeizes und ihrer guten materiellen Situiertheit sind sie anderen oft einen Schritt voraus und dienen anderen als Vorbilder.[26]

Der zweite Verbrauchertyp ist der Familienorientierte. Wie es die Namensgebung bereits andeutet, geht es diesem Typ in

[25] Vgl. VerbraucherAnalyse 2010, S. 1.
[26] Vgl. VerbraucherAnalyse 2010, S. 1.

erster Linie um das Wohlergehen der eigenen Familie. Dieser Typ ist weiblich dominiert und in der Regel verheiratet. Außerdem hat er im Vergleich zum Bevölkerungsdurchschnitt überdurchschnittlich viele Kinder. Hauptsächlich 25- bis 45-jährige gehören diesem Typ an. Die meisten gehen keinem Beruf nach, doch sofern sie einem Beruf nachgehen, dann arbeiten sie vor allem als Angestellte oder Beamte. Das Haushaltseinkommen ist leicht überdurchschnittlich. Aufgrund der Tatsache, dass die eigene Familie und der eigene Nachwuchs den Lebensmittelpunkt bilden, interessieren sie sich für Themen wie Kindererziehung, Kochen und Backen wie auch die Einrichtung und Gartengestaltung. Zudem legen sie Wert darauf, dass größere Kaufentscheidungen von allen Familienmitgliedern gemeinsam getroffen werden.[27]

Der dritte Verbrauchertyp ist der Sparsame Haushälter. Dieser weiblich dominierte Typ verfügt über eine vergleichsweise geringe Bildung und ist älter als 60 Jahre. In der Regel ist dieser Typ nicht mehr berufstätig und hat vor der Rente als einfacher Arbeiter oder einfacher Angestellter gearbeitet. Zudem verfügen die Angehörigen dieses Typs nur über ein geringes bis mittleres Haushaltseinkommen.[28] Sie gehen mit Vorliebe eher häuslichen Betätigungen nach, welche vor allem in der Haushaltsreinigung, im Kochen oder der Gartenpflege bestehen. Sofern eigene Kinder existieren, sind diese zumeist schon längst außer Haus. Die Familie ist ihnen wichtig sowie Sicherheit im Allgemeinen. Sie sind empfänglich für Empfehlungen von Experten und vertrauen auf Marken. In ihren Interessen sind sie beständig und gehen Gewohnheiten nach, weswegen sie sich nicht für moderne Technik und modische Trends begeistern können, weil sie das Vertraute mehr schätzen als alles Neue.[29]

[27] Vgl. Verbraucher Analyse 2010, S. 2.
[28] Vgl. Verbraucher Analyse 2010, S. 2.
[29] Vgl. Verbraucher Analyse 2010, S. 2.

5.1 Der Erfolgsverwöhnte Unternehmer und die InsureTech Geschäftsmodelle

Das Geschäftsmodell der Mikroversicherung, wie sie das Start-Up Cuvva anbietet, ist für diejenigen Erfolgsverwöhnten Unternehmer, welche Selbstständige sind weitaus interessanter als für diejenigen Unternehmer, welche Angestellte sind. Dies liegt daran, dass sämtliche Flüge und Leihwagenfahrten der leitenden Angestellten über das Unternehmen abgerechnet werden, welchem sie angehören. Bei Selbstständigen, welche aufgrund ihres Berufes viel Fliegen und in anderen Städten und Ländern Autofahren müssen, ist dieses Angebot wiederum ansprechender, weil sie viel unterwegs sind und alle entstehenden Reisekosten selbst tragen müssen, d.h. die Reisekosten übernimmt kein Unternehmen für sie. Allerdings ist dieses Geschäftsmodell der Mikroversicherung schließlich doch wiederum nicht sonderlich ansprechend für viel reisende Selbständige Erfolgsverwöhnte Unternehmer, weil je mehr sie fliegen, desto eher lohnt sich ein Versicherungsmodell, welches einen festen Jahresbeitrag vorsieht, da sie einerseits so die Transaktionskosten umgehen, jedes Mal aufs Neue eine Mikroversicherung abschließen zu müssen und sie darüber hinaus in Summe sicherlich noch günstiger versichert sind, wenn sie nicht jedes Mal aufs Neue eine Mikroversicherung abschließen müssen. Die vollkomme digitalisierte Versicherung, wie sie in Deutschland das Start-Up Ottonova zur Verfügung stellt, ist sicherlich deswegen für den Erfolgsverwöhnten Unternehmer interessant, weil er häufig beruflich viel unterwegs ist und er auf diese Weise alle relevanten Versicherungsdaten gewissermaßen immer digital bei sich hat. Vor allem dürfte ihn die Timeline von Ottonova ansprechen, wo alle gesundheitsrelevanten Daten aufgelistet sind. Die VersicherungsPlug-Ins wie sie SimpleInsurance für Onlineshops bereitstellt, sind für den Erfolgsverwöhnten Unternehmer ansprechend, weil dieser in seiner Freizeit kostspieligen Hobbies wie Segeln oder Golfen nachgeht und allgemein gerne Luxusprodukte konsumiert. Schließlich macht das Abschließen einer Versicherung auf ein Produkt gerade dann Sinn, wenn es sich um ein teures und für Störungen sensibles Produkt handelt und eben keine Massenware ist. Der Erfolgsverwöhnte Unternehmer verfügt sowohl über ein sehr hohes Einkommen wie auch den Sinn und

Geschmack für Luxusprodukte, weswegen die Bereitstellung der Möglichkeit des unkomplizierten Abschließens von zusätzlichen Versicherungen auf hochwertige Produkte wie Kameras, Motorräder etc. ihn im besonderen Maß anspricht. Aufgrund seines materiellen Wohlstandes und seiner vielseitigen Interessen und seinem ausgeprägten Sinn für finanzielle Themen dürften viele Erfolgsverwöhnte Unternehmer eine Vielzahl unterschiedlicher Arten von Versicherungen bei unterschiedlichen Versicherern abgeschlossen haben, was das Management all dieser Verträge aufgrund der Vielzahl und der Zerstreutheit erschwert. Daher kommen ihm die Alles-in-einer-Hand Versicherungsmanager wie sie die Start-Ups Clark und WeFox zur Verfügung stellen, äußerst gelegen, da er auf deren Plattformen alle seine unterschiedlichen Verträge zusammenführen und verwalten kann. Schließlich sind Versicherungsmanager in dem Maße ansprechend, wie man viele Versicherungsverträge hat.

5.2 Der Familienorientierte und die InsureTech Geschäftsmodelle

Die Mikroversicherungen sind für diesen Typ nicht sonderlich ansprechend, weil er in aller Regel mit der gesamten Familie verreist, weswegen der Abschluss nur einer Mikroversicherung für eine Person nicht ausreicht. Allerdings könnten Mikroversicherungslösungen interessant sein, welche die gesamte Familie zu einem annehmbaren Preis versichern, weil dieser Typ kontinuierlich um das Wohlergehen der gesamten Familie besorgt ist, weswegen er durchaus eine hohe Zahlungsbereitschaft für den Schutz derselben hat. Jedes Familienmitglied einzeln zu versichern ist aber sicherlich rein ökonomisch aufgrund des nur leicht überdurchschnittlichen Haushaltseinkommens nicht möglich. Die Zahlung eines festen Jahresbetrags für eine für unbegrenzte Flüge geltende Flugversicherung, wie sie sich für den Typ des Erfolgsverwöhnten Unternehmers lohnt, ist im Gegensatz dazu für den Familienorientierten nicht lohnenswert, weil er in aller Regel lediglich nur dann fliegt, wenn er mit der Familie einen Urlaub gebucht hat, was aufgrund schulischer und finanzieller Limitationen nicht mehr als zweimal im Jahr vorkommen dürfte. Die vollkommen digitale Versicherungslösung von ottonova dürfte den

Familienorientierten dann ansprechen, wenn er nicht nur digital Zugriff auf seine persönlichen Gesundheitsdaten hat, sondern auch die Gesundheitsdaten der eigenen Kinder überwachen kann. Ottonova bietet kein Versicherungsprodukt in diese Richtung an, was sicherlich eine Marktlücke darstellt, weil der Familienorientierte eine hohe Zahlungsbereitschaft für ein solches Angebot hat. Obgleich dieser Typ vergleichsweise nur über ein leicht überdurchschnittliches Haushaltseinkommen verfügt, so dürfte dennoch eine Versicherungslösung, welche den Gesundheitszustand aller Familienmitglieder mit nur wenigen Klicks aufrufbar gestaltet, eine hohe Zahlungsbereitschaft beim Familienorientierten hervorrufen, weil schließlich die Sicherstellung des familiären Wohlergehens und damit vor allem der familiären Gesundheit und Sicherheit für diesen Typ die oberste Priorität im Leben hat. Es ist sogar wahrscheinlich, dass er persönlich nicht seine Krankenversicherung wechseln würde, solange seine Kinder nicht ebenfalls die Krankenversicherung zum selben Versicherer wechseln könnten. Er will in erster Linie seine gesamte Familie schützen und nicht nur sich selbst, weswegen die Versicherungslösung von ottonova für ihn nicht ansprechend sein dürfte. Dementsprechend dürfte es sich bei der Unverfügbarkeit der Verwaltung mehrerer verknüpfter Timelines um eine Marktlücke handeln. Die Versicherungsplug-Ins, die sich in Onlineshops integrieren lassen, sind für den Familienorientierten nicht sonderlich ansprechend, weil er in der Regel Gebrauchsgegenstände in einer eher günstigeren Ausführung kauft, da immerzu die Gefahr besteht, dass die häufig kleinen Kinder im Haushalt diese kaputt machen. Die Alles-in-einer-Hand Versicherungsplattformen wären wiederum für den Familienorientierten hochgradig interessant, wenn diese es ihm ermöglichen, die Versicherungen aller Familienmitglieder zusammenzuführen und zu überwachen. Doch diese bieten eine solche Lösung nicht an, was gleichsam wie im weiter oben erläuterten Fall von ottonova eine Marktlücke darstellen könnte, da der Familienorientierte mit einer solchen Lösung maßgeblich sein Hauptanliegen des familiären Wohlergehens und Schutzes befriedigen könnte, sofern ihm dieser Service bereitgestellt würde. Außerdem muss der Familienorientierte tatsächlich immer die Versicherungen der Kinder überwachen, aufgrund der Tatsache, dass diese zu jung sind, um dies selbst zu tun, d.h. der Familienorientierte muss ohnehin tendenziell weitaus mehr Zeit in die Papierarbeit investieren, als es andere Verbrauchertypen müssen, die nur für die Verwaltung ihrer eigenen Versicherungsverträge verantwortlich sind.

5.3 Der Sparsame Haushälter und die InsureTech Geschäftsmodelle

Aufgrund des mangelnden Interesses an neuen Erfahrungen in anderen Ländern und des eher geringen Budgets des sparsamen Haushälters hat er kein Interesse an Mikroversicherungen für beispielsweise Flüge oder Leihwagen, weil er Flüge und Leihwagen selbst bereits nicht in Anspruch nimmt. Er fühlt sich in seiner Heimat wohl und verlässt diese nur ungern. Außerdem ist es wahrscheinlich, dass er seinen Urlaub im eigenen Land verbringt und dafür sein eigenes Auto oder seinen eigenen Wohnwagen benutzt, um an die Nordsee oder den Schwarzwald zu gelangen. Daher wird der Mikroversicherer mit diesem Verbrauchertyp kein Geld verdienen. Der digitale Versicherer ottonova dürfte ebenso kein Geld mit dem sparsamen Haushälter verdienen, weil der sparsame Haushälter auf seinen Versicherungsberater vor Ort setzt und davor zurückschreckt, von den Möglichkeiten einer rein digitalen Versicherung Gebrauch zu machen. Aufgrund seiner geringen bis mittleren Bildung fühlt er sich zudem bei komplexen Versicherungsangelegenheiten auf externen Rat angewiesen und vertraut diesem. Mit einem Versicherungsberater hat er ein häufig über Jahrzehnte andauerndes Vertrauensverhältnis aufgebaut, was er aufgrund seiner Orientierung am Beständigen und Vertrauten schätzt und ihn allgemein daran hindert, neue Versicherungen abzuschließen, sofern ihm ein solcher Berater nicht dazu rät. Darüber hinaus ist es bereits seit Langem eine Strategie der Versicherer hohe Kommissionen für fähige Versicherungsberater zu zahlen, anstatt nur um günstigere Prämien zu konkurrieren, um eben dieses Vertrauensverhältnis für sich ökonomisch zu nutzen.[30] Über ein solches funktionierendes Beraternetzwerk verfügt ottonova nicht. Außerdem bietet ottonova ohnehin keine Versicherungsprodukte für Rentner an. Abgesehen davon sind die Kosten sämtlicher relevanter

---

[30] Vgl. Cosby et al. 1987, S. 405.

Versicherungen im Hinblick auf einen Versicherungswechsel für einen über 60-jährigen viel zu groß, was insbesondere er sich aufgrund seines geringen bis mittleren Haushaltseinkommens ohnehin nicht leisten könnte und nicht sinnvoll wäre. Die Versicherungs-Plug-Ins sprechen den sparsamen Haushälter ebenso nicht an, weil er eine Ablehnung für das Neue und damit allen voran das Digitale hat. Er zieht es vor seine Produkte in den bekannten Ladengeschäften zu kaufen und will nicht von Onlineshops seine Produkte beziehen. Zudem hat er darüber hinaus kein Interesse an Produkten, welche ausschließlich digital verfügbar sind, da er schließlich nur das wertschätzt, was er immer schon analog erwerben konnte. Folglich wird er die Versicherungs-Plug-Ins nicht als Verbraucher nachfragen. Die Alles-in-einer Hand Versicherungsplattformlösung ist für ihn ebenfalls nicht interessant, aufgrund dessen, dass er sämtliche Versicherungsverträge bei einem bestimmten Versicherungsberater abgeschlossen hat, mit welchem er alles bespricht und auf dessen Rat er auch angewiesen ist. Daher spricht ihn keine Versicherungslösung an, welche ihm die Selbstverantwortung erleichtert, weil er diesbezüglich immer schon auf Fremdverantwortung gesetzt hat. Er schätzt es seinen Berater jederzeit anrufen zu können, um alle relevanten Angelegenheiten telefonisch abzuklären. Zusammenfassend lässt sich sagen, dass wirklich kein Insur-Tech Start-Up Geschäftsmodell für ihn wirklich ansprechend ist insbesondere aufgrund seiner 1) Ablehnung des Neuen, 2) Orientierung am Vertrauten und 3) seines fortgeschrittenen Lebensalters.

5.4 Zusammenfassung der Ergebnisse zu den Verbrauchertypen

Die Analyse der Beziehung zwischen den Merkmalen der einzelnen Verbraucher und den Geschäftsmodellen der Insure-Tech Start-Ups zeigt in Summe, dass diese aufgrund zahlreicher oben ausgeführter Gründe nicht wirklich ansprechend für die jeweiligen Verbrauchertypen sind. Dieses Analyseergebnis steht damit im Einklang mit dem Analyseergebnis zu den einzelnen Geschäftsmodellen vor dem Hintergrund des Branchenwandels insgesamt, weil dieses ebenfalls ergeben hat, dass diese Geschäftsmodelle keine größere Bedrohung für die etablierten Versicherer darstellen. Vor allem generieren alle

Geschäftsmodelle keine nennenswerten Verbraucherdaten, welche ihnen einen maßgeblichen Wettbewerbsvorteil einbringen würde und sie als Übernahmekandidaten durch etablierte Versicherer qualifizieren würde. Alles in allem bekräftigen die Ergebnisse dieser Forschungsarbeit in Bezug auf die InsureTech Start-Up Geschäftsmodelle folgendes Fazit einer anderen Forschungsarbeit: "Die disruptive Veränderungskraft der digitalen Transformation ist aufgrund fehlender Lösungen in der Assekuranz noch nicht entfacht."[31]

[31] Bühler et al. 2017, S. 69.

6 Fazit und Ausblick

Diese Arbeit ist der Forschungsfrage nachgegangen, ob und inwieweit die Geschäftsmodelle der InsureTech Start-Ups die Versicherungsbranche revolutionieren werden. In einem ersten Analyseschritt wurde die Grundlagen des klassischen Versicherungsgeschäft beschrieben, um darauf aufbauend erfassen zu können, was sich durch die durch Big Data neu geschaffenen technologischen Möglichkeiten für das Versicherungsgeschäft insgesamt verändern wird. Während im klassischen Versicherungsgeschäft das Prinzip des Risikoausgleichs im Kollektiv Geltung hatte, so wandelt sich unter digitalen Bedingungen dieses Prinzip in das Prinzip der Risikoerfassung im Individuellen um. Es konnte daraufhin gezeigt werden, dass diejenigen Versicherer, welche dieses Prinzip der Risikoerfassung im Individuellen durch vernetzte datengenerierende Geräte in den Haushalten und an den Körpern der Verbraucher zunehmend in das Prinzip der Risikoerfassung im Individuellen transformieren, sich die entscheidenden Wettbewerbsvorteile für das Versicherungsgeschäft der Zukunft erarbeiten. Vor dem Hintergrund der Analyse zum Branchenwandel durch Big Data insgesamt wurde im dritten Kapitel der InsureTech-Begriff definiert und zwischen InsureTech allgemein und InsureTech Start-Ups unterschieden. Auf der Grundlage dieser geleisteten Definition wurden daraufhin in einzelnen Abschnitten die gegenwärtigen InsureTech Start-Up Geschäftsmodelle einzeln und ausführlich mit geeigneten Beispielen beschrieben. Nachdem diese Beschreibung geleistet war, wurden diese Geschäftsmodelle in Beziehung zu dem der Branche bevorstehenden technologischen Wandel gesetzt und analysiert, ob diese den etablierten Versicherern mit ihren Innovationen gefährlich werden können. Im vierten Kapitel wurde schließlich die Auswahl der drei Verbrauchertypen erklärt, welche einerseits im Verhältnis zueinander heterogene Merkmale wie Alter, Haushaltseinkommen oder dergleichen haben und welche andererseits mit diesen spezifischen Merkmalen für einen großen Anteil der Verbraucher insgesamt in Deutschland stehen. Beide Auswahlkriterien sind insofern wichtig, als sie eine differenzierte Analyse der Relevanz der unterschiedlichen Geschäftsmodelle der InsureTech Start-Ups im Hinblick auf die gestellte Forschungsfrage ermöglichten, ob und inwiefern jene Geschäftsmodelle tatsächlich revolutionäres Potential für die Versicherungsbranche haben. Diese drei Verbrauchertypen, auf welche die genannten Auswahlkriterien zutreffen, sind der 1) Erfolgsverwöhnte Unternehmer, der 2) Familienorientierte und der 3) Sparsame Haushälter. Deren Merkmale wurden in den darauffolgenden Abschnitten jeweils dargelegt. Im Anschluss daran wurden die unterschiedlichen Geschäftsmodelle der InsureTechs in Beziehung zu den jeweiligen Merkmalen der Verbrauchertypen gesetzt, um die Forschungsfrage weiterführend zu beantworten, ob jene neuen Geschäftsmodelle ernsthafte Konkurrenz für die etablierten Versicherer bedeuten. Die jeweiligen Analysen haben ergeben, dass von keinem der InsureTech Start-Up Geschäftsmodellen eine ernsthafte Bedrohung für die etablierten Versicherer ausgeht, da alle verwendeten Konzepte und Technologien leicht kopierbar sind und sich auf deren Basis bestenfalls funktionierende Nischenmärkte bilden lassen. Dementsprechend lässt sich abschließend festhalten, dass die technologischen Möglichkeiten von Big Data die Versicherungsbranche maßgeblich verändern werden, die Geschäftsmodelle der InsureTech Start-Ups hingegen gegenwärtig nicht.

Literaturverzeichnis:

Albrecht, Peter (2017). Bedroht Big Data Grundprinzipien der Versicherung? (II.). In: Zeitschrift für Versicherungswesen, 68(6), 189-192.

Arisov, Elisabeth; Becker, Johannes; Erny, Matthias; Zeier Röschmann, Angela (2019). Individualisierte Versicherungslösungen in einer digitalen Welt: eine Studie des Zentrums für Risk & Insurance. ZHAW School of Management and Law, Winterthur Schweiz.

Bühler, Pascal; Maas, Peter; Fleischer, Martin (2017). Digitale Transformation in Märkten mit Versicherung-Von der Verteidigung des Geschäftsmodells bis zur Auflösung der Branche. In: Versicherungsrundschau: Zeitschrift der Österreichischen Gesellschaft für Versicherungsfachwissen, 1-2, 62-69.

Ramnath, Balasubramanian; Libarikian, Ari; McElhaney, Doug (2018). Insurance 2030- The impact of AI on the future of insurance. In: McKinsey & Company, New York.

Cortis, Dominic; Debattista, Jeremy; Debono, Johann; Farrell, Mark (2018). InsurTech. In: Lynn, Theo; Mooney, John; Rosati, Pierangelo; Cummins, Mark (editor): Disrupting Finance. FinTech and Strategy in the 21st Century. Palgrave Studies in Digital Business & Enabling Technologies, 71-84.

Crosby, Lawrence; Stephens, Nancy (1987). Effects of Relationship Marketing on Satisfaction, Retention, and Prices in the Life Insurance Industry, In: Journal of Marketing Research, 24(4), 404-411.

Elhage, Bernard; Käslin, Bruno (2006). Funktionen der Versicherung in der Schadenprävention, In: Zeitschrift für Versicherungswesen 22(1), 743-747.

Greineder, Michael; Riasanow, Tobias; Böhm, Markus; Krcmar, Helmut (2019). The Generic InsurTech Ecosystem and its Strategic Implications for the Digital Transformation of Insurance Industry. In: 40th Gesellschaft für Informatik EMISA.

Hoy, Michael (1982). Categorizing risks in the insurance industry. In: The Quarterly Journal of Economics, 97(2), 321-336.

Stoeckli, Emanuel; Dremel, Christian; Uebernickel, Falk (2018). Exploring characteristics and transformational capabilities of InsurTech innovations to understand insurance value creation in a digital world. In: Electronic Markets, 28(3), 287-305.

Lehrer, Christiane; Wieneke, Alexander; vom Brocke, Jan; Jung, Reinhard; Seidel, Stefan (2018). How big data analytics enables service innovation: materiality, affordance, and the individualization of service. In: Journal of Management Information Systems, 35(2), 424-460.

Lewis, Samuel (2017). InsurTech: An industry ripe for disruption. In: Georgetown Law Technology Review, 1(2), 491-502.

Maas, Peter; Veselina, Milanova (2014). Big Data in der Versicherungswirtschaft, In: Die Volkswirtschaft, 87(5), 23-25.

McFall, Liz (2019). Personalizing solidarity? The role of self-tracking in health insurance pricing. In: Economy and society 48(1), 52-76.

Schmidt, Jan-Philipp; Schulz, Volker (2017). InsurTech. Proceedings zum 12. FaRis & DAV Symposium am 9 Juni 2017 in Köln.

Silvello, Andrea; Procaccini, Alessandro (2019). Connected Insurance Reshaping the Health Insurance Industry. In: Smart Healthcare. IntechOpen.

Verbraucheranalyse (2010). Konsumstiltypologie, https://www.verbraucheranalyse.de/publikationen/zielgruppenmodelle; zuletzt abgerufen am 24.06.2019.

Das Immobilienmanagement der Zukunft: Ein Überblick zu neuen Anwendungen im Kontext der Digitalisierung und Digitalen Transformation

Tim Alexander Herberger[a]* & Frederic Maximilian Zoll[b]*

Key Words: Immobilienmanagement; Digitalisierung; PropTech; Datenschutz

Inhaltsübersicht:

[a] Associate Professor, Chair of Entrepreneurship, Finance and Digitalization, Andrássy University, Budapest, Hungary.
[b] Research Fellow at Chair of Entrepreneurship, Finance and Digitalization, Andrássy University, Budapest, Hungary.
* Please address correspondence to Frederic Zoll, Barer Straße 58, 80799 München; email: f.zoll@live.de

1 Einleitung

Die Immobilienwirtschaft besitzt weltweit eine sehr hohe Relevanz in Anbetracht der gesamtwirtschaftlichen Bedeutung einzelner Branchen. In Deutschland tragen immobilienbezogene Wirtschaftsaktivitäten einen Anteil von rund 18 Prozent der Bruttowertschöpfung.[1] Zur deutschen Immobilienwirtschaft zählen im weiten Sinne knapp vier Millionen private Vermieter, rund 16 Millionen Eigennutzer und über 815.000 Unternehmen. Im Zuge der US-amerikanischen Subprime-Krise im Jahr 2007 und der anschließenden Weltwirtschaftskrise erwies sich die deutsche Immobilienwirtschaft als besonders stabil und stellte für die deutsche Finanzwirtschaft einen wichtigen Anker dar.[2] Das aus der globalen Finanzkrise resultierende, über Jahre anhaltende Niedrigzinsniveau sorgte mit attraktiven Zinskonditionen und staatlich geförderten Krediten für einen Boom der Immobilienbranche, dessen Hochkonjunktur bis zum heutigen Tag anhält.[3]

Nach Just et al. (2017) sind Immobilien in vielerlei Hinsicht „besondere Güter“[4]. Sie sind langlebig, großvolumig, gebunden an ihren Standort und an ihrer Entwicklung und Bewirtschaftung sind allerlei Akteure beziehungsweise Stakeholder des Immobilienmanagements beteiligt. Daher ist die Immobilienbranche durch eine besonders ausgeprägte Segmentierung entlang der Wertschöpfungskette gekennzeichnet.[5] Das Immobilienmanagement und dessen Stakeholder in allen Teilbereichen entlang des gesamten Immobilienlebenszyklus (ILZ) befinden sich aktuell am Anfang eines tiefgreifenden Wandlungsprozesses. Die Digitalisierung hält wie in allen Lebensbereichen, mit Zeitverzug inzwischen auch in der Immobilienwirtschaft Einzug.[6] Start-ups, die in der Immobilienbranche als Proptechs[7] bezeichnet werden, sehen darin ihre

[1] Vgl. Voigtländer et al., 2013.

[2] Vgl. Just et al., 2017.

[3] Vgl. Baumanns et al., 2016.

[4] Just et al., 2017, S. 2.

[5] Vgl. Rottke & Voigtländer, 2014.

[6] Vgl. Streit, 2018.

[7] „Proptech“ ist ein zusammengesetztes Wort aus „Property“ und „Technology“ und eine in der Immobilienbranche gängige Bezeichnung für ein Start-up (Vornholz, 2017, S.10).

Chance und versuchen aufgrund des sich verändernden Digitalisierungsverständnisses die Branche grundlegend zu verändern. Dabei fokussieren sie sich meist auf die Innovation eines einzelnen, sehr speziellen Teilbereichs und versuchen diesen nachhaltig zu digitalisieren.[8] Die Möglichkeiten des Internets und die sich rasant weiterentwickelnden digitalen Technologien erhöhen die Komplexität ihrer Umgebungen, insbesondere für unvorbereitete Nutzer.[9] Demgegenüber bieten sie aber auch erhebliche Chancen und Nutzungspotenziale, die in der Immobilienbranche besonders von Proptechs erkannt werden. Das Smart Home und dessen dezentrale Steuerung per Smartphone oder Tablet stellt derzeit wohl das prominenteste Beispiel für die Digitalisierung des Immobilienmanagements in der breiten Öffentlichkeit dar.[10] Darüber hinaus existieren noch weitere Anwendungen, die bei den Stakeholdern in der Hoffnung auf Effizienzsteigerungen und Prozessoptimierungen immer mehr an Bedeutung gewinnen.[11]

Entgegen dieser Hoffnungen und damit verbundener Ängste fehlt es im Immobilienmanagement weitestgehend an Klarheit, welche Chancen sich für die Stakeholder tatsächlich ergeben können und welche konkreten Risiken damit in Verbindung stehen. Die Selektion optimaler digitaler Lösungen, sowie deren Implementierung stellen aktuelle Probleme des modernen Immobilienmanagements dar.[12] Zudem sind sich manche Stakeholder zahlreicher Anwendungen im Immobilienmanagement der Zukunft und dem damit verbundenen Dienstleistungsspektrum von Proptechs bisher kaum bewusst. Im Hinblick auf diese Problemstellungen soll sich der vorliegende Beitrag folgenden beiden Forschungsfragen widmen:

1) Welche Anwendungen im Kontext der Digitalisierung und Digitalen Transformation beeinflussen das Immobilienmanagement in der Zukunft?

[8] Vgl. Vornholz, 2017.
[9] Vgl. Reeves et al., 2016.
[10] Vgl. Deloitte, 2018b.
[11] Vgl. Bötling et al., 2016.
[12] Vgl. Bötling et al., 2016.

2) Welche Chancen und Risiken ergeben sich aus diesen Anwendungen für das Immobilienmanagement in der Zukunft?

Bisherige wissenschaftliche Studien konzentrieren sich meist auf die Auswirkungen einzelner Technologien oder unternehmensinterner Digitalisierungsmaßnahmen.[13] Darüber hinaus lässt sich ein verstärkter Fokus auf einzelne Teilbereiche und gesonderte Betrachtungen der Stakeholder feststellen. Bislang fehlen in der einschlägigen Fachliteratur jedoch wissenschaftliche Auseinandersetzungen, welche die Chancen und Risiken der Digitalisierung ganzheitlich im Sinne einer Stakeholder-übergreifenden Betrachtung entlang des gesamten Lebenszyklus einer Immobilie analysieren. Die vorliegende Arbeit soll daher zukünftige Möglichkeiten sowie Leitlinien und Handlungsempfehlungen aufzeigen und damit einen Teil zur Schließung dieser Forschungslücke beitragen.

Kapitel 2 legt die relevanten Grundlagen und zeigt die wesentlichen Anwendungen im Kontext der Digitalisierung und Digitalen Transformation für das Immobilienmanagement in der Zukunft auf. In Kapitel 3 werden Chancen und Risiken aus den betrachteten Anwendungen für das Immobilienmanagement in der Zukunft dargelegt. Der Beitrag fasst in Kapitel 4 die wesentlichen Erkenntnisse zusammen.

---

13 Vgl. Bötling et al., 2016; Just et al., 2015; Lünedonk & Hossenfelder GmbH, 2018; Rodeck et al., 2016; Saiz & Salazar, 2018.

2 Theoretische und begriffliche Grundlagen

2.1 Das Immobilienmanagement und seine Stakeholder

Aus juristischer Sicht besitzt der Begriff Immobilie keine Relevanz und wird als solcher auch nicht verwendet.[14] Im rechtlichen Kontext bezieht sich die Definition der Immobilie im Wesentlichen auf die Begrifflichkeit des Grundstücks, welches als räumlich abgegrenzter Bereich der Erdoberfläche bezeichnet wird und im Grundbuch unter einer eindeutigen Nummer gebucht ist. Ein Grundstück kann aus einem oder mehreren Flurstücken bestehen. Flurstück ist der katasterrechtliche Begriff und bezeichnet ebenfalls eindeutig einen abgegrenzten Teil der Erdoberfläche, der im Liegenschaftskataster unter einer eigenen Flurstücknummer deklariert ist. Der öffentliche Glaube des Grundbuchs richtet sich auf Eigentümer, Lasten und Beschränkungen, sowie Hypotheken, Grund- und Rentenschulden. Dahingegen ist das Liegenschaftskataster für die Fläche, die Form und die Lage des Grundstücks verantwortlich.[15] Zivilrechtlich sind Grundstücke und die damit verbundenen Rechte dem Sachenrecht zugeordnet. Das im Sachenrecht bestehende Grundbuchgrundstück besteht aus einem oder mehreren Teilen der Erdoberfläche. Das Grundbuchgrundstück beinhaltet demnach Gebäude und sonstiges, fest mit dem Grundstück verbundenes, Zubehör.[16] Damit bilden das Grundbuch und das Liegenschaftskataster die zwei elementaren institutionellen Säulen der Eigentumssicherung von Grundstücken und Immobilien in Deutschland. Sie sind die Grundlage zur Regelung immobilienbezogener Rechte und Pflichten und stellen darüber hinaus Eigentum sowie Handlungs- und Verfügungsstrukturen dar.[17] Da dieser Beitrag nicht primär im Kontext der Rechtswissenschaft steht, wird aus Vereinfachungsgründen im Folgenden lediglich der Überbegriff

---

[14] Vgl. Pfnür, 2011.

[15] Vgl. Ministerium für Ländlichen Raum und Verbraucherschutz Baden-Württemberg, 2004.

[16] Vgl. §§ 93, 94 873 BGB.

[17] Vgl. Pfnür, 2011.

Immobilie für Grundstücke, Gebäude und mit dem Grundstück verbundenes Zubehör verwendet.

Nach Graaskamp (1974) ist eine Immobilie als künstlich abgegrenzten Raum definiert, der in Relation zur Dimension der Zeit anzusehen ist. Im Folgenden beschreibt er die Wertschöpfung von Immobilienunternehmen als Transformation von Raum-Zeit-Einheiten in Geld-Zeit-Einheiten. Durch den künstlich geschaffenen, einmaligen Raum wird im Kontext des Zeitverlaufs ein Nettozufluss an liquiden Mitteln während einer Periode generiert.[18] Graaskamps (1974) Beschreibung des Handelns von Immobilienunternehmen geht eng mit dem ökonomischen Begriff der Immobilie einher, welcher die effiziente Allokation aller mit dem Wirtschaftsgut Immobilie verbundenen Rechte und Pflichten zur Erreichung der Ziele von Wirtschaftssubjekten beschreibt.[19]

Schulte et al. (2005) greifen diese Thematik auf und vereinen das gesamte Fachgebiet als Immobilienökonomie. Mit dieser Definition verfolgen sie das Ziel, durch die Begrifflichkeit ihren Ansatz der vielen unterschiedlichen Disziplinen sowie derer Interdependenzen, im Sinne von Forschung und Lehre zu verdeutlichen.[20] Weiterentwickelt wird dieser Ansatz von Bach et al. (2005), der den Begriff des Immobilienmanagements ebenfalls als übergeordneten Begriff für verschiedene Disziplinen verwendet, ihn jedoch klar von der Immobilienökonomie abgrenzt:

> „Immobilienmanagement ist ein umfassender Begriff, der die gesamte Immobilienwirtschaft umfasst und in dieser Auslegung und Verwendung allerdings in Konkurrenz zum Begriff der Immobilienökonomie in der Begriffskonzeption und Begriffsfestlegung von Karl-Werner Schulte steht. Dieser möchte jedoch, soweit erkennbar, den Begriff Immobilienökonomie als Bezeichnung für die wissenschaftliche Disziplin verstanden wissen, welche die Immobilien-

[18] Vgl. Rottke, 2017.
[19] Vgl. Pfnür, 2011.
[20] Vgl. Rottke, 2017.

wirtschaft und den Produktionsfaktor Boden zum Gegenstand hat."[21]

Damit ist die Erläuterung von Bach et al. (2005), im Vergleich zu Schulte et al. (2005), weniger theoretisch und nicht primär wissenschaftlich orientiert. Das Immobilienmanagement wird als Überbegriff für die gesamte Immobilienwirtschaft definiert, der sowohl funktionelle als auch institutionelle Betrachtungsweisen vereint und zugleich die Aspekte außerhalb der Nutzungsphase einer Immobilie berücksichtigt. Dementsprechend beinhaltet für Bach et al. (2005) das Immobilienmanagement sinngemäß die Begrifflichkeiten des „Managements von Immobilien" sowie des „Managements in der Immobilienwirtschaft". Letzteres beschreibt das „Management von Immobilienunternehmen".[22]

Der Begriff „Management von Immobilien" beschreibt die Tätigkeit während der Nutzungsphase einer Immobilie. Die begriffliche Bedeutung steht damit in enger Konkurrenz mit dem Begriff des Facility-Managements (FM). Das „Management in der Immobilienwirtschaft" ist gleichbedeutend mit dem „Management von Immobilienunternehmen" und steht für die Führung eines Unternehmens im Kontext der Immobilienwirtschaft.[23] Zusammenfassend beinhaltet das Immobilienmanagement nach Bach et al. (2005) somit sowohl funktionelle als auch institutionelle Betrachtungsweisen der sich gegenseitig beeinflussenden, interdisziplinären Teilgebiete, die um Aspekte außerhalb der Nutzung ergänzt und durch die Fachgebiete der Immobilienökonomie und des Immobilienrechts abgerundet werden. Da die Interdisziplinarität der einzelnen Teilbereiche im weiteren Verlauf des Beitrags zunehmend an Relevanz gewinnt, wird Bachs et al. (2005) Definition im Kontext der eben beschriebenen Erläuterungen fortan als Arbeitsdefinition für den Begriff des Immobilienmanagements verwendet. Obwohl die Vielfalt der einzelnen Teilbereiche der Immobilienwirtschaft eine gänzlich übergreifende Zusammenarbeit im Sinne der Forschung in der Vergangenheit

[21] Bach et al. 2005, S. 102.
[22] Vgl. Bach et al., 2005, S.102; Rottke, 2017, S. 31.
[23] Vgl. Rottke, 2017, S. 31.

schwierig gestaltet hat, können verschiedene Theorien aus den einzelnen Disziplinen durchaus sinnvoll miteinander kombiniert und zugrunde gelegt werden.

Im Allgemeinen wird beim Versuch der Segmentierung des Immobilienmanagements auf institutionelle, funktionelle, strategische, managementorientierte, typologische oder interdisziplinäre Betrachtungsweisen zurückgegriffen.[24] Schulte et al. (2005) beschreiben dies in ihrem „Haus der Immobilien-Ökonomie", indem betriebswirtschaftliche und managementorientierte Grundlagen wie Planung, Organisation und Kontrolle als Fundament des Immobilienmanagements verwendet und diese um die eben aufgezählten Betrachtungsweisen sukzessive erweitert werden.[25] An dieser Stelle muss eine Eingrenzung erfolgen, die sich fortan auch aus Gründen des Umfangs nur auf die für diesen Beitrag relevantesten Aspekte und Betrachtungsweisen bezieht.

Schulte et al. (2005) und Schulte (2008) fügen den bereits beschriebenen Grundlagen interdisziplinäre Bausteine aus Volks-, Rechts- und Ingenieurswissenschaften hinzu und erweitert diese um typologische Aspekte, um die einzelnen Arten wie Gewerbeimmobilien, Wohnimmobilien, Industrieimmobilien und Infrastruktur- und Sonderimmobilien heraus zu kristallisieren. In Bezug auf den weitestgehend unerforschten Einsatz der Digitalisierung in der Immobilienbranche und dessen Verbreitung digitaler Komponenten in den einzelnen Typologien, werden fortan primär Wohn- und Gewerbeimmobilien betrachtet, da im Bereich dieser die Digitalisierung am weitesten verbreitet ist. Ein weiterer Punkt ist die Gruppierung anhand institutioneller Aspekte, deren Ergebnis sich darstellen lässt als Immobilienprojektentwickler, Immobilieninvestoren, Bauunternehmen, Immobilienfinanzinstitutionen, Immobiliendienstleister und Immobiliennutzer. Damit ist man bereits sehr nah an der phasenorientierten Segmentierung, welche in Projektentwicklung, Bau-Projektmanagement und FM unterteilt.[26] Diese grobe Einteilung der Phasen einer Immobilie findet sich auch bei Rottke (2017) als Lebenszyklus wieder. Abbildung 1 soll zu einem besseren Verständnis für die vielen

---

[24] Vgl. Bach et al., 2005.

[25] Vgl. Schulte, 2008, S. 3; Schulte et al., 2005, S. 58.

[26] Vgl. Schulte, 2008; Schulte et al., 2005.

Elemente, die alle Teil des Immobilienmanagements sind, beitragen.

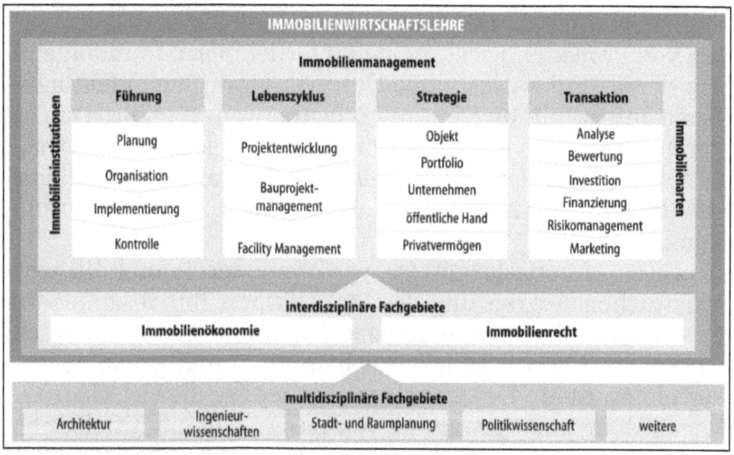

Abbildung 1: Überblick Immobilienmanagement[27]

Rottke (2017) unterteilt das Immobilienmanagement in Führung, Lebenszyklus, Strategie und Transaktion. Damit wird er der Sichtweise Bachs et al. gerecht, dessen Definition besagt, dass das Immobilienmanagement neben dem „Management von Immobilien" (Lebenszyklus & Transaktionen) auch das „Management von Immobilienunternehmen" gehört (Führung & Strategie) beinhaltet.[28]

Rottke (2017) zeigt im Anschluss zwei weitere Betrachtungsweisen auf, die sich ebenfalls gut dazu eignen, die betriebswirtschaftliche Perspektive auf das Immobilienmanagement darzustellen. Zum einen wählt er die Art der Immobilie als Segmentierungsform, welche er zunächst gemäß ihrer Nutzung grob in Wohnimmobilien und Nicht-Wohnimmobilien unterteilt. Letztere beschreibt er als Sammelbegriff hauptsächlich für Gewerbeimmobilien, also Büro- und Verwaltungsimmobilien, Handelsimmobilien, Produktionsimmobilien, aber

[27] Quelle: Rottke, 2017, S. 82.
[28] Vgl. Bach et al., 2005, S. 102; Rottke, 2017, S. 31.

auch Hotelimmobilien, Freizeitimmobilien, Krankenhäuser und sonstige Sozialimmobilien sowie Infrastrukturimmobilien. Zum anderen wählt er die Betrachtungsweise der Immobilieninstitutionen, welche die Perspektiven der jeweiligen Stakeholder beschreiben. An dieser Stelle werden die Sichtweisen von Projektentwicklern, Bauunternehmern, Immobilienfinanzieren und -investoren, Nutzern, sowie der öffentlichen Hand aufgezählt. Im nächsten Schritt erweitert er diese um die Perspektiven der multi-disziplinären Fachgebiete wie Architektur, Bauingenieurwesen, Immobilienberatung und -dienstleistungen, FM, Gutachtentätigkeit sowie notarielle Beurkundung.[29]

Diese Herangehensweise wird von der immobilienwirtschaftlichen Abgrenzung des Statistischen Bundesamtes unterstrichen. Sie bietet eine enge Definition der Immobilienwirtschaft, wonach lediglich Selbstnutzer und private Kleinvermieter, sowie Unternehmen, die an der Bewirtschaftung, Vermittlung und Verwaltung von Immobilien unmittelbar beteiligt sind, zur Immobilienwirtschaft gehören. Diese Definition bietet zugleich die zentrale Grundlage für einen internationalen Vergleich der Immobilienwirtschaft.[30] In der weiten Definition zählen alle Unternehmen hinzu, die eine Wortschöpfung im Rahmen des Lebenszyklus einer Immobilie erbringen, wie beispielsweise Architekten, Bauunternehmer und Immobilienfinanzierer.[31] Nach Just et al. (2017) spiegelt diese Definition zu einem wesentlich größeren Teil das Selbstverständnis der einzelnen Wirtschaftszweige in der Praxis wider, da die Übergänge zwischen den einzelnen Teilbereichen inzwischen oft fließend sind, was sich daran zeigt, dass mittlerweile beispielsweise sogar Bauunternehmen die Bewirtschaftung einer Immobilie nach ihrer Fertigstellung anbieten.[32]

Gans et al. (2009) unterteilen den ILZ, im Kontext der zuvor bereits eingegrenzten Immobilienarten, in drei Phasen:

---

29 Vgl. Rottke, 2017.
30 Vgl. Just et al., 2017.
31 Vgl. Voigtländer et al., 2013.
32 Vgl. Just et al., 2017.

- Die Entstehungsphase: Diese beinhaltet gemäß den einzelnen Schritten des Entstehungsprozesses Konzeption und Planung, Genehmigung, Finanzierung sowie letztendlich die eigentliche Bauausführung.
- Die Nutzungsphase: Das Hauptaugenmerk liegt hierbei auf der Sichtweise des Betriebs der Immobilie im Sinne von Nutzung, Bewirtschaftung, Verwaltung, sowie Vermittlung und Vermietung.
- Die Verwertungsphase: Nachdem der eigentliche Verwendungszweck der Immobilie erfüllt wurde, beschreibt diese Phase die Möglichkeiten der Umnutzung, Revitalisierung oder des Abrisses der Immobilie.[33]

Werden auf Basis des ILZ, alle beteiligten Stakeholder der einzelnen Phasen hinzugefügt, die zuvor bereits teilweise bei den Segmenten und Teilbereichen genannt wurden, resultiert daraus eine Übersicht aller an einer Immobilie potenziell beteiligten Stakeholder. Im Folgenden werden zur besseren Übersicht alle Stakeholder in Abbildung 2 explizit aufgezeigt und soweit möglich, ihrer jeweiligen Phase zugeordnet.

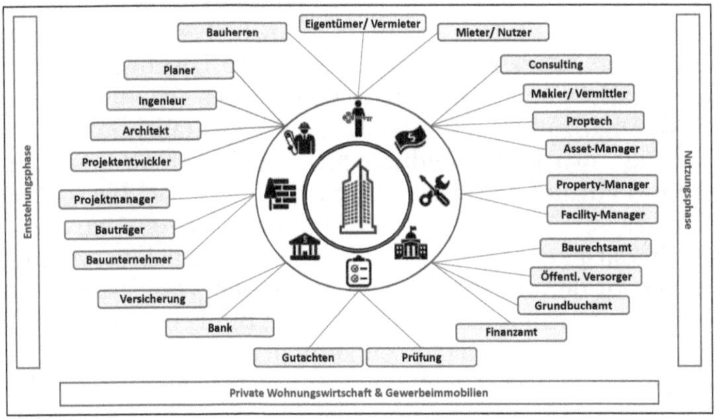

Abbildung 2: Stakeholder des Immobilienmanagements[34]

33 Vgl. Gans et al. 2009.
34 Quelle: Eigene Darstellung.

2.2 Das Immobilienmanagement der Zukunft und seine Anwendungen

In der Literatur existiert keine eindeutige, allgemein gültige Definition für die Begrifflichkeit der Digitalisierung. Es besteht vielmehr ein Gerüst an unterschiedlichen Sichtweisen und voneinander zu differenzierenden Teilaspekten. Während unter Digitalisierung (Digitalization) die Einführung neuer auf digitalen Technologien basierenden Lösungen verstanden werden kann, adressiert die Digitale Transformation vielmehr die durch die Digitalisierung induzierte Implementierung und damit einhergehende Herausforderungen sowie die aus der Digitalisierung resultierenden Veränderungen im Vergleich zur Ausgangssituation, die schließlich die Konsequenzen für die Stakeholder (auch über die Implementierungsthematik hinaus) einschließen.[35] Folglich können Digitalisierung und Digitale Transformation als Begriffe in eine chronologische Abfolge gebracht werden: Zu Beginn steht die Digitalisierung (z.B eines Prozessschrittes) die damit die Veränderung eines Zustands einläutet. An die Digitalisierung schließt sich die Digitale Transformation in Form eines Wandlungsprozesses an, der schließlich zu fundamentalen Veränderungen eines Geschäftsmodells führt (z.B. durch Ersatz bisher vom Menschen ausgeübter Tätigkeiten durch IT-basierte Lösungen) und im Extremfall sogar die Obsoleszenz eben jenes bedeuten kann.

Als Digitization – als Spezialfall der Digitalization/Digitalisierung – wird die Wandlung analoger Informationen in ein digitales Format definiert. Dabei besteht ein wichtiger Unterschied zwischen Daten und Informationen. Deren Abgrenzung besteht darin, dass Daten lediglich als maschinell verarbeitete Zeichen zu definieren sind und erst deren Verarbeitung und Verknüpfung mit zusätzlichem Kontext Informationen hervorbringen.[36] In der heutigen Zeit können digitale Informationen in einer immensen Geschwindigkeit verarbeitet, gespeichert und übermittelt werden, was zugleich Stengels (2017) Sichtweise auf die Digitalisierung als Informationsrevolution rechtfertigt. Im Vergleich zu vorangegangenen Informations-

[35] Vgl. Hess, 2019.
[36] Vgl. Hess, 2019; Hildebrand et al., 2018.

revolutionen, wie der Erfindung des Buchdrucks und der Telekommunikation, schafft es die Digitalisierung Informationen nicht nur in größeren Mengen, sondern auch in wesentlich höheren Geschwindigkeiten zu übertragen.[37]

Brynjolfsson & McAfee (2015) beschreiben ein neues Zeitalter, in dem die Übertragung von Informationen grundlegend erweitert wird. Die Informationsübermittlung findet folglich nicht mehr ausschließlich von Mensch zu Mensch und von Mensch zu Maschine statt, sondern wird sich durch autonome und intelligente Computer zukünftig auch von Maschine zu Maschine und von Maschine zu Mensch etablieren.[38] Dass diese Entwicklung Einzug hält, ist heute allgegenwärtig und auch im Immobilienmanagement zu beobachten.[39] Dieses Phänomen führt dazu, dass die Innovationskraft der Digitalisierung letztlich auch im Sinne des von Schumpeter (1946) beschriebenen Begriffs der „Schöpferischen Zerstörung" definiert werden kann.[40] Sie zieht sich als Revolution über alle Branchen hinweg und verändert unzählige Geschäftsmodelle grundlegend.[41] So auch die des Immobilienmanagements, dessen Wirtschaftszweig sich aktuell stärker denn je mit der eigenen Veränderung befasst.[42]

Tabelle 1 ermöglicht einen Überblick über die sechs als besonders relevant eingeschätzten digitalen Technologien sowie deren spezifische Anwendung im Kontext des Immobilienmanagements. Ebenfalls ist der Tabelle der Bezug der spezifischen Anwendung zu den unterschiedlichen Stakeholdern dargestellt:

---

37 Vgl. Stengel, 2017.
38 Vgl. Brynjolfsson & McAfee 2015.
39 Vgl. Boston Consulting Group, 2018; PWC, 2013.
40 Vgl. Schultze et al., 2017.
41 Vgl. BMWi, 2017.
42 Vgl. Bötling et al., 2016.

Digitale Technologie	Spezifische Anwendung[43]	Stakeholder[44]
Onlineplattformen	Building Information Modeling (BIM)	Architekten, Planer, Projektsteuerer
Internet der Dinge	Smart Home	Privatkunden, PM[45] & FM
Künstliche Intelligenz	Big Data Analysen	AM, PM & FM
Erweiterte & Virtuelle Realität	Reparaturen, Besichtigungen	Architekten, Planer, Vermittler, FM
Blockchain	Smart Contracts	Gänzlich übergreifend
Digitaler Zwilling	Digitales Abbild eines Gebäudes	Gänzlich übergreifend

Tabelle 1: Disruptive Technologien im Immobilienmanagement[46]

Die Auswahl der Technologien richtet sich sowohl nach deren Bezug zum Immobilienmanagement, als auch nach der Höhe des jeweiligen Innovationsgrads. Dementsprechend wurden in erster Linie Technologien ausgewählt, die ein hohes Maß an Innovation und zugleich einen disruptiven Charakter gegenüber bestehender Geschäftsmodelle des Immobilienmanagements aufweisen. Es bestehen neben den sechs aufgezählten Technologien noch weitere wie beispielsweise Drohnen (zur Gebäudeprüfung oder Baufortschrittsüberwachung), 3D-Drucker (für den Hausbau) und Roboter (zur Unterstützung des FM), die aufgrund ihres Bezugs zum Immobilienmanagement ebenfalls an dieser Stelle hätten aufgezählt werden können.[47] Diese und ähnliche Technologien werden jedoch aufgrund ihres nicht unerheblichen Bestandteils an physischen Komponenten, welche für die Anwendung der Technologien unerlässlich sind, bewusst in diesem Beitrag ausgeschlossen. Der Fokus soll stattdessen bewusst auf Technologien liegen, deren Kernelemente aus Daten und durch Datenverarbeitung generierte

---

[43] Im Bereich des Immobilienmanagements.

[44] Vorwiegend; im Zuge der Entwicklung sind auch weitere Stakeholder möglich.

[45] PM = Property Management.

[46] Quelle: Eigene Darstellung.

[47] Vgl. Anderson, 2018; Lünedonk & Hossenfelder GmbH, 2018; Rodeck et al., 2016.

Informationen bestehen. Als letztes Kriterium wurde Relevanz der Technologien, für die aufgezeigten Stakeholder, sowie deren Schnittstellen bei der Auswahl berücksichtigt. Dementsprechend finden bei der Auswahl und im weiteren Verlauf des Beitrags Technologien und Anwendungen, deren originäres Ziel die organisationsinterne Prozessoptimierung, innerhalb nur eines Unternehmens ist, ebenfalls keinerlei Berücksichtigung.

Onlineplattformen

Das Modell der Onlineplattformen, im Sinne eines Computernetzwerks, verändert innerhalb nur einer Generation ganze Industrien und Branchen.[48] Dabei hat sich das Geschäftsmodell in seinen Prinzipien kaum verändert. Es bringt verschiedene Individuen wie Käufer und Verkäufer zusammen und gibt ihnen die Möglichkeit Transaktionen zu vollziehen. Onlineplattformen basieren dabei auf der wesentlichen Komponente des Internets und der damit verbundenen Vernetzung der einzelnen Individuen. Nicht nur das Auffinden des passenden Transaktionspartners ist somit sehr viel einfacher, auch der Zugang zum digitalen Marktplatz ist meist kostenlos und kann von jedem Internetzugang aus genutzt werden.[49]

Dieses Erfolgsmodell verbreitet sich zunehmend und verändert inzwischen auch klassische Geschäftsmodelle des Immobilienmanagements. Besonders in der Schnittstelle zur Finanzwirtschaft könnten sich verstärkt Onlineplattformen etablieren.[50] Crowdinvesting als Finanzierungs- bzw. Anlageinstrumente der Immobilienprojektentwicklung erfreuen sich in jüngster Vergangenheit einer zunehmenden Beliebtheit.[51] Diese Vereinfachung des Aufeinandertreffens könnte zukünftig insbesondere die Verbindung und Kommunikation zwischen Mieter und Vermieter verändern.[52] Zentraler Baustein von Plattformen ist die Cloud-Technologie, also das Verteilen

48 Vgl. Brynjolfsson & McAfee, 2017.

49 Vgl. Demary, 2016.

50 Vgl. Management Circle, 2017; Schulz-Wulkow, 2018.

51 Vgl. Oehler 2017; Oehler 2016; Oehler; 2015, Oehler et al. 2018a; Oehler et al. 2018b; Wendt 2016; Horn et al. 2019.

52 Vgl. Deutsche Telekom AG, 2017.

und dezentrale Speichern von Daten auf verschiedenen Servern. Die Möglichkeit auf Informationen von überall aus mit einem Internetzugang zugreifen zu können ist eine Schlüsseltechnologie, die aufgrund des Zusammenspiels vieler verschiedener Stakeholder aus unterschiedlichen Bereichen für das Immobilienmanagement ein hohes Potenzial bietet.[53] Speziell im Bereich des Asset-Managements (AM) ist der Einsatz von digitalen Plattformen bereits weit verbreitet, um die Steuerung von Immobilienportfolios zu erleichtern.[54]

Eine sehr populäre Anwendung in der jüngsten Vergangenheit des modernen Immobilienmanagements stellt das Building Information Modeling (BIM) dar, welches ein auf den Funktionalitäten einer Plattform basierter Standardprozess ist.[55] BIM ist insofern keine Software, sondern eine der nach aktuellem Stand der Forschung fortschrittlichsten Gebäudeplanungs- und Immobilienentwicklungsmethoden.[56] In abstrahierter Darstellungsweise ist BIM ein drei-dimensionales Abbild eines geplanten Gebäudes, welches von Architekten, Planern und Ingenieuren gemeinsam parallel entwickelt werden kann. Während das virtuelle Gebäude zu einem sehr detaillierten, digitalen Abbild des späteren, physischen Objekts heranwächst wird mit Hilfe dieser Methodik die Nachhaltigkeit der Projekte gleichzeitig gefördert, da Fehler und Kollisionen frühzeitig im Modell erkannt werden können.[57] Insgesamt führt BIM damit zu einer Optimierung des Projektmanagements, zu einer Steigerung der Effizienz und zu einer Senkung der Kosten während des Planungs- und Bauprozesses. Mittels Onlineplattformen könnte also die Gesamtqualität von Immobilien verbessert werden.[58]

---

53 Vgl. Deutsche Telekom AG, 2017; Rauch & Seidel, 2012; Rodeck et al., 2016.

54 Vgl. Ernst & Young, 2018; Gündling, 2017; PWC, 2018.

55 Vgl. Rodeck et al., 2016; Saiz & Salazar, 2018.

56 Vgl. Schmidt, 2017.

57 Vgl. Schober et al., 2017.

58 Vgl. Saiz & Salazar, 2018; Schmidt, 2017; Schober et al., 2017.

Internet der Dinge

Das Internet der Dinge (aus dem englischen: Internet of Things, IoT) wird in der Literatur als Überbegriff für einen Verbund diverser, miteinander vernetzter Objekte und Geräte beschrieben.[59] Mithilfe von Sensoren und Software bildet sich ein eigenes Netzwerk, in dem ein automatisierter Datenaustausch erfolgt.[60] Darüber hinaus können sie Daten an den Nutzer über das Internet liefern. So lassen sich Prozesse überwachen und dezentral fernsteuern.[61]

Eines der größten Anwendungsfelder des IoT im Immobilienmanagement liegt im Bereich des Smart Homes.[62] Die Begrifflichkeit des Smart Homes findet in der Regel ausschließlich in der privaten Wohnungswirtschaft Anwendung und muss daher differenziert vom betrieblichen Immobilienmanagement und dem dort verorteten Begriff des Smart Buildings betrachtet werden. Der Markt für intelligente Geräte, die dem Zweck der Gebäudesteuerung auf Basis von IoT dienen, erfreut sich zunehmender Beliebtheit, was sich unter anderem an der stetigen Zunahme des Angebots an smarten Geräten zeigt.[63] Die Anzahl der Nutzer wächst ebenfalls, sodass heute rund 16 Prozent der deutschen Bevölkerung mindestens eine Smart Home Lösung verwenden.[64] Beispiele für das breite Feld an möglichen Geschäftsmodellen sind Smart Meter (intelligente Stromzähler, mit deren Hilfe der Energieverbrauch verbessert werden soll), sprachgesteuerte Lichtquellen, intelligente Rauchmelder, vernetzte Türschlösser und dezentral gesteuerte, mit Intelligenz versehene, Videokameras.[65] Die Heterogenität der Produkte spiegelt sich ebenfalls in der Divergenz der Unternehmen wider, die aktuell auf dem Smart Home Markt vorzufinden sind. Neben bereits etablierten Unternehmen wie beispielsweise Alphabet Inc. (Google LLC), Apple Inc. und der Siemens AG erschließen auch immer mehr Proptechs

[59] Vgl. Porter & Heppelmann, 2018b.
[60] Vgl. Saiz & Salazar, 2018.
[61] Vgl. Deloitte, 2018a.
[62] Vgl. Deloitte, 2018a; Van Hoof, 2018
[63] Vgl. Deloitte, 2018a; Lünedonk & Hossenfelder GmbH, 2018; PWC, 2013.
[64] Vgl. Deloitte, 2018b.
[65] Vgl. Back, 2018; Deloitte, 2018b.

den Smart Home Markt und versuchen die Zukunft der Immobilie mitzugestalten.[66]

Im gewerblichen Immobilienmanagement werden schon seit einigen Jahren sogenannte Computer-Aided-Facility-Management-Systeme (CAFM) eingesetzt, die mittels Informationstechnik die Arbeit des FM unterstützen.[67] Auch die Gebäude Automation (GA), also die automatische Überwachung und Steuerung des Gebäudebetriebs soll die technischen Prozessabläufe verbessern. Beide Systeme könnten die Grundlage für An- und Einbindungen vernetzter Komponenten sein und von der Entwicklung der IoT-Anwendungen stark profitieren.[68] Von einer Verbesserung der betrieblichen Gebäudebewirtschaftung mittels IoT, würden die Bereiche PM, FM und AM am stärksten profitieren.[69] Laut aktuellem Stand der Forschung besitzt das IoT weitere enorme Entwicklungspotenziale.[70]

Künstliche Intelligenz

Künstliche Intelligenz (KI) ist ein Ausdruck für die Fähigkeit von Software und Algorithmen, bestimmte Aufgaben auszuführen, für deren Erledigung in der Regel menschliche Intelligenz erforderlich ist.[71] Beispiele hierfür sind Spracherkennung, Übersetzungen, visuelle Wahrnehmung und insbesondere die Entscheidungsfindung.[72] KI wird aktuell in den verschiedensten Anwendungsbereichen erforscht und wird teilweise, wie beispielsweise in der Medizin, bereits eingesetzt.[73] Alle Anwendungen basieren auf maschinellem Lernen, welches ein Überbegriff für die Entwicklung von selbstlernenden, verstehenden und handelnden Programmen ist.[74] Inzwischen ist es Forschern gelungen eine KI zu entwickeln, die den

---

[66] Vgl. Bötling et al., 2016; Saiz & Salazar, 2018.
[67] Vgl. May, 2013.
[68] Vgl. Lünedonk & Hossenfelder GmbH, 2018.
[69] Vgl. PWC, 2018.
[70] Vgl. Porter & Heppelmann, 2018b; Rodeck et al., 2016
[71] Vgl. Brynjolfsson & McAfee, 2018.
[72] Vgl. PWC, 2018.
[73] Vgl. IBM, 2018.
[74] Vgl. Boston Consulting Group, 2018.

besten, menschlichen Spieler des Strategiespiels Go mehrfach besiegen konnte. Letzteres ist insofern beachtlich, da dieses Spiel, im Vergleich zu Schach eine so viel höhere Anzahl an möglichen Zügen und Spielstrategien enthält, dass diese nicht in Form von Algorithmen programmiert werden können, sondern vom System selbständig erlernt werden mussten.[75] Im modernen Immobilienmanagement würde der Einsatz von KI vermutlich das zukünftige AM am stärksten beeinflussen, da Immobilienportfoliorisiken bereits heute mit Hilfe von Computern und deren Berechnungen gesteuert werden.[76] Dies könnte den Übergang zum KI gestützten Immobilienmanagement erheblich erleichtern.[77] Ebenfalls großes Potenzial birgt KI für die Bereiche des PM und FM im Sinne sich selbst steuernder Systeme im laufenden Gebäudebetrieb.[78] Die Anwendungsmöglichkeiten von KI wären in allen Teilbereichen des Immobilienmanagements denkbar und könnten viele unterschiedliche Potenziale ausschöpfen. Gemäß aktuellem Stand der Forschung scheint der Zeitpunkt für den Einsatz von KI-Technologie, jedoch noch weitestgehend ungeklärt zu sein.[79]

Erweiterte & Virtuelle Realität

Die erweiterte Realität (aus dem englischen: Augmented Reality, AR) fungiert wie eine Schnittstelle zwischen der digitalen und der physischen Welt.[80] Dabei wird die reale, physische Welt um Informationen und Abbildungen in Form von beispielsweise Animationen angereichert. Hierfür werden verschiedenste Technologien wie Smart Glasses, Smartphones, Tablets oder 3D-Brillen eingesetzt um die Wahrnehmung des Nutzers zu erweitern. Damit soll die Benutzererfahrung in Bezug auf ein Produkt oder für die Erledigung einer Aufgabe verbessert werden.[81] Mit Hilfe dieser Technologie könnten auch FM-Anwendungen im Immobilienmanagement effizienter

---

75 Vgl. Brynjolfsson & McAfee, 2017.
76 Vgl. Ernst & Young, 2018; PWC, 2018.
77 Vgl. Schulz-Wulkow, 2018.
78 Vgl. Bötling et al., 2016.
79 Vgl. Schulz-Wulkow, 2018.
80 Vgl. Porter & Heppelmann, 2018a.
81 Vgl. PWC, 2018.

und sicherer gestaltet werden indem Anleitungen und Reparaturanweisungen visualisiert werden.[82] Solche Anwendungen können im modernen Immobilienmanagement ebenfalls in Richtung PM erweitert und im Sinne der Verbesserung des Mieter- und Kundenmanagements eingesetzt werden.[83] Die virtuelle Realität (aus dem englischen: Virtual Reality, VR) basiert zwar auf ähnlichen Prinzipien wie die erweiterte Realität, beschreibt jedoch die Wahrnehmung einer vollständigen Illusion durch computergenerierte Simulation eines dreidimensionalen Bildes innerhalb eines im Vorhinein definierten und geschlossenen Raumes.[84] Das Ziel der virtuellen Realität ist es, eine vollständige Umgebung abzubilden, in und mit der die Anwender auf realistische Weise interagieren können.[85] Das Erlebnis der computergenerierten, dreidimensionalen Umgebung funktioniert aktuell nur unter Zuhilfenahme spezieller Hardware, wie Brillen, Headsets oder Smartphones.[86] Im Immobilienmanagement wird VR hauptsächlich für die Projektion eines Gebäudes oder einzelner Räume verwendet.[87] Beispielhaft ist an dieser Stelle die Visualisierung der bereits vorgestellten BIM-Methodik zu nennen.[88] In der virtuellen Realität ist es möglich, eine nur als Modell existierende Immobilie bereits vor der Erstellung realitätsgetreu zu erleben.[89] Eine weitere mögliche Anwendung von VR, die teilweise bereits im Einsatz ist, stellt die virtuelle Besichtigung im Vertrieb dar.[90] Voraussetzung hierfür ist jedoch die Bereitschaft des Kunden, sowie die permanente Aktualisierung der Bilddaten, welche durch entsprechenden Aufwand zu gewährleisten ist.

---

[82] Vgl. Bötling et al., 2016; Porter & Heppelmann, 2018a.
[83] Vgl. Nanterme et al., 2018; Schultze et al., 2017.
[84] Vgl. Bötling et al., 2016; PWC, 2018.
[85] Vgl. Nanterme et al., 2018.
[86] Vgl. PWC, 2018.
[87] Vgl. Saiz & Salazar, 2018.
[88] Vgl. Schmidt, 2017.
[89] Vgl. Bötling et al., 2016.
[90] Vgl. Nanterme et al., 2018.

Blockchain

Die Blockchain-Technologie wurde in den letzten Jahren insbesondere im Zuge von Kryptowährungen wie Bitcoin bekannt, da diese auf der Blockchain-Technologie basieren. Prinzipiell funktioniert die Blockchain wie ein verteiltes, elektronisch dezentralisiertes Transaktionsbuch, das Softwarealgorithmen und ein Netzwerk aus vielen verschiedenen Computern verwendet, um Transaktionen zuverlässig und anonym zu erfassen, zu prüfen und zu bestätigen.[91] Das Besondere dabei ist, dass Transaktionen, die erfolgreich geprüft und anschließend aufgezeichnet wurden, von jedem eingesehen und von allen genutzt, aber nicht mehr nachträglich verändert werden können.[92] Damit wird der Einsatz der Blockchain-Technologie nicht nur für den Handel mit Kryptowährungen interessant, sondern für alle Bereiche, in denen die Speicherung digitaler Dokumente, die Überprüfung der digitalen Identität oder die Abwicklung von Transaktionen und der Transfer von Vermögenswerten von Relevanz ist.[93] Bezogen auf das Immobilienmanagement ist die Anwendung dieser Technologie besonders sinnvoll, wenn mehrere Parteien Zugriff auf dieselben Daten benötigen und diese valide und sicher historisch aufgezeichnet werden müssen.[94] Diese Anforderungen können durch sogenannte Smart Contracts[95], mittels Blockchain-Technologie umgesetzt werden. Besondere Potenziale der Blockchain-Technologie werden daher vor allem dem Bereich des AM zugeschrieben.[96] Darüber hinaus sind auch Anwendungen im PM und FM, im Sinne IoT-verknüpfter Dienstleistungsverträge, durchaus vorstellbar.[97]

[91] Vgl. Drescher, 2017; Lakhani & Iansiti, 2018.

[92] Vgl. Deloitte, 2017; Hosp, 2018.

[93] Vgl. PWC, 2018.

[94] Vgl. Rodeck et al., 2016.

[95] Smart Contracts sind im Wesentlichen Computerprotokolle, die Verträge elektronisch abbilden und gleichzeitig überprüfen und damit eine schriftliche, papierhafte Fixierung überflüssig machen.

[96] Vgl. Deloitte, 2017; Nanterme et al., 2018.

[97] Vgl. Lünedonk & Hossenfelder GmbH, 2018.

Digitaler Zwilling

Die Technologie des digitalen Zwillings ist aktuell noch weitestgehend unerforscht, deswegen aber nicht weniger relevant. Die originäre Idee zur Entwicklung eines digitalen Zwillings, stammt ursprünglich aus der Raumfahrt und wurde dort bereits im Jahr 2012 von der NASA eingesetzt um Kosten für Raketentests, mittels Simulation zu senken.[98] Digitale Zwillinge (aus dem englischen Digital Twin, DT) sind auf Daten basierende, durch Computertechnologie entstehende, digitale Repräsentanzen von Objekten aus der realen Welt.[99] Gemäß des aktuellen Stands der Forschung können sie sowohl graphischer Art sein und physische Objekte visualisieren, als auch in Form von beispielsweise Datenbanken bestehen, die Informationen über das reale Objekt in alpha-numerischem Format beinhalten.[100] Ausschlaggebend sind letztlich die relevanten, aus dem Modell gewinnbaren und zur Verfügung stehenden Informationen, die gleichzeitig das Kernelement des digitalen Zwillings bilden. Dabei ist es irrelevant, ob das physische Objekt in der realen Welt bereits existiert oder entsprechend des NASA-Beispiels noch entwickelt wird.[101]

Bereits heute werden minimalistisch konzipierte digitale Gebäudezwillinge zu Simulationszwecken in der Planung und Prüfung des Gebäudebetriebs eingesetzt.[102] Ziel ist es dabei hauptsächlich funktionale Eigenschaften wie beispielsweise die automatisierte Schließung der Brandschutzklappen im Fall eines Feuers zu testen. Durch Zuführung realer Test-Daten kann der digitale Zwilling das Verhalten des realen Gegenstücks somit entsprechend simulieren. Auch komplexe Gebäudeanlagen lassen sich mit Hilfe dieser Technologie virtuell in Betrieb nehmen. Hierfür werden die Einstellungen der technischen Anlagen am Modell getestet und optimiert. Mittels anschließender Übertragung der Parameter auf die realen Anlagen wird Zeit gespart und eine reibungslosere Inbetriebnahme des Gebäudes gewährleistet.[103] Gemäß dieser Anwendung

98 Vgl. Reis, 2018.
99 Vgl. Rosen & Boschert, 2017.
100 Vgl. Litzel, 2018; Saini et al., 2018.
101 Vgl. Kuhn, 2017.
102 Vgl. Scholz, 2018.
103 Vgl. Rumeney, 2017.

könnte der digitale Zwilling auch weitere Daten, beispielsweise aus dem laufenden Gebäudebetrieb, beinhalten. In Bezug auf den Umfang von Informationen, die das virtuelle Gegenstück eines realen Objekts enthalten könnte, gibt es rein theoretisch keinerlei Grenzen. Die Analyse und Vernetzung großer Datenmengen mittels Algorithmen könnte wiederum neue Informationen generieren.[104] Daraus folgt, dass die Technologie des digitalen Zwillings einer Immobilie enorme Potenziale für das zukünftige Immobilienmanagement beinhaltet.

Big Data

Alle im vorherigen Kapitel erläuterten Technologien und Errungenschaften der Digitalisierung haben eine gemeinsame Basis, ohne die keinerlei Anwendung und Funktionalität möglich wäre. Das Thema Daten wird aufgrund der großen Bedeutung an dieser Stelle aufgegriffen und bildet im Sinne der Big Data Thematik und den dazugehörenden rechtlichen Rahmenbedingungen den Abschluss. Nach aktuellem Stand der Fachliteratur gibt es derzeit keine allgemeingültige und einheitlich akzeptierte Definition von Big Data.[105]

Der Begriff Big Data umfasst neben dem bereits heute existierenden, riesigen Bestand an Daten auch deren stetig fortschreitendes Wachstum.[106] Tinnefeld et al. (2017) gehen noch einen Schritt weiter und definieren Big Data als Technologien und Anwendungen, die nicht nur in der Lage sind sehr große Datenbestände zu verarbeiten und abzulegen, sondern unstrukturierte und komplexe Daten auch zu analysieren und dementsprechend nutzen zu können.[107] Diese Definition bezieht sich auf die Kernelemente von Big Data, die allgemein als sehr umfangreich im Bestand (Volume), schnell in der Erzeugung und Verarbeitung (Velocity) und vielfältig in der Art und Beschaffenheit (Variety) beschrieben werden.[108] Das übergeordnete Ziel von Big Data ist die Nutzung und Gewinnung,

[104] Vgl. Bötling et al., 2016; Giubileo, 2018.
[105] Vgl. De Mauro et al., 2016; Gandomi & Haider, 2015.
[106] Vgl. Kinoshita & Mizuno, 2017.
[107] Vgl. Tinnefeld et al. (2017).
[108] Vgl. Kinoshita & Mizuno, 2017, S.92.

qualitativ hochwertiger Datenbestände.[109] Dabei spielt in der heutigen Zeit besonders die Echtzeit-Analyse großer Datenbestände für smarte Anwendungen eine zunehmend entscheidende Rolle.[110] Mit steigender Verarbeitung und Nutzung von Daten gewinnen die ohnehin sensiblen Themen Datenschutz und Datensicherheit gleichermaßen an Bedeutung. Im Immobilienmanagement kann Big Data anhand der beschriebenen Technologien zu einer Steigerung der Wertschöpfung entlang des gesamten ILZ führen.[111] Zugleich entstehen neue, vor dem Einzug der Digitalisierung unbekannte Risiken, die weitestgehend minimiert und gesteuert werden müssen. Die missbräuchliche Nutzung, sowie fehlende rechtliche Rahmenbedingungen und unzulässige oder falsche Schlussfolgerungen aus Datenauswertungen stellen nur einige Beispiele dar. Sowohl die nicht legitimierte Nutzung personen-, beziehungsweise immobilienbezogener Daten, sowie deren Weitergabe an Dritte, aber auch das Risiko der Spionage und Manipulation durch Hackerangriffe sind beim Einsatz von Smart Homes und Smart Meter Systemen durchaus denkbar.[112]

Durch Einführung der Datenschutz-Grundverordnung (DSGVO[113]) wurde ein wichtiges Grundelement für den Schutz personenbezogener Daten geschaffen.[114] In Anbetracht digitaler Technologien und Dienstleistungen, die meist von Herstellern aus dem EU-Ausland angeboten werden, stellt sich die Frage ob die DSGVO ausreichend ist.[115] Teilweise werden juristische Legitimation und Gesetzgebung in Deutschland als Hürden der Digitalisierung bezeichnet.[116] Die Sicherung des Urheberrechts beim Austausch und der Weiterverarbeitung digitaler Daten bei der Anwendung von BIM verdeutlichen jedoch Lücken in der Gesetzgebung, die den Rückschluss zulassen, dass die aktuellen rechtlichen Rahmenbedingungen in

---

109 Vgl. Serrato & Ramirez, 2017.

110 Vgl. Hoeren, 2018.

111 Vgl. Rodeck et al., 2016.

112 Vgl. Geminn, 2016; Hladjk, 2011.

113 In der Europäischen Union wird hauptsächlich der englische Begriff „General Data Protection Regulation“ (GDPR) verwendet.

114 Vgl. BMWi, 2018.

115 Vgl. Börding, 2018; Culik, 2018.

116 Vgl. Bötling et al., 2016; Plöger et al., 2015.

Deutschland, für eine fortschreitende Digitalisierung und Automation im Kontext von Big Data, nicht vollkommen sind.[117]

[117] Vgl. Döpke, 2018.

3 Chancen und Risiken aus innovativen Anwendungen für das Immobilienmanagement der Zukunft

3.1 Chancen für das Immobilienmanagement der Zukunft

Die Digitalisierung steht noch am Anfang ihrer Entwicklung, was sich vor allem daran zeigt, dass viele Informationen im Immobilienmanagement noch analog, oftmals papierbasiert vorliegen und Schnittstellenprozesse entsprechend mühsam ablaufen. Dessen ungeachtet ist eine Veränderung im Sinne der digitalen Transformation deutlich erkennbar. Die digitale Transformation ist an einigen Stellen des Immobilienmanagements bereits eingeleitet worden, was nicht zuletzt daran erkennbar ist, dass erste Informationen digitalisiert und in Datenformate übertragen werden. Nichtsdestoweniger steht die Immobilienbranche noch am Anfang dieses Transformationsprozesses. Daten, im Sinne digitaler Informationen und deren Vernetzung, bilden den Kern der Digitalisierung und damit auch ein wesentliches Element der daraus resultierenden Chancen. Das Smart Home verdeutlich diese Vernetzung geradezu beispielhaft. Die Anbindung smarter Gebäudekomponenten an das Internet, meist in Form des heimischen WLANs, ermöglicht nicht nur eine dezentrale Steuerung der Haustechnik, sondern erhöht zudem die Bedienbarkeit. Darüber hinaus wird die Übersichtlichkeit der Steuerung einzelner Geräte verbessert und deren Einsatz damit optimiert.

Digitale Technologien können beispielsweise durch Videokameras, Sensoren, und smarte Türschlösser, bei denen der Zugang zur Immobilie per Smartphone gestattet werden kann, für mehr Transparenz und Sicherheit sorgen und sind dementsprechend entscheidende Faktoren für private Kunden. Ein weiterer Sicherheitsaspekt sind vorprogrammierte Ablaufprotokolle, deren Mechanismen unter anderem die Beleuchtung oder elektronische Rollläden steuern können und zu zwei weiteren, sehr bedeutenden Chancen der Digitalisierung führen: Automatisierung und Kosteneinsparung. Um den Bereich Smart Home gänzlich abzuschließen, werden an dieser Stelle

Smart Meter aufgeführt. Diese auf eine nachhaltige Bewirtschaftung von privaten Immobilien abzielenden Systeme bieten durch einheitliche Überwachung und Steuerung aller häuslicher Verbrauchswerte wie Strom, Wärme und Wasser auch die Chance deren Kosten durch entsprechende Optimierung zu senken. Das dargelegte Prinzip der Kostenreduktion lässt sich ebenso auf das gewerbliche Immobilienmanagement übertragen und skalieren. Es bietet dort, mittels immer günstiger und besser werdender Sensorik, ebenfalls die Chance, Kosten des gewerblichen Gebäudebetriebs zu reduzieren und darüber hinaus präzise Analysedaten über die Immobile und deren technischen Anlagen zu erhalten und weiterzuverarbeiten. Durch den Einsatz von Algorithmen oder zukünftig von KI, könnten weitere Informationen generiert und der gesamte Gebäudebetrieb im Sinne von Predictive Maintenance[118] antizipiert sowie generell automatisiert werden. Die Chance Informationen zu gewinnen und darin Muster zu erkennen ist die Grundlage sämtlicher Automatisierungen. Mittels Informationen können Prozessabläufe optimiert werden, was oftmals gleichzusetzen ist mit der Automatisierung standardisierbarer Aufgaben zur Verschlankung von Prozessen, wodurch letztendlich ebenfalls Kosten minimiert werden können. Diese Vorgehensweise kann ebenso die Chance bieten, der Kommunikation zwischen Unternehmen und Kunden oder Vermietern beziehungsweise Hausverwaltungen und Mietern gänzlich neue Möglichkeiten zu eröffnen. Differenzierte Wege der Kommunikation, die Automatisierung sich wiederholender Abläufe, und ein transparent gestaltetes Dokumentenmanagement bieten nicht nur die Chance der Erfüllung zeitgemäßer Wünsche von Kunden und Mietern, sondern werden darüber hinaus auch deren Anspruch auf Beschleunigung der Abwicklung gerecht.

Für die Einführung der BIM-Methodik während der Planungsphase des Immobilienmanagements ist Geschwindigkeit

---

118 Wörtlich übersetzt bedeutet Predictive Maintenance „vorhersagbare Instandhaltung“. Hierunter wird eine Instandhaltungstechnologie verstanden, die objektzustandsbasiert funktioniert und nicht (nur) routinebasiert (z.B. in Zeitintervallen) abläuft. Die Ermittlung des aktuellen Zustands einer wartungsbedürftigen Einheit erfolgt hierbei auf Grundlage einer Vielzahl unterschiedlicher Daten, die durch unterschiedliche Informationskanäle erfasst und mit Hilfe komplexer Algorithmen verarbeitet werden.

ebenfalls ein ausschlaggebendes Kriterium. BIM und dessen Prinzip der gemeinsamen, zeitgleichen Entwicklung einer Immobilie trägt mittels frühzeitiger Kollisionsprüfungen am Modell zu einer nachhaltigen Fehlerminimierung bei, die sich in der Bauphase durch Einsparung von Zeit und Kosten auszahlt.

Die Idee der Zusammenführung aller relevanten Informationen sämtlicher Stakeholder aus allen Phasen des ILZ stellt die größte Chance dar, die sich dem zukünftigen Immobilienmanagement aus der Digitalisierung bietet. Neben wesentlichen Teilen der Kommunikation könnten auch Daten und Dokumente auf einer virtuellen Plattform zentralisiert werden, auf die jederzeit ortsunabhängig zugegriffen werden kann. Diese Idee beschreibt die Grundprinzipien eines erweiterten BIM-Modells zur Lösung der stakeholderübergreifenden Schnittstellenproblematik. Die durch diese Schnittstellenprobleme verursachten immensen Transaktionskosten können mittels dieser Lösung minimiert werden.

3.2 Risiken für das Immobilienmanagement der Zukunft

Mögliche Risiken und Herausforderungen sind äußerst vielfältig. In Verbindung mit der Tatsache, dass die Immobilienwirtschaft aufgrund hoher Kapitalbindungen und langfristig geplanter Anlagehorizonte von Natur aus langen Entwicklungszyklen unterliegt, führt dies zu der vergleichsweise schlechten Ausgangsposition für Innovationen im Allgemeinen und der digitalen Transformationen im Speziellen. Entgegen des Bewusstseins langer Entwicklungszyklen werden unternehmensinterne IT-Lösungen lediglich kurzfristig geplant und implementiert. Aufgrund dieser Divergenz bestehen heute viele abgegrenzte Insellösungen, die den Daten- und Informationsaustausch nachhaltig erschweren. Oftmals ist zu beobachten, dass es den Unternehmen an geeigneten Fachkräften mangelt, die eine Digitalisierungsstrategie, sofern diese denn überhaupt vorhanden ist, umsetzen und für digitalen Wandel und Innovation sorgen. Abgesehen vom Mangel an digitalen Fachkräften, kann es darüber hinaus in Unternehmen zu der Problematik kommen, dass vorhandene Mitarbeiter nicht richtig in den

Prozess der digitalen Transformation integriert und entsprechend zuverlässig geschult werden. Es gilt durchaus Ängste bei Beschäftigten ernstzunehmen, die in der Digitalisierung und den damit verbundenen Möglichkeiten der bereits erläuterten Automatisierung und der daraus resultierenden Rationalisierung, also dem Verlust des eigenen Arbeitsplatzes, begründet sind. Letztere können zu einem erheblichen Risiko im Sinne der Ablehnung und teilweise sogar der Verweigerung digitaler Innovationen führen und den Wandel eines Unternehmens damit nachhaltig behindern.

Das Risiko der Rationalisierung ist auch für Stakeholder des Immobilienmanagements in unternehmensexternen Positionen präsent. Die Blockchain-Technologie kann Transaktionsprozesse automatisieren und zugleich fehlendes Vertrauen zwischen den Akteuren mittels verschiedener, ebenfalls automatisierter Prüfmechanismen überbrücken. Bisher wird fehlendes Vertrauen in den Transaktionspartner durch allgemein anerkannte Instanzen wie Banken und Notare geschaffen. Deren prüfende und vertrauensschaffende Funktion als zwischengeschaltete Vermittler würde durch den Einsatz von Blockchain-Technologie bei der Abwicklung von Transaktionen weitestgehend obsolet werden und deren Geschäftsfelder disruptiv verändern. Aber damit geht die Herausforderung einher ein bestimmtes Innovationstempo im Kontext ökonomisch starker Staaten mitzuhalten, und die Gefahr, im Falle der Verweigerung oder des Scheiterns womöglich den Anschluss zu verlieren, woraus Wettbewerbsnachteile im internationalen Kontext resultieren könnten. Dementsprechend enthält der aktuelle Koalitionsvertrag der deutschen Bundesregierung eine Vielzahl an Vorhaben und Zielen, um einem zeitgemäßen Wandel im Sinne der Digitalisierung gerecht zu werden. Tatsächlich besteht zwischen der digitalen Agenda der Bundesregierung aus dem Jahr 2014 und dem tatsächlichen digitalen Status quo eine erhebliche Diskrepanz.[119] Auf konkrete Maßnahmen zur Minimierung der bestehenden Diskrepanz wird im aktuellen Koalitionsvertrag nicht weiter eingegangen.[120] Eine unzureichende Infrastruktur im Sinne fehlender Mobilfunknetzabdeckungen und nicht ausreichend

119 Vgl. BMWi, 2014.

120 Vgl. CDU, CSU & SPD, 2018.

ausgebaute Internet-Breitbandanschlüsse können für Stakeholder des Immobilienmanagements, die überwiegend im ländlichen Raum agieren, das Risiko der Einschränkung zukünftiger Geschäftstätigkeiten mit sich bringen. Insbesondere eine nicht-flächendeckende Einführung des 5G-Standards und die damit verbundenen Möglichkeiten des taktilen Internets wird dieses Risiko für die genannten Stakeholder weiter verstärken.[121]

Letztendlich ist die Skalierbarkeit traditioneller Geschäftsmodelle des Immobilienmanagements häufig begrenzt, da gemeinhin ein Bezug zu physisch vorhandenen Immobilien besteht. Dass sich dies zukünftig ändern könnte, wurde vor allem mittels der dargestellten und untersuchten digitalen Technologien bereits veranschaulicht. Für große Internetkonzerne wie Alphabet Inc., Apple Inc. und Amazon Inc. ist die Immobilie bereits Teil des Geschäftsmodells.[122] Sie sind auf dem Smart Home Markt fest etabliert und deren Endgeräte in vielen deutschen Haushalten vorhanden. Das Sammeln, Speichern und Verwerten von Nutzerdaten und somit die Generierung von Informationen über eine Immobilie und deren Bewohner beziehungsweise Nutzer stellt ein strategisches Ziel dieser Konzerne dar.[123] Zugleich eröffnet diese Thematik zwei der größten Risiken, die sich aus der Digitalisierung für das Immobilienmanagement ergeben: Datenschutz und Datensicherheit. Durch die Umwandlung analoger Informationen in digitale Formate werden die Möglichkeiten der Vervielfältigung und des Transports erheblich erleichtert. Selbiges gilt jedoch auch im Falle einer unbefugten Nutzung. Zur Optimierung des eigenen Vertriebs liegt es für Unternehmen daher nahe, eine Vielzahl an Informationen über ihre Kunden zu erheben. Darüber hinaus kann eine missbräuchliche kriminelle Nutzung personenbezogener Daten noch wesentlich schlimmere Schäden verursachen. Generell erhöhen die Digitalisierung von Informationen und die Generierung von Daten mittels digitaler Technologien das Risiko einer missbräuchlichen Nutzung aufgrund der beschriebenen Möglichkeiten. Die Risiken missbräuchlicher Verwendung müssen daher entsprechend minimiert werden. Die

[121] Vgl. BMVI, 2017; Delhaes, 2018.
[122] Vgl. Hegemann, 2018.
[123] Vgl. Galloway, 2017; Schwenkenbecher, 2018.

Einführung der DSGVO stellt hierbei einen ersten richtigen und wichtigen Schritt dar, um persönliche Rechte im Sinne des Datenschutzes zu stärken. Die Grenzen dieser Verordnung zeigen jedoch ein weiteres Risiko auf, das in der Fahrlässigkeit des Umgangs mit Daten liegt. Die Geschäftsmodelle einiger Internetkonzerne sind teilweise so geschickt gestaltet, dass die geweckten Kundenbedürfnisse größer sind als der Schutz persönlicher Daten. Oftmals wird den Unternehmen durch die Akzeptanz derer AGBs die Nutzung sämtlicher persönlicher Daten eingeräumt. Es ist zu bezweifeln, dass sich ein Großteil der Nutzer beispielsweise bei der Verwendung der „Amazon Alexa" im eigenen Zuhause über die Generierung und vollumfängliche Verwertung der Daten tatsächlich im Klaren ist.[124]

Neben dem Datenschutz besteht außerdem das Risiko der Datensicherheit. Die Cyberkriminalität ist ein weltweites Phänomen, das durch die Digitalisierung zunehmend an Bedeutung gewinnt und deren Kriminalitätsentwicklung kontinuierlich steigt.[125] Nationale Grenzen und Gesetze sind in der digitalen Welt weitgehend irrelevant, da Kriminelle mittels digitaler Möglichkeiten im Internet uneingeschränkt von überall aus tätig sein können. Dies stellt auch für das Immobilienmanagement ein besonderes Risiko dar, da immobilienbezogene Daten und Informationen zumeist sehr sensibel sind. Häufig erweisen sich Strafverfolgungen im Bereich der Cyberkriminalität durch nationale Behörden als aussichtslos und bedürfen daher intentionaler Regelungen und Institutionen zur Minimierung dieser Risiken. An dieser Stelle sei zudem angemerkt, dass die Zusammenarbeit zwischen etablierten Unternehmen des Immobilienmanagements und Proptechs oftmals auch am Risiko der Datensicherheit scheitert. Die Sicherheitsstandards von Proptechs werden den Standards etablierter großer Unternehmen teilweise (noch) nicht gerecht.

---

124 Vgl. Cwiertnia, 2018.
125 Vgl. Lutz, 2018.

4 Fazit und Ausblick

Ziel dieses Beitrags war es, Anwendungen im Kontext der Digitalisierung und Digitalen Transformation vorzustellen, die das Potential haben, das Immobilienmanagement in der Zukunft wesentlich zu beeinflussen. Hierzu zählen unter anderem Technologien, die eng mit dem Einsatz von Big Data und informationensammelnden Geräten (Smart Home) verbunden sind. Im Weiteren wurden mögliche Chancen und Risiken im Zusammenhang mit dem Einsatz dieser innovativen Anwendungen für das Immobilienmanagement in der Zukunft identifiziert und diskutiert. Unzweifelhaft ist, dass durch den Einsatz der genannten Anwendungen in mehrfacher Hinsicht Transaktionskosten im Rahmen des ILZ gesenkt werden können (z.B. durch höhere Abwicklungsgeschwindigkeit; geringere Kosten durch Standardisierungen; Erfüllen paralleler Arbeiten) und somit der Mehrwert von Managementaufgaben in der Immobilienbranche durch Effizienzgewinne deutlich erhöht werden kann.

Mögliche Risikofelder dürfen jedoch nicht übersehen werden. Vorrangig ist ist in diesem Kontext die Sicherstellung der Datensicherheit und -integrität im Kontext von Big Data zu nennen. Dies gilt sowohl bezogen auf mögliche Aktivitäten von Cyberkriminellen als auch in der durch AGBs (zum Teil versteckt) legitimierten und von Kunden gegenüber den Unternehmen (teils unbemerkten) Einräumung zur unternehmensseitigen Kundendatenaus- und -verwertung. Insbesondere hier werden zukünftig (noch) stärker die nationalen Gesetzgeber gefordert sein, um eine Harmonisierung nationaler Datenschutzrechte hin zu einer international geltenden Datenschutzrechtssicherheit für alle beteiligten Stakeholder in der Immobilienbranche anzustrengen. Die Implementierung der DGSVO kann hier nur ein erster Schritt gewesen sein.

Inwieweit Proptechs letztlich in der Lage sein werden, bereits etablierte Unternehmen in der Immobilienbranche zu ergänzen oder sogar zu ersetzen, kann zum jetzigen Zeitpunkt noch nicht abschließend gesagt werden. Mit Blick auf das aktuelle Dienstleistungsangebot von Proptechs kann wohl eher von einer Ergänzung gesprochen werden, die letztlich das

Potential hat dem gesamten Immobilienmanagement und deren Stakeholdern einen ökonomischen Mehrwert zu stiften.

Hinsichtlich der Einsatzpotentiale innovativer Anwendungen im Kontext des Immobilienmanagements kann aber durchaus (wenn auch zugespitzt) aus heutiger Sicht von der Möglichkeit eines Immobilienmanagements 4.0 für die Zukunft gesprochen werden.

Literaturverzeichnis

Anderson, C. (2018). Die Drohnenwirtschaft. Harvard Business Manager Digitalisierung, 3. Edition, 60-69.

Bach, H., Ottmann, M., Sailer, E., & Unterreiner, F. P. (2005). Immobilienmarkt und Immobilienmanagement – Entscheidungsgrundlagen für die Immobilienwirtschaft. München.

Back, A. (2018). „Smart Living und Smart Home sind starke Wachstumsmärkte, sowohl in Deutschland als auch weltweit ". Wirtschaftsinformatik & Management.

Baumanns, T., Freber, P.-S., Schober, K.-S., & Kirchner, F. (2016). Bauwirtschaft im Wandel - Trends und Potenziale bis 2020. Roland Berger & HypoVereinsbank. Frankfurt am Main.

BMVI. (2017). 5G-Strategie für Deutschland: Eine Offensive für die Entwicklung Deutschlands zum Leitmarkt für 5G-Netze und -Anwendungen. Bundesministerium für Verkehr und digitale Infrastruktur. Berlin.

BMWi. (2014). Digitale Agenda 2014-2017. Abgerufen am 27. September 2018 von https://www.bmwi.de/Redaktion/DE/Publikationen/Digitale-Welt/digitale-agenda.pdf?__blob=publicationFile&v=3

BMWi. (2017). Den digitalen Wandel gestalten. Weissbuch Digitale Plattformen: Digitale Ordnungspolitik Für Wachstum, Innovation, Wettbewerb Und Teilhabe. Bundesministerium für Wirtschaft und Energie. Berlin.

BMWi. (2018). Europäische Datenschutz-Grundverordnung. Abgerufen am 21. November 2018 von https://www.bmwi.de/Redaktion/DE/Artikel/Digitale-Welt/europaeische-datenschutzgrundverordnung.html

Börding, A. (2018). Safe Harbor: The Decision of the European Court of Justice. In T. Hoeren & B. Kolany-Raiser (Eds.), Big Data in Context (pp. 37–45). Münster: Springer International Publishing.

Boston Consulting Group. (2018). AI in the Factory of the Future. München.

Bötling, T., Königsmann, T., & Neitzel, M. (2016). Digitalisierung in der Immobilienwirtschaft. Chancen und Risiken. Bochum.

Brynjolfsson, E., & McAfee, A. (2015). The second machine age : wie die nächste digitale Revolution unser aller Leben verändern wird. New York: Norton & Company.

Brynjolfsson, E., & McAfee, A. (2017). Machine, Platform, Crowd: Harnessing our digital future. New York: Norton & Company.

Brynjolfsson, E., & McAfee, A. (2018). Von Managern und Machinen. Harvard Business Manager Digitalisierung, 3. Edition, 32-39.

CDU, CSU, & SPD. (2018). Koalitionsvertrag zwischen CDU, CSU und SPD 19. Legislaturperiode. Abgerufen am 27. November 2018 von https://www.cdu.de/system/tdf/media/dokumente/koalitionsvertrag_2018.pdf?file=1

Culik, N. (2018). Brussels Calling: Big Data and Privacy. In T. Hoeren & B. Kolany-Raiser (Eds.), Big Data in Context (pp. 29–35). Münster: Springer International Publishing.

Cwiertnia, L. (2018). Meine unheimliche Mitbewohnerin. Die Zeit - Nr.14/2018.

De Mauro, A., Greco, M., & Grimaldi, M. (2016). A formal definition of Big Data based on its essential features. Library Review, 65(3), 122–135.

Delhaes, D. (2018). Das sind die aktuellen Streitpunkte in der Debatte um das 5G-Echtzeitnetz. Abgerufen am 16. Oktober 2018 von https://www.handelsblatt.com/politik/deutschland/funkfrequenzen-das-sind-die-aktuellen-streitpunkte-in-der-debatte-um-das-5g-echtzeitnetz/22924250.html?ticket=ST-3251384-2entACfs7YVauJ4Faqg9-ap2

Deloitte (2017). Blockchain in commercial real estate: The future is here! Abgerufen am 11. Oktober 2018 von https://www2.deloitte.com/content/dam/Deloitte/us/Documents/financial-services/us-fsi-rec-blockchain-in-commercial-real-estate.pdf

Deloitte (2018a). Grenzenlos vernetzt - Smarte Digitalisierung durch IoT, Digital twins und die Supra-Plattform. München.

Deloitte (2018b). Smart Home Consumer Survey 2018. Abgerufen am 17. Oktober 2018 von https://www2.deloitte.com/content/dam/Deloitte/de/Documents/technology-media-telecommunications/Deloitte_TMT_Smart_Home_Studie_18.pdf

Demary, V. (2016). Der Aufstieg der Onlineplattformen: Was nun zu tun ist. IW-Report, Institut Der Deutschen Wirtschaft Köln (32/16).

Deutsche Telekom AG. (2017). Der Digitale Status Quo Der Immobilienbranche. München.

Döpke, C. (2018). The Importance of Big Data for Jurisprudence and Legal Practice. In T. Hoeren & B. Kolany-Raiser (Eds.), Big Data in Context (pp. 13–19). Münster: Springer International Publishing.

Ernst & Young. (2018). Real Estate Asset-Management-Studie 2018. Stuttgart.

Galloway, S. (2017). The four: The hidden dna of Amazon, Apple, Facebook und Google (1. Edition). London: Bantam Press.

Gandomi, A., & Haider, M. (2015). Beyond the hype: Big data concepts, methods, and analytics. International Journal of Information Management, 35(2), 137–144.

Gans, P., Meng, R., Voigtländer, M., Westerheide, P., & Demary, M. (2009). Die Immobilienmärkte aus geamtwirtschaftlicher Perspektive. Berlin.

Geminn, C. L. (2016). Das Smart Home als Herausforderung für das Datenschutzrecht. Datenschutz Und Datensicherheit - DuD, 40(9), 575–580.

Giubileo, J. (2018). The Digital Thread Imperative - High tech companies must make the right connections for new growth. San Francisco.

Graaskamp, J. A. (1974). Redefinition of fundamental real estate concepts as a key to land use control and investment strategy. In Graaskamp on real estate. Washington, D.C.: Jarchow, S., 488-489.

Gündling, H. (2017). Digitale Plattformen. Immobilien Und Finanzierung, 2018(24).

Hegemann, L. (2018). Smart Speaker - Kuck mal, wer da jetzt spricht. Abgerufen am 30. Oktober 2018 von https://www.zeit.de/digital/2018-10/smart-speaker-video-display-lautsprecher-facebook-google-amazon

Hess, T. (2019). Digitale Transformation strategisch steuern, Wiesbaden: Springer Fachmedien Wiesbaden.

Hildebrand, K., Gebauer, M., Hinrichs, H., & Mielke, M. (2018). Daten- und Informationsqualität: Auf dem Weg zur Information Excellence. (M. Mielke, Ed.) (4. Auflage). Wiesbaden: Springer Fachmedien Wiesbaden.

Hladjk, J. (2011). Smart Metering und EU-Datenschutzrecht. Datenschutz und Datensicherheit - DuD, 35(8), Springer Gabler.

Hoeren, T. (2018). Big Data and Data Quality. In T. Hoeren & B. Kolany-Raiser (Eds.), Big Data in Context (pp. 1–12). Münster: Springer International Publishing.

Horn, M., Oehler, A., Wendt, S. (2019). FinTech for Consumers and Retail Investors: Opportunities and Risks of Digital Payment and In-vestment Services, Bamberg.

Hosp, J. (2018). Blockchain 2.0. München: Finanzbuchverlag.

IBM (2018). IBM Watson Health: Mehr Möglichkeiten für Helden, Transformation im Gesundheitswesen. Abgerufen am 28. Oktober 2018 von https://www.ibm.com/watson/de-de/health/

Just, T., Müller, M., Orszullok, C., Maurin, M. A., & Hesse, M. (2015). Innovationen in der Immobilienwirtschaft. Regensburg.

Just, T., Voigtländer, M., Eisfeld, R., Henger, R., Hesse, M., & Toschka, A. (2017). Wirtschaftsfaktor Immobilien. Regensburg.

Kinoshita, E., & Mizuno, T. (2017). What Is Big Data. In F. P. García Márquez & B. Lev (Eds.), Big Data Management. Cham: Springer International Publishing.

Kuhn, T. (2017). Digitaler Zwilling. Informatik-Spektrum, 40(5), 440–444. Springer Verlag.

Lakhani, K., & Iansiti, M. (2018). Blockchain Business. Harvard Business Manager Digitalisierung, 3. Edition, 40-58.

Litzel, N. (2018). Was ist ein Digitaler Zwilling? BigDataInsider. Augsburg.

Lünedonk & Hossenfelder GmbH. (2018). Digitalisierung in der Immobilienwirtschaft. Mindelheim.

Lutz, M. (2018). Tatwaffe Computer – Schaden geht in die Milliarden. Abgerufen am 7. Oktober 2018 von https://www.welt.de/politik/deutschland/article175740321/Computerkriminalitaet-steigt-Milliardenschaeden-fuer-Firmen.html

Management Circle (2017). Digitalisierung , Generation Y und Flächenknappheit. München.

May, M. (2013). CAFM-Handbuch. Berlin: Springer Berlin Heidelberg.

Ministerium für Ländlichen Raum und Verbraucherschutz Baden-Württemberg. (2004). Verwaltungsvorschrift für die Führung des Liegenschaftskatasters. Stuttgart, Baden-Württemberg: MLR BW.

Nanterme, P., Daugherty, P., Carrel-Billiard, M., & Blitz, M. (2018). Accenture Technology Vision 2018: Intelligent Enterprise Unleashed, 47–58.

Oehler, A. (2015). „Digitale Welt und Finanzen. Zahlungsdienste und Finanzberatung unter einer Digitalen Agenda". Veröffentlichungen des Sachverständigenrats für Verbraucherfragen, Berlin.

Oehler, A. (2016) „Digitale Welt und Finanzen. Formen des Crowdfunding: Handlungsbedarf für die Verbraucherpolitik?" Veröffentlichungen des Sachverständigenrats für Verbraucherfragen, Berlin.

Oehler, A (2017). „Digitalisierung bei Finanzdienstleistungen" in den Bereichen „bargeldlose Bezahlmethoden" und „Online-Beratungs- und Informationsangebote". Studie im Auftrag des Bundesministerium der Justiz und für Verbraucherschutz (BMJV), Bamberg/Berlin.

Oehler, A., Horn, M., Wendt, S. (2018a). Mehr als „nur" Crowdfunding? – Wie die Digitalisierung Prozesse der Mittelstandsfinanzierung verändert. Corporate Finance, 9(1-2), 3–7.

Oehler, A., Horn, M., Wendt, S. (2018b). Neue Geschäftsmodelle durch Digitalisierung? Eine Analyse aktueller Entwicklungen bei Finanz-dienstleistungen. In: Keuper, Frank; Schomann, Marc; Sikora, Linda Isabell; Wassef, Rimon (Hrsg.), Disruption und Transformation Management, Springer, Wiesbaden, 325–341.

Pfnür, A. (2011). Modernes Immobilienmanagement: Immobilieninvestment, Immobiliennutzung, Immobilienentwicklung und -betrieb (3.). Berlin: Springer Verlag.

Plöger, I., Sahl, J. C., Willems, H., Bräutigam, P., Hinerasky, C., & Klindt, T. (2015). Industrie - 4.0 Rechtliche Herausforderungen der Digitalisierung. Bundesverband Der Deutschen Industrie e.V., Berlin.

Porter, M. E., & Heppelmann, J. E. (2018a). Eine Brücke zwischen digitaler und physischer Welt. Harvard Business Manager Digitalisierung, 3. Edition, 48-59.

Porter, M. E., & Heppelmann, J. E. (2018b). Wie smarte Produkte den Wettbewerb verändern. Harvard Business Manager Digitalisierung, 3. Edition, 6-23.

PWC. (2013). Real Estate 2020 Building the future. Price Waterhouse Cooper. Frankfurt am Main.

PWC. (2018). Real Estate Asset Manager Benchmarking Survey 2018 Digitale Transformation. Price Waterhouse Cooper. Frankfurt am Main.

Rauch, C., & Seidel, A. (2012). Die Stadt - Wirtschaft von Morgen. Zukunftsinstitut der Wissenschaftsstadt Darmstadt.

Reeves, M., Levin, S., & Ueda, D. (2016). Von der Natur lernen. Harvard Business Manager, 9/2016.

Reis, C. (2018). Digitaler Zwilling - der Technologietrend für Industrie 4.0. Abgerufen am 24 October 2018 von https://blog.iese.fraunhofer.de/digitaler-zwilling-der-technologietrend-fuer-industrie-4-0/

Rodeck, M., Schulz-Wulkow, C., Bäß, T., Kremer, G., & Scheidecker, L. (2016). Einsatz digitaler Technologien in der Immobilienwirtschaft. Ernst & Young. Stuttgart.

Rosen, R., & Boschert, S. (2017). Modellbildung und Simulation. In Modellbasierter Entwicklungsprozess cybertronischer Systeme. Berlin: Springer Berlin Heidelberg, 115-118.

Rottke, N. (2017). Immobilienwirtschaftslehre als wissenschaftliche Disziplin. In Rottke, N. & Thomas, M. (Hrsg.) Immobilienwirtschaftslehre - Management. Wiesbaden: Springer Gabler.

Rottke, N., & Voigtländer, M. (2014). Immobilienwirtschaftslehre - Ökonomie. Wiesbaden: Springer Gabler.

Rumeney, J. (2017). Wie Simulationen auf Basis von digitalen Gebäudemodellen die Gebäudeperformance verbessern. München.

Saini, G., Ashok, P., van Oort, E., & Isbell, M. R. (2018). Accelerating Well Construction Using a Digital Twin Demonstrated on Unconventional Well Data in North America. SPE/AAPG/SEG Unconventional Resources Technology Conference. Houston, Texas, USA.

Saiz, A., & Salazar, A. (2018). Real Trends: The Future of Real Estate in the United States. Chicago.

Schober, K.-S., Hoff, P., Lecat, A., Thieulloy de, G., & Siepen, S. (2017). Turning point for the construction industry The disruptive impact of Building Information Modeling (BIM) Management summary. Roland Berger Focus, (September).

Scholz, T. (2018). Der digitale Welteroberer. TÜV SÜD - About Trust. München.

Schulte, K.-W. (2008). Immobilienökonomie: Band IV: Volkswirtschaftliche Grundlagen. München: De Gruyter Oldenbourg.

Schulte, K.-W., Bone-Winkel, S., & Schäfers, W. (2005). Immobilienökonomie I, Betriebswirtschaftliche Grundlagen. (5.). München: De Gruyter Oldenbourg.

Schultze, A., Hildebrandt, A., & Landhäußer, W. (2017). CSR und Digitalisierung. (A. Hildebrandt & W. Landhäußer, Eds.). Berlin, Heidelberg: Springer Berlin Heidelberg.

Schulz-Wulkow, C. (2018). Real Estate Trends. Ernst & Young Studie. Stuttgart.

Schumpeter, J. A. (1946). Kapitalismus, Sozialismus und Demokratie. (9.) Stuttgart: UTB Verlag GmbH.

Schwenkenbecher, J. (2018). Eine Mail-Adresse bringt 0,75 Cent. Abgerufen am 6. November 2018 von https://www.sueddeutsche.de/digital/google-datenschutz-nutzerdaten-wert-1.4192900

Serrato, M., & Ramirez, J. (2017). The Strategic Business Value of Big Data. In F. P. García Márquez & B. Lev (Eds.), Big Data Management (pp. 47–70). Cham: Springer International Publishing.

Stengel, O. (2017). Digitalzeitalter – Digitalgesellschaft. Bochum.

Streit, M. (2018). Die Digitalisierung der deutschen Immobilienwelt steckt noch in den Kinderschuhen. Abgerufen am 2. November 2018 von https://www.handelsblatt.com/finanzen/immobilien/bauexperte-thomas-kirmayr-die-digitalisierung-der-deutschen-immobilienwelt-steckt-noch-in-den-kinderschuhen/23159976.html?ticket=ST-4641301-cUrEqPN3vPhoUYTg2Mlp-ap2

Tinnefeld, M.-T., Buchner, B., Petri, T., & Hof, H.-J. (2017). Einführung in das Datenschutzrecht. Berlin: De Gruyter Oldenbourg.

Van Hoof, B. (2018). IoT and AI Expand the Promise of Smart Buildings. Harvard Business Review Analytic Services, 8.

Voigtländer, M., Henger, R., Kröncke, T.-A., Just, T., Bienert, S., & Steininger, B. (2013). Gesamtwirtschaftliche Bedeutung der Immobilienwirtschaft. (Deutscher Verband für Wohnungswesen Städtebau und Raumordnung e. V., Ed.). Berlin.

Vornholz, G. (2017). Digitalisierung der Immobilienökonomie. Zeitschrift Für Immobilienwissenschaft Und Immobilienpraxis, 5(1), 6–23.

Wendt, S. (2016). Geld anlegen mit und im Schwarm – Chancen und Risiken für Verbraucherinnen und Verbraucher. Studie für das Bundesministerium der Justiz und für Verbraucherschutz, Berlin.

Sind Geschwindigkeit und Effizienz wirklich alles? Eine perspektivenorientierte, ökonomische Analyse des Hochfrequenzhandels an internationalen Wertpapierbörsen

Linus Holzmann[a*]

Key Words: Effiziente Kapitalmärkte; Hochfrequenzhandel; Algorithmic Trading

Inhaltsübersicht:

[a]Research Student at Zeppelin University
*Please address correspondence to Linus Holzmann, Zeppelin University, Am Seemoser Horn 20, 88045 Friedrichshafen.

1 Einleitung

1.1 Einführung in die Thematik

Das weit verbreitete Bild des Wertpapierhandels, bei dem Börsenhändler und Börsenmakler durch lautstarkes Zurufen und wildes Gestikulieren versuchen, auf dem Börsenparkett die besten Deals zu ergattern, entspricht heutzutage kaum noch der Realität. Grund dafür ist die immer weiter voranschreitende Digitalisierung, die auch nicht vor der Finanzindustrie Halt macht. Ganz im Gegenteil, heutzutage findet ein Großteil des Handels mit Wertpapieren im Internet statt. 1971 führte die Technologiebörse NASDAQ als damals erste elektronische Börse ein Electronic Quotation System für Market Maker ein.[1] Die Digitalisierung des Parketthandels – auch Präsenzhandel genannt – durch elektronische Handelssysteme erlaubt die Abbildung von Wertpapiergeschäften in Echtzeit und führte durch den Einsatz von Handelsprogrammen zum Phänomen des ‚Algorithmic Trading'.[2] Hierbei handeln Computerprogramme automatisiert auf Basis dafür entwickelter Algorithmen, wie beispielsweise durch die Kaufempfehlung eines Wertpapiers bei Unterschreiten eines bestimmten Wertes. Diese Algorithmen analysieren in rasender Geschwindigkeit enorme Datenmengen und sind dadurch in der Lage, Anweisungen zum Kauf oder Verkauf von Wertpapieren auf Basis immer genauer werdender Prognosen über Kursentwicklungen zu tätigen.[3]

Aus diesem ‚Algorithmic Trading' heraus ist wiederum der Hochfrequenzhandel (HFT) entstanden. Beim Hochfrequenzhandel werden ebenfalls algorithmenbasierte Handelsentscheidungen getroffen. Darüber hinaus werden beim Hochfrequenzhandel auch entsprechende Handelsaufträge – sogenannte „Orders" – automatisiert von Hochleistungscomputern initiiert. Hochfrequenzhandel zeichnet sich vor allem durch hohe Volumina und äußerst kurze Haltedauern von Finanzprodukten aus.[4]

---

[1] Vgl. Gresser 2018a, S. 9.
[2] Vgl. Alt & Puschmann 2016, S. 80.
[3] Vgl. Alt & Puschmann 2016, S. 80 ff.
[4] Vgl. Alt & Puschmann 2016, S. 82.

In der öffentlichen Wahrnehmung scheint der Hochfrequenzhandel mit einer eher negativen Konnotation behaftet zu sein, wird er doch häufig mit dem Flash Crash am 06. Mai 2010 in Verbindung gebracht. Auch wenn der Hochfrequenzhandel, wie sich später gezeigt hat, nicht ursächlich für den Einbruch des Dow Jones Industrial Averages war, soll dieser jedoch zu einer erhöhten Marktvolatilität beigetragen und einen solchen Crash somit erst ermöglicht haben.[5]

Um der Frage nachzugehen, ob Geschwindigkeit und Effizienz wirklich alles sind, sollen die Auswirkungen des Hochfrequenzhandels aus der Sicht verschiedener Akteure beleuchtet werden.

1.2 Aufbau der Arbeit

Die nachfolgende Arbeit ist in drei Abschnitte gegliedert. Im nächsten Kapitel geht es zunächst einmal darum, ein grundlegendes Verständnis dafür zu schaffen, was Hochfrequenzhandel überhaupt ist. Hierfür wird der Hochfrequenzhandel anhand seiner charakteristischen Merkmale skizziert. Ebenso werden die am Hochfrequenzhandel teilhabenden Akteure kurz vorgestellt. Das Kapitel schließt mit einem Überblick über die rechtlichen Rahmenbedingungen des Hochfrequenzhandels.

Darauf aufbauend widmet sich der darauffolgende Hauptteil einer perspektivenorientierten, ökonomischen Analyse des Hochfrequenzhandels. Dafür werden professionelle und nicht-professionelle Trader zunächst hinsichtlich ihrer Motivation und Zielsetzung charakterisiert und mit der Motivation der Hochfrequenzhändler kontrastiert.

Abschließend werden die Effekte des Hochfrequenzhandels auf den Finanzmarkt und die damit einhergehenden Auswirkungen für professionelle und nicht-professionelle Trader diskutiert.

---

[5] Vgl. Kirilenko et al. 2017, S. 2.

2 Charakteristika und Akteure des Hochfrequenzhandels

2.1 Definition des Hochfrequenzhandels

Beim Hochfrequenzhandel agieren Händler, die über enorme Rechnerkapazitäten und hochkomplexe Computeralgorithmen verfügen, in Lichtgeschwindigkeit an den Finanzmärkten und fahren auf diese Weise hohe Gewinne ein, und das auf Kosten der klassischen Anleger. Zumindest ist das die Sicht, die der Autor Michael Lewis in seinem 2014 erschienenen Buch „Flash Boys – A Wall Street Revolt" seinen Lesern vermitteln will.[6] Tatsächlich aber klafft das Meinungsspektrum weit auseinander. Befürworter postulieren eine höhere Marktliquidität und -qualität, Gegner des Hochfrequenzhandels fürchten eine Marktmanipulation. Die im Rahmen dieser Arbeit nachfolgenden Ausführungen werden jedoch aufzeigen, dass Lewis' Vorwürfe aus wissenschaftlicher Sicht nur schwer haltbar sind.

Bevor jedoch die jeweiligen Vor- und Nachteile für die verschiedenen Marktteilnehmer erörtert werden, soll zunächst einmal die Frage geklärt werden, was man unter Hochfrequenzhandel versteht:

Der Hochfrequenzhandel ist als eine Technologie zu verstehen, „die es ermöglicht, Börsendaten wie Kurse oder Gebote aus den Orderbüchern in hoher Geschwindigkeit und geringer Latenz zu empfangen und diesen Zeitvorsprung gegenüber den anderen Marktteilnehmern strategisch auszunutzen"[7]. Hochfrequenzhändler erzielen ihre Gewinne aus kurzfristigen Preisschwankungen von Finanzprodukten, indem sie Marktineffizienzen wie beispielsweise Fehlbewertungen ausfindig machen. Diese existieren meist jedoch nur für eine sehr kurze Zeit.[8] Beim Hochfrequenzhandel kommt es daher also vor allem auf eine entscheidende Größe an: Geschwindigkeit! Es gibt keine einheitliche Definition, ab welcher Geschwindigkeit der automatisierte Handel mit Wertpapieren als hochfrequent gilt. Mangels einer einheitlich festgelegten Grenze lässt sich der

[6] Vgl. Buchter 2014.

[7] Gresser 2018b, S. 114.

[8] Vgl. Grillet-Auber 2010, S. 34.

Hochfrequenzhandel also nicht per se definieren. Stattdessen soll dieser im Folgenden anhand seiner charakteristischen Eigenschaften beschrieben und eingeordnet werden.

Der Hochfrequenzhandel wird in der Literatur häufig als Teilbereich des algorithmischen Handels bezeichnet.[9] Tatsächlich gibt es eine klare Schnittmenge, die eine solche Einordnung nahelegt, allerdings zeichnet sich der Hochfrequenzhandel durch einige spezielle Eigenschaften aus, welche ihn als eigenständige Handelsform klassifizieren.[10] Wie beim algorithmischen Handel sind es auch beim Hochfrequenzhandel keine Menschen, sondern Hochleistungscomputer, die auf Basis klar definierter Zielvorgaben automatisiert Entscheidungen über Kauf und Verkauf von Finanzprodukten treffen. Beim Hochfrequenzhandel ist darüber hinaus der gesamte Handelsprozess automatisiert, was bedeutet, dass auch die entsprechenden Handelsaufträge von Hochleistungscomputern platziert werden. Die zur Abgrenzung zum algorithmischen Handel wesentlichen Charakteristika sind zudem die geschwindigkeits- und latenzoptimierten Varianten der Datenübertragung von Markt- und Orderdaten sowie die hohe Handelsfrequenz mit hohen Handelsvolumina.[11]

Der Geschwindigkeitsanspruch an hochfrequente Handelssysteme besteht in dreierlei Form: Zum Ersten gibt es den Anspruch an die Geschwindigkeit der Berechnungsschrittfolge eines Algorithmus, zweitens an den Ausführungsprozess einer Orderübermittlung, und drittens ist auch die Infrastrukturgeschwindigkeit entscheidend.[12] Hierunter versteht man die benötigte Zeit zur Übermittlung der Data Feeds von den Handelsplätzen zum System. Als Orientierungsgröße dient hierbei vor allem die Latenzzeit. Um sich einen technologischen Informationsvorsprung zu sichern, nutzen viele Hochfrequenzhändler sogenannte Co-Locations. Diese Co-Location-Technologien ermöglichen es den Hochfrequenzhändlern, ihren Hochfrequenzserver direkt am Standort der elektronischen Börse zu platzieren. Die kurzen Übertragungswege sollen schnellstmögliche Orderübertragung und Datenübermittlung

[9] Vgl. Alt & Puschmann 2016, S. 82.
[10] Vgl. Gresser 2018b, S. 117f.
[11] Vgl. Gresser 2018b, S. 118.
[12] Vgl. Gresser 2018b, S. 114f.

gewährleisten.[13] Als Beispiel seien an dieser Stelle auch Börsen genannt, die optimale Anbindungsvarianten in den jeweiligen Co-Locations mit bevorzugter Versorgung mit Data Feeds anbieten. Auf diese Weise wetteifern die Hochfrequenzhändler um die vielleicht entscheidenden Nanosekunden. Die heutzutage übliche Infrastrukturgeschwindigkeit beträgt 30 Nanosekunden. Zum Vergleich: Die Übertragungszeit zu herkömmlichen professionellen Tradern beträgt drei Sekunden. Bei Privatanlegern beträgt diese sogar drei Minuten.[14]

Neben diesen technologischen Eigenschaften des Hochfrequenzhandels zeichnet sich dieser auch durch ein hohes Handelsvolumen und eine hohe Handelsfrequenz mit äußerst geringer Haltedauer aus.[15] Das hohe Handelsvolumen resultiert daraus, dass es beim Hochfrequenzhandel darum geht, in einer hohen Frequenz auf minimale Kursbewegungen zu reagieren und daraus Gewinne abzuleiten. Aufgrund der geringen Gewinnspanne pro Trade ist der Hochfrequenzhandel nur unter hohem Kapitaleinsatz rentabel.[16] Charakteristisch für die Strategie eines jeden Hochfrequenzhändlers ist auch das Platzieren und Stornieren von Orders in hoher Frequenz. Ziel hiervon ist es, Positionen im Orderbuch durch gezieltes Orderrouting und sofortiges Stornieren zu analysieren, um daraus ein Verhaltensprofil der anderen Marktteilnehmer abzuleiten. Die Haltedauer einer Order beträgt beim Hochfrequenzhandel üblicherweise nur Sekundenbruchteile.[17]

Wegen der hohen Handelsfrequenz ist Hochfrequenzhandel nur in liquiden Märkten realisierbar, da zu jedem Zeitpunkt genügend Gegenpositionen im Orderbuch verfügbar sein müssen. Auch das Vorhandensein zumindest minimaler Spreads ist eine wesentliche Voraussetzung, da Hochfrequenzhändler aus diesen ihre Gewinne generieren.[18]

Aufgrund der technologischen Rahmenbedingungen ist es Hochfrequenzhändlern möglich, risikominimale oder sogar risikoneutrale Arbitragegeschäfte abzuschließen. Der

---

13 Vgl. Gresser 2018b, S. 116.

14 Vgl. Gresser 2018a, S. 17.

15 Vgl. Gresser 2018b, S. 118 u. 124.

16 Vgl. Durbin 2010, S. 6.

17 Vgl. Gresser 2018b, S. 124.

18 Vgl. Gresser 2018b, S. 128.

Hochfrequenzhandel ist daher eine der risikoeffizientesten Handelsformen.[19]

2.2 Akteure an Aktienmärkten vor dem Hintergrund des Hochfrequenzhandels

Die Teilnahme am Hochfrequenzhandel erfordert äußerst hohe Kapitalaufwendungen, allein schon für die Anschaffung der entsprechenden Hochleistungscomputer. Daraus resultiert, dass ein Großteil der Marktteilnehmer vom Hochfrequenzhandel ausgeschlossen ist. An den Leitbörsen NASDAQ und NYSE übersteigt der Anteil des Hochfrequenzhandels zu bestimmten Handelszeiten die 90%-Marke der Gesamthandelsaktivitäten.[20] Der Anteil der Hochfrequenzhändler an der Gesamtheit aller Marktteilnehmer beträgt hingegen weniger als 1%.[21] Doch wer verbirgt sich hinter diesem einen Prozent? Hochfrequenzhändler stellen eine heterogene Gruppe dar. Anhand der Kriterien Status und Größe sowie ihrer Strategien und den Märkten, in denen sie operieren, lassen sich die Teilnehmer des Hochfrequenzhandels in drei Gruppen unterteilen: Die erste Gruppe – die ‚Global Player' – besteht aus großen Investmentbanken wie Goldman Sachs oder der Credit Suisse. Diese zeichnen sich neben ihrer umfangreichen Eigenkapitalbasis dadurch aus, dass sie ein breites Spektrum an Strategien verfolgen. Die zweite Gruppe stellen bestimmte Hedgefonds dar, welche sich vor allem auf Market-Making-Strategien fokussieren. Zuletzt gibt es auch eine Gruppe von Marktteilnehmern, welche Hochfrequenzhandel mehr auf einer sekundären Basis im Zuge ihrer Private-Banking-Dienstleistungen betreiben.[22]

2.3 Funktionsweise des Hochfrequenzhandels

Es gibt eine Vielzahl an verschiedenen Hochfrequenzhandelsstrategien – sowohl marktbegünstigender als auch marktmanipulativer Natur. Im Rahmen dieser Arbeit wird darauf verzichtet, diese ganzheitlich und vollumfänglich vorzustellen. Stattdessen soll im Folgenden eine besonders grundlegende

---

[19] Vgl. Gresser 2018b, S. 130.
[20] Vgl. Gresser 2018b, S. 148.
[21] Vgl. Gresser 2018b, S. 145.
[22] Vgl. Grillet-Auber 2010, S. 40.

Handelsstrategie der Hochfrequenzhändler für den Handel an internationalen Wertpapierbörsen erläutert werden: das Prinzip der statistischen Arbitrage. Genauer, das Prinzip der „Cross Market Arbitrage“. Die Zielsetzung hierin besteht im Ausnutzen von Marktimperfektionen. Wird ein Finanzinstrument an verschiedenen Handelsplätzen zu unterschiedlichen Preisen gehandelt, besteht die Möglichkeit, risikofreie Arbitragegewinne zu verwirklichen, indem man das Finanzprodukt an dem Börsenplatz, an dem es zu einem geringeren Preis gehandelt wird, kauft und es zeitgleich an dem Handelsplatz, an dem höhere Preise aufgerufen werden, verkauft. In der Praxis sind diese Spreads nur äußerst temporär vorzufinden und sehr gering. Durch die hohe Handelsgeschwindigkeit und das hohe Handelsvolumen lassen sich daraus allerdings erhebliche Gewinne erzielen.[23]

2.4 Rechtliche Rahmenbedingungen

„Wenn Maschinen schneller Handelsentscheidungen treffen, als Menschen denken können, löst das bei vielen Unbehagen aus“[24].

Erschwerend hinzu kommt, dass der Hochfrequenzhandel nur schwer zu fassen und intransparent ist und zudem im Verdacht steht, bei mehreren kleineren und manchen größeren Börsencrashs eine nicht gerade förderliche Rolle gespielt zu haben. Außerdem gibt es durchaus manche Strategien, die mit Blick auf die Fairness gegenüber anderen Marktteilnehmern als kritisch einzustufen sind und den Markt schädigen. Aus diesem Grund gibt es manche Regulierungsansätze, die dem Hochfrequenzhandel ein paar „Spielregeln“ zu geben versuchen.

2013 trat in Deutschland das Hochfrequenzhandelsgesetz in Kraft. Dieses sieht vor, dass die Händler einer Erlaubnispflicht sowie einer Meldepflicht gegenüber der Börsenaufsicht unterliegen. Die Händler sind dazu verpflichtet, der Aufsicht jederzeit Informationen über ihren algorithmischen Handel, ihre Handelsstrategien und die dafür eingesetzten Systeme etc.

---

[23] Vgl. Gomber et al. 2011, S. 28

[24] Neue Zürcher Zeitung 2013, S. 26, zitiert nach Alt & Puschmann, 2016, S. 82.

bereitzustellen. Außerdem müssen die Hochfrequenzhändler über angemessene System- und Risikokontrollen für ihre Handelssysteme verfügen. Aufträge, die auf Basis eines Algorithmus erzeugt wurden, müssen entsprechend gekennzeichnet werden, was auch eine Kenntlichmachung des jeweils verwendeten Handelsalgorithmus beinhaltet.[25] Auch das Order-Transaktionsverhältnis ist reguliert, „um Risiken für den ordnungsgemäßen Börsenhandel zu vermeiden“ (§26a BörsG). Bei übermäßiger Nutzung der Börsensysteme sind die Handelsplätze außerdem dazu verpflichtet, separate Entgelte zu verlangen.[26]

Problematisch an nationaler Gesetzgebung ist allerdings, dass es für Hochfrequenzhändler kein Problem darstellt, ihre Handelsaktivitäten an einen ausländischen Handelsplatz zu verlagern. Es bedarf also einer multilateralen Lösung mit dem Ziel, einheitliche Bedingungen an möglichst vielen Börsenplätzen zu schaffen.[27]

Auf europäischer Ebene gilt seit 2014 die Finanzmarktrichtlinie „Markets in Financial Instruments Directive II – MiFID II“. Die Richtlinie umfasst analog zum deutschen Hochfrequenzhandelsgesetz eine Erlaubnispflicht und sieht eine Anzeigepflicht gegenüber der Aufsichtsbehörde des Heimatlandes und des Handelsplatzes vor. Sämtliche Bestimmungen zur Offenlegungspflicht von Handelsstrategien und Handelsparametern, zu Sicherheitsvorkehrungen sowie zur Kennzeichnung algorithmisch generierter Orders finden auch gemäß MiFID II Anwendung. Auch die „Order-To-Trade-Ratio“ ist reguliert. Darüber hinaus sind Hochfrequenzhändler dazu verpflichtet, sämtliche platzierten Orders zu dokumentieren und auf Verlangen der Aufsichtsbehörde herauszugeben. Dies betrifft ausgeführte Handelsaufträge, aber auch Löschungen von Aufträgen sowie Quotierungen. Um faire Handelsverhältnisse zu gewährleisten, sind Handelsplätze dazu verpflichtet, Co-Locations transparent und diskriminierungsfrei zu vergeben.[28]

---

25 Vgl. Bundesgesetzblatt 2013.

26 Vgl. Bundesgesetzblatt 2013.

27 Vgl. Gresser 2018b, S. 501.

28 Vgl. Gomber & Nassauer 2014, S. 15 f.

Im Zuge des zweiten Finanzmarktnovellierungsgesetzes wurde die deutsche Gesetzgebung mit den Bestimmungen der europäischen Gesetzgebung harmonisiert.[29]

[29] Vgl. BaFin 2017.

3 Perspektivenorientierte, ökonomische Analyse des Hochfrequenzhandels

3.1 Markteffekte des Hochfrequenzhandels

Bevor in den nachfolgenden Kapiteln die jeweilige Perspektive institutioneller und privater Investoren diskutiert wird, widmet sich dieser Abschnitt zunächst einer allgemeinen Betrachtung der Markteffekte des Hochfrequenzhandels. Eines der Hauptargumente der Befürworter des Hochfrequenzhandels ist, dass dieser die Liquidität von Märkten steigere. Tatsächlich trägt der Hochfrequenzhandel besonders in Märkten, in denen eine Informationsasymmetrie zwischen Käufern und Verkäufern herrscht, durch die permanente Verarbeitung von Informationen dazu bei, dass Bid- und Ask-Preise sich einander annähern, und wirkt somit liquiditätsstiftend.[30]

Ein Beispiel: Man stelle sich zwei Marktteilnehmer vor – Käufer und Verkäufer. Der Verkäufer bietet ein Wertpapier zu einem entsprechenden Ask-Preis zum Verkauf an. Ein informierter Käufer, der den Markt zu einem späteren Zeitpunkt betritt, trifft seine Kaufentscheidung auf Basis aller zu diesem Zeitpunkt verfügbaren Informationen. Es besteht also aufgrund der Zeitdifferenz zwischen Angebot und Kaufentscheidung ein Informationsgefälle zu Gunsten des Käufers. Der Käufer wird sich nur dann für den Kauf eines Wertpapiers entscheiden, wenn der aktuelle Wert größer-gleich dem Angebotspreis ist. Im Falle, dass der Wert des zu veräußernden Wertpapiers aufgrund neu publik gewordener Informationen steigt und die Aktie zum Zeitpunkt des Angebots fair bepreist war, wird der Trade stattfinden. Der Verkäufer hat dann jedoch seinen Vermögenswert unter Wert verkauft. Dies hat zur Folge, dass Verkäufer, um sich vor einem solchen Szenario zu schützen, von vornherein höhere Preise aufrufen. Die Zahl der getätigten Trades sinkt dadurch. Im Fall einer negativen Kursentwicklung wiederum bliebe der Verkäufer auf seinem Vermögenswert sitzen. Durch dieses Dilemma wird die Marktliquidität gemindert. [31]

---

[30] Vgl. Goldstein et al. 2014, S. 189.
[31] Vgl. Menkveld 2014, S. 340.

Durch die Marktteilnahme von Hochfrequenzhändlern kommt es erst gar nicht zu der oben beschriebenen Zeitverschiebung, da Hochfrequenzhändler permanent am Markt agieren. Durch die rasante Informationsverarbeitung tragen Hochfrequenzhändler zu einer schnelleren Preisbildung und damit zu einem effizienten Markt bei. Sowohl die Anzahl der getätigten Trades als auch die Zahl der Quotierungen pro Trade sind vom Hochfrequenzhandel betroffen: Die Zahl der getätigten Trades steigt, da Hochfrequenzhändler als eine Art Mittelsmann zwischen Verkäufer und Käufer agieren, indem sie die obig beschriebene Zeitdifferenz überbrücken. Durch das permanente Einpreisen neuster Informationen und das entsprechende Anpassen von Ask-Preisen, steigt auch die Zahl der Quotierungen pro Trade.[32]

Goldstein et al. (2014) geben allerdings zu bedenken, dass ein vermehrter Hochfrequenzhandel nicht per se zu einer Steigerung der Marktliquidität führe, da der Hochfrequenzhandel für eine verstärkte Aktivität entweder auf Anbieter- oder auf Nachfragerseite sorgen kann. Eine Unausgewogenheit, insbesondere eine Dominanz der Nachfragerseite, könnte die Marktliquidität sogar verringern und zu größeren Spreads führen.[33]

Aufgrund mangelnder Transparenz darüber, welche Orders von Hochfrequenzhandelssystemen getätigt wurden, ist ein empirischer Nachweis eines positiven Effekts vermehrten Hochfrequenzhandels auf die Marktliquidität nur schwer zu erbringen. In einigen Studien konnte jedoch unter der Verwendung von Proxy-Messgrößen ein solch positiver Effekt festgestellt werden.[34] Geringere Bid-Ask-Spreads gehen auch automatisch mit einer Senkung der Transaktionskosten pro Trade einher.

Die Effekte des Hochfrequenzhandels reichen jedoch über die schnelle Preisfindung, die gesteigerte Liquidität und die damit einhergehenden geringeren Transaktionskosten hinaus. Der Hochfrequenzhandel steht überdies auch in der Diskussion, einen Einfluss auf die Marktvolatilität zu haben. Eine Untersuchung der Credit Suisse hat ergeben, dass der

32 Vgl. Menkveld 2014, S. 340.

33 Vgl. Goldstein et al. 2014, S. 189.

34 Vgl. Goldstein et al. 2014, S. 190.

Hochfrequenzhandel die Marktvolatilität in der langen Frist nicht signifikant tangiert. In der kurzen Frist jedoch konnte eine Senkung der Volatilität durch die Marktteilnahme von Hochfrequenzhändlern festgestellt werden.[35]

Dies ist jedoch nicht unumstritten. Immerhin steht der Hochfrequenzhandel im Verdacht, den Flash Crash vom 06. Mai 2010 zwar nicht ausgelöst, aber die Volatilität an jenem Tag erhöht zu haben, indem er extrem schnelle Reaktionen auf den starken Verkaufsdruck an diesem Tag ermöglichte.[36]

Möglicherweise gibt es einen Unterschied der Auswirkungen des Hochfrequenzhandels unter Normal- und unter Extrembedingungen. Man könnte argumentieren, dass der Hochfrequenzhandel unter normalen Bedingungen überwiegend positive Markteffekte mit sich bringt, aber unter Extrembedingungen auch marktschädlich wirken könnte. Manche Forscher kommen zum Schluss, dass die Möglichkeit der Hochfrequenzhändler, sich schnell aus dem Markt zurückziehen zu können, die Märkte fragiler mache. Andere wiederum äußern sich dahingehend, dass die automatisierte Ausführung von Großaufträgen unter gewissen Umständen zu sogenannten „Feedback-Loop"- oder Teufelskreiseffekten führen könnte, welche wiederum systemisch destabilisierende Ereignisse wie den Flash Crash auslösen könnten.[37] Auch die Autoren Kelejian und Mukerji führten diverse Studien zu den Auswirkungen des Hochfrequenzhandels auf die Volatilität in der kurzen Frist durch und kamen zu teilweise widersprüchlichen Ergebnissen.[38] Somit kann dieser Effekt nicht final beurteilt werden.

3.2 Charakterisierung der Untersuchungsperspektiven

Dieses Kapitel widmet sich den ökonomischen Auswirkungen des Hochfrequenzhandels aus Sicht zweier verschiedener Stakeholder, nämlich der von institutionellen und nicht-professionellen (privaten) Anlegern. Diese beiden Marktteilnehmer sollen im Folgenden zunächst kurz charakterisiert und von Hochfrequenzhändlern abgegrenzt werden.

35 Vgl. Goldstein et al. 2014, S. 191f.

36 Vgl. Kirilenko et al. 2017, S. 2.

37 Vgl. Goldstein et al 2014, S. 192.

38 Vgl. Kelejian & Mukerji 2016.

Zum Leidwesen der öffentlichen Debatte gibt es keine trennscharfe, einheitliche Definition von institutionellen Investoren. Abgrenzungsversuche von privaten Investoren zielen vor allem auf die Professionalität institutioneller Investoren ab. Ein weiterer Unterscheidungspunkt liegt in der Fremdnützigkeit der Investments professioneller Trader. Damit ist das Anlegen für Dritte – „wirtschaftliche Nutznießer" – gemeint.[39].

Generell kann man institutionelle Investoren als Aktienhändler auffassen, deren Kapitalanlagen vom Volumen und der Regelmäßigkeit her eines kaufmännisch eingerichteten Geschäftsbetriebs bedürfen. Im Gegensatz zu privaten Anlegern handelt es sich also bei institutionellen Investoren nicht um natürliche Personen, sondern um Unternehmen. Zu ihnen zählen vornehmlich Investmentfonds, Banken, Versicherungen sowie Pensionsfonds.[40] Institutionelle Investoren verfolgen in ihrer Anlagestrategie drei Anlageziele, welche allerdings wechselseitige Zielkonflikte untereinander aufweisen: Rentabilität, Sicherheit und Liquidität. Man spricht auch vom magischen Dreieck der Vermögensverwaltung. Die Rentabilität wird anhand der Rendite gemessen, welche die Ertragskraft eines Anlageobjektes wiederspiegelt. Eine höhere Rendite kann, wie uns bereits das Capital Asset Pricing Model gelehrt hat, nur zu Ungunsten der Sicherheit erzielt werden. Das Risiko besteht in der Gefahr des Vermögensverlustes. Die Liquidität wiederum meint die Möglichkeit, Geldanlagen möglichst schnell in verfügbares Bankguthaben umwandeln zu können.[41] Die Liquidität bzw. Verfügbarkeit von renditestarken und risikoarmen Wertanlagen ist sehr gering. Letztlich lassen sich also immer nur maximal zwei der Anlageziele in vollem Umfang realisieren. Selbstverständlich können Investoren dennoch gewisse Mindestanforderungen an jedes der drei Anlageziele stellen, was das Dreieck dann bereits weniger magisch erscheinen lässt. Risikoaverse Trader, wie Versicherungen, ziehen üblicherweise Sicherheit und Liquidität einer hohen Renditeerwartung vor. Hedgefonds wiederum sind häufig eher dazu bereit, Anlagerisiken zugunsten der Rentabilität auf sich zu nehmen.

---

39 Vgl. Schmolke 2007, S. 705.

40 Vgl. Schmolke 2007, S. 706.

41 Vgl. Adrian & Heidorn 2000, S. 348.

Während sich die Motive und die Anlageziele der professionellen Aktienhändler nach den Grundsätzen der ‚Rational Choice' begründen lassen, spielen bei Privatinvestoren neben ökonomischen Zielen auch hedonistische und altruistische Motive eine Rolle.[42] Allein schon aufgrund persönlicher Präferenzen und den privaten Investoren zur Verfügung stehenden, im Vergleich zu institutionellen Investoren geringen Mitteln und Möglichkeiten zur Informationsgewinnung scheint eine rein rationale Entscheidungsfindung ausgeschlossen.[43] Simon (1959) postuliert daher eine Abkehr vom Menschenbild des Homo oeconomicus. Mit hedonistischer Motivation ist in diesem Fall die Freude am Tätigen bestimmter Investments gemeint. Die altruistische Komponente meint den Einfluss von moralischen Überlegungen.[44]

Jansson & Biel (2011) konnten bestätigen, dass nicht-professionelle Investoren umweltbezogenen, sozialen sowie ethischen Faktoren eine deutlich wichtigere Rolle in ihren Investmententscheidungen beimessen als institutionelle Wertpapierhändler.[45]

Ein wesentliches Abgrenzungsmerkmal von herkömmlichen Investoren zu Hochfrequenzhändlern ist der viel längere Anlagehorizont. Dies hängt mit den völlig verschiedenen Zielsetzungen von Hochfrequenzhändlern und herkömmlichen Investoren zusammen. Während Hochfrequenzhändler das Ziel verfolgen, „aus ineffizienten Kurs- und unausgeglichenen Liquiditätssituationen, insbesondere an verschiedenen Handelsplätzen wie Dark Pools, simultan mit einem minimalen Risiko Renditen aus kleinsten handelbaren Kursänderungen zu erzielen"[46], spekulieren herkömmliche Investoren auf lukrative Kursentwicklungen. Sowohl institutionelle als auch private Investoren verfolgen daher in der Regel mittel- bis langfristige Anlageziele, um entsprechende Kursbewegungen abzuwarten.

Ein weiterer Grund für lange Haltefristen herkömmlicher Investoren besteht in einem der wichtigsten Prinzipien zur

---

[42] Vgl. Sullivan & Miller 1996, S. 26.
[43] Vgl. Simon 1959, S. 272.
[44] Vgl. Sullivan & Miller 1996, S. 26.
[45] Vgl. Jansson & Biel 2011, S. 139.
[46] Gresser 2018b, S. 239.

Risikovermeidung: der Diversifikation. Diese wird meist mit Markowitz´ Portfoliotheorie assoziiert. In diesem Fall ist allerdings die seit Markowitz etwas in den Hintergrund getretene zeitliche Diversifikation gemeint. Heutzutage taucht der Begriff der zeitlichen Diversifikation insbesondere in Auseinandersetzungen mit dem „Cost-Average Effekt" auf. Auch bei der Altersvorsorgung wird gerne damit geworben, dass riskante Aktieninvestments in der langen Frist sichere Überrenditen erzielen würden.[47]

3.3 Auswirkungen auf professionelle Trader

In der Literatur finden sich zahlreiche Beiträge darüber, was für Auswirkungen der Hochfrequenzhandel auf die Marktqualität und die Wohlfahrt anderer Marktteilnehmer hat. Es gibt jedoch vergleichsweise recht wenig Untersuchungen über die spezifischen Auswirkungen auf institutionelle Investoren, dabei halten institutionelle Investoren, wie Investmentfonds, Pensionskassen, Versicherungsunternehmen oder Hedgefonds, einen Großteil des ‚Public Equity'[48] und spielen eine entscheidende Rolle für die Preisfestsetzung, indem sie auf Basis aktuellster Informationen mit großem Volumen Handel betreiben.

Eine der wohl wichtigsten Determinanten für die Performance institutioneller Anleger sind die ‚Institutional Trading Costs'. Diese werden unter anderem auch als Maßstab für die Qualität und Liquidität von Finanzmärkten gesehen.[49] Aus diesem Grund wird sich dieser Abschnitt vordergründig mit den Auswirkungen des Hochfrequenzhandels auf die Handelskosten institutioneller Investoren beschäftigen.

Im vorherigen Abschnitt wurden bereits die in der Literatur prominentesten Marktauswirkungen des Hochfrequenzhandels dargelegt. Erhöhte Liquidität, sinkende Bid-Ask-Spreads und schnellere Preisfindung lassen vermuten, dass auch herkömmliche Marktteilnehmer indirekt vom Hochfrequenzhandel in Form geringerer Transaktionskosten und verbesserter Markteffizienz profitieren würden. Dennoch wurden Stimmen von manchen institutionellen Investoren laut, die

---

[47] Vgl. Troschke & Thießen 2010, S. 128f.

[48] Vgl. French 2008, S. 1541f.

[49] Vgl. Tong 2015, S. 1.

ernste Bedenken äußerten, dass der Hochfrequenzhandel ihre Profite beeinträchtige.[50] Darüber hinaus wurde auch in Frage gestellt, ob die derzeitige Aktienmarktstruktur dem Bedürfnis institutioneller Investoren nach effizientem und fairem Handel in hoher Größenordnung überhaupt gerecht werden kann. Tatsächlich haben die Bedenken der Investoren in Bezug auf den Hochfrequenzhandel dazu geführt, dass außerbörsliche Handelsplätze, beispielsweise Dark Pools, immer beliebter werden.[51]

Fraglich ist auch, ob durch den Hochfrequenzhandel tatsächlich die Transaktionskosten für institutionelle Anleger reduziert werden. Denn selbst wenn der Hochfrequenzhandel zu einer gesteigerten Liquidität beiträgt und Bid-Ask-Spreads verringert, bedeutet das nicht zwingend, dass die Handelsbedingungen institutioneller Investoren dadurch verbessert werden.[52]

Der Bid-Ask-Spread, der eine der Hauptkomponenten der Transaktionskosten bei kleineren Handelsaufträgen darstellt, trägt nur einen kleinen Teil zu den institutionellen Handelskosten bei. Aufgrund der hohen Handelsvolumina institutioneller Investoren besteht die Hauptkomponente institutioneller Handelskosten in den sogenannten ‚Price Impact Costs', die das Ausmaß des Bid-Ask-Spreads um das Fünf- bis Zehnfache übertreffen können.[53]

Anstelle des Bid-Ask-Spreads ist eine gängige Messgröße für die institutionellen Handelskosten der sogenannte ‚Execution Shortfall'. Dieser ist die Differenz zwischen dem jeweiligen Preis zum Zeitpunkt der Kaufentscheidung und der tatsächlichen Ausführung einer Order. Er berücksichtigt dabei sowohl den Bid-Ask-Spread als auch die ‚Market Impact Costs' sowie sämtliche Kosten, die aus etwaigen Verzögerungen bei der Ausübung eines Kaufauftrags resultieren.[54]

In seiner statistischen Untersuchung des Zusammenhangs zwischen Hochfreqenzhandelsaktivität, Liquidität und institutionellen Handelskosten gelangte Tong (2015) zu zunächst

---

[50] Vgl. Tong 2015, S. 1.

[51] Vgl. Tong 2015, S. 2.

[52] Vgl. Brogaard et al. 2014, S. 346.

[53] Vgl. Tong 2015, S. 2.

[54] Vgl. Anand et al. 2008, S. 2.

paradox erscheinenden Ergebnissen: Was den Zusammenhang zwischen der Handelsaktivität von Hochfrequenzhändlern und Liquidität betrifft, stimmen die Ergebnisse mit dem Tenor sonstiger Literatur insofern überein, als dass eine höhere Hochfrequenzhandelsaktivität positiv mit einer höheren Liquidität korreliert ist.[55] Außerdem ist vor dem Hintergrund der genannten Erkenntnisse nicht verwunderlich, dass höhere Liquidität positiv mit geringeren Transaktionskosten korreliert ist. Paradox jedoch ist, dass die Korrelation zwischen Hochfrequenzhandelsaktivität und den ‚institutional trading costs' – gemessen anhand des ‚Execution Shortfall' – negativ ist.[56] Auch unter Berücksichtigung diverser Kontrollvariablen konnte dieses Ergebnis mit Hilfe einer multivariaten Regressionsanalyse bestätigt werden.[57]

Wie ist das möglich? Zunächst einmal lässt die bloße Feststellung einer positiven Korrelation zwischen Hochfrequenzhandelsaktivität und höherer Liquidität keinen Schluss über Kausalität zu.[58] Es wäre ebenso denkbar, dass Hochfrequenzhändler vermehrt in ohnehin bereits liquiden Märkten operieren. Die also vermeintlich von Hochfrequenzhändlern gestiftete Liquidität könnte eine Art Scheinliquidität sein, die austrocknet, wenn Investoren sie am dringendsten benötigen.[59]

Darüber hinaus sind institutionelle Trades aufgrund der großen Auftragsgrößen und des potenziell hohen Informationsgehalts am anfälligsten für die ‚Order Anticipation'-Strategien der Hochfrequenzhändler.[60] Derartige Strategien könnten die Handelskosten institutioneller Investoren erhöhen. Die Funktionsweise solcher Strategien kann so verstanden werden, dass Hochfrequenzhändler versuchen, durch gezieltes Orderrouting herauszufinden, welche Finanzinstrumente herkömmliche Investoren in naher Zukunft kaufen oder verkaufen werden, um deren Order-Flow und den damit verbundenen Preisentwicklungen mittels Platzierens entsprechender

---

[55] Vgl. Tong 2015, S. 14.
[56] Vgl. Tong 2015, S. 15.
[57] Vgl. Tong 2015, S. 16f.
[58] Vgl. Tong 2015, S. 17.
[59] Neue Zürcher Zeitung 2013, S. 26, zitiert nach Alt & Puschmann, 2016, S. 83.
[60] Vgl. Tong 2015, S. 15.

Handelsaufträge zuvorzukommen.[61] Derartige Strategien können zu gewaltigen Preis-Drifts führen und die ‚Market Impact Costs' bei der Ausführung großer Handelsauftrags erhöhen.[62] Dieser Effekt kann möglicherweise nicht bei der konventionellen Messung von Liquidität erfasst werden.

Über diese Betrachtung der Auswirkungen des Hochfrequenzhandels auf die Handelskosten institutioneller Trader hinaus soll im Folgenden auch beleuchtet werden, unter welchen Umständen der Hochfrequenzhandel die ‚Institutional Trading Costs' beeinflusst. Es zeigt sich, dass Hochfrequenzhändler einen Vorteil daraus ziehen, wenn institutionelle Anleger ein großes Ungleichgewicht in ihrer Handelsbilanz aufweisen, indem sie für Liquidität sorgen. Tatsächlich kann beobachtet werden, dass die Handelsaktivität der Hochfrequenzhändler bei hohem Ungleichgewicht in der Handelsbilanz institutioneller Investoren höher ist. So gesehen ähneln die Profite der Hochfrequenzhändler in diesem Fall denen traditioneller Market Maker.[63]

Eine Betrachtung der ‚Buy-Sell Imbalance' zeigt, dass das tägliche Ungleichgewicht bei institutionellen Anlegern starken Schwankungen unterliegt, während dieses bei Hochfrequenzhändlern gegen Null tendiert. Dies geht einher mit dem stark unterschiedlichen Zeithorizont der beiden Akteure. Während herkömmliche Investoren in der Regel mittel- bis langfristige Anlageziele verfolgen, halten Hochfrequenzhändler ihre Positionen selten über Nacht. Daraus folgt allerdings, dass sich die von Hochfrequenzhändlern beigesteuerte Liquidität binnen eines Tages verflüchtigt. Angesichts dessen könnte man Hochfrequenzhändler als Intraday-Intermediäre beschreiben, welche das Ungleichgewicht in der Handelsbilanz institutioneller Investoren auf andere Marktteilnehmer umwälzen.[64]

Auch hier sollte hinterfragt werden, inwieweit diese Form der Bereitstellung von Liquidität mit Extrakosten für institutionelle Investoren verbunden ist: Eine Untersuchung von Paneldaten hat gezeigt, dass es dabei auf die jeweilige Handelsbilanz ankommt. Konkret geht es darum, ob die Institutionen

---

[61] Vgl. Hirschey 2018, S. 1.

[62] Vgl. Tong 2015, S. 15.

[63] Vgl. Tong 2015, S. 25.

[64] Vgl. Tong 2015, S. 26.

‚Net Sellers' oder ‚Net Buyers' sind, oder ob sie eine relativ ausgeglichene Kaufs-Verkaufs-Bilanz haben. Investoren, deren Verkaufsvolumen das Volumen ihrer Aktienkäufe übersteigt (‚Net Sellers'), werden nicht signifikant durch den Hochfrequenzhandel mit Extrakosten belastet. Bei den beiden verbleibenden Untersuchungsgruppen jedoch konnte nachgewiesen werden, dass die Transaktionskosten durch eine höhere Hochfrequenzhandelsaktivität gesteigert werden, insbesondere bei ‚net buyers'.[65]

Diese Ergebnisse verdeutlichen, dass die im vorherigen Abschnitt beschriebenen, überwiegend positiven Marktauswirkungen des Hochfrequenzhandels wie die schnellere Preisfindung und verringerten Bid-Ask-Spreads nicht genügen, um die spezifischen Auswirkungen auf institutionelle Trader vollumfänglich zu begreifen. Allerdings sind diese Ergebnisse keineswegs unangefochten. Beispielsweise können die Autoren Chen und Garriott (2018) keinen signifikanten Effekt des Hochfrequenzhandels auf die Transaktionskosten großer Handelsaufträge feststellen. Brogaard et al. (2014) stellen in einer historischen Betrachtung fest, dass die institutionellen Handelskosten seit Beginn der 2000er gefallen sind, können jedoch keinen Kausalzusammenhang mit dem Hochfrequenzhandel nachweisen. Harris (2013) wiederum verweist auf eine Vielzahl verlässlicher Studien, die gezeigt hätten, dass die Transaktionskosten mit zunehmendem Hochfrequenzhandel substanziell gesunken seien. Somit scheinen die Auswirkungen des Hochfrequenzhandels auf institutionelle Marktteilnehmer ein in der Literatur nach wie vor strittiges Thema zu sein, welches zum derzeitigen Stand noch keiner finalen Beurteilung unterzogen werden kann.

3.4 Auswirkungen auf nicht-professionelle Trader

Der Hochfrequenzhandel ist nicht nur für professionelle Investoren von Interesse, sondern auch für private Anleger. Diese sind nämlich direkt von den Strategien der Hochfrequenzhändler betroffen, da diese oft gezielt auf das Anlageverhalten von Privatinvestoren fokussiert sind.[66]

---

[65] Vgl. Tong 2015, S. 27.
[66] Vgl. Gresser 2018b, S. 178.

Ein in der öffentlichen Debatte um den Hochfrequenzhandel immer wieder aufkommender Aspekt ist Fairness. Angesichts der Tatsache, dass bereits allein die Schaffung der technischen Infrastruktur zur Teilnahme am Hochfrequenzhandel ein Millioneninvestment voraussetzt, ist völlig klar, dass ein Großteil der Marktteilnehmer und nahezu jede natürliche Person vom Hochfrequenzhandel ausgeschlossen ist. Vor allem der massive Zeitvorsprung und die Überlegenheit von Hochleistungscomputern in der Informationsverarbeitung gegenüber den kognitiven Fähigkeiten der Privatinvestoren.[67] werden vor dem Hintergrund des Gleichbehandlungsgrundsatzes aller Marktteilnehmer häufig angeprangert. Manche Kritiker des Hochfrequenzhandels stellen die kostspielige Anmietung von Co-Locations sogar auf eine Stufe mit Insiderhandel und stellen die Frage, inwieweit es fair ist, dass einigen wenigen finanzstarken Marktteilnehmern aufgrund ihrer Mittel ein besserer Marktzugang gewährt wird als gewöhnlichen Tradern.[68]

Trotz solcher kritischen Äußerungen kann nicht negiert werden, dass Privatanleger durchaus von den Auswirkungen des Hochfrequenzhandels profitieren. Wie bereits dargelegt, kommen zahlreiche Studien zum Schluss, dass der Hochfrequenzhandel die Marktqualität verbessert. Der dabei kontroverseste Aspekt ist wohl die von Hochfrequenzhändlern beigesteuerte Liquidität. Die in der Literatur vorwiegende Meinung ist jedoch, dass ebendiese Liquidität zu sinkenden Bid-Ask-Spreads führt. Darüber hinaus trägt der Hochfrequenzhandel über die rasante Verarbeitung neuer Informationen zu einer schnelleren Preisfindung an internationalen Wertpapierbörsen bei. Die geringen Bid-Ask-Spreads haben einen direkten, positiven Einfluss auf die Transaktionskosten privater Investoren. Im Gegensatz zu institutionellen Investoren stellen diese nämlich eine der Hauptkomponenten der anfallenden Transaktionskosten dar.[69] Neben diesen positiven Auswirkungen des Hochfrequenzhandels steht allerdings auch in der Diskussion, ob dieser die Volatilität in der kurzen Frist erhöht. Da Privatanleger aber ohnehin einen in der Regel mittel- bis langfristigen Anlagehorizont haben, sind diese von kurzfristigen

---

67 Vgl. Harris 2013, S. 6.

68 Vgl. Goldstein et al. 2014, S. 194.

69 Vgl. Tong 2015, S. 2.

Preisschwankungen weniger betroffen. Wie diese Erkenntnisse zeigen, hat der Hochfrequenzhandel durchaus positive Auswirkungen auf private Investoren.

Dennoch wird Hochfrequenzhändlern häufig vorgeworfen, hohe Profite auf Kosten anderer Marktteilnehmer zu erzielen. Tatsächlich beschreiben Baron, Broogard und Kirilenko (2012) die Märkte als Nullsummenspiel. Zu jedem Trade gehören grundsätzlich zwei Akteure: ein Käufer und ein Verkäufer. Die Bezeichnung der Märkte als Nullsummenspiel veranschaulicht, dass wenn einer der beiden Akteure permanent überdurchschnittliche Renditen einfährt, dies im Umkehrschluss bedeutet, dass der jeweils andere Handelspartner unterdurchschnittliche Renditen erzielen muss. Wie die Mehrheit der empirischen Resultate bestätigt, sind es Privatinvestoren, die kontinuierlich unterdurchschnittliche Langzeitrenditen erwirtschaften.[70]

Es gibt mehrere Gründe für den unterdurchschnittlichen Markterfolg privater Anleger: Zum einen sind Privatanleger in ihren Möglichkeiten zur Informationsverarbeitung Hochfrequenzhändlern weit unterlegen. Die daraus entstehenden Informationsasymmetrien mindern den Markterfolg der nichtprofessionellen Investoren. Zum anderen ist die ‚Underperformance' privater Anleger auf ihr irrationales Verhalten zurückzuführen. Privatinvestoren tendieren oft zur Annahme, mehr zu wissen als andere Marktteilnehmer und treffen aus dieser Selbstüberschätzung heraus teils suboptimale Entscheidungen. Für manche Investoren hat der Handel mit Wertpapieren wiederum unterhaltenden Charakter, der in ihnen ähnliche Gefühle hervorruft wie zum Beispiel Glücksspiel. Wenn Investoren anfangen, an Wertpapierbörsen zu zocken, führt dies äußerst selten zu einem Langzeiterfolg. Darüber hinaus glauben manche Privatanleger, einen geografisch bedingten Informationsvorteil gegenüber anderen Marktteilnehmern innezuhaben, wenn sie in Firmen in ihrem näheren Umkreis investieren. Dies führt jedoch oft dazu, dass Privatanleger ihr Portfolio nicht adäquat diversifizieren. Außerdem kann beobachtet werden, dass nicht-professionelle Investoren eine starke Präferenz dafür zu haben scheinen, im Wert steigende Finanzinstrumente zu verkaufen und im Wert sinkende zu halten. Dieses

[70] Vgl. Barber & Odean 2013, S. 1547.

paradox erscheinende Verhaltensmuster wird als „Dispositionseffekt“ bezeichnet.[71]

Dies soll verdeutlichen, dass man Hochfrequenzhändler nicht per se für die unterdurchschnittlichen Renditen von Privatanlegern verantwortlich machen kann. Viel mehr unterliegen Privatinvestoren – im Gegensatz zu den algorithmenbasierten Hochleistungscomputern der Hochfrequenzhändler – diversen psychologischen Einflüssen, die ihren Markterfolg schmälern.

Durch ihr irrationales, teils hedonistisch, teils altruistisch motiviertes Verhalten erzeugen Privatinvestoren ebendiese Marktimperfektionen, aus denen Hochfrequenzhändler ihre Profite generieren.

---

[71] Vgl. Barber & Odean 2013, S. 1547ff.

4 Fazit und Ausblick

Der klassische Parketthandel – zwar unverändert Thema diverser Hollywood-Produktionen wie „The Wolf of Wall Street" – spielt an den Börsen heutzutage nur noch eine untergeordnete Rolle. Längst haben Hochfrequenzhändler eine marktbeherrschende Stellung eingenommen. Im Gegensatz zu herkömmlichen Tradern zielen Hochfrequenzhändler nicht auf langfristige Renditen durch lukrative Kursbewegungen, sondern generieren ihre Profite aus kurzfristigen Marktineffizienzen wie beispielsweise Fehlbewertungen von Finanzinstrumenten. Ihr Ziel dabei besteht im Abschöpfen von Arbitragegewinnen.

Die vorherrschende Meinung in der Literatur stellt den Hochfrequenzhandel in Verbindung mit einer Verbesserung der Marktqualität. Wie Studien mehrheitlich gezeigt haben, erhöht der Hochfrequenzhandel die im Markt vorhandene Liquidität, indem er für ausreichend Angebot und Nachfrage sorgt. Durch die erhöhte Liquidität trägt der Hochfrequenzhandel dazu bei, dass sich die Bid- und Ask-Preise einander annähern. Dennoch steht der Hochfrequenzhandel besonders in der öffentlichen Debatte im Verdacht, hohe Gewinne auf Kosten anderer Marktteilnehmer zu erzielen. Literarische Werke wie das Buch „Flash Boys – A Wall Street Revolt" von Michael Lewis heizen den Diskurs an. Um einen Beitrag zur Diskussion rund um die Auswirkungen des Hochfrequenzhandels zu leisten, beschäftigte sich die vorliegende Arbeit mit einer perspektivenorientierten, ökonomischen Analyse des Hochfrequenzhandels. Konkret wurde dieser aus Sicht institutioneller und privater Investoren diskutiert.

Was die Auswirkungen des Hochfrequenzhandels auf institutionelle Anleger betrifft, kann kein endgültiges Urteil gefällt werden, da verschiedene, seriöse Studien zu konkurrierenden Ergebnissen kommen. Beispielsweise postuliert Tong einen Anstieg der institutionellen Handelskosten, insbesondere bei einem starken Ungleichgewicht in der täglichen Kaufs-Verkaufs-Bilanz institutioneller Investoren. Harris wiederum verweist auf zahlreiche Studien, die herausgefunden haben, dass der Hochfrequenzhandel die Transaktionskosten institutioneller Anleger substanziell senken würde. Es fällt daher schwer, aus Basis dieser diametral entgegengesetzten Ergebnisse eine Handlungsempfehlung für institutionelle Investoren auszusprechen.

Eine Charakterisierung privater Anleger hat gezeigt, dass diese nicht nur rein ökonomisch, sondern auch hedonistisch und altruistisch motiviert sind. Außerdem unterliegen sie im Gegensatz zu den Handelssystemen der Hochfrequenzhändler diversen psychologischen Einflüssen, anhand derer sich die unterdurchschnittlichen Markterfolge privater Investoren erklären lassen. Somit kann man die Hochfrequenzhändler nicht per se für deren ‚Underperformance' verantwortlich machen. Es ist klar, dass Privatanleger allein schon aufgrund ihrer technischen Möglichkeiten Hochfrequenzhändlern in puncto Effizienz klar unterlegen sind. Dennoch profitieren Privatanleger von sinkenden Transaktionskosten als unmittelbare Folge geringerer Bid-Ask-Spreads. Gegeben der Tatsache, dass der Hochfrequenzhandel die Marktqualität verbessert, wäre Privatinvestoren zu raten, anstelle selbst aktiv Handel zu betreiben, lieber in Investmentfonds wie zum Beispiel Indexfonds zu investieren. Da Indexfonds in ihrer ursprünglichen Form einen Börsenindex möglichst exakt nachbilden, können private Anleger indirekt von der Effizienz der Hochfrequenzhändler mitprofitieren.

Während also bei institutionellen Investoren kein eindeutiges Urteil über die Auswirkungen des Hochfrequenzhandels gefällt werden kann, scheinen die Vorteile des Hochfrequenzhandels in Bezug auf private Investoren zu überwiegen. Bevor man also den Hochfrequenzhandel kritisiert, sollte zunächst umfassende Klarheit über dessen Auswirkungen auf die verschiedenen Stakeholdergruppen geschaffen werden. Hier könnten zukünftige Studien weiter ansetzen.

Literaturverzeichnis

Adrian, R., Heidorn, T. (2000). Der Bankbetrieb – Lehrbuch und Aufgaben, 15. überarbeitete Auflage, Wiesbaden, Springer Gabler.

Alt, R., Puschmann, T. (2016). Digitalisierung der Finanzindustrie – Grundlagen der Fintech-Evolution, Berlin Heidelberg, Springer Gabler.

Anand, A. et al. (2008). Persistence in Trading Costs: An Analysis of Institutional Equity Trades, SSRN Electronic Journal, Paper-Nr. 1195311.

BaFin – Bundesanstalt für Finanzdienstleistungsaufsicht (2017). Zweites Finanzmarktnovellierungsgesetz – Umsetzung von MiFID II und Anpassung an weitere europäische Vorschriften. https://www.bafin.de/SharedDocs/Veroeffentlichungen/DE/Fachartikel/2017/fa_bj_1706_FiMaNoG.html; zuletzt abgerufen am 08.07.2019.

Baron, M., Brogaard, J., Kirilenko, A. (2012). The trading profits of high-frequency traders" (Draft), SSRN Electronic Journal, Paper-Nr.: 2106158.

Barber, B. M., Odean, T. (2013). The Behavior of Individual Investors, in: Handbook of the Economics of Finance, Elsevier, 1533-1570.

Brogaard, J. et al. (2014). High-Frequency Trading and the Execution Costs of Institutional Investors, The Financial Review 49, 345-369.

Buchter, Heike (2014). Hochfrequenzhandel- Software statt Erfahrung, Zeit Online. http://www.zeit.de/2014/16/hochfrequenzhandel-algorithmen-boerse/seite-2; zuletzt abgerufen am 05.07.2019.

Bundesgesetzblatt Jahrgang 2013, Teil I Nr. 23, ausgegeben zu Bonn am 14. Mai 2013. https://bvai.de/fileadmin/PDFs/DE/Reg._Rahmenbedingungen_Stellungnahmen/Hochfrequenzhandelsgesetz/HFT-Gesetz-final.pdf; zuletzt abgerufen am 08.07.2019.

Chen, M., Garriott, C. (2018). High Frequency Trading and Institutional Trading Costs, Bank of Canada Staff Working Paper 2018 (8).

Durbin, M. (2010). All about High-Frequency Trading", New York, Mcgraw- Hill.

French, K. (2008). Presidential address: The cost of active investing", Journal of Finance 63 (4), 1537–1573.

Goldstein, M. A., Kumar, P., Graves, F. C. (2014). Computerized and High-Frequency Trading, Financial Review 49 (2), 177–202.

Gomber, P. et al. (2011). High Frequency Trading, SSRN Electronic Journal, Paper-Nr.: 1858626.

Gomber, P., Nassauer, F. (2014). Neuordnung der Finanzmärkte in Europa durch MiFID II/MiFIR, White Paper Series No. 20, Frankfurt am Main: SAFE.

Gresser, U. (2018a). Hochfrequenzhandel: Kompakt, verständlich, aktuell, Wiesbaden, Springer Gabler.

Gresser, U. (2018b). Praxishandbuch Hochfrequenzhandel Band 2.: Advanced: Produkte, Systeme, Regulierung, Wiesbaden, Springer Gabler.

Grillet-Aubert, L. (2010). Equity trading: A review of the economic literature for the use of market regulator, Autorité de Marchés Financiers, Working Papers Nr. 9 (Download am 05.07.2019).

Harris, L. (2013). What to do about High-Frequency Trading, Financial Analysts Journal 69 (2).

Hirschey, N. (2018). Do High-Frequency Traders Anticipate Buying and Selling Pressure?, SSRN Electronic Journal, Paper-Nr.: 2238516.

Jansson, M., Biel, A. (2011). Motives to engage in sustainable investment: a comparison between institutional and private investors, Sustainable Development 19 (2), 135-142.

Kelejian, H. H., Mukerji, P. (2016). Does high frequency algorithmic trading matter for non-AT investors?, Research in International Business and Finance 37, 78–92.

Kirilenko, A. et al. (2017). The Flash Crash: High Frequency Trading in an Electronic Market, Journal of Finance 72 (3), 967-998.

Menkveld, A.J. (2014). High-Frequency Traders and Market Structure, The Financial Review 49, 333-344.

Schmolke, K.U. (2007). Institutionelle Anleger und Corporate Governance – Traditionelle institutionelle Investoren vs. Hedgefonds, Zeitschrift für Unternehmens- und Gesellschaftsrecht, Band 36, Heft 5.

Simon, H.A. (1959). Theories of Decision-Making in Economics and Behavioural Science, American Economic Review 49 (3), 253-283.

Sullivan, M. K., Miller, A. (1996). Segmenting the informal venture capital market: economic, hedonistic, and altruistic investors, Journal of Business Research 36 (1), 25-35.

Tong, L. (2015). A Blessing or a Curse? The Impact of High Frequency Trading on Institutional Investors, European Finance Association Annual Meetings 2014 Paper Series.

Troschke, A., Thießen, F. (2010). Was wusste Markowitz? Die Geschichte der Diversifikation, Bankhistorisches Archiv – Banking and Finance in Historical Perspective 36 (2), Stuttgart, Franz Steiner Verlag.

Effizienzsteigerungen in der Finanzindustrie durch die Blockchain-Technologie? Eine perspektivenorientierte ökonomische Analyse

Christina Pape[a*]

Key Words: Blockchain; Smart Contract; Distributed Ledger Technology; Decentralisation

Inhaltsübersicht:

[a]Research Student at Zeppelin University
[*]Please address correspondence to Christina Pape, Zeppelin University, Am Seemoser Horn 20, 88045 Friedrichshafen.

1 Einführung

Bill Gates sagte: „Die erste Regel von Technologie in Unternehmen ist, dass Automation die Effizienz von effizienten Abläufen erhöht. Die zweite Regel ist, dass sie die Ineffizienz von ineffizienten Abläufen erhöht."[1] Jeder, der schon einmal eine vermeintlich digitale Kontoeröffnung durchgeführt hat, oder sich bei Instituten dem Kommunikationsversuch per DE-Mail[2] hingegeben hat, erkennt zweifellos den Wahrheitsgehalt dieser Aussage. Trotzdem prognostiziert das Versicherungsbündnis B3i, dass die Blockchain, oder präziser die Distributed Leger Technologie, ein Einsparungspotential von 30 % durch Vermeidung doppelter Arbeit, unnötigen Abstimmungen und Wartezeiten birgt.[3] Auch Banken haben teilweise sehr bürokratische Prozesse. Beispielsweise das Thema digitale Unterschrift eignet sich hervorragend, um digitalisierte Arbeit in Finanzinstituten zu verdeutlichen. Banken akzeptieren oft keine elektronische Signatur. Auch Bankmitarbeitern fehlt oft die Möglichkeit eine elektronische Signatur in ihrer Korrespondenz zu setzen. Dies führt dazu, dass ein Dokument, welches von beiden Parteien unterzeichnet werden muss, von der Bank ggf. digital zum Kunden gesandt wird. Dieser druckt das Formular aus und sendet es per Post zurück an die Bank. Hier verteilt die Hauspost das Dokument zum richtigen Sachbearbeiter, der das Dokument ebenfalls unterzeichnet, um den Sachverhalt zu bearbeiten. Hierbei klebt er einen Barcode auf das Dokument, gibt diesen im System ein, um das Dokument wiederum per Hauspost an die Archivierung zu senden, welche das Dokument entsprechend scannt, digitalisiert der Akte hinzufügt und zur Datenvernichtung oder ins physische Archiv gibt. Nicht zu Unrecht gibt es Stimmen, die meinen, dass Papierprozesse in Banken durch die Digitalisierung lediglich eine digitale Verpackung bekommen haben.[4] Auch im

[1] Bill Gates aus www. myzitate.de.

[2] DE Mail ist der Versuch des deutschen Staates einer identitätsgebundenen sichereren Kommunikation zwischen Bürgern und Institutionen. Leider ist die Einführung insofern erfolglos, dass die Identifikation zusätzlichen manuellen Aufwand bedeutet und die Kommunikation nicht von allen Behörden akzeptiert wird.

[3] Vgl. B3i 2018.

[4] Vgl. Tapscott & Tapscott 2017.

Versicherungsbereich verläuft die Schadensabwicklung ähnlich semi-digital. Besonders in der Schadensbearbeitung, in der viele Dokumente wie Kostennachweise und Gutachten von verschiedenen Quellen nötig sind, ist die Korrespondenz oft mühsam. Für solcherlei Probleme und viele mehr könnte Blockchain, glaubt man dem Hype, die Lösung sein. Angesicht dessen, dass Banken in Deutschland eine kumulierte Bilanzsumme von knapp acht Billionen Euro aufweisen,[5] verdienen zweistellige prozentuale Effizienzsteigerungspotentiale definitiv einige Aufmerksamkeit.

Um dieses Effizienzsteigerungspotential praxisbezogen zu analysieren, ist diese Arbeit wie folgt aufgebaut: im zweiten Kapitel werden zunächst die für die Analyse notwendigen Grundlagen, sowie Funktionsweise und neuartige Instrumente der Blockchain Technologie identifiziert und erläutert. Dabei werden wir uns auf die wichtigsten praxisrelevanten Instrumente konzentrieren, die über Kryptowährung hinaus gehen und jenen schon viel diskutierten Punkt außenvorlassen. Anschließend in Kapitel 3 werden die Untersuchungsperspektiven von Finanzinstituten und Verbrauchern samt deren Interesslagen hergeleitet um weiterhin mit der perspektivengeleiteten ökonomischen Analyse die zentrale Frage nach Effizienzsteigerung zu beantworten. Kapitel 4 schließt mit einer Zusammenfassung über die gewonnenen Erkenntnisse ab.

[5] Vgl. Statista 2019.

2 Theoretische und technologische Grundlagen

Um eine Effizienzanalyse vornehmen zu können, müssen zunächst einige Grundlagen als Rahmenparameter festgesetzt werden. Deshalb soll in diesem Kapitel zunächst der Blickwinkel für die Analyse eingegrenzt werden und die Funktionsweise, sowie relevante Instrumente der Technologie erläutert werden.

2.1 Eingrenzung Finanzindustrie

In dieser Arbeit wird sich auf ausgewählte Perspektiven der Finanzindustrie konzentrieren. Ziel ist es, praxisnahe Anwendungsfälle zu beleuchten. Daher sind solche Perspektiven besonders geeignet, die viele potenzielle Schnittstellen mit der Blockchain haben könnten. Hier eignen sich besonders Geschäftsvorfälle, bei denen es viele Außenberührungspunkte mit verschiedenen Parteien und Zuständigkeiten gibt. So werden wir zum einen die institutionelle Perspektive von Banken und Versicherern einnehmen, und zum anderen die Perspektive und die Möglichkeiten der Verbraucher von Banken und Versicherungen beleuchten.

2.2 Tranksanktionskostentheorie

Um eine Effizienzanalyse vornehmen zu können, muss zunächst der Effizienzbegriff diskutiert werden. Das Gabler Wirtschaftslexikon stellt auf diejenige Maßnahme ab, die die „geringsten volkswirtschaftlichen Kosten“ verursacht[6]. Dies umfasst sowohl die nach der neuen Institutionenökonomik geforderte Betrachtung der Kosten innerhalb eines Unternehmens wie auch die Kosten des Marktes. Um also volkswirtschaftliche Kosten bestimmen zu können, bedienen wir uns der Transaktionskostentheorie nach Williamson.[7] Hiernach sind Kosten hauptsächlich marktliche und unternehmensinterne Verständigungskosten. Insbesondere fallen Transaktionskosten demnach an, wenn ein Gut[8] von einer (unternehmensinternen oder externen) Fertigungsstufe in eine andere übergeht. Also an

[6] Vgl. Thommen 2019.
[7] Vgl. Schumann et al. 1999.
[8] Für den Zweck dieser Arbeit werden Finanzprodukte analog als Güter angesehen.

Schnittstellen. Solche Kosten entstehen ab dem Beginn der Suche von Vertragspartnern über die Vertragsanbahnung, -vorbereitung -verhandlung -abschluss -ausführung -kontrolle bis zu nachträglichen Reklamationen oder Vertragsanpassungen. Weiterhin sind regulatorische oder gerichtliche Kosten in dem Begriff eingeschlossen. Überdies erstreckt sich der Transaktionskostenbegriff auf die Kosten zwischen Management und Faktoreigentümer (Faktoren = Arbeit, Kapital und Boden). Also auch auf Arbeits- und Kapitalkosten z. B. bei der Aktienausgabe oder Kosten im Zusammenhang mit Arbeitsverträgen.[9] All solche Kosten zu reduzieren wäre demnach wirtschaftlich Es können also solche Innovationen der Blockchain Technologie als potentiell effizient bezeichnet werden, die in der Lage sind solcherlei Kosten zu senken.

2.3 Funktionsweise und Einordnung der Technologie

2.3.1 Wie funktioniert die Blockchain

Der häufig benutzte Begriff Blockchain wird oft fälschlicherweise synonym für die Distributed Ledger Technology (DLT) verwendet. DLT bedeutet, dass Daten nicht mehr zentral gespeichert, sondern von verschiedenen Teilnehmern = Knoten (engl. Nodes) eines Netzwerkes gemeinsam gespeichert werden.

---

[9] Vgl. Schumann et al. 1999.

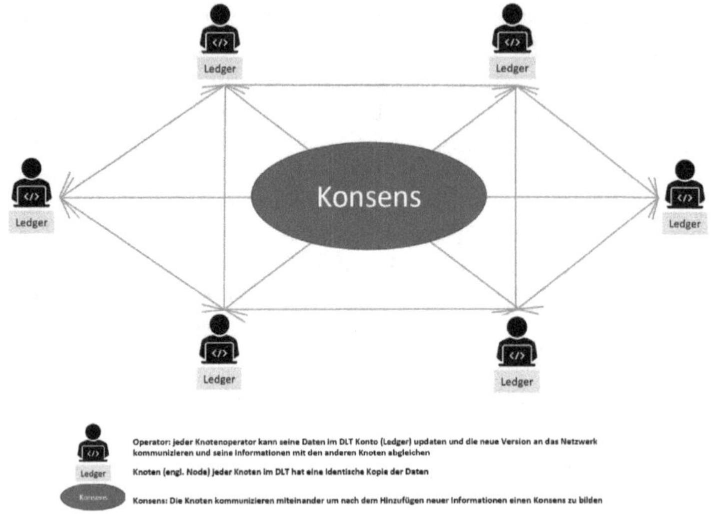

Abbildung 1: Distributed Ledger Angelehnt an[10]

Die DLT ist also gewissermaßen das Speichermedium, die Datenbasis für die einzelnen Blocks der Blockchain.[11]

Diese Art der Speicherung hat u. a. den Vorteil, dass es keinen single point of failure[12] gibt. Allen Teilnehmern stehen die gespeicherten Informationen in Echtzeit zur Verfügung und werden automatisch geupdated sowie synchronisiert. Dies erschwert die Manipulation der Daten.[13] Die Datenstruktur auf DTLs kann zum Beispiel in (Daten-) Blocks erfolgen, dies ist heutzutage aber lange nicht mehr ständig der Fall. Deshalb werden wir künftig abweichend vom umgangssprachlich verallgemeinerten Begriff Blockchain abweichen und DLT verwenden. Aktuelle DLT Systeme, wie z. B. Corda weichen in ihrer Funktionsweise teilweise von der ursprünglichen Blockchain Technologie ab.[14] Da das Kernprinzip aber meist

---

[10] Quelle: In Anlehnung an Lewis et al. 2017, 2.

[11] Vgl. Schlatt et al. 2016.

[12] Single point of failure bezeichnet in der Informatik einen Versagenspunkt, bei dem ein Fehler den Verlust der Datenstruktur und oder sämtlicher Kopien der Daten zur Folge haben kann (IBM Corporation, 2014).

[13] Vgl. Lewis et al. 2017.

[14] Vgl. hierzu auch Abbildung 4 im Anhang.

bestehen bleibt, sei hier die Funktionsweise an einer Blockchain Transaktion erklärt.

> Für die Entstehung eines Blocks sind sechs Schritte nötig:
> 1. Einigung zweier Parteien, A und B, die jeweils Inhaber zweier Identifikationsnummern (keys) sind. Eines öffentlichen und eines vertraulichen privaten.
> 2. Kontrakt: Der Kontrakt für die Transaktion wird programmiert.
> 3. (und 4.) Bestätigung: Partei A adressiert mit dem öffentlichen key von B die Transaktion und unterschreibt mit seinem privaten key. Sobald B ebenfalls mit seinem private key unterschreibt, entsteht ein Datenblock.
> 5. Verschlüsselung: Jeder Block beginnt mit der individuellen Abschlusssignatur des Blocks davor (Hash). Transaktionen laufen öffentlich und werden – in einem festen Takt – durch einen Kryptografie Algorithmus in einem neuen Block zusammengefasst und wiederrum mit einem Hash endend verschlüsselt.[15] Durch die Kryptografie ist es unwirtschaftlich bis unmöglich zu entschlüsseln durch welche Dateneingabe der Hash, den man untersucht entstanden ist. Nur geringfügigen Änderungen in der Dateneingabe erzeugen einen völlig anderen Hash. Dies erzeugt Datenintegrität.[16]
> 6. Konsens: Die Teilnehmer überprüfen mit einer mathematischen Methode die Richtigkeit der Hashs und bei einem Konsens von 51% wird der neue Block akzeptiert und der Datenkette hinzugefügt (Blockchain innovation and funding in banking). So sind alle Transaktionen einwandfrei nachverfolgbar – und vor allem (nahezu) unveränderbar.[17]

Eine Unterscheidung verschiedener DLTs findet oft nach „öffentlich“ und „privat“ (permissioned) statt. Bei öffentlichen DLTs kann jeder ein Node werden, bei permissioned Blockchains ist diese Funktion auf besonders vertrauenswürdige Teilnehmer begrenzt. Für solche „trusted Nodes“ eignen sich

[15] Vgl. Back 2002.
[16] Vgl. Friedlmaier et al. 2017.
[17] Vgl. PwC 2019, 1.

z. B. Anwälte, oder staatliche Institutionen. Laut der Deutschen Bundesbank eignen sich lediglich private DLTs, mit genehmigungspflichtigem Zutritt für die Finanzindustrie. Anders können regulatorische Vorgaben nicht erfüllt werden.[18] Deshalb wird im weiteren Verlauf davon aus, dass bei der Verwendung DLT diese Voraussetzung gegeben ist. Hier nun hebt sich aber die Unveränderbarkeit in gewisser Weise auf. Kontrollierende Nodes können Transaktionen verändern. Hier ist es wichtig, dass dies nur in definierten Ausnahmefällen vonstattengeht, z. B. um „das Recht auf Löschung" zu wahren.[19]

2.3.2 Rechtlicher Rahmen

Jede handelbare Einheit auf der Blockchain ist ein Token. Die Bafin definiert Token als „digitalisierte Form von Vermögenswerten". Diese werden im deutschsprachigen Raum in drei Kategorien eingeteilt: Zahlungstoken, Beteiligungs- bzw. Anleihe-Token und Utility oder Nutzungs-Token.[20] Wie diese Kategorien jedoch zu bewerten sind ist eine heikle Frage. Generell gestaltet sich der rechtliche Rahmen für DLT Anwendungen noch zögerlich. Sofern durch Tokens allerdings Gewinnansprüche oder Unternehmensanteile verkörpert werden, sind sie als eine Form des Wertpapiers zu werten und unterliegen folglich denselben regulatorischen Ansprüchen bezüglich Emission Meldung, Handel und Dokumentation. Sowohl die Europäische Bankenaufsichtsbehörde (EBA), als auch die Europäische Wertpapier- und Marktaufsichtsbehörde (ESMA) warnen Verbraucher vor der äußerst riskanten Investition in Kryptotoken. Bei der Frage ob es sich bei dem vorliegenden Token um ein Wertpapier, ein Investmentvermögen oder ein Anlagevermögen handelt und unter welche Regularien der jeweilige Token fällt, verweist die Bafin auf eine Einzelfallprüfung.[21]

Im Zusammenhang mit der Datenschutzgrundverordnung (DSGVO) war die französische Datenschutzaufsichtsbehörde CNIL nach aktuellem Kenntnisstand die erste Behörde, die

---

[18] Vgl. Deutsche Bundesbank 2018.

[19] Vgl. Yu et al. 2018, 40.

[20] Vgl. Bundesanstalt für Finanzdienstleistungsaufsicht 2019; Eidgenössische Finanzmarktaufsicht FINMA 2018.

[21] Vgl. Bundesanstalt für Finanzdienstleistungsaufsicht 2019.

sich hierzu äußerte. Sie stellte fest, dass eine dauerhafte Speicherung von Daten auf DLTs unvermeidbar erscheint. Gerade die Unveränderlichkeit der Daten ist ja der Kernpunkt der Technologie. Die Vereinbarkeit v. a. von Betroffenenrechten, dass ein Betroffener das Recht auf Auskunft, Korrektur und Löschung seiner Personenbezogenen Daten hat, bedarf noch weiterer Auslegung durch diverse Gesetzgeber.[22] Hieran wird z. B. durch neue Konzepte, wie dem zero-Knowledge-Proof gearbeitet.[23]

2.4 Neue Instrumente der Distributed Ledger Technologie

2.4.1 Single source of truth

Da durch die DLT Datenpakete dezentral im Kollektiv gespeichert werden, können auch alle Teilnehmer des Kollektivs oder Entitäten mit Schnittstellen zum Kollektiv auf ein Datenpaket zugreifen oder für Einsicht auf „need-to-know" Basis freigeschalten werden. Es sind also nicht mehr verschiedene Kopien der Daten im Umlauf, sondern ein einziger – der richtige –Datensatz, die „single source of truth" (SSOT) auf die mehrere Parteien zugreifen können.

Auch beschränkte Leserechte, die für den Datenschutz sowie den B2B Bereich unabdingbar sind, können über DLTs dargestellt werden.[24] SSOTs können also nicht nur durch gemeinsamen Zugriff umständliche Kommunikation einsparen, sie können auch mit regulierbarem Zugriff Prozesselement sein, z. B. bei der Einbindung von Identifikationselementen in Smart Contracts.

2.4.2 Smart Contracts

Nach Borselli (2018) sind Smart Contracts (SC) rechtsgültige Verträge die sich, statt auf Papier, in einem programmierten Code manifestieren und auf einer DLT automatisch ausgeführt werden. Demnach wären Kryptowährungen im weitesten Sinne SC, also Zahlungstokens, die automatisch ausführend Eigentumsrechte verschieben. SC können allerdings auch auf

[22] Vgl. Kaulartz & Quiel 2018.
[23] Vgl. Stark 2017.
[24] Vgl. Mainelli 2017.

weit komplexere Konstellationen angewandt werden. Sie können z. B. selbstständig auf externe Daten zugreifen, um z. B. Versicherungsverträge mit automatisiert eingeleiteter Auszahlung abzubilden. Die Quelle von denen SCs ihre Daten beziehen, müssen im Voraus bestimmt sein, sind oft vertrauenswürdige Parteien und werden Oracles genannt. Bei Identifikationsdingen können Oracles z. B. Behörden sein, die eine Person für die DLT mit den auch heute schon notwendigen Dokumenten identifizieren.[25] So können SC selbstständig Transaktionen auslösen oder gar miteinander agieren und ohne menschlichen Bearbeitungsaufwand Entscheidungen fällen.

2.4.3 Initial Coin Offerings

Initial Coin Offerings (ICO) sind dem Prinzip nach Initial Public Offerings, also der Börsenersteinführung von Aktien eines Unternehmens, nachempfunden. Dennoch sind sie nicht das Gleiche. Vielmehr sind ICOs Token generierende Events, bzw. SC, mit der Idee Gelder für Projekte, oder zur Unternehmensfinanzierung zu generieren. Die Tokens dienen als virtuelle Anteilsscheine. Hierfür können Firmen nach Veröffentlichung eines Whitepapers, in dem die Rahmendaten, sowie Zweck und benötigtes Volumen zu finden sind, ihre Tokens entweder auf der eigenen Unternehmenshomepage oder über eine Börse für virtuelle Währungen emittieren. Schon jetzt ist eine wachsende ökonomische Bedeutung von ICOs erkennbar. So betrug das Finanzierungsvolumen 2017 umgerechnet 5,4 Mrd. $, während es 2018 bereits auf 16,7 Mrd. $ angestiegen ist.[26]

---

[25] Vgl. Stark 2017.

[26] Vgl. Brandt 2019.

3 Effizienzanalyse

Um Effizienzsteigerungen aus verschiedenen Perspektiven in der Finanzindustrie beurteilen zu können, müssen zunächst die unterschiedlichen Interessenlagen beleuchtet werden. Dazu wird zum einen der Blickwinkel von Institutionellen Akteuren, namentlich Banken und Versicherern eingenommen, zum anderen der Blickwinkel der Verbraucher bzw. Bank- und Versicherungskunden. Diese Gruppen haben nicht nur unterschiedliche Motive für das Interesse an der DLT, sie sehen sich auch verschiedenen Risiken ausgesetzt. Diese Motive und Bedürfnisse sollen im ersten Teil dieses Kapitels dargestellt werden. Da die Produkte von Banken und Versicherungen bei der Nutzung der Interaktion zwischen Anbieter und Verbraucher bedürfen, haben sowohl Chancen als auch Risiken der Technologie Wechselwirkungen zwischen den Interessengruppen. Daher werden im Folgenden die Anwendungsmöglichkeiten der DLT zunächst jeweils aus allen drei Perspektiven analysiert, bevor die Ergebnisse in der Gesamtschau tabellarisch gegenübergestellt werden.

3.1 Perspektiven

Die Finanzindustrie leidet sie vielfach unter einer veralteten IT Infrastruktur. Diese wirkt sich begünstigend auf ineffiziente (Kommunikations-) Prozesse, wie die bereits beschriebenen aus. Regulatorische Änderungen machen zusätzlich maßgeschneiderte Sonderlösungen notwendig, die zu Inoperabilität und wieder hohen Wartungskosten führen.[27] Solche unwirksamen Prozesse verursachen sowohl im Bereich der Transaktionsanbahnung (z. B. Know your customer) als auch im Bereich der Nacharbeit (z. B. Anti Money Laundering oder Settlement und Clearing) laut Mainelli und Milne (2016) global jährliche Kosten im Wert von ca. 29-36 Milliarden US Dollar. Hiervon könnten derer Überzeugung nach durch die direkteren Wege, der DLT ca. 50% eingespart werden. Auch im Versicherungsbereich sind viele Backoffice Prozesse ineffizient. Von der Datensammlung beim Underwriting aus nicht kompatiblen Quellen, bis zur verspäteten Auszahlungen wegen ineffizienter Korrespondenz und daraus resultierenden Reputationsverlusten.

[27] Vgl. Stark 2017.

Vielfache konzerninterne wie -externe Abstimmung führen zu hohen Kosten.[28] Die Hoffnungen und das Interesse der institutionellen Akteure kann also in drei Punkten zusammengefasst werden: Ressourcen sparen, effizientere Prozesse schaffen und Reputationsgewinn durch anwenderfreundlichere Abläufe woraus Wettbewerbsvorteile entstehen können.

Verbraucher hingegen, dürften sich die Befreiung von unnötigen Gebühren wie der erst 2018 eingeführten Glücksspielgebühr mehr Transparenz, schnellere Abläufe sowie mehr Sicherheit z. B. vor Geldwäsche oder Fremdzugriffen erhoffen.[29]

3.2 Identifikation

Bei jeder ersten Vertragsaufnahme mit einer Finanzinstitution wird man identifiziert. Nur so können Banken und Versicherer ihren gesetzlichen Pflichten nachkommen und die Wirtschaft vor Geldwäsche und Terrorismusfinanzierung schützen. Auch wenn bereits Verpflichtungen eingegangen wurden, sind viele Regularien zur Bekämpfung von Geldwäsche und Terrorismus zu beachten.[30] SSOTs könnten hier eine zentrale Rolle einnehmen. Viele technischen Geräte, wie Smartphones oder Laptops entsperren sich heutzutage über biometrische Merkmale wie z. B. Gesichtserkennung. Es wundert daher nicht, dass es inzwischen auch Apps gibt, die solche Informationen auf der Blockchain abbilden können. So hat z. B. der US-amerikanische Bundesstaat West Virginia solcherlei Technik erstmals bei einer Wahl erfolgreich eingesetzt.[31] Durch eine sichere Identifikation per Oracle wäre die Unverfälschbarkeit einer SSOT und die stetige Aktualität der Identifikationsdokumente von Vorteil für alle Sachbearbeiter innerhalb einer Institution. Wenn Sterbeurkunden, Namensänderungen etc. durch ein automatisiertes Ablesen über ein DLT nicht mehr manuell weitergeleitet und verarbeitet werden müssten, wäre dies ein großes Arbeitsersparnis. Die Hoffnung auf effizientere bzw. Ressourcen sparendere Prozesse könnte sich hier also bewahrheiten.

---

[28] Vgl. R3 2019.
[29] Vgl. Schneider 2018.
[30] Vgl. Bundesanstalt für Finanzdienstleistungsaufsicht 2017
[31] Vgl. Fung 2018.

Auf Verbraucherseite sieht das Thema existentieller aus: Nicht nur viel papierhafte Arbeit würde gespart. Identität und deren Nachweisbarkeit schafft die Möglichkeit Konten zu eröffnen und Eigentum zu erwerben. Weltweit gibt es geschätzt 1,5 Milliarden Menschen, denen diese Möglichkeit fehlt. Für diese Menschen wäre eine Methode der lückenlosen Nachweisbarkeit der Identität per DLT eine potentielle Chance am Wirtschaftsleben teil zu haben.[32] Auf Verbraucherseite kann man somit nicht nur auf schnellere Prozesse, sondern bei einigen Bevölkerungsgruppen gar auf völlig neue Zugangswege zur Wirtschaft hoffen.

3.3 Single Source of truth

Vor der DLT hatten alle Formen digitaler Transaktionen das sog. "double spending" Problem, dass Daten dupliziert und doppelt verwandt wurden. Die DLT bietet die erste digitale Möglichkeit, bei der dieses Problem nicht auftaucht.[33] Flexible Leserechte könnten ein maßgeblicher Schlüssel sein um die Effizienz (interner) Prozesse zu steigern. Mit einer SSOT kann in derselben Datenquelle mit eindeutig nachverfolgbarer Historie gearbeitet werden.[34] Dies kann besonders in Compliance Prozessen zu erheblichen Kosten- und Arbeitseinsparungen führen.

Die Art der Effizienzsteigerungen wird anhand eines typischen Compliance Prozesses der sich wie folgt gestaltet erläutert:

Abbildung 2: Compliance Prozess[35]

[32] Vgl. Mainelli 2017.
[33] Vgl. PwC 2017.
[34] Vgl. Deutsche Bundesbank 2017.
[35] Quelle: In Anlehnung an Stark 2017, 5.

Schon die ersten beiden Schritte des Datenaufnehmens und -sammelns birgt Chancen für Effizienzsteigerungen. Nach europäischem Recht[36] muss z. B. beim Derivatehandel jedem Derivat eine einzigartige Kennnummer (UIT) zugeordnet werden. Beide Transaktionspartner müssen diese der Verwahrstelle melden, die die Nummern entsprechend zuordnet. 2014 meldete die DTCC, ein amerikanisches Clearinghaus, dass lediglich 40% der Transaktionen erfolgreich zugeordnet werden konnte. Solcherlei Probleme könnten durch SSOTs und deren potentielle Ausmerzung von Datenkopien verhindert werden.[37] Die Datensammlung von verschiedenen, manchmal gar internationalen Quellen und das lokale Abspeichern, sowie Versenden von Daten könnte durch die DTL per "Link" unnötig werden. So könnten die benötigten Daten, per Zugriff jederzeit live und in der aktuellen Version eingesehen werden. Im dritten Schritt, der Datenaufbereitung und -analyse müssen Finanzinstitute die Daten gemäß ihren internen Richtlinien und Prozesse analysieren um zu prüfen, ob Sicherheitsanforderungen für Kredite oder Transaktionen erfüllt sind. Erst diese aufbereiteten Daten werden an Aufsichtsbehörden weitergeleitet. Der Prozess der Datenaufbereitung muss auch bei der Verwendung von DLT Systemen stattfinden. Jedoch könnte durch die Links der vierte Schritt, das Teilen der Daten durch die bessere Qualität der Daten veredelt werden. Im letzten und vielleicht wichtigsten Schritt müssen die Geldinstitute die Richtigkeit der Daten sicherstellen. Dies bedeutet insbesondere, dass die Historie von Transaktionen lückenlos und fehlerfrei nachverfolgt werden kann. Diese Möglichkeit bietet die DLT in seiner Beschaffenheit von sich aus. Durch das Einsparen von Datenkopien, die automatische Aktualisierung und das Reduzieren von Fehlerquellen wird also die Datenintegrität maßgeblich erhöht.[38]

---

[36] Regulierung des außerbörslichen Derivatehandels ist das Thema der Verordnung (EU) Nr. 648/2012 des Europäischen Parlaments und des Rates vom 4. Juli 2012 über OTC-Derivate, zentrale Gegenparteien und Transaktionsregister - in Fachzeitschriften oft mit dem inoffiziellen amerikanischen Titel "European Market Infrastructure Regulations" (EMIR) bezeichnet.

[37] Vgl. Stark 2017.

[38] Vgl. Stark 2017.

Diese Einsparung von datenversendenden Prozessen und die Verfügbarkeit in nahezu Echtzeit und eine bessere Datenqualität erhöht die Wirksamkeit einmal eingepflegter Informationen. Zudem sind bei SSOTs weniger Kontrollen der Dateien nötig und die Dokumentation erfolgt über die Technologie automatisch. So ist ein höheres Maß an Rechtssicherheit vorhanden und schnellere Reaktionen sind möglich, die z. B. im Kreditwesen Ausfälle unwahrscheinlicher machen können. Dies schützt sowohl Geldinstitute als auch die Gemeinschaft der Kreditnehmer. Im Versicherungsbereich ist ein ähnlicher Zugriff auf Daten nötig.[39] Es können die Vorteile einer SSOT analog angenommen werden.

Bei der Datenanalyse allerdings gibt es noch Herausforderungen mit DLT Systemen. Im Banken- und Versicherungsbereich ist die Neukundenakquise teuer, deshalb ist es wirtschaftlich demselben Kunden verschiedene Güter oder Dienstleistungen zu verkaufen. Um die Bedarfssituation von Kunden zu analysieren, ist die Untersuchung von Metadaten nötig. Dies macht die DLT allerdings schwer. da Alles auf einem Datensatz gespeichert ist, benötigen Unternehmen Wege, solche Daten nicht nur von einzelnen Transaktionen, sondern auch von einer Masse an Transaktionen zu filtern und zu extrahieren.[40] Nach aktuellem Wissensstand sind hier bisher kaum Lösungen vorhanden.

Bei Versicherungen könnte die ökonomische Bedeutung von SSOTs in der Vertragsdurchführung, bei der Schadensbearbeitung oder bei komplexeren Versicherungsfällen, erheblich sein. Gerade im B2B Bereich wird von Versicherungen viel Geld für aggregierte und aktuelle Daten ausgegeben, oft ohne Garantie für die Aktualität der Daten. Das selbstständige Empfangen, Einbinden und Verwalten von Daten auf einer SSOT über Oracles kann hier viel Geld sparen. So könnten die Daten unmittelbar mit Versicherungspolicen verknüpft werden. Z. B. Schiffe könnten identifiziert mit einer DLT verknüpft werden, sodass der Standort im Zusammenhang mit Wetterdaten, die auf derselben DLT zusammenlaufen ein präziseres Risikomanagement möglich macht. "First Notices of Loss" (FNOL) könnten effizienter gehandhabt und v.a. ohne Aufwand an alle

[39] Vgl. R3 2019.

[40] Vgl. Mainelli & Milne 2016.

betroffenen Parteien weitergeleitet werden. Dies kann von kritischer Bedeutung sein. Wenn z. B. ein Schiff am Kentern ist, ist die FNOL zeitkritisch und bestimmend für den folgenden Verlauf. Davon hängt ab, wie und ob der Schaden oder Schadensfolgen verringert werden können. Wenn der Versicherer schnell und professionell reagieren kann und ggf. durch umfassende Information Schaden abwenden kann, können Kosten in Form von Zeit-, Reparatur- und Arbeitsaufwand eingespart werden. Für Versicherer und Versicherungsnehmer ist hier ein prägender Moment in ihrer Kundenbeziehung.[41] Dies ist als Chance Reputation zu gewinnen interessant, aber noch spannender aus ökonomischer Gesichtspunkten, denn der Großteil der Kosten von Versicherern bei der Schadensbearbeitung entsteht durch Korrespondenz und Formalien.[42] Wenn die richtigen Daten automatisiert und in nahezu Echtzeit weitergegeben werden können, könnte hier große Chancen für wirtschaftliche Effizientsteigerungen in Form von Arbeitsverringerung schnellerem Handlungsvermögen liegen. Für Finanzinstitute bieten SSOTs demzufolge zahlreiche Wege ressourcenschonender, schneller und transparenter zu arbeiten und somit Reputationsgewinne und Wettbewerbsvorteile zu erwirken.

Aus Sicht der Verbraucher könnte mit SSOTs allerdings ein zweischneidiges Schwert vorliegen. Es ist denkbar, dass Krankenakten, Identifikationspapiere oder Führungszeugnisse auf einer SSOTs abspeichert werden. Dies könnte per Link viel Korrespondenz, sowie Porto und Ersatzabschriften unnötig machen. Verbraucher könnten Banken oder Versicherungen flexiblen Lesezugriff auf Ihre Daten gewähren. Da aber die unlöschbare Dokumentation der Daten Teil des Systems ist, ist fraglich inwieweit Dinge zurückgehalten werden können. Ein uneingeschränkter Zugriff auf Teilbereiche kann weitreichende Folgen für ein Individuum haben. Z. B., wenn ein neues Visum beantragt und es einem aufgrund eines alten Visums bei einem konkurrierenden Staat nicht gewährt wird. Oder wenn alte Hypotheken oder falsche Schufa Eintragungen nur korrigiert, nicht jedoch gestrichen werden können und dies den Preis für Kredite und Versicherungen erhöht oder zur

[41] Vgl. ActecSystems 2010.
[42] Vgl. R3 2019.

Ablehnung führt.[43] Angesichts solcher Konsequenzen kann zwar auch hier die Wirksamkeit der Daten bejaht werden, die wirtschaftliche Teilhabe wird jedoch eingeschränkt. Eine einfache Handhabung von Daten wäre zwar aus Verbrauchersicht wünschenswert, aber die Freiheit nur solche Informationen preis zu geben nach denen gefragt wird, kollidiert mit der systemimmanenten Unlöschbarkeit der Daten und automatisierten Dokumentation. So wird die Freigabe von Daten zum potenziellen Risiko und schafft Unsicherheit. Erst wenn für dieses Problem eine Lösung gefunden wird, kann eine Effizienzsteigerung für Verbraucher bejaht werden.

3.4 Zahlungsverkehr

Innerhalb des europäischen Zahlungsraumes sind internationale Geldtransfers dank SPEA[44] schnell und günstig. Im weiteren internationalen Zahlungsverkehr und mit Partnern außerhalb Europas hingegen, kann es Tage oder Wochen dauern, bis zwischen den beteiligten Banken ein Konsens gefunden ist und Zahlungen ihren angedachten Weg gehen. Dies könnte durch die DLT mit nahezu Echtzeit vonstattengehen.[45] Insofern besteht hier eine Chance für große Zeitersparnisse für alle Beteiligten. Weiterhin hat der internationale Zahlungsverkehr das Problem des Konvertierens von Währungen. Der internationale Standard SWIFT[46] ist nicht für Währungswechsel vorgesehen, weshalb Kunden hier Gebühren in Höhe von rund zwei bis achtzehn Prozent zu erwarten haben.[47] Angesichts dessen, dass in Deutschland durch Menschen mit Migrationshintergrund jährlich, zwischen 5 Mrd. € und beinahe 18 Mrd. € im Jahr 2017 ins Ausland überwiesen werden[48], sind die

---

[43] Vgl. Mainelli 2017.

[44] SEPA (Single Euro Payments Area) bezeichnet die Vereinheitlichung des bargeldlosen Zahlungsverkehrs im europäischer Zahlungsverkehrsraum nach der EU Richtlinie 2007/64/EG (Deutsche Bundesbank 2019).

[45] Vgl. Mainelli & Milne 2016.

[46] SWIFT ist die führende internationale Kooperation für sichere Finanznachrichten, der von über 11.000 Finanzinstituten genutzt wird; vgl. SWIFT 2019.

[47] Vgl. World Bank 2017, 8.

[48] Vgl. Riccus 2019.

Potentiale durch die DLT immens.[49] Eine Ablösung des aktuellen Korrespondenzbankensystems zugunsten einer DLT mit vertrauenswürdigen Knotenpunkten entlang der Zahlungskette wäre insoweit zu begrüßen. Wenn zwischen zwei Zahlungspartnern kein Vertrauensverhältnis besteht, kann sich das Protokoll selbstständig einen möglichen Pfad von vertrauenswürdigen Nodes suchen und die Transaktion erfolgt automatisiert und automar (d.h. vollständig oder überhaupt nicht). So sind die Zahlungspartner sowohl vom Devisen- als auch vom Ausfallrisiko der Vertragsparteien befreit.[50]

Angesichts der potenziellen Einsparung von Zeit, Gebühren und Korrespondenz sind sowohl für Banken als auch für Versicherungen in der Rolle des Investors und für Verbraucher im internationalen Zahlungsverkehr große Effizienzsteigerungen möglich.

3.5 Smart Contracts

Für Smart Contracts finden sich sowohl operationelle wie auch vertragliche Anwendungsmöglichkeiten. Im Versicherungsbereich ist die Anwendung im Forderungsmanagement von Sach- und Unfallversicherungen möglich, bei dem Policen automatisiert mit selbstausführender Leistung darstellbar sind. Aber auch Lebensversicherungen wären einfach abbildbar, weil das Leistungskriterium, Tod oder nicht Tod, binär ist. Eine schnellere Bearbeitung hat den Vorteil, dass sie das Kernversprechen einer Versicherung „Zahlung bei Schaden" stützt und so die Beziehung zwischen Versicherungsnehmer und Versicherungsgeber verfestigten kann. Dies kann zu Reputationsgewinnen führen.[51] Bei komplexeren Versicherungen, wie z. B. im Bereich biometrischer Risiken, wenn die Informationen nicht binär sind, gibt es hingegen besondere Herausforderungen. Automatisierte Abläufe werden nach dem Wenn-Dann-Prinzip programmiert. Im Bereich der Pflege oder der Berufsunfähigkeit sind beabsichtigte Unvollständigkeiten, bzw. Ermessensspielräume eingeplanter Teil von Policen. So können Umstände des Einzelfalles beachtet und Schadensfälle

[49] Vgl. Keller & Leclerc 2019.
[50] Vgl. Keller & Leclerc 2019.
[51] Vgl. Borselli 2018.

lebensnah bearbeitet werden. Versicherer agieren hier eher nach Standards als nach binären Regeln. Standards sind jedoch schwierig in eine Bedingungslogik zu programmieren. Gerade der Ermessensspielraum schafft lebensnahe Flexibilität wo Regeln sich oft als zu starr oder zu weit erweisen. Auch können bei manueller Bearbeitung Informationen, die für den die Bearbeitung des vorliegenden Schadenfalles unerheblich oder nicht zielführend sind, oder deren Beschaffung im Einzelfall unzumutbar ist, weggelassen werden. Allerdings stecken sowohl DLTs als auch die praktische Anwendung von Machinelearning in den Kinderschuhen, sodass es nicht unmöglich erscheint, dass Maschinen auch "menschliches Ermessen" lernen könnten.[52] Im aktuellen Stadium scheinen DLTs eher für binär darstellbare Verträge geeignet zu sein Effizienzsteigerungen in Form schnellerer Bearbeitung sind sowohl aus Anbieter, als auch Verbraucherseite zu bejahen. Für komplexere Verträge überwiegt aktuell noch die Unsicherheit bzw. unzureichende Praktikabilität.

Herausforderungen bzw. gar Risiken liegen auch in der automatisierten Ausführung von Verträgen als solche: Das sogenannte „Fat finger" Prinzip, dass Fehler oder Fehlverhalten nicht durch eine zentrale Instanz korrigiert werden, oder einfach rückgängig gemacht werden können. Daneben steht die schon angesprochene rechtliche Unsicherheit ob solche SC auch vor Gericht Gültigkeit haben. Hier könnten vor allem die zum Vertragsschluss nötigen übereinstimmenden Willenserklärungen angefochten werden, weil fraglich ist, inwiefern ein Kunde eine in einem SC programmierte Entscheidung überhaupt versteht. in der Regel wird vermutlich davon auszugehen sein, dass Endkunden nur das Ergebnis, nicht aber die Zwischenschritte eines SC sehen.[53]

Bei miteinander kommunizierenden SC könnte allerdings ein umso größeres Einsparpotential entwachsen, je mehr Versicherungen eine Person auf einer DLT hat. So könnten bei Einreichung einer Sterbeurkunde automatisch Versicherungen und Konten bei verschiedenen Anbietern gekündigt und automatisiert an Hinterbliebene ausgezahlt werden.[54] Wenn

---

[52] Vgl. Borselli 2018.
[53] Vgl. Bundesanstalt für Finanzdienstleistungsaufsicht 2017.
[54] Vgl. PwC 2019, 1.

durch einmaliges Einreichen einer Urkunde die Information für verschiedene Abläufe und Anbieter genutzt werden kann und Prozesse ohne manuelle Bearbeitung automatisiert angestoßen werden, wird manueller, kommunikativer und zeitlicher Aufwand verringert, mit anderen Worten Ressourcen eingespart. Insofern bestehen hier Effizienzsteigerungschancen sowohl für Anbieter, als auch Verbraucher.

Für Banken bergen SC viele Chancen. Viele (Handels-) Verträge beruhen auf externen Informationen, z. B. einem Aktienkurs. Hier könnte eine Börse ein Oracle sein, von denen ein SC automatisiert Börsenkurse abliest.[55] Darüber hinaus sind SC besonders geeignet, wenn Verträge komplexe Dokumentation oder Nebenbedingungen haben. Das Zug-um-Zug-Prinzip, dass man nur leisten muss wenn der andere auch leistet, könnte inklusive der Dokumentation automatisiert dargestellt werden.[56] Aufgrund der komplexen Struktur und den vielen Beteiligten könnte somit die Selbstausführung nach dem Prinzip: „Wenn A und B zugesagt haben, wird X ausgelöst" besonderes Effizienzsteigerungspotential haben. Hier könnten das komplette Settlement und die Durchführung von Verträgen automatisiert werden. Dies könnte unnötiges und v.a. wiederholtes Kontrolllesen von Verträgen durch Juristen, sowie einige Nachverhandlungen entbehrlich machen. Bei Konsortialkrediten oder strukturierte Finanzierungen könnten so viele Schritte in Clearing und Settlement eingespart werden.[57] Dies birgt die Chance von Zeit, Arbeits- und somit Geldersparnis für alle Beteiligten.

Die Effizienzsteigerungen durch SC werden insbesondere durch automatisierte Informationsbeschaffung, Arbeitseinsparungen und schnellere Vertragsdurchführung geschaffen.

3.6 Initial Coin Offerings

ICOs bergen eine neue Methode für Firmen Kapital einzusammeln und für Verbraucher um direkt zu investieren. Sowohl Kauf und Verkauf, als auch Zins- und Dividendenzahlungen und die Ausübung von Stimmrechten könnten über die DLT

[55] Vgl. Stark 2017.
[56] Vgl. Keller & Leclerc 2019.
[57] Vgl. Fanning & Centers 2016

abgebildet werden. Durch die Direktheit des Investitionsweges, der (theoretisch) Intermediäre entbehrlich macht, könnten Beschaffungskosten von Eigen- und Fremdkapital gesenkt werden, der nicht durch Banken gefiltert ist.[58]

Einer der Vorreiter – Zumindest in Deutschland – ist die LBBW (Landesbank Baden-Württemberg), die bereits erste große Transaktionen in Form von ICOs durchgeführt hat. Daimler vergab ein Schuldscheindarlehen in Höhe von 100 Mio. €[59] und Telefónica Deutschland sogar in Höhe von 250 Mio. €.[60] Bei letzterer wurden bereits verschiedene Laufzeiten dargestellt und eine zweistellige Investorenanzahl erzielt. Im Februar 2019 meldete die LBBW, dass eine Transaktion mit einem ABCP-Papier (ABCP = Asset Backed Commercial Paper)[61] die erste Transaktion ohne parallelen Analogprozess gewesen sei. Die Abwicklungszeit hat sich dabei von marktüblichen zwei Tagen auf unter eine Stunde verkürzt.[62] Auch Devisen und Zinszahlungen können über die DLT abgeformt werden.[63]

Die Technologie bietet aber auch Chancen für Kleinaktionäre. Private Investoren nehmen oft ihr Stimmrecht auf Hauptversammlungen aufgrund der hohen Opportunitätskosten in Form von Planungs- und Anreisekosten nicht wahr. Dies könnte durch eine Stimmabgabe per DLT geändert werden, da so eine einwandfrei identifizierbare Abstimmung in nahezu Echtzeit möglich ist. Dies könnte in einer Steigerung der Identifikation und somit in Reputationsgewinnen der Emittierenden resultieren könnte.[64] Für Banken oder Versicherer als institutionelle Investoren, aber auch für Kleinanleger könnten hier erhebliche Zeit- und Arbeitseinsparungen entstehen, die wiederum in geringeren Eigenkapitalkosten resultieren können.

---

[58] Vgl. Tapscott & Tapscott 2017.

[59] Vgl. LBBW 2017.

[60] Vgl. LBBW 2018.

[61] ABCP- Papiere sind eine Unterform der Asset Backed Securities (ABS) und bezeichnen die handelbare Form verbriefter Sicherheiten. Mit Ihnen können kurzfristige Aktiva wie z. B. Forderungen aus Lieferung und Leistung gehandelt werden; vgl. Prätsch et al. 2012.

[62] Vgl. LBBW 2019.

[63] Vgl. Labbé 2017.

[64] Vgl. Yu et al. 2018, 40.

Allerdings hat die ursprüngliche Anwendung der Technologie, Bitcoin, die Probleme, dass einerseits viele uninformierte Anleger investieren, und andererseits, dass es einige "Wale" mit hohen Besitzquoten gibt, die auf einen Schlag den Kurs beeinflussen können. Auch bei ICOs fehlen bislang Sicherungsmechanismen, die solche Phänomene vermeiden. Es ist daher fraglich, ob somit Effizienzsteigerungen möglich sind und wie geeignet dieses Instrument für Privatanleger ist. Da weder Banken noch Finanzintermediäre eine zwingende Rolle haben müssen, fehlen jegliche Elemente des Gläubigerschutzes. Dies führt zu einer Verschiebung von Transaktionskosten in Form von Unsicherheit und Risiko hin zu Konsumenten. In Deutschland werden Kapitalanleger per Gesetz vor mangelnder Beratung geschützt (z. B. durch das Vermögensanlagegesetz (VermAnlG) oder Kleinanlegerschutzgesetz (KlAnSG)). Anlageberater haben die Pflicht über Risiko einer Geldanlage (insbesondere Totalverlustrisiko) aufzuklären. Auch müssen Berater bei der Beratung die wirtschaftliche Situation des Beratenen miteinbeziehen (Vgl. § 31 Abs. 3,4 WpHG) und die Beratung dokumentieren sowie Produktinformationsblätter zur Verfügung zu stellen.[65] Derlei Schutz fehlt bei DLTs aktuell komplett.[66] Angesichts dessen, dass auch aktuelle Schutzmechanismen für Verbraucher – wie z. B. die Beratungsdokumentation oder Produktinformationsblätter nur begrenzte Wirkung entfalten, ist ohnehin fraglich wie eine neue Technologie in der ein makelbehaftetes System umgesetzt wird zu mehr Effizienz führen kann. Das aktuell bestehende Problem besteht nämlich darin, dass zwischen Beratern und Beratenen eine Informationsasymmetrie herrscht. Eine Falschberatung zu erkennen und dann als weniger informierte Partei auch korrekt zu Papier zu bringen, ist für Verbraucher oft schwierig.[67] Mitunter wundert es da nicht, dass Behörden wie das BKA, die Bafin und ihr Schweizer Pendant Finma als auch die EBA und ESMA Verbraucher vor der Investition in ICOs warnen. Die Warnungen beziehen sich auf den Mangel an Information, Verlustrisiko extreme Volatilität, fehlende Ausstiegsmöglichkeit sowie rechtliche und technische Mängel. Außerdem auf

---

[65] Vgl. Oehler 2014.

[66] Vgl. Keller & Leclerc 2019.

[67] Vgl. Oehler 2014.

die Möglichkeit der Kriminalität, Geldwäsche und Terrorismusfinanzierung.[68]

Wie bereits erläutert gelten auch in der neuen Technologie höchstwahrscheinlich die herkömmlichen Regulierungen. So ist es schwer vorstellbar, dass Banken aus ihrer Position verdrängt werden. Zwar kann man auch einen Börsengang ohne Bank schaffen, wie Spotify als das bisher erheblichstes Direct Listing gezeigt hat, in Deutschland wird dies aber in den wenigsten Fällen möglich sein die Voraussetzungen zu erfüllen.[69] Es kann somit nicht davon ausgegangen werden, dass Banken künftig, wenn Regulierung und Rechtsprechung auf ICOs reagiert haben, verdrängt werden. Es ist anzunehmen, dass sich aus Unternehmenssicht langfristig wenig ändert. Für Kreditinstitute hingegen eröffnet sich ein neuer Markt in der die Fachkenntnis über Fremd- und Eigenkapitalemissionen nahezu nahtlos angewandt werden können. Denkbar ist, dass ICOs ähnlich wie geschlossene Fonds für Projekte anwendbar sind. Da dieser Markt in Deutschland wenig aktiv ist, könnten sich neue Gewinnmöglichkeiten auftun, die zudem wenige Eintrittsbarriere haben. Auch weniger fungible Vermögensgegenstände wie Kreditportfolios oder Versicherungsbestände könnten durch die DLT Technologie leichter übertragbar sein.[70] Dort könnte der gesamte Prozess, von Beginn der Vertragsanbahnung über Vertragsschluss, Dokumentation und Durchführung erheblich vereinfacht werden.[71] Im Clearing, welches bei herkömmlichen IPOS ohne Probleme 3 Tage dauert, bis Anwälte, Vermittler, Wirtschaftsprüfer und sonstige Intermediäre ihr Clearing geben, könnte das per Blockchain schneller gemacht werden.[72]

ICOs bergen also für institutionelle Akteure Chancen von immensen Zeitersparnissen und potentiell einem neuen Markt der ohne viele Barrieren erschlossen werden könnte. Auch für Verbraucher sind die neuen Teilhabechancen es wert, die

---

[68] Vgl. Bundesanstalt für Finanzdienstleistungsaufsicht 2017; Bundesanstalt für Finanz-dienstleistungsaufsicht 2018; Eidgenössische Finanzmarktaufsicht FINMA 2018; Bundesanstalt für Finanzdienstleistungsaufsicht 2019.

[69] Vgl. Kögler 2018.

[70] Vgl. Keller & Leclerc 2019.

[71] Vgl. Fanning & Centers 2016.

[72] Vgl. Mainelli & Milne 2016.

Entwicklung der Technologie weiter zu verfolgen. Zum aktuellen Stand der Technologie, sowie der Regulierung können Anwender jedoch weder Transparenz, noch Rechtssicherheit, vielleicht sogar eher kriminelle Machenschaften oder zumindest ein hohes Risiko erwarten. Angesichts dessen sind Effizienzsteigerungen für Privatanleger zum aktuellen Zeitpunkt nicht erkennbar.

3.7 Ergebnisse

Die bereits erläuterten Chancen und Risiken der Instrumente der DLT können, wie in Tabelle 1 folgt, gegenübergestellt werden:

Tabelle 1: Gegenüberstellung der Ergebnisse

Anwendungsbereich	Banken und Versicherungen	Versicherungen	Verbraucher
Identifikation	+ weniger Arbeitsschritte + bessere Datenqualität	++ weniger Arbeitsschritte ++ bessere Datenqualität	+ weniger Arbeitsaufwand + Möglichkeit am Wirtschaftsleben Teil zu haben
SSOT	++ einfachere und qualitativere Arbeit in der Regulierung + besseres Matching von Daten + Echtzeitzugriff auf Daten, bessere Datenqualität	++ schnellere Reaktionszeit bei Schadensbearbeitung + besseres Matching von Daten + Echtzeitzugriff auf Daten, bessere Datenqualität	+ weniger Arbeitsaufwand - Unlöschbarkeit der Daten – keine Teilfreischaltung
Zahlungsverkehr	+ Zeitgewinn bei außereuropäischem Zahlungsraum	+ Zeitgewinn bei außereuropäischem Zahlungsraum	++ weniger Gebühren + Zeitgewinn bei außereuropäischem Zahlungsraum
Smart Contracts	++ Zeitersparnis ++ Korrespondenzersparnis + schnellere Bearbeitung + Reputationsgewinne + automatische Dokumentation - unsichere Rechtslage -- Fat Finger Problematik	++ Zeitersparnis ++ Selbstständige Datenbeschaffung ++ Korrespondenz- und Arbeitsersparnis + schnellere Bearbeitung + Reputationsgewinne + automatische Dokumentation ° Anwendbarkeit bisher eher auf binäre Zustände - keine Ermessensspielräume - unsichere Rechtslage -- Fat Finger Problematik	++ schnellere Bearbeitung der Sachverhalte + Erfüllung des Kernversprechens von Versicherern - unsichere Rechtslage -- mangelnde Verständnismöglichkeit des Codes
ICOs	++ neuer Markt mit geringen Eintrittsbarrieren ++ schnelles Clearing		+ potentiell neuer Markt -- aktuell hohe Verlust- und Kriminalitätsrisiken

++ Es sind starke Chancen auf Effizienzsteigerungen zu erwarten
+ Es sind Chancen auf Effizienzsteigerungen zu erwarten
° Effizienzgewinne sind unter Berücksichtigung gewisser Faktoren möglich
- Es sind eher Risiken zu erwarten
-- Es sind starke Risiken zu erwarten

4 Erkenntnisse und Ausblick

Die dargestellten Werkzeuge, die nur einen kleinen Ausschnitt des über DLTs Möglichen zeigen können, machen verständlich wieso der Hype um die Technologie so groß ist. In der Analyse konnte gezeigt werden, dass sowohl Versicherer als auch Banken viele Möglichkeiten haben, die Effizienz herkömmlicher Arbeitsprozesse zu steigern.

Die Hoffnungen von Banken und Versicherern auf schlankere Prozesse und damit einhergehende Kosteneinsparungen könnten bei Implementierung der dargestellten DLT Instrumente erfüllt werden. Ebenso die Hoffnungen der Verbraucher auf mehr Transparenz und schnellere Abläufe. Darüber ob mit der Einführung der Technologie auch Gebührensenkungen einhergingen kann in dieser Arbeit keine Aussage getroffen werden. In der Gesamtschau zeigt sich, dass die möglichen Chancen die Risiken aus der Mehrheit der in dieser Arbeit beleuchteten Blickwinkel deutlich übertreffen.

Für Anbieter wie Verbraucher von Finanzprodukten könnten Kosten der Abstimmung umso mehr verringert werden, je mehr Parteien auf derselben DLT sind oder Schnittstellen dahin unterhalten. Die Effizienz wächst also mit den verfügbaren Schnittstellen, da die Koordination weniger Ressourcen bindet. Realistischer Weise ist anzunehmen, dass sich bei DLT, wie bei Android und iOS wenige große Anbieter durchsetzen werden. Hoffnung darauf bot 2018 der Wechsel des B3i Versicherungskonsortiums, von Hyperledger, dem DLT System von IBM zu Corda, dem DLT System von R3.[73]

Angesichts dessen, dass die Technologie noch in einem Stadium der Testläufe und weiterer Erforschung befindet, sind viele der dargestellten Möglichkeiten aktuell noch Zukunftsmusik. Voraussetzung für die flächendeckende Implementierung ist sicher, dass aktuelle Schwachstellen, wie die unsichere Rechtslage, Fat Finger Problematik und Inoperabilität zufriedenstellend behoben werden. Angesicht dessen, welche Aufmerksamkeit die Technologie von vielen finanzstarken Akteuren aktuell erfährt, ist anzunehmen, dass diese bereits adressiert und in absehbarer Zeit gelöst werden. So bieten einige mögliche Einsatzgebiete der Blockchain Technologie definitiv

[73] Vgl. R3 2019.

Potentiale für Effizienzsteigerungen mit sich. Inwieweit diese allerdings praktisch umgesetzt, von Akteuren und Verbrauchern angenommen und auch verwirklicht werden, bleibt abzuwarten.

Literaturverzeichnis

Brandt, Mathias (2019), Anleger investieren Milliarden in neue Krypto-Coins. Online verfügbar unter https://de.statista.com/infografik/11517/volumen-von-ico-finanzierungsrunden-pro-monat; zuletzt abgerufen am 19.07.2019.

Bundesanstalt für Finanzdiensleistungsaufsicht, Jörg Freiherr Frank von Fürstenwerth. (2019). Online verfügbar unter https://www.bafin.de/SharedDocs/Veroeffentlichungen/DE/BaFinPerspektiven/2019_01/bp_19-1_Beitrag_Frhr_von_Fuerstenwerth.html; zuletzt abgerufen am 11.07.2019.

Borselli, Angelo (2018): Insurance by Algorithm. Working paper. Bocconi University. Online verfügbar unter https://ssrn.com/abstract=3284437; zuletzt abgerufen am 15.07.2019.

Bundesanstalt für Finanzdienstleistungsaufsicht (2017). Initial Coin Offerings: Hohe Risiken für Verbraucher. Online verfügbar unter https://www.bafin.de/SharedDocs/Veroeffentlichungen/DE/Fachartikel/2017/fa_bj_1711_ICO.html?nn=9224940; zuletzt abgerufen am 12.07.2019.

Bundesanstalt für Finanzdiensleistungsaufsicht (2018). Initial Coin Offerings: BaFin veröffentlicht Hinweisschreiben zur Einordnung als Finanzinstrumente. Online verfügbar unter https://www.bafin.de/SharedDocs/Veroeffentlichungen/DE/Fachartikel/2018/fa_bj_1803_ICOs.html; zuletzt abgerufen am 19.07.2019.

Bundesanstalt für Finanzdienstleistungsaufsicht (2019). Kryptotoken bleiben Risiko für Verbraucher. Online verfügbar unter https://www.bafin.de/SharedDocs/Veroeffentlichungen/DE/Fachartikel/2019/fa_bj_1902_kryptowaehrung.html; zuletzt abgerufen am 21.07.2019.

Deutsche Bundesbank (2017). Industry Dialogue on "Distributed Ledger Technology – Potential benefits and risks". Online verfügbar unter https://www.bundesbank.de/de/presse/reden/industry-dialogue-on-distributed-ledger-technology-potential-benefits-and-risks--710972; zuletzt abgerufen am 10.07.2019.

Deutsche Bundesbank (2019). SEPA. Online verfügbar unter https://www.bundesbank.de/de/aufgaben/unbarer-zahlungsverkehr/sepa/sepa-603270; zuletzt abgerufen am 21.08.2019.

Deutsche Bundesbank (2017). Zahlungsverkehr und Wertpapierabwicklung – Herausforderungen aus Sicht der Bundesbank. Online verfügbar unter https://www.bundesbank.de/de/presse/reden/zahlungsverkehr-und-wertpapierabwicklung-herausforderungen-aus-sicht-der-bundesbank-634046#tar-5; zuletzt abgerufen am 10.06.2019.

Deutsche Bundesbank (2018). Deutsche Bundesbank und Deutsche Börse schließen Tests für Blockchain-Prototypen erfolgreich ab. Online verfügbar unter https://www.bundesbank.de/de/presse/pressenotizen/deutsche-bundesbank-und-deutsche-boerse-schliessen-tests-fuer-blockchain-prototypen-erfolgreich-ab-764696; zuletzt abgerufen am 18.06.2019.

Eidgenössische Finanzmarktaufsicht FINMA. (2018). FINMA publiziert Wegleitung zu ICOs. Online verfügbar unter https://www.finma.ch/de/news/2018/02/20180216-mm-ico-wegleitung; zuletzt abgerufen am 15.06.2019.

Fanning, Kurt; Centers, David P. (2016). Blockchain and Its Coming Impact on Financial Services. In: Journal of Corporate Accounting & Finance Vol. 27 Issue 5, 53–57.

Friedlmaier, Maximilian; Tumasjan, Andranik; Welpe, Isabell M. (2017). Disrupting Industries with Blockchain: The Industry, Venture Capital Funding, and Regional Distribution of Blockchain Ventures. Working Paper, Technische Universität München - TUM School of Management. Online verfügbar unter https://papers.ssrn.com/sol3/papers.cfm?abstract_id=2854756; zuletzt abgerufen am 18.07.2019.

Geneva, Benjamin (2018): Banking in the Digital Age - Who is Afraid of Payment Disintermediation? Hg. v. European Banking Institute e.V.

Kaulartz, M., & Quiel, P. (2018). DSGVO: Erste Empfehlungen einer Datenschutzbehörde zum datenschutzkonformen Einsatz von Blockchains. Online verfügbar unter https://www.cmshs-bloggt.de/tmc/datenschutzrecht/dsgvo-blockchain-cnil/

Keller, Jens; Leclerc, Matthias (2019). Das Potenzial der Blockchain für deutsche Banken. Die Bank 2019, 1, 68–73.

Kögler, A. (2018). Direct Listing: Börsenrevolution oder heiße Luft? Online verfügbar unter https://www.finance-magazin.de/finanzierungen/kapitalmarkt/direct-listing-boersenrevolution-oder-heisse-luft-2013071; zuletzt abgerufen am 21.07.2019.

Kreiterling, C. (2018). Workshop 2ICO im internationalen aufsichtlichen Kontext. Von www.bafin.de: https://www.bafin.de/SharedDocs/Downloads/DE/Veranstaltung/dl_180410_BaFinTech_2018_WS2.html; zuletzt abgerufen am 18.07.2019.

Labbé, Amélie (2017). Companies bank on blockchain bonds to cut costs, time. Online verfügbar unter https://www.iflr.com/Article/3754156/Companies-bank-on-blockchain-bonds-to-cut-costs-time.html?ArticleId=3754156; zuletzt abgerufen am 13.07.2019.

LBBW (2017). Daimler und LBBW: Erfolgreich mit Blockchain. Online verfügbar unter https://www.lbbw.de/artikelseite/banking-erleben/blockchain-pilotprojekt-daimler-lbbw_661e61yw9_d.html; zuletzt abgerufen am 13.07.2019.

LBBW (2018). Blockchain-Tranche für Schuldscheintransaktion der Telefónica Deutschland. Online verfügbar unter https://www.lbbw.de/artikelseite/pressemitteilung/schuldscheintransaktion-blockchain-tranche_8j2wnobke_d.html; zuletzt abgerufen am 13.07.2019.

LBBW (2019). Blockchain ohne Wenn und Aber. Online verfügbar unter https://www.lbbw.de/artikelseite/pressemitteilung/blockchain-ohne-wenn-und-aber_82zumb2qr_d.html; zuletzt abgerufen am 13.07.2019

Lewis, Rebecca; McPartland, John, W.; Ranjan, Rajeev (2017). Blockchain and Financial Market Innovation. In: Economic Perspectives Vol. 41, Nr. 7, 1-16.

Littmann, S., & Busch, A. (2018). Wie Banken und Staaten eigenes Krypto-Geld entwickeln. Online verfügbar unter https://www.wiwo.de/finanzen/boerse/konkurrenz-fuer-den-bitcoin-staatliches-krypto-geld-aus-schweden-china-venezuela/20867706-2.html; zuletzt abgerufen am 11.07.2019.

Mainelli, M.; Milne, A. (2016). The Impact and Potential of Blockchain on the Securities Transaction Lifecycle. Online verfügbar unter https://papers.ssrn.com/sol3/papers.cfm?abstract_id=2777404; zuletzt abgerufen am 11.07.2019.

Mainelli, M. (2017). Blockchain Will Help Us Prove Our Identities in a Digital World. In: Harward Business Review.

Myzitate.de (2018). Zitate und Sprüche von Bill Gates. Online verfügbar unter: http://www.myzitate.de/bill-gates; zuletzt abgerufen am 18.07.2019.

Oehler, Andreas (2014). Kontrollierte Mindestanforderungen für Verbraucher-Finanzprodukte! Online verfügbar unter https://www.researchgate.net/profile/Andreas_Oehler2/publication/277870981_Kontrollierte_Mindestanforderungen_fur_Verbraucher-Finanzprodukte/links/55758e2f08aeb6d8c0197364/Kontrollierte-Mindestanforderungen-fuer-Verbraucher-Finanzprodukte.pdf; zuletzt abgerufen am 26.08.2019.

Prätsch, Joachim; Schikkora, Uwe; Ludwig, Eberhard (2012). Finanzmanagement Lehr- und Praxisbuch für Investition, Finanzierung und Finanzcontrolling, 4. Auflage, Berlin u.a., Springer.

PwC (2017). Blockchain, a catalyst for new approaches in insurance Part 1. Online verfügbar unter https://www.pwc.ch/en/publications/2017/Xlos_Etude_Blockchain_UK_2017_Web.pdf; zuletzt abgerufen am 11.07.2019.

PwC (2019). Blockchain, a catalyst for new approaches in insurance Part 2. Online verfügbar unter https://www.pwc.com/gx/en/insurance/assets/blockchain-a-catalyst-part-two.pdf; zuletzt abgerufen am 11.07.2019.

R3 (2019). Insurance Market Report. Hg. v. R3. Online verfügbar unter https://www.r3.com/reports/insurance-market-report; zuletzt abgerufen am 22.06.2018.

Schiller, K. (2018). Genesis Block | Anfang einer Kryptowährung. Online verfügbar unter https://blockchainwelt.de/genesis-block-bitcoin-ethereum-blockchain-kryptowaehrung; zuletzt abgerufen am 26.06.2018.

Schlatt, Vincent; Schweizer, André; Urbach, Nils; Fridgen, Gilbret (2016). Blockchain: Grundlagen, Anwendungen und Potenziale. White Paper. In: Fraunhofer-Institut für Angewandte Informationstechnik FIT.

Schumann, Jochen; Meyer, Ulrich; Ströbele, Wolfgang (1999). Grundzüge der mikroökonomischen Theorie. 7. Auflage, Berlin u.a., Springer.

Stark, Josh (2017). Applications of Distributed Ledger Technology to Regulatory & Compliance Process. Hg. v. R3. Online verfügbar unter https://www.r3.com/wp-content/uploads/2017/07/apps-reg-compliance_R3.pdf; zuletzt abgerufen am 19.06.2019.

Statista GmbH. (2019). Statistiken zur Bankenbranche. Online verfügbar unter https://de.statista.com/themen/606/bankenbranche; zuletzt abgerufen am 12.06.2019.

Anhang

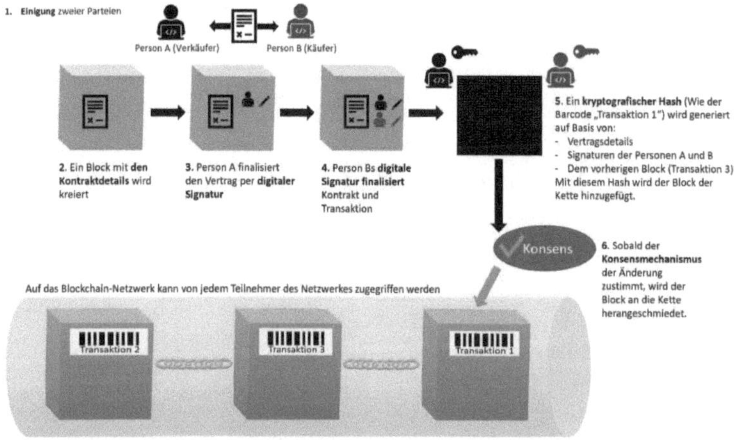

Abbildung 3: Eine Transaktion auf der Blockchain[74]

	Vorteile	Nachteile
Ethereum (open source)	• Viele Entwickler sind in der Lage auf Ethereum Smart Contracts zu programmieren • Vorteil durch die gewaltige Anzahl an Projekten, die in der Community geteilt werden	• Transaktionen und Daten sind nicht privat • Die Anzahl an möglichen Transaktionen pro Sekunde ist sehr limitiert • Mit dem proof-of-work algorithmus hoher Energieverbrauch
Hyperledger (Softwarelösung von IBM)	• Hoch skalierbar • IBM bietet ein Supporttool für Implementierung und Wartung zur Verfügung • IBM ist selbst an vielen Blockchain Projekten beteiligt	• Projekte können stark von IBM abhängig werden • Die Komplexität der Tools schränkt Zugänglichkeit ein • Kryptowährung ist nicht integriert – nur bedingt für das Management von Krypto token geeignet
Corda (Softwarelösung von R3)	• R3 bietet ein Supporttool für Implementierung und Wartung zur Verfügung • R3s Team managed viele Projekte mit führenden Akteuren der Finanzindustrie	• Schwierig zu implementierende Systemarchitektur • Abschottung der Daten: Daten werden nicht zwischen den an einer Transaktion teilnehmenden Knoten geteilt • Corda wurde als DLT erdacht auf der Datenkontrolle möglich ist. Setzt starke Steuerung (Governance) voraus

Abbildung 4: DLT Systeme im Vergleich[75] Angelehnt an (PwC 2019, S. 6)

[74] Quelle: In Anlehnung an Lewis et al. 2017, S. 7.
[75] Quelle: In Anlehnung an PwC 2019, S. 6.

Mobile Payments in Deutschland - Eine Untersuchung zu dem möglichen Nutzen und den Kosten für die deutschen Konsumenten

Victor Trofimov[a*]

Key Words: Finance; Payment Processing; Digital Wallet

Inhaltsübersicht:

[a]Research Student at Zeppelin University
[*]Please address correspondence to Victor Trofimov, Zeppelin University, Am Seemoser Horn 20, 88045 Friedrichshafen.

1 Einleitung

Immer wieder wird dem deutschen Konsumenten vorgeworfen, dass seine Bargeldliebe gesellschaftlich schädlich und rückständig sei.[1] Tatsächlich zahlen die Deutschen zwar bei etwa 80% aller Transaktionen mit Bargeld, werden dabei aber von anderen europäischen Ländern wie Spanien (87%) und Italien (86%) sogar übertrumpft.[2] Nur in Estland (48%) und Holland (45%) zahlen die europäischen Konsumenten öfter mit Karte als mit Bargeld. Doch das Volumen der Transaktionen hat sich in Deutschland in 2018 erstmals zu Gunsten der Kartenzahlung geändert. Eine Studie stellte fest, dass die Deutschen im letzten Jahr im Einzelhandel erstmals durchschnittlich 209 Milliarden Euro per Karte und 208 Milliarden Euro in bar bezahlten.[3]

Kann also der Abgesang auf des Deutschens liebstes Zahlungsmittel beginnen? Ganz so einfach ist es nicht. Immerhin kostet die Kartenzahlung durchschnittlich mehr und dauert durchschnittlich auch länger als die Barzahlung an der Kasse.[4] Dies wird wohl auch einer der Gründe dafür sein, dass bei kleineren Transaktionsvolumina von unter 20 Euro, welche 74% des Gesamtvolumens ausmachen, in etwa 86,3% aller Fälle noch zum Bargeld gegriffen wird.[5] Auch abseits des Point of Sale wird oft nicht zur Karte gegriffen, weil Online-Händler bei Kreditkartenzahlung vom Kunden die Eingabe etlicher privater Informationen erwarten[6] und diese Daten bei der Übertragung durch mangelnde IT-Sicherheit abgefangen werden können, weswegen die Kunden diesen Diensten misstrauen.[7] Da es bei Kreditkartenzahlung für die Anbieter oft zu

1 Vgl. Österreicher 2018.

2 Vgl. EZB 2017.

3 Vgl. ZEIT 2019.

4 Vgl. Beermann et al. 2019; die Autoren errechneten, dass die Barzahlung in Deutschland je Transaktion etwa 22 Sekunden dauert und 24 Cent kostet, während die Kartenzahlung je Transaktion mit PIN etwa 29 Sekunden oder mit Unterschrift etwa 38 Sekunden dauert und 33 Cent bis 1,04 Euro kostet.

5 Vgl. EZB 2017.

6 Vgl. Kalakota & Whinston 1997.

7 Vgl. Guttmann 2003; Laudon & Traver 2002.

kostenintensiven Missbrauchsfällen und Betrug kommt,[8] bieten diese Kreditkartenzahlungen nur für ausgewählte Kunden und Händler an.[9]

Hier kommen nun die Mobile- und Instant-Paymentdienste ins Spiel. Diese Dienste, die mobile oder auch manchmal immobile Echtzeitzahlungen anbieten, drängen auf den Markt und versprechen dabei überwiesene Summen in Echtzeit an den Zahlungspartner weiterzuleiten.[10] Dabei wollen sie sicherer, kostengünstiger und gleichzeitig zugänglicher für den Endkunden sein, als klassische Zahlungsdienste. Tatsächlich stellen viele der neu entstandenen Fintechs aber nur im Mobile-Payment-Bereich eine wirkliche Innovation dar. Da nämlich – zumindest in Europa – seit längerem eine gut ausgebaute Echtzeitzahlungsinfrastruktur vorhanden ist und auch ständig weiter ausgebaut wird, sind scheinbare Echtzeitzahlungen durch in Vorleistung gehende Instantpaymentdienste für Kunden nicht von so hohem Wert wie in Ländern ohne solche Infrastruktur.[11] Zudem sind mobile Instant-Paymentdienste wie beispielsweise PayPal bereits seit langem vorhanden und werden auch häufig genutzt, weswegen „neue" Mitbewerber es schwer haben sich gegen den bereits etablierten Dienst PayPal durchzusetzen.

Mobile Wallets, also Apps zur Koordinierung von mobilen Transaktionen, von Firmen wie WePay und PayPal bieten dem Endkunden heutzutage die Möglichkeit der ortsungebundenen bargeldlosen Begleichung von kleineren Beträgen. Sie greifen damit genau das Segment an, das in Deutschland bisher von Bargeldzahlungen dominiert wurde. Zudem könnten diese Dienste durch die digitale Transformation von bisher analog stattfindenden Prozessen Kosten einsparen und diese Kostenvorteile gegenüber anderen Diensten möglicherweise an die Endkunden weitergeben, um sich gegen die Konkurrenz durchzusetzen.

---

8 Der britische Bankensektor verliert durch Betrugsfälle beispielsweise 480 Millionen Pfund, wie es beschrieben wird in; vgl. Palmer 2015.

9 Vgl. Kalakota & Whinston 1997.

10 Oftmals passiert der Zahlungsausgleich jedoch nicht tatsächlich in Echtzeit und die Dienste gehen in Vorleistung.

11 Vgl. Salmony 2017.

Dennoch wird nachfolgend gezeigt, dass die deutschen Verbraucher skeptisch gegenüber vielen dieser Dienste eingestellt. Diese Untersuchung soll daher die Nützlichkeit dieser Dienste für den Endkunden in Deutschland einschätzen und erörtern, weshalb die Akzeptanz dieser Dienste in Deutschland so gering ist. Dies wurde bereits in der bestehenden Mobile Payments Literatur gefordert, die besonders den Nutzen von landesspezifischen Untersuchungen zu Mobile Payments betont, sodass die Effekte von unterschiedlichen Ökosystemen auf diese mobilen Zahlungsdienste besser untersucht werden können.[12] Dazu sollen die Theorie der komparativen Kostenvorteile, das Konzept des *information overloads*, als auch die Prinzipal-Agenten-Theorie und die Finanzintermediationstheorie zur Analyse der Nützlichkeit für verschiedene Stakeholdergruppen genutzt werden. Die Stakeholdergruppen sollen hierbei auf den definierten Verbrauchergruppen des vertrauenden, verletzlichen und verantwortungsvollen Verbrauchers aufbauen.[13] Hierdurch soll letztlich auch der Frage nachgegangen werden, wie diese Dienste gestaltet werden müssten, um mehr Akzeptanz bei den Endkunden zu finden. Zunächst aber soll noch einmal kurz auf den deutschen Markt für ebendiese Dienste eingegangen und kurz skizziert werden, wo und wie solche Dienste bereits genutzt werden und welche Leistungen diese überhaupt anbieten.

---

12 Vgl. Dahlberg et al. 2015.

13 Vgl. Micklitz et al. 2010.

2 Der deutsche Markt für Mobile Payments

Es gibt einerseits Mobile Payments im Person-to-Person-Bereich (mP2P), also dem mobilen Zahlungsausgleich zwischen zwei Privatpersonen und im Person-to-Business-Bereich (mP2B), also dem mobilen Zahlungsausgleich zwischen Privatpersonen und Firmen in Deutschland. Die meisten mobilen Zahlungen werden auch in Echtzeit oder beinahe in Echtzeit abgewickelt, gleichwohl werden viele der Zahlungen bei Anbietern wie PayPal durch Vorleistung des Zahlungsdienstleisters vollzogen. Diese handeln somit als Finanzintermediär und schaffen durch die Losgrößen-, Fristen- und Risikotransformation einen Mehrwert für die Nutzer. Gleichzeitig bieten einige Mobile Wallets zusätzliche Informationen zu Anlagemöglichkeiten und Anderem im Sinne der Informationsbedarfstransformation und bieten so als Intermediär im weiteren Sinne auch diesen zusätzlichen Nutzen für ihre Kunden.[14] Es gibt Zahlungen, welche nicht klar von den mobilen Payments zu trennen sind, da bereits eine Zahlung vom Laptop aus, mit einem mobilen WiFi-Stick oder über das WiFi im Café als mobile Zahlung aufgefasst werden kann. Es ist aber definitorisch nicht einfach diese von einer immobilen Zahlung zu trennen, da diese auch auf per Surfstick im Eigenheim so stattfinden könnte. Grundsätzlich werden also alle Zahlungen, die an den eigenen Wohnort gebunden sind, hiervon ausgeschlossen.

2.1 Marktgröße und Nutzerverhalten

In Deutschland fanden im Jahre 2018 mP2P-Payments durch Ausländer, die Geld in ihre Heimat zurücküberwiesen in einem Volumen von 4,146 Milliarden Euro statt.[15] Gleichzeitig zahlten die Konsumenten 631 Millionen Euro an Firmen über den mobilen Point-of-Sale.[16] Da bereits die Überweisungen von Ausländern in die Heimat diese Zahlungen am POS im Volumen übersteigen, kann davon ausgegangen werden, dass das innerdeutsch P2P-Volumen das POS-Zahlungsvolumen bei weitem übersteigt. Hierfür spricht auch, dass eine Erhebung in

---

14 Vgl. Kußmaul 2018.

15 Vgl. Statista 2019b.

16 Zum Verhältnis von POS-Payments zu Digital Commerce vgl. Statista 2019a.

der Schweiz zu dem Ergebnis kam, dass P2P-Payments den größten Teil des mobilen Zahlungsvolumen in der Schweiz ausmachen.[17] Zusätzlich wickelten sie 2018 auch mobile Transaktionen im Wert von 101,29 Milliarden Euro im Digital Commerce ab. Fraglich ist hierbei, ob in der zitierten Studie die Zahlungen in App-Stores oder per SMS dazugezählt wurden, da diese wohl auch einen bedeutenden Teil der mobilen Zahlungen ausmachen werden. Angesichts der etwa 400 Milliarden Euro Umsatz im Einzelhandel sind diese Transaktionen – abgesehen vom Digital Commerce – relativ gesehen bisher sehr gering, doch wird für Mobile Payments vom Jahr 2018 bis in das Jahr 2023 ein Wachstum zwischen 33 und 45% jährlich prognostiziert. Dies würde trotzdem nur zu einem Gesamtvolumen von etwa 3 Milliarden Euro im Jahre 2023 führen, womit der Anteil am Gesamtzahlungsvolumen wahrscheinlich nach wie vor unter 1% des derzeitigen Gesamtvolumens im Einzelhandel liegen wird. Unter den Nutzern, die Mobile Payments in Anspruch nahmen, nutzten 67% PayPal, 52% PaybackPay, 39% Masterpass, 32% Google Pay, 21% Apple Pay, 11% Barclay bPay, 10% bitpay, 6% boon. und 9% andere Dienste.[18] Zusätzlich hierzu bieten mittlerweile auch Banken, wie die Sparkassen, Volksbanken oder die Deutsche Bank mobile Zahlungsdienste an.[19] Allerdings ist unklar, wie stark diese auch von den Kunden bereits genutzt werden. Wenn wir annehmen, dass sie unter die obigen „anderen Dienste" fallen, so ist ihr Anteil an aktiven Nutzern bisher sehr gering. Deutsche Verbraucher nutzten diese Dienste also kaum. Nur 26% würden einen Geldtransfer per Mobile Payment abwickeln, 23% würden damit einen Parkautomaten bezahlen und nur 17% würden im Onlineshop zahlen, wohingegen bis zu 67% bei der Zahlung im Onlineshop zur Kreditkarte greifen würden. In anderen Situationen im Einzelhandel würden nur etwa 14 bis 17% mobil zahlen wollen und nur 8% würden ein Auto mit mobiler Zahlung bezahlen wollen.[20] Anders ist dies nur bei den Millenials, diese sind im Vergleich zum bundesweiten Durchschnitt (25%) deutlich eher dazu bereit diese Dienste zu nutzen

[17] Vgl. Dietrich & Wernli 2018.
[18] Vgl. Statista 2019.
[19] Vgl. Klotz 2018.
[20] Vgl. Holtmann 2018.

(38%).[21] Insgesamt zahlen jedoch nach wie vor nur 0,4% der Befragten einer weiteren Studie am liebsten mit dem Handy am Schalter.[22] Diese 0,4% gehören wahrscheinlich zu den insgesamt 2,1 Millionen deutschen Nutzern, die im Durchschnitt Zahlungen in Höhe von 417,5 Euro tätigten.[23] Im Digital Commerce sieht es anders aus, hier nutzten die Deutschen bereits 2016 in mehr als 50% aller Fälle einen mobilen Zahlungsservice von PayPal oder Sofortüberweisung.de.[24]

2.2 Gründe für die bisherige Ablehnung

Was aber sind die Gründe dafür, dass die Deutschen POS ungerne Mobile Payments nutzen? In einer Befragung gaben sie an, dass die Sorge um die eigenen Daten (39%), die bisherige Nichtbeschäftigung mit dem Thema (38%) und auch die Angst vor Hackern (33%), sowie die Vorliebe für Bargeld (28%) dazu zählen.[25] Deutsche Nutzer würden solche Dienste also nur dann vermehrt nutzen, wenn sie davon überzeugt wären, dass sie ihre Datenhoheit garantieren und sicher sind. Wie die Studie zeigt, hatten viele der Befragten auch schlicht kein Interesse an den Diensten. Andere Gründe waren, dass die Befragten lieber und auch in Zukunft mit Bargeld zahlen wollen (24%) und auch kein Vertrauen in die Technik haben (23%). Manche besaßen sogar kein Smartphone (10%) oder kannten Mobile Payments gar nicht (10%). Einige befürchteten den Überblick über die ihre Ausgaben zu verlieren (21%) und andere gaben an, dass sie kein Geschäft kennen würden, dass solche Bezahloptionen anbietet (22%). So fürchten sich also Viele vor den negativen Folgen, wie Datenmissbrauch durch Firmen oder Hacker. Auch hier ist das Thema Sicherheit wieder an vorderster Stelle. Natürlich spielen auch das erwähnte Desinteresse, die Vorliebe für das Bargeld und das mangelnde Vertrauen in die Technik eine gewichtige Rolle. Dass dieses Vertrauen bei Millenials, die mit der Smartphonetechnologie groß geworden sind, höher ist, scheint jedoch darauf hinzudeuten, dass der Zuwachs an Mobile Payment in Deutschland zurecht

21 Vgl. Brandt 2019b.
22 Vgl. Statista 2018.
23 Vgl. Brandt 2019a.
24 Vgl. Statista 2016a.
25 Vgl. Statista 2016b.

so prognostiziert worden ist. Die Tatsache, dass 10% der Befragten gar kein Smartphone besaßen und im Allgemeinen, aber vor allem auch im ländlichen Bereich die deutschen Mobilfunknetze nach wie vor sehr schlecht ausgebaut sind, zeigt, dass viele der Konsumenten möglicherweise auch gar nicht oder nur eingeschränkt dazu in der Lage wären Mobile Payments zu nutzen. Eine Untersuchung der Bundesnetzagentur hat zudem festgestellt, dass die wenigsten Deutschen – nur etwa 1,5% – die vertraglich vereinbarten Datentransferleistungen tatsächlich in Anspruch nehmen können.[26] Besonders im ländlichen Raum ist die tatsächlich gelieferter Breitbandleistung noch schlechter als im ohnehin – im europäischen Vergleich – schwachen deutschen städtischen Breitbandnetz, weswegen auch hier wieder einmal die mangelhafte Infrastruktur die Performance der Dienste, zumindest im ländlichen Bereich einschränken könnte und somit für den Kunden dieselben unattraktiver machen könnte.

Die meisten genutzten Dienste sind zudem direkt (PaybackPay, PayPal, Masterpass) oder indirekt (Google Pay, Apple Pay, boon.) mit den Kreditkartenanbietern American Express oder Mastercard verbunden. Obwohl Daten, die nicht sicherheits- und zahlungsrelevant sind in den meisten Wallets pseudonymisiert werden, könnten vor allem die direkt mit den Kreditkartenanbietern verbundenen Dienste die Zahlungsdaten des Kunden ähnlich wie im Falle von Payback nutzen, um die Kaufkraft und Konsumgewohnheiten ihrer Kunden besser einschätzen zu können.[27] Da die Konsumenten vor allem hohen Wert auf Datenhoheit und Sicherheit legen, wäre es sicherlich von hohem Wert für diese, wenn die Dienste ihnen beides garantieren könnten. Dass die Möglichkeit des mobilen Bezahlens am POS nicht flächendeckend gegeben ist, wird auch noch dadurch deutlich, dass 2018 nur etwa 60% der Terminals in deutschen POS mit der NFC-Technologie ausgestattet waren.[28] Dies hängt wohl damit zusammen, dass das mobile Bezahlen am POS mit hohen Investitionen seitens des Einzelhandels

[26] Vgl. Bundesnetzagentur 2019.
[27] Vgl. Straubhaar 2017.
[28] Vgl. Atzler 2018.

verbunden ist. Trotzdem somit spielt also auch die Infrastruktur eine bedeutende Rolle.

Wir wollen im Folgenden die Nutzen und Risiken dieser neue Technologie für den Konsumenten in Deutschland diskutieren und erörtern, wie diese Dienste gestaltet werden müssten, damit sie mehr Akzeptanz unter den Endkunden finden. Dazu werden wir zunächst die einzelnen Verbrauchergruppendefinitionen erläutern und diskutieren, welche typischen Merkmale die Verbraucher in diesen Gruppen bezogen auf den Mobile-Payment-Markt haben könnten, um anschließend Nutzen und Risiken für die jeweilige Gruppe abzuwägen.

3 Verbraucherdefinitionen

Die Definitionen des vertrauenden Verbrauchers, des verletzlichen Verbrauchers und des verantwortungsvollen Verbrauchers sind Idealtypen, die in der Realität so wahrscheinlich nicht vorkommen. So kann es passieren, dass ein bestimmter Verbraucher Merkmale mehrerer dieser Verbraucherdefinitionen aufweist. Nichtsdestotrotz sind diese Verbraucherdefinitionen ein nützliches Instrument zur Analyse verschiedener Verbraucherbedürfnisse, da sie sich von der idealisierten und normativ geforderten Form des „mündigen Verbrauchers" lösen.[29]

Vertrauende Verbraucher

Der Großteil der Verbraucher verhält sich so wie der vertrauende Verbraucher. Sie nehmen sich grundsätzlich wenig Zeit zur Information vor der Kaufentscheidung, daher sind sie auch oft nicht dazu bereit, sich mit Verbraucherinformation auseinanderzusetzen. Sie benötigen klare Regelungen von staatlicher Seite und unabhängige und schnell konsumierbare Informationen, um vor möglichen Fehltritten im Konsum geschützt zu sein.

Verletzliche Verbraucher

Die verletzlichen Verbraucher sind die gefährdetste Gruppe. Sie sind von dem gesellschaftlichen Wandel, vor allem im digitalen Raum, abgehängt. Oftmals sind sie überschuldet oder kommunikativ abgehängt. Zudem nutzen sie mehrheitlich kaum Online-Dienste. Möglicherweise lassen sich hierunter viele der etlichen Befragten einordnen, die keinerlei Smartphone besaßen oder nicht dazu bereit waren online zu zahlen. Es muss jedoch auch davon ausgegangen werden, dass es auch etliche verletzliche Verbraucher gibt, die Zugang zum Internet haben. Zudem muss auch nicht jeder Befragte ohne Smartphone automatisch der Gruppe der verletzlichen Verbraucher zugeordnet werden.

---

29 Vgl. Micklitz et al. 2010.

Verantwortungsvolle Verbraucher

Die Gruppe der verantwortungsvollen Verbraucher informiert sich aktiv über Produkte, deren Lebenszyklus und deren sozialen und ökologischen Auswirkungen. Sie wollen sich bestmöglich über die Vor- und Nachteile eines Produkts informieren und benötigen dafür Informationen von hoher Qualität.

4 Verbrauchergruppenübergreifende Nutzen und Risiken

Nachfolgend wollen wir zunächst Nutzen und Risiken thematisieren, die für alle Verbrauchergruppen potenziell durch die Nutzung von Digital Wallets entstehen können und werden anschließend bei der verbrauchergruppenspezifischen Diskussion diese Punkte entweder erweitern oder einschränken.

Geringere Kosten

Mobile Zahlungen können entweder über einen Laptop, sonstigen Computer oder am Point of Sale per Smartphone, Smartwatch, Tablet, etc. abgewickelt werden. Beim Zahlen am POS werden verschiedene Technologien mit unterschiedlichen Geschwindigkeiten, Risiken und mehr oder weniger einfach zu handhabenden Verfahren genutzt. Die prominentesten unter diesen Technologien stellt die NFC-Technologie mit kurzer Reichweite und höherer Sicherheit und die RFID-Technologie mit höherer Reichweite, aber gleichzeitig höherem Risiko für Hackerangriffe dar. Zusätzlich möchte PayPal, der meistgenutzte Mobile Payment Dienst im deutschen Markt die WAP-Technologie nutzen, die auch anfällig für Betrug sein kann. Zudem gibt es 2D-Barcodes. Was all diese Technologien gemeinsam haben, ist das sie ein mobiles Endgerät voraussetzen. Gleichwohl ist es nicht vertretbar, die gesamten Kosten für die Anschaffung des Geräts als Kosten für das Mobile Payment anzusetzen. Nichtsdestotrotz setzt das Mobile Payment oft Endgeräte voraus, die RFID oder NFC unterstützten, was bei billigeren oder älteren Geräten oft nicht der Fall ist. WAP oder 2D-Barcode-Systeme setzen hingegen nur ein mobiles Endgerät für die Zahlung am POS voraus. Doch auch hier kann nicht davon ausgegangen werden, dass die Kosten für das mobile Endgerät gänzlich auf die Nutzung von Mobile Payments anzurechnen sind, da auch viele andere nützliche Eigenschaften der Geräte vorhanden sind und genutzt werden. Es muss also damit gerechnet werden, dass ein Bruchteil des Anschaffungspreises des Geräts auf das Mobile Payment entfällt. In jedem Fall würden sich für die Konsumenten, sollte sich die NFC- oder RFID-Technologie in Deutschland durchsetzen, höhere Kosten zukommen, als bei der 2D-Barcode oder WAP-

Technologie, da diese mit allen mobilen Endgeräten nutzbar sind. Dies ist besonders relevant, da eine Untersuchung im Jahre 2013 zur geringen Verbreitung von Mobile Payments in Westeuropa aufgezeigt hat, dass der Mangel an NFC-fähigen Geräten ein Grund für die geringe Nutzung von Mobile Payments dargestellt hat.[30] Da diese Untersuchung im Jahre 2013 stattfand, könnte es jedoch sein, dass die Erkenntnisse hieraus so nicht für das Jahr 2019 geltend gemacht werden können, auch hier wäre eine Erhebung zum Verbreitungsgrad von NFC-fähigen Smartphones in Deutschland wünschenswert.

Zusätzlich hierzu kommen noch die Kosten für den Datenverbrauch der Apps, die wohl verschwindend gering sein werden, da diese Apps relativ wenig an Daten umzusetzen haben. Gleichwohl gibt es auch die Kosten für die Nutzung des Dienstes, die über Gebühren für die Nutzung abgeschätzt werden können. Es kommen einmal die Kosten für die Neueinrichtung oder Umrüstung von Terminals für die Mobile Payments auf, die möglicherweise auf die Konsumenten umgelegt werden könnten. Zusätzlich verlangen die meisten Anbieter die Hinterlegung einer Kreditkarte oder eines Bankkontos. Dies bedeutet für den Endkunden auch, dass die Zahlung von den zahlungsabwickelnden Unternehmen als eine Kreditkartenzahlung oder Überweisung betrachtet wird und auch die Kosten für die Kreditkarte oder das Konto bei Zahlungen auch abseits des POS anfallen. Die Mobile Payment Apps müssten also einen Weg finden, ihren Service für den Konsumenten entweder möglichst günstig zu halten oder einen zusätzlichen Mehrwert bieten, da auch – wie bereits erwähnt – deutsche Banken und Kreditkartenanbieter neuerdings auch integrierte Mobile Payments anbieten. Besonders die Apps, die über eine zuvor registrierte Kreditkarte laufen, wären vermutlich am teuersten für den Konsumenten, da Kreditkartenzahlung für den Endkunden bisher die teuerste und zeitintensivste Variante für Zahlungen am Point of Sale darstellen.[31] Mobile Wallets können jedoch dafür sorgen, dass die Kosten durch die digitale Transformation vieler Hintergrundprozesse der Kreditkartenanbieter und anderer Fintechs kostengünstiger werden. Eine extensive vergleichende Untersuchung der Kosten von

[30] Vgl. Apanasevic 2013.
[31] Vgl. Beermann et al. 2019.

Bargeld, Kreditkarten und Mobile Payments unter Einbezug von Wechselgeldkosten etc. für den deutschen Markt wäre in jedem Fall ein lohnenswertes Unterfangen für die Forschung.

Zeitersparnis und Bündelung von Informationen und Diensten im Digital Wallet

Digital Wallets liefern den Konsumenten den Vorteil, dass sie die physischen Kreditkarten in der Geldbörse obsolet machen und einfach als digitale Kopie auf der App hinterlegen können.[32] Außerdem bieten die meisten Bezahldienste zusätzliche Leistungen, wie die Bündelung von Informationen für den Endkunden an. So können Kunden beispielsweise ihre Bankkonten mit der App verbinden und so einfacher und gebündelter auf die Informationen in diesen Apps zugreifen. Andere Apps verknüpfen finanzielle Dienstleistungen oder wirtschaftliche relevante Nachrichtenportale mit der App und dienen somit auch als Finanzintermediär im weiteren Sinne. Vor allem die Möglichkeit des mobilen Zahlungsausgleichs zwischen zwei Privatpersonen erleichtert die Zahlungstransaktionen zwischen Konsumenten, da diese so unabhängig von ihrem Bargeldbestand jederzeit Zahlungen bei Freunden, Verwandten, etc. per Mobile Payment App abwickeln können, ohne Bargeld für diese Transaktionen vorhalten zu müssen und haben somit geringere Opportunitätskosten.

Ortsungebundenheit

Durch die mobile Zahlungsabwicklung bietet sich den Verbrauchern zudem ein weiterer nicht zu unterschätzender Nutzen. Die ortsungebundene Abwicklung von Zahlungen ermöglicht es den Nutzern von mobilen Zahlungsdiensten, vor allem bei den bereits beschriebenen mobilen Zahlungen abseits des POS, ihre Finanzen auch fern der Bankfiliale oder des heimischen Computers zu regeln. Hierdurch entstehen einerseits Zeitgewinne durch verminderte Opportunitätskosten, da nicht mehr der Weg zur Filiale oder nachhause bestritten werden muss, wenn eine Zahlung zu erledigen ist, aber auch dadurch, dass beispielsweise die wöchentlichen Einkäufe während der Bahnfahrt nachhause erledigt werden können. Zudem können Zahlungen für Prepaid-Guthaben oder Handysoftware

---

[32] Vgl. Hayashi 2012.

bequem per Smartphone überwiesen werden, sodass sich die Kunden den Einkauf von diesen beiden für das Mobiltelefon bedeutenden Gütern nicht über den Elektrofachhandel abwickeln müssen. Besonders im Bereich des mP2P, also dem Zahlungsausgleich zwischen Privatpersonen, stellt sich die Ortsungebundenheit als äußerst nützlich heraus. Zahlungen können abseits der Bankfiliale in vielen Situationen zwischen Kollegen, Familienmitgliedern und Freunden getätigt werden. Schulden können fast in Echtzeit beglichen werden und die Vorhaltung von Bargeld und das zeitaufwendige Nachfragen des Gläubigers beim Schuldner könnten mit Mobile Payments endgültige abgeschafft werden. Als sehr nützlich könnten sich auch Mikroversicherungen erweisen. Diese Versicherungen könnten für die Konsumenten, solange die Zahlungen tatsächlich in Echtzeit und nicht durch Vorleistung abgeschlossen werden würden, einen Versicherungsschutz bieten, den diese fernab der Filiale der Versicherung, beispielsweise im Urlaub, abschließen könnten.[33] Ein Beispiel hierfür wäre ein Skifahrer, der sich so per in Echtzeit abgewickelten Mobile Payment, spontan für die Zeit seines Skiurlaubs gegen mögliche Verletzungen versichern könnte, die während seines Urlaubs geschehen könnten.

Höhere Sicherheit und Schnelligkeit durch biometrische Authentifizierung

53% wären beim Bezahlen dazu bereit, sich per Fingerabdruck oder durch andere biometrische Daten identifizieren zu lassen.[34] Biometrische Authentifizierung bietet den Vorteil, dass sie im Vergleich zu klassischen Authentifizierungsverfahren in kürzerer Zeit höhere Sicherheit bietet, da das eintippen von Passwörter meist länger dauert und der Passwortschutz einfacher umgangen werden kann als der Schutz durch personenbezogene Daten. Wo früher der Missbrauch von Kreditkarten Gang und Gäbe war, würde durch die biometrische Authentifizierung für die deutschen Kunden eine sicherere Alternative geboten werden, zu deren Nutzung die deutschen Verbraucher auch bereit wären. Da für die deutschen Verbraucher, wie zuvor gezeigt wurde, Sicherheit einer der wichtigsten Aspekte bei

33 Vgl. Salmony 2017.
34 Vgl. Statista 2016.

der Nutzung von Mobile Payments ist, würde eine höhere Sicherheit zu einem höheren Nutzen der Dienste für die Kunden beitragen. Zudem würden Banken- und Kreditinstitute sich jährlich Millionen Euro an Kosten einsparen, die durch Betrugsfälle entstehen, wodurch vielleicht diese Kosteneinsparungen auch zum Teil an die Konsumenten weitergereicht werden könnten.[35] Durch die PSD2 – Zahlungsrichtlinie der EU wird diese Form der Authentifizierung zudem umso bedeutender. Seit Januar 2018 müssen Kunden bei bargeldlosen Zahlungen zwei der drei Merkmale Wissen, Besitz und Inhärenz für jede Transaktion als Authentifizierung angeben. Wissen wäre hierbei das Wissen über ein Passwort, Besitz wäre beispielsweise der Besitz eines TAN-Generators und Inhärenz wäre die Authentifizierung durch Biometrie.[36] Zwar wäre eine Authentifizierung über ein SMS-TAN und TAN-Generator bei Nutzung eines Passworts immer noch möglich, doch ist die Authentifizierung durch Biometrie auch in Zukunft noch immer die sicherste Variante, da ein TAN-Generator oder Smartphone schlussendlich immer noch geraubt werden könnte. Gleichwohl wird es wohl noch einige Zeit dauern, bis die biometrische Authentifizierung über das Smartphone für alle deutschen Konsumenten möglich sein wird, da noch nicht alle neu ausgelieferten Mobiltelefone über diese Funktion verfügen.[37]

Schnellere Abwicklung und einfache Benutzung?

Die Anfangs erwähnten Ergebnisse zu der Zeiteffizienz bei der Zahlung mit Bargeld im Vergleich zur Kartenzahlung – solange es sich nicht um kontaktlose Kartenzahlung handelte – wurde auch in einer anderen Studie von Polasik et al. (2012) nachgewiesen.[38] Jedoch hat dieselbe Studie nachgewiesen, dass die Zahlung mit Mobile Payment Apps in etwa genauso schnell ist

---

35 Die EZB 2018 beziffert die Verluste der europäischen Banken im Jahre 2016 auf etwa 1,8 Mrd. Euro; Worobec 2015 beziffert den Verlust der britischen Banken durch Betrugsfälle auf etwa 400 Millionen Pfund jährlich von 2004 bis 2014.

36 Vgl. Kirsch 2018.

37 Nach Chadha 2017 werden erst alle ab 2019 erscheinenden Smartphones mit Möglichkeiten zur biometrischen Authentifizierung ausgestattet sein.

38 Vgl. Polasik et al. 2012.

wie die Zahlung mit Bargeld. Kunden, die gerne bargeldlos zahlen, hätten also durch die Nutzung von Mobile Payment einen zeitlichen Vorteil und somit einen Kostenvorteil.[39] Die Studie von Polasik et al. (2012) zur Zeiteffizienz hat zudem herausgefunden, dass Konsumenten den Zahlungsprozess – Aushändigung des Zahlungsinstruments bis Verlassen des Schalters – als deutlich länger wahrnehmen und die Zahlung mit mobilen Zahlungsdiensten sogar als kürzer als mit Bargeld wahrgenommen wird.[40] Besonders in Situationen, in denen eine schnellere Zahlungsabwicklung durch kürzere Wartezeiten die Nützlichkeit von Mobile Payments erhöht, wie beispielsweise im öffentlichen Nahverkehr mit der U-Bahn, würden sich solche schnelleren Zahlungen besonders für die Konsumenten lohnen.[41] Dieser Auffassung waren auch die Befragten einer Studie, die ermitteln sollte in welchen Situationen die Konsumenten am liebsten mit Mobile Payments zahlen würden. Dabei war die beliebteste Option mit 18% die Zahlung für Nahverkehrtickets (17%) und die viertbeliebteste die Zahlung für Tickets an sich (13%).[42] Mit Hilfe von Regressionsanalyse wurde herausgefunden, dass die wahrgenommene Einfachheit der Benutzung und die Schnelligkeit der Abwicklung für die Konsumenten von besonders hohem Wert ist, wenn sie die Nützlichkeit einer Zahlungsmethoden beurteilen sollen.[43] Es ist sehr wahrscheinlich, dass die Abwicklungsgeschwindigkeit auch einen hohen Stellenwert für den Konsumenten haben wird, obwohl diese in den anfangs zitierten Studien zu den Gründen der Ablehnung höchstens mit dem Punkt „kein Vertrauen in die Technik“ gleichsetzen lässt. Es wäre daher sinnvoll Studien in der Art von Polasik et al. (2012) oder der

39 Vgl. Brits & Winder 2005.

40 Nach Polasik et al. 2012 dauerte der Prozess bei RFID-Zahlung im Durchschnitt 38,95 Sekunden und hatte dabei 4,84 Sekunden Standardabweichung. Bei NFC-Zahlung der Prozess im Durchschnitt 38,52 Sekunden und hatte dabei 3,06 Sekunden Standardabweichung. Bargeldzahlung dauerte im Durchschnitt 39,61 Sekunden und hatte bis zu 25,35 Sekunden Standardabweichung. Gleichwohl ist die Stichprobengröße für die Mobile Payments sehr klein.

41 Vgl. Hayashi 2012.

42 Vgl. Statista 2019d.

43 Vgl. Ching & Hayashi 2010.

Bundesbank[44] anzufertigen, um herauszufinden, wie schnell und zuverlässig die Zahlungsabwicklung von Mobile Payments am POS ist, da es für den deutschen Raum bisher keinerlei Erhebungen zur Geschwindigkeit und Verlässlichkeit von Mobile Payments am POS gab. Es wäre daher besonders interessant eine solche Erhebung durchzuführen und dabei festzuhalten, wie oft Versuche fehlgeschlagen sind und auch wie lange eine Zahlung im Durchschnitt gedauert hat, damit die Aspekte der schnellen Abwicklung und Verlässlichkeit am POS besser eingeschätzt werden können.[45]

Datenverkauf an Dritte oder Preisdiskriminierung durch den Dienstleister als versteckte Kosten

Wie bereits zuvor angesprochen, könnten die über Mobile Payment Apps gesammelt Daten auch zu Nachteilen für die Kunden führen. Diese könnten durch die Analyse ihrer Daten anschließend besser bezüglich ihrer Zahlungsbereitschaft eingeschätzt werden, sodass ihnen, wie es bereits beispielsweise bei Amazon geschieht, Preise geboten werden, die nahezu ihrem Reservationspreis entsprechen.[46] Die ökonomischen Renten dieser Verbraucher würden somit gegen Null tendieren. Da die Datenhoheit in unserem Kontext für den deutschen Verbraucher am bedeutendsten ist, könnte bei Bekanntwerden solcher Praktiken das Vertrauen in diese Dienste und deren Nutzung stark zurückgehen.

Mangelhafte Verschlüsselung der biometrischen und anderer Daten

Als neulich öffentlich bekannt wurde, dass Facebook-Passwörtern von Nutzern unverschlüsselt abgespeichert wurden,[47] zeigte sich, dass die Verschlüsselung von sensiblen Daten auch bei großen Unternehmen nicht selbstverständlich ist. Für die Verbraucher wäre es daher ein großes Risiko, wenn ihre biometrischen und übrigen gesammelten Daten mangelhaft verschlüsselt werden würden. Dies ist besonders im Fall der sensiblen biometrischen Daten von großer Bedeutung, da diese

---

44 Vgl. Beermann et al. 2019.

45 Selbiges sollte auch für Zahlungen mit Kreditkarte oder EC-Karte gelten.

46 Vgl. Kalka & Krämer 2016.

47 Vgl. SPIEGEL 2019.

Zugangsdaten unabänderlich sind und somit nicht einfach gewechselt werden können wie dies bei einem Passwort der Fall ist. Eine rigorose Verschlüsselung, besonders der biometrischen Daten und die Kontrolle desselbigen durch unabhängige Institute könnte folglich das Sicherheitsbedürfnis der deutschen Verbraucher befriedigen und zu vermehrtem Nutzen für diese durch die Mobile Payment Dienste beitragen. Ohne eine solche Verschlüsselung wäre das Gegenteil der Fall.

Bündelung von Informationen und Diensten im Digital Wallet als Risiko

Die Bündelung von Informationen kann nicht nur als vorteilhaft aufgefasst werden. Literatur zum Phänomen des *information overloads* konnte Hinweise darauf geben, dass mehr Information, nicht immer zu mehr besseren Entscheidungen führt, besonders wenn es sich um Konsumenten handelt.[48] Mobile Wallets, die zusätzliche Informationen zu beispielsweise Anlagemöglichkeiten und Anderem bieten, könnten für die Konsumenten ein Risiko darstellen, das diese so gar nicht selbst wahrnehmen würden.

---

48 Vgl. Roetzel 2018.

5 Verbrauchergruppenspezifische Nutzen und Risiken

5.1 Spezifische Nutzen für vertrauende Verbraucher

Bündelung von Informationen und Diensten im Digital Wallet

Die Bündelung von Informationen und anderen Diensten kann für die vertrauenden Verbraucher möglicherweise nur von geringer Bedeutung sein, da dieser sich wenig vor seinen Kaufentscheidungen informiert und für gewisse Verbraucher, wie wir es bei der spezifischen Risikoevaluation darstellen werden, sogar von Nachteil sein.

Ortsungebundenheit

Konsumenten, die wie der vertrauende Verbraucher großen Wert auf Zeitersparnis legen, nutzen entsprechend sehr oft die Möglichkeiten des mobilen Zahlungsausgleichs.[49] Für diese Verbrauchergruppe wäre die ortsungebundene Abwicklung somit relativ gesehen von größerem Nutzen als für andere Verbrauchergruppen.

Höhere Sicherheit und Schnelligkeit durch biometrische Authentifizierung

Vor allem für den Kreis der vertrauenden Verbraucher ist damit zu rechnen, dass die biometrische Authentifizierung sicherer ist, da die meisten Passwörter der Verbraucher im Durchschnitt sehr viel leichter zu knacken sind. Dies hängt vor allem damit zusammen, dass Verbraucher oft nur Abwandlungen oder Standardpasswörter nutzen, die durch Software unter Zuhilfenahme früherer Passwörter oder persönlicher Informationen über das Opfer in etwa 77% aller Fälle geknackt werden können. Zudem nutzten einige Befragte, wie es wahrscheinlich bei vielen vertrauenden Verbraucher der Fall ist, Variationen von beliebten Passwörter wie „Passwort123", etc.[50] Der vertrauende Verbraucher, der, wie erwähnt, großen Wert auf eine schnelle Abwicklung seiner Käufe legt, könnte also eher als andere Verbraucher dazu neigen ein kurzes und somit unsicheres Passwort zu wählen. Solange also davon ausgegangen wird,

---

49 Vgl. Mantel 2000.
50 Vgl. Wang et al. 2016.

dass die biometrischen Daten der Nutzer gut verschlüsselt gespeichert werden, kann angenommen werden, dass diese Form der Authentifizierung für den vertrauenden Verbraucher eine Verbesserung seiner Sicherheit und Zeiteffizienz bei der Nutzung von Online- und Mobile Payments mit sich bringen würde. Mobile Payments könnten durch diese Ergänzung somit einen wahren Zugewinn an Sicherheit für diese Stakeholdergruppe darstellen.

5.2 Spezifische Risiken für vertrauende Verbraucher

Datenverkauf an Dritte oder Preisdiskriminierung durch den Dienstleister als versteckte Kosten

Preisdiskriminierung, die aus Data-Mining von Zahlungsdaten resultieren würde, wäre gerade für den vertrauenden Verbraucher, der sich kaum mit Datenschutz und den Geschäftsbedingungen der verschiedenen Dienstleister auseinandersetzen würde, nachteilig. Diese Gruppe, die hohen Wert auf Zeitersparnis legt, wird sich wahrscheinlich auch nicht durch unabhängige Preisvergleichsportale vor dem Kauf eines Guts über unterschiedliche Angebote informieren und wäre so der Preisdiskriminierung häufig ausgesetzt. Ohne klar definierte gesetzliche Regelungen über die Nutzung der Verbraucherdaten, könnte die Kosten-Nutzen-Relation aus der Nutzung der Mobile Wallets für diese Verbraucher sogar negativ ausfallen, da sie minimalen Nutzen durch verkürzte Wartezeiten, marginale gesenkte Kosten der Zahlungsabwicklung und der ortsunabhängigen Zahlung gegen höhere Preise tauschen würden.

Zudem könnten die Zahlungsanbieter, wie bereits beim Payback-System, das zu American Express gehört, geschehen, die Daten der Kunden nutzen, um diesen für sie nachteilige Konsumentenkredite anzubieten. Es wäre daher für die vertrauenden Verbraucher besonders von Vorteil, wenn gesetzlich klar geregelt wäre, dass diese über die Verwendung ihrer Daten seitens der App-Anbieter extensiv aufgeklärt werden müssen.

Schlechte Verschlüsselung biometrischer Daten

Ein weiteres Risiko könnte für die vertrauensvollen Verbraucher daraus entstehen, dass sie im Unklaren darüber bleiben, wie ihre biometrischen Daten verschlüsselt werden. Wie der bereits angesprochene Fall von Facebook zeigt, ist die

Verschlüsselung von sensiblen Daten auch bei großen Unternehmen nicht selbstverständlich. Sollten solche Daten gestohlen werden, wäre der Schaden enorm, da diese biometrischen Daten nicht einfach wie ein Passwort geändert werden können.

5.3 Spezifische Nutzen für verletzliche Verbraucher

Höhere Sicherheit und Schnelligkeit durch biometrische Authentifizierung

Auch für die verletzlichen Verbraucher gelten die bereits beim vertrauenden Verbraucher angesprochenen Punkte bezüglich der Nützlichkeit. Hier jedoch mit der Einschränkung, dass diese möglicherweise gar kein Smartphone, oder aber kein Smartphone mit biometrischer Authentifizierungsmöglichkeit besitzen würden. Da verletzliche Verbraucher meist nicht die neueste Technik, sondern wenn überhaupt ältere Modelle ohne diese Funktion nutzen würden, könnten sie erst in einigen Jahren am Nutzen dieser Technik teilhaben.

5.4 Spezifische Risiken für verletzlicher Verbraucher

Information Overload durch Bündelung der Dienste in Mobile Wallets

Verletzliche Verbraucher, die ohnehin mit den Entwicklungen innerhalb des Mobile Payment Marktes überfordert wären, könnten durch die Bündelung der Dienste und Informationen innerhalb von Mobile Wallets mehr Nachteile als Vorteile genießen. Gemäß der Theorie des *information overloads* könnten sie durch die Überladung mit Informationen innerhalb der Apps schnell überfordert sein und so auf dieser Basis negative Entscheidungen für sich selbst fällen.[51] Auch hier wären empirische vergleichende Untersuchungen zum Verhalten von Konsumenten bei der Nutzung von Mobile Wallets mit zusätzlichen Dienstleistungen und bei der Nutzung von Mobile Wallets, die keine solchen Dienste bieten sinnvoll.

Datenverkauf an Dritte oder Preisdiskriminierung durch den Dienstleister als versteckte Kosten

Auch für diese Verbrauchergruppen gilt, was für die vertrauensvollen Verbraucher gilt. Jedoch ist es für diese Verbrauch-

---

51 Vgl. Roetzel 2018.

ergruppen umso schädlicher, wenn sie preislich diskriminiert werden, da sie in den meisten Fällen als gesellschaftlich abgehangene Personen vermutlich auch ein geringeres Einkommen und Vermögen vorzuweisen haben. Zudem könnte angenommen werden, dass die mit der digitalen Welt unvertrauten verletzlichen Verbraucher gewisse Tricks zur Umgehung der Preisdiskriminierung, wie beispielsweise die Löschung der Cookies, die Nutzung eines VPN oder das Ausweichen auf ein anderes Gerät, nicht kennen würde und entsprechend nicht anwenden würden. Diese Verbrauchergruppe wäre also im Schnitt häufiger der Preisdiskriminierung ausgesetzt, welche ihr proportional zugleich auch stärker schaden würde.

5.5 Spezifische Nutzen für verantwortungsvolle Verbraucher

Höhere Sicherheit und Schnelligkeit durch biometrische Authentifizierung

Die verantwortungsvollen Verbraucher hätten wie die beiden anderen Typen ähnliche Vorteile durch die Nutzung von biometrischer Authentifizierung. Gleichzeitig könnte es dieser Verbrauchergruppe ganz besonders wichtig sein, dass sorgsam mit ihren biometrischen Daten umgegangen wird und diese bestmöglich verschlüsselt werden. Entsprechend könnten solche Nutzer nur einen Nutzen aus der biometrischen Authentifizierung ziehen, wenn die Anbieter dieser Technik die höchste Absicherung dieser Daten garantieren würden. Es wäre daher auch im Sinne der Anbieter dieser Dienste, die Daten bestmöglich zu sichern, um die verantwortungsvollen Verbraucher von den Vorteilen der biometrischen Authentifizierung zu überzeugen. Dass die Verschlüsselung sensibler Daten selbst bei großen Firmen wie Facebook nicht immer selbstverständlich ist, zeigt, dass möglicherweise der Gesetzgeber tätig werden muss, um den Schutz dieser noch viel sensibleren Daten der Nutzer zu garantieren. Verantwortungsvolle Verbraucher wären zudem stark daran interessiert, was mir ihren Daten nach der Erfassung passiert und wie diese genutzt werden. Möglicherweise wären sie besorgt, dass sie, ähnlich wie beim Payback-Punktesystem zum gläsernen Kunden werden und Nachteile durch Preisdiskriminierung erfahren könnten.[52] Es wäre daher

[52] Vgl. von Demandowsky 2010.

für diesen Verbraucherkreis von besonders hohem Nutzen, wenn die Anbieter transparent in der Nutzung ihrer Daten sind.

5.6 Spezifische Risiken für verantwortungsvolle Verbraucher

Datenverkauf an Dritte oder Preisdiskriminierung durch den Dienstleister als versteckte Kosten

Die verantwortungsvollen Verbraucher würden sich vermutlich selbst über die Nutzung ihrer Daten durch die Mobile Wallets erkundigen. Trotzdem sind auch diese nicht davor geschützt, dass sie Opfer der Preisdiskriminierung werden. Durch das für diese Verbrauchergruppe typische öffentliche Auftreten und ihre Information anderer Verbraucher über diesen Missstand, könnten sie jedoch dafür sorgen, dass der Regulator einschreitet und diesen Datenhandel unterbindet, oder aber die Konsumenten sich von den Mobile Wallets abwenden, da sie den durch die verantwortungsvollen Verbraucher offengelegten Datenmissbrauch ablehnen. Ein verantwortungsvoller und transparenter Umgang der Anbieter mit den Daten könnte daher auch hier zum Differenzierungsmerkmal für die Anbieter werden.

6 Konklusion

Was können wir nun abschließend festhalten? Welche Aspekte sind für die verschiedenen Verbrauchergruppen besonders wichtig und wie können Anbieter hierauf reagieren?

Wie aus den zuvor zitierten deskriptiven Statistiken hervorgeht, sind besonders die beiden Aspekte Datenhoheit der Konsumenten und Sicherheit für die deutschen Verbraucher bisher die bedeutendsten Gründe für die Ablehnung von Mobile Wallets. Es wäre daher nicht nur im Interesse der Nutzer, sondern auch der Anbieter hier Transparenz zu schaffen und für sichere Verwaltung von Passwörtern oder biometrischen Zugangsdaten zu sorgen. Durch die PSD2 – Zahlungsrichtlinie der EU ist schon ein erster und wichtiger Schritt für mehr Sicherheit für die Konsumenten bei Nutzung von bargeldlosen Zahlungen gemacht worden, der auch dazu beitragen kann, dass sich biometrische Authentifizierung in Zukunft stärker etablieren wird. Biometrische Zugangsmöglichkeiten würden zudem eine noch höhere Sicherheit als andere PSD2-konforme Authentifizierungsweisen garantieren, solange die Daten sicher verschlüsselt wären. Besonders für die Verbrauchergruppen der vertrauenden und verantwortungsvollen Verbraucher wäre dieser Zugewinn an Sicherheit ein deutliches Signal über die Sicherheit dieser Dienste, wenn die Vorteile der biometrischen Authentifizierung entsprechend kommuniziert werden würden. Der Aspekt des Datenhoheit muss auch ernst genommen werden, damit die deutschen Verbraucher mehr Vertrauen in die Dienste gewinnen. Veröffentlichungen über Preisdiskriminierung könnten potenziell schädigend für das Image der Anbieter sein, weswegen möglicherweise Geschäftsmodelle, die ihren Umsatz nicht über den Handel mit den Daten generieren würden, für den Konsumenten überzeugender wären. Angesichts der massiven Nutzung von Amazon und Facebook, die ebensolchen Datenhandel betreiben, ist es zweifelhaft, ob die Verbrauchergruppen, abgesehen vom verantwortungsvollen Verbraucher, nicht doch eher zum „kostenlosen" Dienst greifen würden. Zumindest für die verantwortungsvollen Verbraucher könnten sich jedoch Dienste durchsetzen, die ebendies Datenhoheit der Verbraucher garantieren und sich so diese Nische sichern könnten.

Mobile Payments abseits des POS haben die oben genannten Probleme auch zu bewältigen, doch sind sie zumindest schon beliebter als POS Mobile Payments und bieten durch ihre Ortsungebundenheit einen besonders hohen Nutzen für Verbraucher im mP2P-Bereich. POS Mobile Payments haben jedoch nach wie vor mit Problemen zu kämpfen, die die mangelnde deutsche IT-Infrastruktur mit sich bringt. Die Installation oder das Upgrade bereits bestehender Zahlungsterminals im Einzelhandel wäre vermutlich sehr kostspielig und auch das schlecht ausgebaute mobile Breitbandnetz würden zumindest temporär die verletzlichen Verbraucher von der Nutzung dieser Dienste ausschließen, da diese wohl oft im ländlichen und schlecht an die IT-Infrastruktur angebundenen Raum zu verorten sind. Für diese Verbrauchergruppe hat zumindest PayPal, als der in Deutschland beliebteste Dienst, eine gute Lösung für Zugang gefunden. PayPal präferiert die WAP-Technologie, die auch mit einfachen mobilen Endgeräten zugänglich ist. Der Nutzen aus der höheren Sicherheit durch biometrische Authentifizierung wird für die verletzlichen Verbraucher wohl vorerst auch verwehrt bleiben, da diese nicht über die neuesten Geräte mit dieser Authentifizierungsmöglichkeit verfügen. Anders als die Aspekte der Sicherheit und Datenhoheit sind diese soeben genannten Punkte jedoch wohl nur ein temporäres Problem, da davon ausgegangen werden kann, dass diese Infrastruktur Probleme durch massive Investitionen und die Verbilligung von Terminals und Smartphones mit biometrischer Authentifizierung dazu beitragen werden, dass jeder deutsche Bürger potenziell mit Mobile Payments zahlen kann.

Literaturverzeichnis

Apanasevic, T. (2013). Factors Influencing the Slow Rate of Penetration of NFC Mobile Payment in Western Europe. Proceedings of The 12th International Conference on Mobile Business (ICMB).

Atzler, E. (2018). Kontaktlos bezahlen mit Karte oder Smartphone – das müssen Verbraucher wissen: https://www.handelsblatt.com/finanzen/banken-versicherungen/nfc-technik-kontaktlos-bezahlen-mit-karte-oder-smartphone-das-muessen-verbraucher-wissen-/22841704.html?ticket=ST-99246-0dKTMciJvVMP7fCtCYIt-ap3; zuletzt abgerufen am 13. Juli 2019.

Beermann, J., Cabinovka, J., Knümann, F., & Horst, F. (2019). Kosten der Bargeldzahlung im Einzelhandel. Studie zur Ermittlung und Bewertung der Kosten, die durch die Bargeldzahlung im Einzelhandel verursacht werden. Frankfurt am Main.

Brandt, M. (2019a). China zahlt mobil: https://de.statista.com/infografik/13490/prognose-zur-nutzung-von-mobile-payments-am-pos/; zuletzt abgerufen am 13. Juli 2019.

Brandt, M. (2019b). Mobile Payment in Deutschland: https://de.statista.com/infografik/17457/mobile-payment-in-deutschland/; zuletzt abgerufen am 13. Juli 2019.

Brits, H., & Winder, C. (2005). Payments are no free lunch. Dutch National Bank Occasional Studies; Vol. 3(2).

Bundesnetzagentur. (2019). Breitbandmessung Jahresbericht 2017/2018: https://www.bundesnetzagentur.de/DE/Sachgebiete/Telekommunikation/Verbraucher/Breitbandmessung/Breitbandmessung-node.html; zuletzt abgerufen am 13. Juli 2019.

Chadha, R. (2017). Like It or Not, Smartphones with Biometrics Will Soon Be the Norm: https://www.emarketer.com/Article/Like-Not-Smartphones-with-Biometrics-Will-Soon-Norm/1016472; zuletzt abgerufen am 13. Juli 2019.

Dahlberg, T., Guo, J., & Ondrus, J. (2015). A critical review of mobile payment research. Electronic Commerce Research and Applications; Vol. 14, 265-284.

von Demandowsky, M.. (2010). Firmen sagen Ehescheidungen voraus: https://www.zeit.de/digital/internet/2010-06/data-mining-ehescheidung; zuletzt abgerufen am 13. Juli 2019.

Dietrich, A., & Wernli, R. (2018). Mobile Payment Studie Schweiz 2018. Zug: Institut für Finanzdienstleistungen Zug IFZ. Mit Unterstützung von TWINT.

Esselink, H., & Hernández, L. (2017). The use of cash by households in the euro area. EZB Occasional Paper Series; No. 201.

EZB (2018). EZB-Bericht über Kartenbetrug zeigt Rückgang des Betrugs im Jahr 2016: https://www.bundesbank.de/resource/blob/762432/9bbc0cc685e10823d51760ca097195de/mL/2018-09-26-kartenbetrug-download.pdf; zuletzt abgerufen am 14. Oktober 2019.

Guttmann, R. (2003). Cybercash: the coming era of electronic money. Basingstoke.

Hayashi, F. (2012). Mobile payments: What's in it for consumers? Economic Review, Federal Reserve Bank of Kansas City; Vol. 2012(I), 35-66.

Holtmann, U. (2018). Von Am liebsten kostenlos und für jeden Betrag: https://www.ehi.org/de/pressemitteilungen/am-liebsten-kostenlos-und-fuer-jeden-betrag/; zuletzt abgerufen am 13. Juli 2019.

Kalakota, R., & Whinston, A. B. (1997). Electronic Commerce. A Manager's Guide. Boston.

Kalka, R., & Krämer, A. (2016). Dynamic Pricing: Verspielt Amazon das Vertrauen seiner Kunden?: https://www.absatzwirtschaft.de/dynamic-pricing-verspielt-amazon-das-vertrauen-seiner-kunden-75271/; zuletzt abgerufen am 13. Juli 2019.

Kirsch, S. (2018). Zahlungsrichtlinie PSD2. Was sich im Januar an Ihrem Konto ändert: https://www.wiwo.de/finanzen/geldanlage/zahlungsrichtlinie-psd2-was-sich-im-januar-an-ihrem-konto-aendert/20555390.html; zuletzt abgerufen am 14. Oktober 2019.

Klotz, M. (2018). Mobile Payment in Germany – what is possible, and what is not: https://paymentandbanking.com/en/mobile-payment-in-germany-what-is-possible-and-what-is-not/; zuletzt abgerufen am 13. Oktober 2019.

Kußmaul, H. (2018). Banklexikon: https://www.gabler-banklexikon.de/definition/finanzintermediaere-57922/version-339546; zuletzt abgerufen am 13. Juli 2019.

Laudon, K. C., & Traver, C. G. (2002). E-Commerce: Business, Technology, Society. Boston.

Mantel, B. (2000). Why do Consumers Pay Bills Electronically? An Empirical Analysis. Federal Reserve Bank of Chicago, Economic Perspectives; Vol. 4(24), 32-47.

Micklitz, H. M., Oehler, A., Piorkowsky, M.-B., Reisch, L. A., & Strünck, C. (2010). Der vertrauende, der verletzliche oder der verantwortungsvolle Verbraucher? Plädoyer für eine differenzierte Strategie in der Verbraucherpolitik. Stellungnahme des Wissenschaftlichen Beirats Verbraucher- und Ernährungspolitik beim BMELV.

Österreicher, J. (2018). Das Bargeld und die Deutschen — Eine wahre Liebesgeschichte: https://mag-de.n26.com/die-liebe-zum-bargeld-das-bargeld-und-die-deutschen-eine-liebesgeschichte-618f15ab7608; zuletzt abgerufen am 13. Juli 2019.

Palmer, K. (2015). Pins 'obsolete within five years' - and pay with mobile or fingerprints instead: https://www.telegraph.co.uk/finance/personalfinance/bank-accounts/12005149/Pins-obsolete-within-five-years-and-pay-with-mobile-or-fingerprints-instead.html; zuletzt abgerufen am 13. Juli 2019.

Polasik, M., Górka, J., Wilczewski, G., Kunkowski, J., Przenajkowska, K., & Tetkowska, N. (2012). Time Efficiency of Point-of-Sale Payment Methods: The Empirical Results for Cash, Cards and Mobile Payments. In Enterprise Information Systems: 14th International Conference, ICEIS 2012, Wroclaw, Poland, June 28 - July 1, 2012, Revised Selected Papers, 306-320.

Roetzel, P. G. (2018). Information overload in the information age: a review of the literature from business administration, business psychology, and related disciplines with a bibliometric approach and framework development. Business Research; https://doi.org/10.1007/s40685-018-0069-z, 1-44.

Salmony, M. (2017). The Future Use of Instant Payments – are we investing billions just to do mobile P2P? Journal of Payments Strategy & Systems, Vol. 11(1), 58-77.

SPIEGEL (2019). Von Facebook speicherte Millionen Passwörter unverschlüsselt: https://www.spiegel.de/netzwelt/web/facebook-millionen-passwoerter-unverschluesselt-gespeichert-a-1259073.html; zuletzt abgerufen am 13. Juli 2019.

Statista (2016a). Von Anteil der Befragten in Deutschland, die folgende Mobile Payment Angebote nutzen in den Jahren 2011 bis 2016: https://de.statista.com/statistik/daten/studie/158762/umfrage/nutzung-von-mobile-payment-angeboten-deutscher-verbraucher/; zuletzt abgerufen am 13. Juli 2019.

Statista (2016b). Warum haben Sie bisher noch kein Mobile Payment genutzt?: https://de.statista.com/statistik/daten/studie/527807/umfrage/gruende-der-nicht-nutzung-von-mobile-payment-in-deutschland/; zuletzt abgerufen am 13. Juli 2019.

Statista. (2016c). Welchen Methoden, um Zahlungen zu autorisieren, würden Sie vertrauen?: https://de-statista-com.zu.idm.oclc.org/statistik/daten/studie/569054/umfrage/umfrage-zum-vertrauen-in-verschiedene-methoden-um-mobile-bezahlvorgaenge-zu-autorisieren/; zuletzt abgerufen am 13. Juli 2019.

Statista (2018). Wie zahlen Sie vor Ort in einem Geschäft am liebsten?: https://de.statista.com/statistik/daten/studie/856475/umfrage/umfrage-zu-den-praeferierten-bezahlmethoden-in-deutschland/; zuletzt abgerufen am 13. Juli 2019.

Statista. (2019a). Digital Payments. https://de.statista.com/outlook/296/137/digital-payments/deutschland; zuletzt abgerufen am 13. Juli 2019.

Statista. (2019b). Digital Remittances. https://de.statista.com/outlook/332/137/digital-remittances/deutschland; zuletzt abgerufen am 13. Juli 2019.

Statista. (2019c). Which of these services have you used in the past 12 months to pay in stores, restaurants or other points of sale with your smartphone?: https://www.statista.com/forecasts/998738/mobile-payments-by-brand-in-germany; zuletzt abgerufen am 13. Juli 2019.

Statista. (2019d). In what situations would you like to be able to pay with your smartphone (without debit/credit card or cash)?: https://www.statista.com/forecasts/998801/mobile-payments-by-situation-in-germany; zuletzt abgerufen am 13. Juli 2019.

Straubhaar, T. (2017). Bei Treuekarten zahlen die Kunden am Ende sogar drauf: https://www.welt.de/wirtschaft/article171733872/Payback-und-andere-Kundenkarten-So-gefaehrlich-sind-Bonusprogramme.html; zuletzt abgerufen am 13. Juli 2019.

von Demandowsky, M.. (2010). Firmen sagen Ehescheidungen voraus: https://www.zeit.de/digital/internet/2010-06/data-mining-ehescheidung; zuletzt abgerufen amam 13. Juli 2019.

Wang, D., Zhang, Z., Ping, W., & Yan, J. (2016). Targeted Online Password Guessing: An Underestimated Threat. 23. ACM CCS. Vienna.

Worobec, K. (2015). Financial Fraud Action Annual Review 2015: https://www.financialfraudaction.org.uk/wp-content/uploads/2016/07/Downloads-7-2980-4085-annual-review-pageturner-1.pdf; zuletzt abgerufen am 13. Juli 2019.

ZEIT (2019). Von Kartenzahlung überholt im Einzelhandel das Bargeld: https://www.zeit.de/wirtschaft/2019-05/zahlungsmittel-deutsche-bargeld-karte-bezahlen-studie; zuletzt abgerufen am 13. Juli 2019.

Ist Big Data die Lösung für bessere Bonitätsratings von Verbrauchern? Eine perspektivenorientierte, ökonomische Analyse

Von Florian Horky[a*]

Keywords: Big Data; Bonitätsanalyse; Rating; Scoring

Inhaltsübersicht:

[a]Research Student at Zeppelin University
[*]Please address correspondence to Florian Horky, Zeppelin University, Am Seemoser Horn 20, 88045 Friedrichshafen.

1 Einleitung

Wir leben in einer Welt, in der Begriffe wie digitale Transformation, Digitalisierung, Big Data und Industrie 4.0 bestimmende Schlagworte sind. Basierend auf Technologien und Abläufen wie Big Data Analysen, Machine- und Deep Learning Algorithmen und unter Einsatz Cyber-physischer Systeme sollen Vorhersagen über Produktionsoutput, Maschinenperformance und -lebensdauer sowie anfallende Wartungsarbeiten gemacht werden können. Mit der umfangreichen Datenverarbeitung können Prozesse optimiert und automatisiert werden um, so letztendlich die Wirtschaftlichkeit zu erhöhen und Gewinne, bei sinkenden Risiken steigern zu können.[1] Längst haben die Möglichkeiten die im Rahmen der Industrie 4.0 beschrieben und genutzt werden, jedoch auch Einzug gehalten in unser tägliches Leben. Die Daten die wir als Menschen täglich über das Internet, über Finanztransaktionen mit unseren Geld- und Kreditkarten, über Telefone und Messengerdienste und vermehrt auch über smarte Geräte wie Smartwatches, Smarthomes, etc. hinterlassen, man könnte auch sagen produzieren, werden genutzt um unsere Interessen und unser zukünftiges Verhalten möglichst genau abschätzen zu können.[2] Natürlich hat auch der Finanzsektor solche Methodiken übernommen, speziell zur Einschätzung der Kreditwürdigkeit unterschiedlichster Entitäten, also sowohl von Unternehmen als auch Vereinen und Privatpersonen. Insbesondere nach der Finanz- und Immobilienkrise 2007/2008, deren Auslöser unter anderem in zu lockeren Kreditvergaberichtlinien gesehen wird[3], werden zunehmend „intelligente" Algorithmen zur Bonitätsbewertung von Kreditnehmern verwendet. Der wachsende Datensatz den wir tagtäglich hinterlassen ermöglicht es Kreditgebern und Ratinganbietern wie beispielsweise der Schufa erst, qualitative, oder auch weiche, Faktoren in immer größerem Maße mit in ihre Entscheidungen einfließen zu lassen.[4] An dieser Stelle soll explizit erwähnt werden, dass die

[1] Vgl. Hermann, Pentek, & Otto 2015, 5; Lee, Kao, & Yang 2014, 3.
[2] Vgl. Helveston 2016, 861; Hurley & Adebayo 2016, 151; Pena Gangadharan 2014, 2.
[3] Vgl. Khandani, Kim, & Lo 2010, 2785.
[4] Vgl. Hurley & Adebayo 2016, 151; Müthlein & Hoffmann 2017, 71-73.

Nutzung vorhandener Mittel und Technologien mitnichten als grundsätzlich schlecht, oder die Auswertung von Daten um individuelle Angebote zu erstellen und letztendlich den damit verbundenen Gewinn zu maximieren als verwerflich erachtet werden sollte. Speziell bei der Kreditvergabe ist die Beachtung der erwähnten qualitativen Faktoren in Deutschland sogar eine direkte Vorgabe[5], wird anderswo allerdings auch selbstverständlich in die Bonitätsentscheidung mit einbezogen.[6] Die unterschiedlichen Parteien versuchen mit der Einbeziehung einer größeren Datenmenge Informationsasymmetrien abzubauen. Das heißt, in diesem Fall, der Kreditgeber versucht ein möglichst vollständiges Bild über einen potenziellen Kreditnehmer zu erhalten um entsprechend dem Risiko ein angemessenes Angebot unterbreiten zu können. Um diesen Vorgang aus einer ökonomischen Sicht analysieren zu können werden einige Basisprozesse wie die Transaktionskosten, Entscheidungen unter Risiko sowie die bereits erwähnte asymmetrische Information vorausgesetzt. Diese sind aus ökonomischer Sicht in der Verhaltensökonomie[7] und der neuen Institutionenökonomik, mit der eng verwandten Informationsökonomik[8] verwurzelt, beziehungsweise wurden mit diesen Ansätzen begründet.[9] Auch die Theorie der Finanzintermediation und hierbei insbesondere die Funktion der Informationsbedarfstransformation[10] spielen bei der ökonomischen Analyse eine entscheidende Rolle. Allgemein gesagt, ist es das Ziel aller Bemühungen auf Seiten der Kreditgeber möglicherweise gegebene Informationsnachteile durch die Verwendung moderner Techniken auszugleichen. Allerdings muss in der Gesellschaft ein fortlaufender Diskurs über die Erhebung und Nutzung solch individueller Daten stattfinden. Auch muss es einen Diskurs geben über die (möglichen) Folgen und die Grenzen der Verarbeitung, speziell wenn es um solch elementare Faktoren

---

5 Vgl. Bundesanstalt für Finanzdienstleistungsaufsicht 2017, BTO 1.3.2 / BTO 1.4.3.

6 Siehe Beispiel Hurley & Adebayo 2016, 150f.

7 Vgl. Cartwright 2018; Kahneman & Tversky 1979.

8 Vgl. Akerlof 1970; Coase 1937.

9 Die angegebenen Quellen sind Standardwerke zu den jeweiligen Richtungen. Sie stehen im Gesamten für den jeweiligen ökonomischen Ansatz und liefern wichtige Grundlagen zur Thematik.

10 Vgl. Nikolov 2000, 38-42.

wie Zugang zu finanziellen Mitteln (aus Kreditnehmersicht), aber auch Verlustrisiko bei einer Investition (aus Kreditgebersicht) geht. Dieses Kapitel soll im Rahmen einer perspektivenorientierten ökonomischen Analyse einen Beitrag zu einem solchen Diskurs liefern. Der Fokus liegt dabei speziell auf nicht-institutionellen Verbrauchern als Kreditnehmern. Das bedeutet Unternehmen und alle sonstigen Entitäten, die eben keine Verbraucher sind, werden in dieser Analyse ausgeklammert. Unterschiede zwischen einzelnen Gruppen an Verbrauchern innerhalb der großen Gruppe der nicht-institutionellen Verbraucher und daraus resultierende abweichende Effekte auf diese Verbraucher werden in der Analyse aufgezeigt. Zudem wird die Sicht des Kreditgebers auf den Kreditnehmer analysiert, das heißt es wird betrachtet welchen Informationsvorsprung ein Kreditnehmer gegebenenfalls hat und wie der Kreditnehmer damit umgeht. Natürlich gibt es auch aus Sicht der Kreditnehmer bedeutende Informationsasymmetrien, die Analyse dieser ist allerdings eine eigene Thematik.

In Abschnitt 2 werden zunächst die theoretischen ökonomischen Grundlagen betrachtet, ehe in Abschnitt 3 kurz die allgemeinen Grundlagen von Bonitätsratings als Mittel gegen Informationsasymmetrien analysiert werden. Abschnitt 4 liefert Basisinformationen zu „Big Data“, also den neuesten Technologien, und den damit verbundenen Möglichkeiten. In Abschnitt 5 findet schließlich die perspektivenorientierte Analyse statt, wobei sowohl positive als auch negative Aspekte herausgearbeitet werden. Die Ergebnisse werden in Abschnitt 6 zusammengefasst. Abschnitt 7 rundet die Thematik mit einem zukunftsorientierten Ausblick ab.

2 Theoretische Grundlagen

Um die theoretischen Grundlagen, die nötig sind um sich dieser Thematik zu nähern, herauszuarbeiten, lohnt sich ein Blick in die Geschichte der ökonomischen Theorie. Die ursprüngliche Modellannahme ist die eines „vollkommenen Marktes". In dieser Modellannahme gibt es keine Friktionen, das heißt u.a. jeder Marktteilnehmer hat absolute Informationen, es gibt keine Transaktionskosten, demzufolge auch keine Entscheidungen unter Risiko, etc. Auf die Kreditgeber/-nehmer Beziehung angewendet bedeutet dieses Modell, dass jede eingegangene Verbindung optimal ist, da eine sonstige nicht-optimale Verbindung aufgrund der vollständigen Information abgelehnt wird. Da jeweils die direkte Beziehung zwischen Kreditgeber und -nehmer die optimale ist, entfällt auch die Notwendigkeit eines dazwischen geschalteten Finanzintermediärs.[11]

Ronald Coase (1937) macht in seinem Aufsatz „The nature oft the Firm" einen bedeutenden Schritt weg von dem Modell des vollkommenen Marktes, indem er die Transaktionskosten einführt.[12] Er postuliert, dass die Nutzung des Marktmechanismus an sich bereits Kosten, die Transaktionskosten, verursacht. Mit der Einführung der Transaktionskosten in die Theorie des vollkommenen Marktes, ist auch erstmalig die Existenz von Finanzintermediären gerechtfertigt. Eine Organisation die als Finanzintermediär auftritt, kann aufgrund einer bestimmten Größe und Erfahrung die Transaktionskosten niedriger halten, als dies bei einer direkten Kreditgeber/-nehmer-Beziehung möglich wäre.[13] Ronald Coase hat damit die Neue Institutionenökonomik begründet. Mit der Einbeziehung formeller und informeller Regularien als Einflussfaktoren auf das ökonomische Verhalten, war der Weg frei für weitere Modifikationen des Modells des vollkommenen Marktes. Der nächste logische und bedeutende Schritt war dann die Einführung der begrenzten Rationalität, beziehungsweise der asymmetrischen Information in das Modell.[14] Hierbei herrscht ein Informationsungleichgewicht zwischen den potentiellen

---

[11] Vgl. Straßberger 2005, 526.

[12] Vgl. Coase 1937, 390.

[13] Vgl. Straßberger 2005, 526.

[14] Vgl. Akerlof 1970, 490f.; Cartwright 2018, 6f.; Simon 1966.

Vertragsparteien. Die Informationsbeschaffung wiederum ist mit zusätzlichen Kosten verbunden, die allerdings durch Entitäten mit ausreichender Größe und Erfahrung minimiert werden können. Die asymmetrische Information mit den assoziierten Informationsbeschaffungskosten erweitert also die Rechtfertigung der Existenz von Finanzintermediären um die Komponente der Informationsbedarfstransformation.[15] Ungleich verteilte Informationen bringen als weitere Komponente noch das Risiko mit ins Spiel. Im Gegensatz zu einer Entscheidung im vollkommenen Markt können sich in diesem Modell eines „unvollkommenen Marktes“ die Akteure nie absolut sicher sein die optimale Entscheidung zu treffen. Daraus resultieren eine Vielzahl an Verhaltensweisen *(Hot-Hand-Fallacy, Loss aversion, Who is watching principle)* die im Rahmen der Verhaltensökonomie näher betrachtet werden.[16] Besondere Beachtung soll hier noch auf das Prinzip der Risiko-Aversion gelegt werden. Dies besagt, einfach ausgedrückt, dass Menschen in der Regel versuchen werden das Ergebnis zu maximieren, bei gleichzeitiger Risikominimierung.[17] Da minimales Risiko bei absoluter Information besteht, ist eine Risikominimierung mit einem Maximum an verfügbaren relevanten Informationen verbunden. Die logische Konsequenz daraus ist, dass ein Mensch oder eine aus Menschen bestehende Entität immer versuchen wird das Handlungsrisiko zu minimieren, indem versucht wird aus den verfügbaren Informationen das Maximum an relevanten Informationen zu extrahieren und analysieren.

Wir bewegen uns also mit dieser Analyse im Feld der Neuen Institutionenökonomik, noch genauer gesagt in der Informationsökonomik. Zwischen Kreditgeber und Kreditnehmer herrscht eine ungleiche Informationsverteilung, in dem Sinne, dass der Kreditnehmer dem Kreditgeber einen Informationsvorsprung, seine persönlichen Daten betreffend, hat. Diese Art der Beziehung wird auch als Prinzipal-Agent-Beziehung bezeichnet. Der Prinzipal (in diesem Fall der Kreditgeber) möchte vom Agenten (in diesem Fall der Kreditnehmer) eine Handlung (Rückzahlung des Kredits) erreichen, die

---

[15] Vgl. Nikolov 2000, 38-42.
[16] Vgl. Cartwright 2018.
[17] Vgl. Cartwright 2018, 103-106.

seinem Ziel (Gewinnmaximierung) dienlich ist.[18] Die Herausforderung für den Kreditgeber ist es, den optimalen Kreditnehmer zu finden, bzw. ein, zum mit diesem Kreditnehmer verbundenen Risiko, passendes Angebot zu erstellen. Die asymmetrische Information liegt hier also ex ante des Vertragsabschlusses. Ein weiteres Problem für den Kreditgeber, ist die Überwachung der Handlungen des Kreditnehmers. Letzterer nimmt mit seinen Handlungen einen Einfluss darauf ob der Kredit platzt, oder erfüllt wird. Die asymmetrische Information tritt damit ex post des Vertragsabschlusses auf.[19]

Das Problem des ex Post asymmetrischen Information wird in der Informationsökonomik als *Moral Hazard* bezeichnet. Ein *Moral Hazard* tritt dann auf, wenn zu Vertragsabschluss der Agent und der Prinzipal noch gleiche Informationen hatten, der Agent allerdings durch Handlungen die er vornimmt, beziehungsweise Informationen die er erhält, einen Informationsvorsprung vor dem Prinzipal aufbaut.[20] Dem *Moral Hazard* kann sowohl mit einer Überwachung der Handlungen des Agenten als auch mit der Setzung von Anreizen zu einem möglichst zweckdienlichen Verhalten begegnet werden. Eine absolute Sicherheit wird sich allerdings in einem freien Markt mit asymmetrisch verteilter Information kaum erreichen lassen.

Der andere Fall, der ex Ante ungleichen Information wird als *Adverse Selektionsproblematik* bezeichnet. Hierbei weißt der Agent verborgene Eigenschaften auf, die ihm einen Informationsvorsprung gegenüber dem Prinzipal verschaffen. Der Prinzipal muss also im Voraus möglichst umfangreiche Informationen über den potenziellen Agenten aggregieren, um eine Entscheidung unter möglichst geringem Risiko treffen zu können.[21] In der Literatur werden zwei wesentliche Möglichkeiten der in diesem Fall geforderten *adversen Selektion* beschrieben. Einerseits hat der Agent von sich aus, die Möglichkeit dem Prinzipal zu signalisieren, dass er die beste Wahl ist. Diese Variante wird demnach logischerweise in der Literatur als

[18] Vgl. Pratt & Zeckhauser 1985, 2; Stieglitz 1989, 241.

[19] Vgl. Stieglitz 1989, 242-243.

[20] Vgl. Hochhold & Rudolph 2011, 135-137; Janda 2006, 2-3.

[21] Vgl. Akerlof 1970, 493-494; Hochhold & Rudolph 2011, 135; Janda 2006, 3-4.

Signaling bezeichnet.[22] Das entsprechende Gegenstück ist das sogenannte *Screening*. Hierunter „werden alle Aktivitäten verstanden, durch die der Prinzipal versucht, Informationen über relevante Qualitätsmerkmale des Agenten einzuholen."[23] Gelegentlich wird die *Self Selection* als dritte Variante angesehen um die *adverse Selektionsproblematik* zu lösen. Dabei werden dem Agenten unterschiedliche Auswahlmöglichkeiten (unter Unsicherheit) angeboten. Ziel dabei ist es durch die unterschiedliche Ausgestaltung die Merkmale des Agenten ex ante zu erfahren.[24] Praktisch ist die *Self Selction* allerdings ein Werkzeug, dass der Prinzipal nutzen kann um ex ante Informationen über den Agenten zu erhalten und damit eine Variante des *Screenings*.

In der Kreditgeber/-nehmer Beziehung sind Bonitätsratings ein entscheidendes Instrument zur adversen Selektion. Sie dienen dem Kreditgeber als Informationsquelle um die Zahlungswilligkeit und Zahlungsfähigkeit des Kreditnehmers abzuschätzen.[25] Eine Einordnung des Bonitätsratings in die Kategorien *Signaling* und *Screening* gestaltet sich dabei nicht ganz eindeutig, da zum Beispiel ein sehr gutes externes Bonitätsrating durchaus vom potenziellen Kreditnehmer auch als Signal benutzt werden kann. In der Regel wird das Bonitätsrating aufgrund seines informationsaggregierenden Charakters aber eher dem *Screening* zuzuweisen sein.

Das Bonitätsrating ist maßgeblich entscheidend dafür welche Konditionen ein Kreditnehmer erhält, also welchen Kreditrahmen und welchen Zins er zahlen muss. An dieser Stelle lohnt sich demnach ein Blick auf die Zusammensetzung des Kreditzinses. Irving Fisher formulierte in seiner *Theory of Interest* (1930) eine Formel in der der Nominalzins nr aus den zwei Komponenten realer Zins rr und Inflationsrate π besteht:

$$nr = rr + \pi$$

[22] Vgl. Janda 2006, 6; Spence 1973, 355-356.
[23] Hochhold & Rudolph 2011, 138.
[24] Vgl. Hochhold & Rudolph 2011, 138; Jaffee & Russell 1976, 662.
[25] Vgl. Müthlein & Hoffmann 2017, 63.

Er zählt damit zu den ersten Ökonomen, die die Zinsrate aufsplitteten und genauer untersuchten. Die Zusammensetzung der Zinsrate wurde seitdem vielfach untersucht, als gängige Ansicht durgesetzt hat sich eine Formulierung für den Nominalzins, bestehend aus vier Komponenten.[26]

$$nr = rr + \pi + lq + \sigma$$

Wobei die ersten Komponenten von der Bezeichnung her weitgehend äquivalent zur Fisher-Formel sind. lq als Liquiditätsaufschlag und σ als Risikoprämie sind in der ursprünglichen Fisher-Formel implizit in der Variable rr enthalten.

Gemäß dieser Formel stellt der reale Zins rr den Zinssatz dar, den der Kreditgeber in einem Markt ohne Risiko und Inflation erheben würde. Darin enthalten sind also alle Kosten des Kreditgebers zur Bereitstellung des Darlehens, sowie die geforderte Gewinnmarge. π ist die tatsächliche Inflation. lq ist der Aufschlag den der Kreditgeber erhebt um seine aus dem vergebenen Kredit resultierende verminderte Liquidität und damit verbunden Risiken und Nachteile (man denke an zukünftige nicht verwirklichbare Investitionen) auszugleichen. σ ist der individuelle Risikoaufschlag für den Kreditnehmer. Also der Wert der nötig ist um das Risiko eines Zahlungsausfalls über eine Anzahl x an Kreditnehmern mit exakt derselben Ausfallwahrscheinlichkeit aufzufangen.[27]

Passt man das obige Modell nun an die Situation der asymmetrischen Information an, ergeben sich im offensichtlichen Teil bereits kleinere Änderungen.

$$nr = rr + e\pi + lq + \sigma\hat{}(I_R)$$

Aus der tatsächlichen Inflation π wird im angepassten Modell die erwartete Inflation $e\pi$. Aus dem tatsächlichen individuellen Ausfallrisiko σ wird eine Schätzung $\sigma\hat{}$ des Ausfallrisikos abhängig von den relevanten Informationen I_R die der Kreditgeber über den Kreditnehmer hat. In der Variable für den realen Zinssatz rr, die auch die Kosten für den Kreditgeber abdeckt, sind nun auch die bereits angesprochenen Informationsbeschaffungskosten enthalten. Diese unterteilen sich in die

[26] Vgl. Blake 2000, 80-86.
[27] Vgl. Faure 2012, 1-2.

Kosten für relevante Informationen C_{IR} und unrelevante Kosten C_{IUR} für die Risikoeinschätzung. Zieht man die Informationsbeschaffungskosten aus der Komponente für den realen Zins heraus (übrig bleibt rr_r) und formuliert den Risikoschätzer aus kann man das Ergebnis folgendermaßen darstellen:

$$nr = rr_r + C_{IR} + C_{IUR} + e\pi + lq + \hat{\sigma}(I_R)$$
$$\hat{\sigma} = \sigma + \varepsilon * (1 - \frac{IR}{IRG})$$

ε steht in dieser Formel für einen nicht näher identifizierbaren Fehler bei der Risikoeinschätzung. Abhängig vom Anteil der relevanten Informationen, die der Kreditgeber gesammelt hat, an allen für die Risikoeinschätzung relevanten Informationen IR/IRG wirkt sich dieser Fehler (man könnte auch sagen Unschärfe) stärker oder schwächer aus. Wenn der Kreditgeber alle relevanten Informationen hat, also $IR/IRG = 1$, dann kann er das tatsächliche Risiko σ bestimmen. Damit ergibt sich folgender Anteil, abhängig von Informationen über den Kreditnehmer $nr(I_P)$ am Zinssatz:

$$nr(I_P) = C_{IR} + C_{IUR} + \varepsilon * (1 - \frac{IR}{IRG})$$

Weitere informationsbedingte Faktoren, zum Beispiel Kosten und Fehler bei der Einschätzung der Inflationsrate, werden hierbei nicht beachtet da diese nicht direkt personenbezogen sind und damit zur Betrachtung der Thematik irrelevant.

Basierend auf dieser Formel ist es nun Aufgabe der Informationsbeschaffung, beziehungsweise der Informationsbedarfstrans-formation, mit möglichst wenig Zeitaufwand und damit kostensparend möglichst viele relevante Daten zu sammeln um Einschätzungsfehler zu minimieren.[28] Bezogen auf die Formel bedeutet das, die Kosten $C_{IR} + C_{IUR}$ möglichst gering zu halten und dabei $C_{IUR} \rightarrow 0$ zu bringen.

Gleichzeitig sollte $\varepsilon * (1 - \frac{IR}{IRG}) \rightarrow 0$ gehen, indem ein möglichst hoher Anteil relevanter Informationen gesammelt wird.

---

[28] Vgl. Hooman et al. 2016, 371f.

3 Grundlegendes zu Bonitätsratings

In diesem dritten Abschnitt werden die Grundlagen eines Bonitätsratings betrachtet. Grundsätzlich versteht man unter dem Begriff *Bonität* die Kreditwürdigkeit eines (potenziellen) Kreditnehmers.[29] Demzufolge ist die *Bonitätsprüfung* die Überprüfung derselben. Zur Einordnung des Ergebnisses dient ein Bonitätsrating, indem unterschiedliche Faktoren und Informationen aggregiert werden, sodass eine Klassifizierung, beziehungsweise Schätzung des individuellen Risikos des Kreditanwärters möglich wird.[30] Die genauen Anforderungen an Bonitätsratings differieren von Land zu Land und sind in entsprechenden Gesetzestexten geregelt. In Deutschland ist die dafür zuständige Behörde die BaFin (2017), die Anforderungen an das Risikoklassifizierungsverfahren in den *„Erläuterungen zu den Mindestanforderungen an das Risikomanagement"* unter dem Punkt *„BTO 1.4 Risikoklassifizierungsverfahren"* spezifiziert hat. Eine weitere rechtliche Grundlage wird in der DSGVO Art. 22 gelegt:

> „Die betroffene Person hat das Recht, nicht einer ausschließlich auf einer automatisierten Verarbeitung – einschließlich Profiling – beruhenden Entscheidung unterworfen zu werden, die ihr gegenüber rechtliche Wirkung entfaltet oder sie in ähnlicher Weise erheblich beeinträchtigt."
>
> (Europäisches Parlament, 2018, Art. 22 Abs. 1)

Dies bedeutet, bezogen auf die Kreditentscheidung, dass ein automatisiertes Scoring/Rating wie es zum Beispiel durch moderne Datenanalysen und Algorithmen möglich wäre, nicht automatisch eine rechtliche Wirkung, in Folge einer Ablehnung der Kreditanfrage beispielsweise, entfalten darf. Demzufolge ist, zumindest in Europa, ein Bonitätsrating nach wie vor nur eine Entscheidungshilfe bei der Kreditentscheidung. Es gibt allerdings Stimmen, die aufgrund der großen Fehleranfälligkeit menschlicher Entscheidungen und der hohen Anzahl an

[29] Vgl. Müthlein & Hoffmann 2017, 70.
[30] Vgl. Daldrup 2006, 3; Müthlein & Hoffmann 2017, 71.

Kreditentscheidungen, fordern, Kreditentscheidungen komplett auf Algorithmen und datengestützte Entscheidungssysteme zu basieren.[31]

Grundsätzlich haben Kreditscoringmodelle zwei Dimensionen: Zum Einen, die materielle Kreditwürdigkeit, also die quantitativen Faktoren, und zum Anderen die persönliche Kreditwürdigkeit, die qualitative Faktoren, umfasst.[32] Die materiell-wirtschaftlichen Faktoren sind beispielsweise das frei verfügbare Resteinkommen, das Vermögen und weitere Sicherheiten. Qualitative Faktoren unterliegen per se keiner Beschränkung, das heißt es kann eine große Bandbreite an Kriterien herangezogen werden, wie Familienstand, Anzahl an Kindern, Geschlecht, Alter, etc. Allerdings gibt es landesspezifische Gesetze, wie den *Equal Credit Opportunity Act* in den USA, um Diskriminierung aufgrund bestimmter Merkmale zu vermeiden[33], die bei der Kriterienauswahl zu beachten sind. Diese Faktoren werden in einem Verfahren und anhand unterschiedlicher Gewichtungen verarbeitet, sodass eine Risikoeinschätzung über den Kreditnehmer fällt. Auf Basis dieser Risikoeinschätzung erfolgt die Einteilung in Risikoklassen.[34] Die genaue Komposition des individuellen Scoringverfahrens variiert dabei von Kreditgeber zu Kreditgeber und wird häufig ergänzt durch Ratings von externen Auskunfteien, wie zum Beispiel der Schufa. Die genaue Zusammensetzung von Scoringverfahren ist in Deutschland gemäß dem Urteil des Bundesgerichtshofes vom 28.01.2014 als Geschäftsgeheimnis geschützt.[35] In den USA beispielsweise wird das Verfahren aufgrund des Equal Credit Opportunity Acts (1976) transparenter gehandhabt. Einem Kreditanwärter muss detailliert Auskunft gegeben werden, weshalb seine Anfrage abgelehnt wird, beziehungsweise nur zu veränderten Konditionen akzeptiert wird.

Letztendlich lässt sich festhalten, das Bonitätsratings universell sowohl quantitative als auch qualitative Faktoren berücksichtigen, die genaue Ausgestaltung allerdings von

---

[31] Vgl. Khandani et al. 2010, 2767.

[32] Vgl. Daldrup 2006, 4-5; Korczak 2005, 33.

[33] Vgl. The United States Department of Justice 1976.

[34] Vgl. Korczak 2005, 34.

[35] Vgl. Bundesgerichtshof 2014.

gesetzlichen Vorgaben der Länder sowie von spezifischen Faktoren der Kreditgeber abhängig ist.

4 Grundlegendes zu Big Data

Big Data ist einer der Grundbegriffe der digitalen, vierten industriellen Revolution. Künstliche Intelligenz, selbstlernende Algorithmen und eben riesige Datenmengen und entsprechende Speicher- und Verarbeitungskapazitäten prägen den aktuellen Umbruch.[36] Eine exakte Definition des Begriffs *Big Data* gestaltet sich unter dieser Voraussetzung allerdings erstaunlich schwer. Die Herausforderung liegt darin, *Big Data* von normalen Datensätzen abzugrenzen. Eine reine Fokussierung auf den Umfang von *Big Data* – Datensätzen, wird hierbei kritisch gesehen, da auf Ebene des einzelnen Datenpunkts keine Unterscheidung zwischen normalen Datensätzen und eben Big Data möglich ist. Zudem wird bei diesem Fokus der Unterschied zwischen der Verarbeitung von Big Data und klassischen Datensätzen nicht herausgestellt.[37]

Ward und Barker haben eine Reihe von Definitionen von Big Data untersucht und miteinander verglichen. Dabei kommen sie zu dem Schluss, dass alle Definitionen mehr oder weniger drei Komponenten betonen: Die Größe eines Datensatzes als kritischer Faktor, seine Komplexität und die angewendeten Technologien zur Auswertung.[38]

Der Umfang des Datensatzes als kritischer Faktor wird deutlich, wenn man sich Vorhersagen und tatsächliche Entwicklungen zum Datenaufkommen und der Anzahl vernetzter Geräte betrachtet. So sagen Gantz und Reinsel (2012) für den Zeitraum von 2005 bis 2020 ein Datenwachstum um den Faktor 300, von einem Gesamtvolumen von 130 Exabyte auf 40.000 Exabyte voraus.[39] Gleichzeitig prognostizieren für den Zeitraum von 2012 bis 2020 eine jährliche Verdoppelung des Datenvolumens. Lee (2017) verweist auf Hochrechnungen die speziell für Big Data Analysen und Technologien von einem jährliches Wachstum von 23,1% für den Zeitraum von 2014 bis 2019 und einem entsprechendem Investitionsvolumen von 48,6 Milliarden Dollar im Jahr 2019 ausgehen.[40] Bei der

[36] Vgl. Schwab 2016.
[37] Vgl. Helveston 2016, 867.
[38] Vgl. Ward & Barker 2013, 2.
[39] Vgl. Gantz & Reinsel 2012, 1f.
[40] Vgl. Lee 2017, 1.

Anzahl vernetzter Objekte verweist er auf 4,9 Milliarden im Jahr 2015 und bis zu 25 Milliarden im Jahr 2020. Die Fraunhofer Gesellschaft (2019) ist bei der Anzahl der vernetzten mobilen Geräte weltweit mit einer Schätzung von 12 Milliarden etwas konservativer als Lee, zieht den Kreis allerdings mutmaßlich etwas enger (Geräte vs. Objekte).[41] Die Gesellschaft verweist auf Prognosen zum Wachstum der globalen Datenströme im Internet um den Faktor 26 von 2007 bis 2019, von 2 Terabyte pro Sekunde auf 52 Terabyte pro Sekunde. Die Anzahl vernetzter Objekte und der damit erzeugten Datensätze bringt neue Anforderungen an die Infrastruktur sowie an Analysetechniken mit sich. Diesen Herausforderungen wird Rechnung getragen mit der beginnenden Einführung der 5. Mobilfunkgeneration (5G) die Spitzenübertragungsraten von 10Gbit/s erlaubt und damit eine Maschinenkommunikation nahezu in Echtzeit ermöglicht.[42] Um zukünftige Datenströme verarbeiten zu können sind allerdings weitere Entwicklungen unablässig. So wird bereits an der 6. Mobilfunkgeneration (6G) geforscht, die Übertragungsraten, im Idealfall im Terabit-Bereich, mindestens aber von über 100Gbit/s ermöglichen soll.[43]

Ein Großteil dieser entstehenden Daten wird dabei entweder von Endverbrauchern konsumiert, oder aber produziert. Viele dieser Daten werden zudem zu Analysezwecken über die Verbraucher erhoben.[44] Dabei kommen Analysetools wie *machine learning* oder *deep learning* zum Einsatz die auch erst durch die großen Datenvolumina effektiv möglich gemacht werden. Grundsätzlich geht es bei diesen Ansätzen darum auf Basis von Algorithmen, Muster in extrem großen Datensätzen zu erkennen und eine Handlung daraus abzuleiten, oder zukünftiges Handeln vorherzusagen.[45] Die Komplexität als dritter kritischer Faktor rührt daher, dass aufgrund der Heterogenität der Datenerhebung und der Vielzahl der Datenpunkte, die Datensätze in der Regel unsauber, unvollständig und daher

---

41 Vgl. Fraunhofer Gesellschaft 2019.

42 Vgl. Fraunhofer Gesellschaft 2019.

43 Vgl. Zivadinovic 2019.

44 Vgl. Gantz & Reinsel 2012, 2.

45 Vgl. Helveston 2016, 866; Khandani et al. 2010, 2768.

mit normalen/klassischen Analyseverfahren nur schwer auszuwerten sind.[46]

[46] Vgl. Janssen et al. 2017, 339.

5 Wie sich Big Data Analysen auf Bonitätsratings auswirken können

5.1 Grundlegendes zur Analyse

Die angesprochenen großen Datenvolumina und damit verbundene komplexe Analyseverfahren eröffnen weitgehende neue Anwendungsbereiche. Einer dieser Anwendungsbereich ist das Bonitätsrating von Kreditnehmern. Speziell bei Verbrauchern machen wie aufgezeigt, qualitative Faktoren einen wesentlichen Anteil des Ratings aus. War früher die Erhebung solcher qualitativer Faktoren allerdings ausschließlich im persönlichen Gespräch, im Gespräch mit Dritten oder durch Empfehlungen und Hörensagen möglich, so können sich heutige Scoringverfahren aus dem reichen Fundus des digitalen Fußabdrucks der über das Internet und vernetzte Objekte erzeugt wird bedienen. Die Bedeutung und Auswirkung von Scoringmodellen sind schon länger Gegenstand kontroverser Diskussionen.[47] Diese Kontroverse wird insbesondere durch selbstlernende Algorithmen, die Verwendung von Big Data Analysen und der Vielzahl an weiteren damit verbundenen Methodologien weiter verschärft. In diesem Absatz werden einige dieser Auswirkungen unter Einnahme sowohl einer positiven, als auch einer negativen Perspektive analysiert. Diese Bewertung erfolgt auf einer sehr allgemeinen Ebene. Dabei darf nicht außer acht gelassen werden, dass es den normalen, nicht-institutionellen Verbraucher nicht gibt. Es handelt sich hierbei um eine sehr heterogene Gruppierung. Diesem Aspekt wird in der folgenden Analyse Rechnung gezollt, indem für die einzelnen positiven wie negativen Argumente versucht wird aufzuzeigen, welche speziellen Gruppierungen innerhalb der nicht-institutionellen Verbraucher besonders von dem entsprechenden Argument betroffen sind. Die perspektivenorientierte Analyse erhält so eine zweite Ebene, da nicht nur die positive, beziehungsweise negative Perspektive eingenommen wird, sondern diese auch noch aus der Sicht unterschiedlicher Verbrauchergruppen beleuchtet werden.

[47] Vgl. beispielhaft Korczak & Wilken 2008, 45-50.

5.2 Positive Aspekte

Speziell in den so genannten *emerging markets*, also den Schwellenländern steigt das Datenvolumen und die Anzahl vernetzter Geräte noch deutlich schneller als in etablierten Märkten.[48] Gleichzeitig sind in diesen Märkten die für uns selbstverständlichen Finanzstrukturen oftmals gar nicht erst entstanden. Als Beispiel lässt sich hier Indien anführen, wo im Jahr 2014 mehr als 400 Millionen Konsumenten Geld geliehen haben, aber nur eine von sieben solcher Transaktionen den Charakter eines formalen Kredits hatte.[49] Die große Anzahl an vernetzten Geräten und insbesondere Smartphones kann dabei genutzt werden um diesen Konsumenten den Zugang zu Finanzdienstleistungen zu ermöglichen. Anstelle auf Kundenberater und umfangreiche Analysen in einer Filiale vor Ort angewiesen zu sein, können datenbasierte Algorithmen das Konsumentenverhalten und speziell das Onlineverhalten als qualitative Faktoren auswerten und eine Risikoeinschätzung vornehmen.[50] Die hierbei generierten Konsumentenkredite haben in der Regel einen kleinen Umfang und sind somit makroökonomisch wenig bedenklich. Gleichzeitig erfüllen sie eine wichtige Rolle in der Entwicklung von Finanzsystemen und füllen in den Schwellenländern eine Lücke im Kreditmarkt. Eine flächige Abdeckung mit Filialbanken und persönlichen Kundenberatern wie wir sie in der westlichen Welt kennen erscheint in diesen Ländern kurzfristig nicht durchführbar. Da ohne „klassischen“ Zugang zu den Finanzmärkten auch viele quantitative Kriterien (wie die Kontenhistorie) wegfallen ist eine verstärkte Fokussierung auf qualitative Faktoren und deren Korrelationen zur Kreditausfallwahrscheinlichkeit unumgänglich um Risikoeinschätzungen mit einem Mindestmaß an Validität vornehmen zu können. Letztendlich ist insbesondere in den Schwellenländern die finanzielle Inklusion, also der Zugang zu Finanzdienstleistungen, nach wie vor ein Entwicklungs- und Wachstumshemmnis und Maßnahmen die diese vorantreiben sind daher aus ökonomischer Perspektive zu begrüßen.[51]

---

[48] Vgl. Gantz & Reinsel 2012, 7.

[49] Vgl. Costa, Deb, & Kubzansky 2015, 49.

[50] Vgl. Costa, Deb, & Kubzansky 2015, 49f.

[51] Vgl. Demirguc-Kunt et al. 2017, 18-20; Financial Sector Regulators Forum 2018, 40-42.

Dieser positive Aspekt betrifft hauptsächlich die nicht-institutionellen Verbraucher in den Schwellenländern und erscheint aus der Perspektive eines Verbrauchers in einer westlichen Industrienation unwichtig. Big Data Analysen müssen sich allerdings nicht nur auf qualitative Faktoren in den Schwellenländern beschränken. Eine umfangreiche auf selbstlernende Algorithmen gestützte Analyse sowohl qualitativer Faktoren als auch quantitativer Faktoren (Kreditkarten-, Kontenhistorie, etc.) kann die Kreditausfallwahrscheinlichkeit individuell bestimmen, kreditrelevante individuelle Ereignisse in einem gewissen zeitlichen Horizont (3-12 Monate) Vorhersagen und so zu einer deutlichen Verringerung des makroökonomischen Risikos beitragen.[52] (Khandani et al., 2010, S.2785) Speziell nach der Finanz- und Immobilienkrise 2007/2008 die durch leichtfertige Kreditvergabe, nicht zuletzt aber auch durch riskantes Kreditnehmerverhalten verursacht wurde[53], sind Bonitätsratings und eine möglichst akkurate Risikobewertung wieder in den Fokus der Kreditgeber aber auch der Aufsichtsbehörden gerückt.[54] Damit soll nicht ausgedrückt werden, dass Kreditnehmer grundsätzlich und vorsätzlich so handeln, dass der Kredit platzt. Es ist allerdings ein verhaltenswissenschaftlicher Konsens, dass Menschen nicht rational Handeln, sondern dieses durch zahlreiche psychologische und soziale Komponenten beeinflusst ist.[55] Zudem haben die meisten Menschen ein Problem damit finanzielle Entscheidungen auf einer angemessenen Wissensbasis zu treffen. Oftmals werden Finanzentscheidungen getroffen, indem Erfahrungswerte aus nichtfinanziellen Situationen herangezogen werden. Dies geschieht einerseits aus einem Mangel an finanzieller Bildung, andererseits aber auch zur Simplifikation der Entscheidung.[56] Basierend auf diesen Tatsachen und im Wissen um die Möglichkeiten der modernen Technik erscheint es sinnvoll die

52 Vgl. Khandani et al. 2010, 2785.

53 Vgl. Khandani et al. 2010, 2785.

54 Siehe dazu beispielsweise auch die sogenannten „Mortgage Measures" der irischen Zentralbank. Mit dieser Beschränkung der möglichen Kreditaufnahme durch staatliche Institutionen soll eine Immobilienblase wie im Zeitraum vor 2007 verhindert werden.

55 Vgl. Cartwright 2018, 11-13.

56 Vgl. Vitt 2004, 75f.

Kreditgeber, speziell aber auch die Kreditnehmer bei Ihrer Entscheidungsfindung durch Big Data Analysen zu unterstützen.

5.3 Negative Aspekte

Nicht vernachlässigt werden darf allerdings die ethische Komponente einer allumfassenden Auswertung des digitalen Fußabdrucks zum Bonitätsrating eines Kreditanwärters. Diskriminierung aufgrund persönlicher Merkmale ist ein weltweites Problem und in vielen Ländern Gegenstand gesetzlicher Regelungen. Insofern stellt sich die problematische Frage, inwieweit es ethisch und vor dem Hintergrund des Diskriminierungsgedankens zu rechtfertigen ist, beispielsweise mikrogeografische und soziodemografische Daten, aber auch hochpersönliche, verhaltensunabhängige Daten wie beispielsweise Geschlecht und sexuelle Orientierung auszuwerten.[57] Dieser Aspekt erscheint als signifikant wichtig für alle Verbraucher, bekommt allerdings vor dem Hintergrund ethnischer und sexueller Diskriminierung in vielen Schwellenländern noch einmal einen besonderen Stellenwert aus der Perspektive der entsprechenden Betroffenen.

Auch wenn immer wieder auf die Unbeeinflussbarkeit und damit scheinbar maximale Fairness und Gleichberechtigung seitens der Scoringanbieter verwiesen wird[58], muss grundsätzlich die Frage in den Raum gestellt werden welche Faktoren in ihrem Beitrag zu effektiven Ratings rein analytisch/wissenschaftlich und welche normativ zu bewerten sind.[59] Problematisch in diesem Zusammenhang ist auch die Gefahr der „sich selbst erfüllenden Prophezeiung“. Gegeben dem Fall eine Gruppe ist aufgrund eines verhaltensunabhängigen Merkmals mit statistischer Signifikanz vom Zugang zu Krediten exkludiert, was dem Ausschluss aus einem wesentlichen Teil des Finanzmarktes gleichkommt, so ist diese Gruppe in ihren finanziellen Weiterentwicklungsmöglichkeiten soweit beschnitten, dass die Gefahr besteht, dass sie tatsächlich an

57 Vgl. Hurley & Adebayo 2016, 195; Korczak & Wilken 2008, 24-26; Pena Gangadharan 2014, 2f.

58 Vgl. Korczak & Wilken 2008, 46.

59 Vgl. Helveston 2016, 916-917.

Kreditwürdigkeit verliert. Als Paradebeispiel wird hierzu die Gefahr der „Ghettoisierung“ genannt, wenn die Wohngegend, also mikrogeografische Daten, mit einer hohen Gewichtung gewertet werden.[60] Die Liste mit (potenziellen) negativen Beispielen, aber auch durchaus unglücklichen Einzelfällen[61], ließe sich nahezu endlos fortsetzen. Aber nicht nur aus einer ethischen Perspektive müssen starke Zweifel an Scoringverfahren unter Einsatz von Big Data angemeldet werden, sondern auch aus einer Wissenschaftlichen. Selbstlernende Algorithmen und Big Data Analysen können zwar zuverlässig statistische Korrelationen aufdecken, dies bedeutet aber noch keine Kausalität. Scheinkausalitäten gemäß dem Ausspruch *Cum hoc ergo propter hoc,* müssen im Sinne eines wissenschaftlichen Verfahrens, was Bonitätsanbieter für ihre Ratings ja in Anspruch nehmen, zielsicher ausgeschlossen werden. Das dies allerdings nicht in jedem Fall trivial ist zeigt Matthews (2000) anhand des mittlerweile berühmten Beispiels der Babys bringenden Störche wunderbar auf. Es muss folglich, aus der Perspektive aller Verbruacher, hinterfragt werden, inwieweit Bonitätsratings wirklich die strengen Anforderungen, wie sie in der Wissenschaft an Kausalitätsbehauptungen gestellt werden, erfüllen. In seinen „Fünf Forderungen zum Bonitäts-Scoring“ spricht Tiaden (2015) in diesem Zusammenhang sogar zugespitzt von einer „statistischen Sippenhaft“. Wenn Scoringanbieter die umfangreichen experimentellen Verfahren zur Sicherstellung einer tatsächlichen Kausalität zwischen einer Variable und der individuellen Kreditausfallwahrscheinlichkeit tatsächlich durchführen, bleibt dennoch (neben der ethischen Frage natürlich) die Frage offen, ob der Optimierungsaufwand im Verhältnis zum Nutzen steht. Eine eventuelle minimale Verbesserung der prädiktiven Vorhersage der Ausfallwahrscheinlichkeit, die aber mit unverhältnismäßig hohem Aufwand verbunden ist führt auch zu keiner Verbesserung des Scorings. Das Mehr an Informationsbeschaffungskosten muss niedriger sein, als der daraus resultierende Ertrag, der dann wieder an Kreditanwärter in Form optimierter Ratings und Zinssätze weitergegeben werden kann, oder in Form eines

[60] Vgl. Tiaden 2015.
[61] Vgl. beispielhaft Hurley & Adebayo 2016, 150f.

Gewinns einbehalten werden kann. Andernfalls ist die vermeintliche Optimierung durch Big Data sinnlos.

Ein weiterer Kritikpunkt an Scoringverfahren allgemein, bezieht sich auf eine Grundlegende Schwäche statistischer Verfahren: Die Datenbasis sind Vergangenheitswerte einer Vergleichsgruppe. Das bedeutet einerseits, dass sich in Zukunft änderndes Verhalten der Vergleichsgruppe nicht einbezogen wird, andererseits aber auch das hochindividuelle Faktoren keine Beachtung finden.[62] Man muss hierbei klar Ausdrücken, dass diese Schwäche durch Big Data optimiert werden kann. Problematisch ist allerdings die Haltung, dass Big Data Analysen vielfach als Ideallösung für diese Problematik verkauft werden, ohne darauf hinzuweisen, dass die ursprüngliche Schwäche durchaus auch mit Big Data Analysen und selbstlernenden Algorithmen noch nicht aus der Welt geschafft ist. Selbst die umfangreichsten Methodiken liefern nur eine Wahrscheinlichkeit, also einen, über eine große Anzahl an Einzelfällen zutreffenden Wert. Der tatsächliche individuelle Risikofaktor bleibt auch mit modernsten Methodiken unbekannt und kann nur angenähert werden.[63]

Zu guter Letzt bleibt noch der Kritikpunkt der mangelnden Transparenz. Natürlich ist das Geschäftsgeheimnis von Auskunfteien gewissermaßen schützenswert. Allerdings lässt sich somit auch keine Bewertung der verwendeten Scoringverfahren nach wissenschaftlichen Standards treffen. Ein Argument von Banken und Scoringanbietern ist, dass eine komplette Offenlegung des Verfahrens, Möglichkeiten zur Manipulation eröffnen würde.[64] Andererseits verschärft sich die Transparenzproblematik durch die Möglichkeiten moderner Algorithmen und künstlicher Intelligenz weiter, da je nach Programmierung und Grad des maschinellen Lernens, der Algorithmus sich auf einer breiten Datenbasis selbst weiterentwickeln soll. Dies macht es allerdings noch schwerer die genaue Gewichtung einzelner Variablen und damit Zusammensetzung des Ratings nachzuvollziehen. Bisherige Erfahrungen haben gezeigt, dass die Auswirkungen und Ergebnisse maschinellen Lernens schwer vorhersehbar sind und massive negative Auswirkungen

---

[62] Vgl. Korczak & Wilken 2008, 22.
[63] Vgl. Tiaden 2015.
[64] Vgl. Korczak & Wilken 2008, 62.

haben können.[65] Abhilfe hierbei könnten gesetzliche Regelungen schaffen. Allerdings sind diese entweder zu ungenau, das heißt es werden nur allgemeine Grundsätze festgelegt, ohne wirklich detailliert die Möglichkeiten der Big Data Analyse zu betrachten und zu regulieren, oder die Regelungen sind aufgrund langwieriger Gesetzgebungsprozesse nicht auf dem neuesten und damit relevanten Stand der Technik. In Deutschland ist zwar die *„Zugrundelegung eines wissenschaftlich anerkannten mathematisch-statistischen Verfahrens"*[66] nötig, allerdings bezieht sich dies lediglich auf einzelne Variablen und nicht das Scoringverfahren im Ganzen. Zudem werden im Bundesdatenschutzgesetz keinerlei Aussagen zu Datenkategorien getroffen, die im Hinblick auf den Antidiskriminierungsaspekt ausgeschlossen werden sollten.[67]

5.4 Schlussfolgerung

Eine abschließende Bewertung ob Big Data die Lösung für bessere Bonitätsratings von Verbrauchern ist, verbietet sich aufgrund der Komplexität des Themas. Außerdem stehen den unbestreitbar positiven Aspekten in analytisch/ökonomischer Hinsicht ebenso unbestreitbar negative Aspekte auf einer normativ/ethischen Ebene gegenüber, was eine Bewertung weiter erschwert und auch abhängig von der individuellen Wertegewichtung der jeweiligen Diskussionspartner macht. Wie in der Analyse aufgezeigt wird, gibt es speziell für Verbraucher in Schwellenländern, mit nur eingeschränktem Zugang zu Finanzdienstleistungen essenzielle Vorteile. Andererseits kann speziell für Verbraucher die einer erhöhten Gefahr von Diskriminierung ausgesetzt sind ein Bonitätsrating mittels Big Data Analyse auf Basis qualitativer Faktoren einen massiven Nachteil bis hin zum vollständigen Ausschluss von Finanzdienstleistungen bedeuten. Die Gewichtung der Aspekte variiert auch von Verbrauchergruppe zu Verbrauchergruppe. So

---

65 Ein prominentes Beispiel für aus dem Ruder gelaufenes maschinelles Lernen ist der von Microsoft programmierte Chatbot „Tay", der aufgrund der zugrundeliegenden Datenbasis innerhalb kürzester Zeit begann schwer rassistische und sexistische Tweets abzusetzen.

66 Bundesministerium für Justiz und Verbraucherschutz 2017, § 31.

67 Vgl. Tiaden 2015.

erscheinen die Diskriminierungsaspekte in westlichen Industrienationen zwar wichtig, erhalten aber eine wesentlich stärkere Bedeutung in Ländern in denen Menschen aufgrund persönlicher Merkmale (Ethnie, Sexualität, etc.) regelrecht verfolgt und aus dem öffentlichen Leben ausgeschlossen werden. Der Zugang zu Finanzdienstleistungen allgemein ist für Verbraucher aus Industrienationen nur ein schwaches Argument. Der Aspekt der Risikominimierung aus makroökonomischer Perspektive aber grade in Ländern mit hohem Kreditvolumen, und damit tendenziell in Industrie- und weitentwickelten Schwellenländern, im Vergleich zu anderen Ländern ein sehr relevanter. Allgemein ist die Verwendung von Big Data und umfangreichen Analysen ein hochkomplexes Themenfeld, dass wie eingangs bereits erwähnt einen gesamtgesellschaftlichen und kontinuierlichen Diskurs erfordert. Da nicht von einem plötzlichen Stopp der Entwicklung ausgegangen werden kann, ist es erforderlich, dass jeder Einzelne sein Verständnis für die Thematik schärft und einen Beitrag zum Thema leistet. In diesem Geiste sollen auch hier konkrete Vorschläge auf Basis der positiven und negativen Aspekte präsentiert werden, in der Hoffnung das Thema damit weiterzuentwickeln. Ein besseres Bonitätsrating für Verbraucher, beinhaltet eine möglichst exakte individuelle Risikoabschätzung. Viele potenzielle Kreditnehmer können die endgültige Tragweite einer Kreditentscheidung nicht final abschätzen. Daher sind die Kreditgeber in der Pflicht eine möglichst genaue Risikobewertung vorzuhalten um den Kreditnehmer auch ein Stück weit zu schützen. Gleichzeitig, da sich auch die Kosten für den Kreditgeber in der Zusammensetzung des Kreditzinses wiederfinden, müssen alle Methodiken im ökonomischen Sinne gegeneinander abgewogen werden. Und zu guter Letzt muss die ethische Komponente bedacht werden, sodass es aufgrund von modernen Methodiken nicht zu einer modernen Form der Diskriminierung kommt. Diese Ansichten werden im Folgenden als Handlungspunkte dargestellt:

(a) Ein Anstieg der Informationsbeschaffungskosten $C(I) = C_{IR} + C_{IUR}$ durch die Verwendung von Big Data Methodiken muss gerechtfertigt sein durch eine Reduktion des Fehleranteils $\varepsilon * (1 - IR/IRG)$. Um dies zu sichern müssen höchste wissenschaftliche Standards eingehalten werden um tatsächliche Kausalitäten aufzudecken. Die Verwendung einfacher statistischer Korrelationen sollte weitgehend vermieden werden.

(b) Die Gesamtgesellschaft und insbesondere die gesetzgebenden Institutionen müssen sich mit der Thematik auseinandersetzen und rote Linien ziehen. Es gibt Variablen die, unabhängig von ihrer analytischen Bewertung, ausschließlich normativ bewertet werden können und müssen. Dabei handelt es sich um einen kontinuierlichen Prozess, der regelmäßig an neueste Entwicklungen angepasst werden muss. Eine offene Gesellschaft muss in diesem Themenbereich agieren und darf nicht ausschließlich reagieren!

(c) Das Geschäftsgeheimnis von Ratinganbietern ist sicherlich schützenswert. Dennoch ist eine gewisse Methodentransparenz zwingend erforderlich um sichergehen zu können, dass die ersten beiden Punkte eingehalten werden. Hierbei muss ein Maß geschaffen werden zwischen den Interessen der Ratinganbieter/Kreditgeber und öffentlichen Interessen. Das Spannungsfeld besteht hier aus aussagekräftigen Risikobewertungen, Kostensparsamkeit, Gewinn-orientierung, ethischen Aspekten, aber auch Manipulationssicherheit.

6 Abschließender Ausblick

Die Gesellschaft beginnt gerade erst sich mit der digitalen Transformation und dem technisch-datengetriebenen Fortschritt auseinander zu setzen. Die Möglichkeiten der Datengewinnung, aber auch durch Datenanalysen übertreffen bereits jetzt die Vorstellung vieler Menschen. Gleichzeitig stehen wir aber erst am Anfang dieser vierten industriellen Revolution und damit am Anfang des digitalen Zeitalters. Verglichen mit der Entwicklung der Automobilität kann man gut und gerne behaupten, dass Autobahnen und leistungsstarke Motoren erst noch entwickelt und gebaut werden. Mit Sicherheit wird dieser disruptive Bruch auch die Finanzwelt erfassen. Es ist bereits ein Trend zu Gründung innovativer Fintech-Startups, die damit werben die Finanzintermediation komplett zu verändern, zu erkennen. Tatsächlich ist der Einfluss aber bisher noch überschaubar und die klassische Rolle der Finanzintermediation bleibt nach wie vor erhalten. Der disruptive Vorteil mit dem diese Start-ups werben ist vielmehr lediglich eine Optimierung bestehender Aufgaben und Prozesse. Selbiges trifft auch auf die Informationsbedarfstransformation im Hinblick auf Big Data zu. Man kann durchaus behaupten, dass es zukünftig zu einer Verschiebung der Relevanz, weg von den klassischen Finanztransformationen hin zur Informationstransformation auch und speziell im Finanzwesen kommt. Eine komplette Disruption stellen allerdings auch Big Data Analysen und machine learning noch nicht dar.

Mehr Rechenleistung und neue Technologien bieten allerdings das Potenzial zukünftig die Finanzwelt tatsächlich nachhaltig zu verändern. Facebook hat seine eigene Kryptowährung Libra angekündigt und schickt sich damit an, dass staatliche Geldmonopol anzugreifen.[68] Eine Parallelexistenz von staatlichem und privatisiertem Geld erscheint somit nicht mehr ausgeschlossen. Damit verbunden wäre natürlich auch ein paralleler Kreditmarkt, unter Umständen eine verstärkte Tendenz zu parallelen Aktienmärkten (man denke an bereits existierende Inhouse Plattformen mancher Bankhäuser, wie beispielsweise Lang & Schwarz) und vieles mehr. Das könnte dann tatsächlich unsere bisherige Vorstellung von

[68] Vgl. Leistert 2019.

Finanztheorie und -praxis disruptiv verändern. Wie sich die Zukunft letztendlich entwickeln wird ist allerdings kaum vorhersehbar. Daher ist es umso wichtiger sich gesamtgesellschaftlich mit solchen Themen zu beschäftigen und dabei mit einem menschlich-moralischen Kodex, Leitlinien zukünftiger Entwicklungen vorzugeben.

Literaturverzeichnis

Akerlof, G. A. (1970). The market for "lemons": Quality uncertainty and the market mechanism. The quarterly journal of economics, 84(3), 488–500.

Blake, D. (2000). Financial market analysis (2. ed.).

Bundesanstalt für Finanzdienstleistungsaufsicht (2017). Erläuterungen zu den Mindestanforderungen an das Risikomanagement.

Bundesgerichtshof (2014, January 28). VI ZR 156/13.

Bundesministerium für Justiz und Verbraucherschutz (2017). Bundesdatenschutzgesetz: BDSG.

Cartwright, E. (2018). Behavioral economics (Third edition). Routledge advanced texts in economics and finance.

Coase, R. H. (1937). The nature of the firm. Economica, 4 (1937), 386–405.

Costa, A., Deb, A., & Kubzansky, M. (2015). Big Data, Small Credit: The Digital Revolution and Its Impact on Emerging Market Consumers. Innovations, Vol. 10(3-4), 49–80.

Daldrup, A. (2006). Rating, Ratingsysteme und ratingbasierte Kreditrisikoquantifizierung (No. Arbeitsbericht Nr. 17/2006). Göttingen: Georg-August-Universität Göttingen - Institut für Wirtschaftsinformatik.

Demirguc-Kunt, A., Klapper, L., & Singer, D. (2017). Financial Inclusion and Inclusive Growth: A Review of Recent Empirical Evidence (No. Policy Research Working Paper 8040). World Bank Group.

Europäisches Parlament (2018). Datenschutz-Grundverordnung: DSGVO.

Faure, A. P. (2012). Notes on the Composition of Interest Rates. SSRN Electronic Journal.

Financial Sector Regulators Forum (Ed.) (2018). The Kenya financial sector stability report 2017 (No. Issue No. 9). Central Bank of Kenya.

Fisher, I. (1930). The theory of interest: As determined by impatience to spend income and opportunity to invest it. New York: Macmillan.

Fraunhofer Gesellschaft. Mehr Daten, mehr Tempo, mehr Sicherheit. Retrieved July 07, 2019, from Fraunhofer Gesellschaft: https://www.fraunhofer.de/de/forschung/aktuelles-aus-der-forschung/aeltere-artikel/taktiles-internet.html.

Gantz, J., & Reinsel, D. (2012). The Digital Universe in 2020: Big Data, Bigger Digital Shadows, and Biggest Growth in the Far East (IDC IVIEW). IDC.

Helveston, M. N. (2016). Consumer protection in the age of big data. Washington University Law Review, Vol. 93(Issue 4), 859–917.

Hermann, M., Pentek, T., & Otto, B. (2015). Design Principles for Industrie 4.0 Scenarios:: A Literature Review (Working Paper No. 1 / 2015). Technische Universität Dortmund.

Hochhold, S., & Rudolph, B. (2011). Principal-Agent-Theorie. In M. Schwaiger & A. Meyer (Eds.), Theorien und Methoden der Betriebswirtschaft. Handbuch für Wissenschaftler und Studierende (S. 132-145). München: Franz Vahlen.

Hooman, A., Marthandan, G., Yusoff, W. F. W., Omid, M., & Karamizadeh, S. (2016). Statistical and data mining methods in credit scoring. The Journal of Developing Areas, 50(5), 371–381.

Hurley, M., & Adebayo, J. (2016). Credit Scoring in the Era of Big Data. Yale Journal of Law & Technology, Vol. 18, 148–2016.

Jaffee, D. M., & Russell, T. (1976). Imperfect information, uncertainty, and credit rationing. The quarterly journal of economics, 90 (1976), 651–666.

Janda, K. (2006). Lender and Borrower as Principal and Agent (IES Working Paper No. 24/2006). Prag: Institute of Economic Studies, Faculty of Social Sciences.

Janssen, M., van der Voort, H., & Wahyudi, A. (2017). Factors influencing big data decision-making quality. Journal of Business Research, 70, 338–345.

Kahneman, D., & Tversky, A. (1979). Prospect theory: An analysis of decision under risk. Econometrica : journal of the Econometric Society, an internat. society for the advancement of economic theory in its relation to statistics and mathematics, 47(2), 263–291.

Khandani, A. E., Kim, A. J., & Lo, A. W. (2010). Consumer credit-risk models via machine-learning algorithms. Journal of banking & finance, 34(11), 2753–2766.

Korczak, D. (2005). Verantwortungsvolle Kreditvergabe. INSTITUT FÜR GRUNDLAGEN- UND PROGRAMMFORSCHUNG.

Korczak, D., & Wilken, M. (2008). Scoring im Praxistest: Aussagekraft und Anwendung von Scoringverfahren in der Kreditvergabe und Schlussfolgerungen. München.

Lee, I. (2017). Big data: Dimensions, evolution, impacts, and challenges. Business Horizons, 60(3), 293–303.

Lee, J., Kao, H.-A., & Yang, S. (2014). Service Innovation and Smart Analytics for Industry 4.0 and Big Data Environment. Procedia CIRP, 16, 3–8.

Leistert, O. (2019, July 08). Facebook Libra: Der nächste logische Schritt ist die Privatisierung des Geldes. netzpolitik.org, from https://netzpolitik.org/2019/facebook-libra-der-naechste-logische-schritt-ist-die-privatisierung-des-geldes/.

Matthews, R. (2000). Storks Deliver Babies (p = 0.008). Teaching Statistics, 22(2), 36–38.

Müthlein, T., & Hoffmann, T. (2017). Kreditentscheidung. In T. Müthlein & T. Hoffmann (Eds.), Immobiliengeschäft (pp. 63–90). Wiesbaden: Springer Fachmedien Wiesbaden.

Nikolov, S. R. (2000). Die Rolle der Banken im Finanzsystem: Eine komparative Analyse der Bankensysteme in Deutschland und den USA. Wissenschaft im Tectum-Verlag.

Pena Gangadharan, S. (2014). Introduction: Data-Based Discrimination. In S. Pena Gangadharan, V. Eubanks, & S. Barocas (Eds.), Data and Discrimination. Collected Essays (pp. 1–4).

Pratt, J. W., & Zeckhauser, R. J. (1985). Principals and Agents: The structure of business. Boston, Mass.: Harvard Business School Press.

Schwab, K. (2016, January 20). Die vierte industrielle Revolution. Handelsblatt.

Simon, H. A. (1966). Theories of Decision-Making in Economics and Behavioural Science. In Surveys of Economic Theory (pp. 1–28). London: Palgrave Macmillan UK.

Spence, M. (1973). Job market signaling. The quarterly journal of economics, 87(3), 355–374.

Stieglitz, J. E. (1989). Principal and Agent. In J. Eatwell (Ed.), Macmillan reference books. The New Palgrave: allocation, information and markets (pp. 241–253).

Straßberger, M. (2005). Ein informationsökonomischer Ansatz zur Erklärung der Existenz von Finanzintermediären. WiSt - Wirtschaftswissenschaftliches Studium, 34(9), 526–528.

Tiaden, R. (2015, May 20). Fünf Forderungen zum Bonitäts-Scoring: Nach der BDSG-Novelle ist vor der EU-Grundverordnung.

The United States Department of Justice (1976). The Equal Credit Opportunity Act 15 U.S.C. 1691 et seq: ECOA.

Vitt, L. A. (2004). Consumers' Financial Decisions and the Psychology of Consumers' Financial Decisions and the Psychology of Values. Journal of Financial Service Professionals.

Ward, J. S., & Barker, A. (2013). Undefined By Data: A Survey of Big Data Definitions, from http://arxiv.org/pdf/1309.5821v1.

Zivadinovic, D. (2019, April 05). Was kommt nach 5G? heise Online. Retrieved July 07, 2019, from https://www.heise.de/newsticker/meldung/Was-kommt-nach-5G-4355960.html.

Digitalisierung der Finanzwirtschaft FIRST, Bedenken SECOND? Eine perspektivenorierntierte, ökonomische Analyse

Claudio Braccia[a*]

Keywords: Digitalization; Finance; Fintech

Inhaltsübersicht:

[a]Research Student at Zeppelin University
[*]Please address correspondence to Claudio Braccia, Zeppelin University, Am Seemoser Horn 20, 88045 Friedrichshafen.

1 Einleitung

Wie wird die Welt in 30 Jahren aussehen? Innerhalb der letzten 12.000 Jahre, seit der Neolithischen Revolution setzte eine fortwährende Entwicklung bis hin zu Smartphones und dem Internet ein.[1] Allerdings „wandelten sich Technik, Gesellschaft und Alltagsleben mehr als in den 11.000 Jahren davor."[2] Wir sind nun an einem Punkt angekommen, an dem die Geschwindigkeit der Entwicklung derart zugenommen hat, dass eine Prognose über die nächsten 30 Jahre schwerer denn je geworden ist.[3]

Wir stehen zur Schwelle eines neuen Zeitalters, das von Digitalisierung geprägt ist. Diese Tatsache stellt uns vor verschiedenste Herausforderungen. Eine davon ist die Frage, wie gehen wir mit der Digitalisierung um? Der Wahlkampf-Slogan der FDP „Digitalisierung FIRST, bedenken SECOND" ist eine mögliche Antwort zur voran gestellten Frage. Diese Antwort wird im Rahmen dieser Untersuchung auf die Finanzwirtschaft bezogen und helfen das komplexe Thema der Digitalisierung zu strukturieren.

Grundlegend lassen sich zwei mögliche Zugänge zum Slogan der FDP formulieren. Einerseits kann man das Zitat deskriptiv auffassen, womit es entweder um die Beschreibung eines Zustandes oder die Ablehnung desselben ginge. In Kurzform ausgedrückt hieße dies: Wir digitalisieren oder tun es nicht und äußern unsere Bedenken erst im Nachhinein. Andererseits kann man die Aussage auch präskriptiv auffassen, mit dem entweder ein bestimmter Soll-Zustand formuliert wird oder eine Ablehnung desselben. Konkret lautet das folgendermaßen: Wir sollten oder sollten nicht zuerst digitalisieren und dann Bedenken äußern.

Im Spannungsfeld dieser verschiedenen Interpretationsmöglichkeiten wird sich diese Arbeit bewegen. Damit geht es um eine Analyse des Status Quo der Digitalisierung in der Finanzwirtschaft und einer damit zusammenhängenden

---

1 Vgl. Stengel, Looy & Wallaschkowski 2017, 35.

2 Stengel, Looy & Wallaschkowski 2017, 35.

3 Vgl. Harari 2015.

Bewertung, um vor diesem Hintergrund Bezug auf den FDP-Slogan nehmen zu können. Durch dieses Vorgehen werden sowohl deskriptive als auch präskriptive Elemente angesprochen. Wenn man den Slogan als Handlungsempfehlung versteht, müssen zwei Dinge vorweg geschickt werden: Einerseits stellt sich die Frage, unter welchem Gesichtspunkt diese Empfehlung ausgesprochen wird. Im Rahmen dieser Arbeit wird der Zweck dieser Handlungsempfehlung mit Bezug auf die (internationale) Konkurrenzfähigkeit der Finanzindustrie verstanden. Aus diesem Grund werden im Laufe dieser Untersuchung internationale Vergleiche zum allgemeinen Stand der Digitalisierung herangezogen und anschließend die Ausprägung der Digitalisierung in der Finanzbranche betrachtet.

Konkret wird die Untersuchung folgendermaßen ablaufen: Als Grundlage zur Bearbeitung der Fragestellung wird zunächst der Begriff „Digitalisierung“ beleuchtet. Anschließend wird der ökonomische Kontext miteinbezogen und hervorstechende Auswirkungen und Dynamiken der Digitalisierung beleuchtet. Nach einer empirischen Betrachtung des Status Quo des Standortes Deutschland hinsichtlich der Rahmenbedingungen für die Digitalisierung, wird der Blick auf die Finanzindustrie und Fintechs verengt.

2 Begrifflichkeiten

2.1 Digitalisierung

Bevor die Digitalisierung in der Finanzindustrie beleuchtet wird, muss zunächst betrachtet werden, was mit dem Begriff „Digitalisierung“ gemeint ist. Im Zuge der Darstellung des Begriffs und der Einordnung in einen ökonomischen Kontext, werden digitale Güter und digitale Dienstleistungen angesprochen.

Wovon redet man überhaupt, wenn man von „Digitalisierung“ spricht? In einem technischen Sinne kann man Digitalisierung als den Prozess der Umwandlung von analogen Signalen in digitale Signale verstehen. Als Beispiel kann der Scanvorgang eines Papierdokuments dienen. Das ursprünglich analoge Dokument ist nach dem Scanvorgang in digitaler Form vorhanden und damit ohne weiteren Informationsverlust duplizierbar. Durch diesen technischen Hintergrund wird klar, dass digitale Informationen sich von analogen Informationen grundlegend unterscheiden.[4]

2.2 Digitale Güter und digitale Dienstleistungen

Wenn man digitale Informationen in einen ökonomischen Kontext setzt, kann man von digitalen Gütern sprechen. Es handelt sich dabei um Güter, welche „immaterielle Mittel zur Bedürfnisbefriedigung [sind], die aus Binärdaten bestehen und sich mit Hilfe von Informationssystemen entwickeln, vertreiben oder anwenden lassen.“[5]

Kopien von digitalen Informationen sind im Gegensatz zu analogen Kopien ohne Qualitätsverlust bzw. Informationsverlust möglich. Die Vervielfältigung kann annähernd kostenfrei von statten gehen, während es geringe Beschränkungen durch Kapazitätsgrenzen gibt. Im Gegensatz zu materiellen Gütern findet durch den Gebrauch von digitalen Gütern kein Wertverlust statt, sondern es kann sogar ein Wertgewinn entstehen.

Eine Differenzierung gegenüber digitalen Dienstleistungen ist teilweise nicht eindeutig vernehmbar, da es digitale Güter gibt, die Dienstleistungen enthalten. Wenn über digitale

4 Vgl. Alt & Puschmann 2016, 21.

5 Clement & Schreiber 2013, 44.

Dienstleistungen gesprochen wird, dann wird meist auf Dienstleistungen 4.0 Bezug genommen. Damit ist gemeint, „dass Dienstleistungen in Verbindung mit Informations"- und Kommunikationstechnologien vertrieben werden und digitale Technologien aufgrund der neuen industriellen Revolution Einfluss auf die Geschäftsmodelle, Vertriebsstrategien oder Dienstleistungsprozesse haben."[6]

Als Beispiel für eine Transformation von einem digitalen Gut ohne enthaltene Dienstleistung zu einem digitalen Gut mit enthaltener Dienstleistung, lässt sich Computersoftware anführen. Zunächst wurden die Daten, die sich auf physischen Datenträgern befanden über Onlineshops zum Download angeboten. Die nächste Stufe der Transformation besteht darin die Produkte „auf eigenen Computersystemen [zu] betreiben und deren Funktionalität als digitale Dienstleistung unter dem Begriff Software on Demand über das Internet"[7] anzubieten.[8]

Teilweise legt die Literatur nahe, den Begriff „digitales Gut", als Überbegriff für digitale Dienstleistungen zu fassen. So heißt es bei Clement und Schreiber beispielsweise: „Digitale Güter umfassen Produkte (z.B. Software), Dienstleistungen (z. B. Infrastrukturdienste) sowie Rechte und Zertifikate [...]"[9]. Diesem Verständnis wird im Rahmen dieser Arbeit gefolgt.

---

[6] Bruhn & Hadwich 2017, 6-7.

[7] Peters 2010, 7.

[8] Vgl. Peters 2010, 7.

[9] Clement & Schreiber 2013, 6.

3 Allgemeine Implikationen

3.1 Transaktionskosten und Markttransparenz

Die explizierten Eigenheiten von digitalen Gütern führen im ökonomischen Gefüge zu einer Reihe von Veränderungen. Im Folgenden sollen Konsequenzen hervorgehoben werden, deren Bedeutung über die Digitalisierung in der Finanzwirtschaft hinaus geht.

Aus der Darstellung der Begrifflichkeiten geht hervor, dass es nicht um Digitalisierung per se geht, sondern um Digitalisierung im Kontext der Internetökonomie. Bei der Internetökonomie handelt es sich um eine „vorwiegend digital basierte Ökonomie, welche die computerbasierte Vernetzung nutzt, um Kommunikation, Interaktion und Transaktion in einem globalen Umfeld zu ermöglichen.“[10] Dabei stellt der Austausch der Informationen über das Internet den zentralen Fortschritt dar. Damit einhergehend sinken die Transaktionskosten, während die Markttransparenz in einem bestimmten Sinne steigt.[11]

Nach Williamson sind „Transaktionskosten [...] das wirtschaftliche Äquivalent der Reibung in physikalischen Systemen.“[12] Diese können sowohl Ex-ante als auch Ex-post entstehen. Beispiel für erstere Kosten sind Such-, Verhandlungs- und Vertragskosten. Ein Beispiel für Letztere wären Kontrollkosten. Eine Transaktion ist demzufolge als effizient zu bezeichnen, wenn die Kosten im Vergleich zu anderen Transaktionen gering sind.[13]

Unterstellt man den Suchmaschinen eine gewisse Qualität, sinken die Suchkosten und die Markttransparenz nimmt insofern zu. Anders ausgedrückt, entsteht eine Situation, „in der Angebot und Nachfrage durch die Marktteilnehmer überschaubar sind und in der sie über alle zur Transaktion notwendigen Informationen verfügen.“[14]

---

10 Gabler Wirtschaftslexikon, online: https://wirtschaftslexikon.gabler.de/definition/internetoekonomie-38731, Stand: 27.10.2019.

11 Vgl. Peters 2010, 81.

12 Williamson 1985, 19.

13 Vgl. Williamson 1985, 19.

14 Clement & Schreiber 2013, 220f.

Bei der Formulierung der These, dass die Markttransparenz steigt, ist jedoch Vorsicht geboten. Die Beurteilung der Qualität einer digitalen Dienstleitung ist aufgrund der Anonymität im Netz besonders schwierig. Während man in der physischen Welt Beurteilungskriterien, wie Gebäudeerscheinung und Mitarbeiterkontakt heranziehen kann, fällt dies im digitalen Raum weg. Unternehmen mit einem hohen Qualitätsstandard müssen im digitalen Kontext andere Strategien erarbeiten, um ihre Qualität zu signalisieren. Der Zusammenhang, dass qualitativ minderwertige Produkte höherwertige, durch eine asymmetrische Informationsverteilung verdrängen können, wurde schon im Paper vom Ökonom Akerlof (Lemonproblem)[15] gezeigt.[16]

Diesen Dynamiken kann entgegengewirkt werden, indem man Rückgaberechte, Nutzerbewertungen und andere externe Qualitätsbeurteilungen implementiert.

In diesem Zusammenhang nehmen virtual Communities einen besonderen Stellenwert ein. Dabei handelt es sich um „Interessengemeinschaften von Nutzern, die über bestimmte unternehmens- und produktbezogene Themen im Netz in sogenannten Foren kommunizieren."[17] Dadurch entsteht auf der Anbieterseite ein Preisdruck, da die Kunden zwischen ähnlichen Produkten mit unterschiedlichen Preisen wählen können.[18]

3.2 Veränderte Produktionskosten

Aus der Veränderung der Produktionskosten ergeben sich weitreichende Konsequenzen. Da ein „ideales, digitales Gut"[19] keine variablen Kosten aufweist, schlagen sich bei der Herstellung in erster Linie die Fixkosten – die sogenannten „First Copy Costs" – nieder.[20] Die Konsequenz: Sobald ein Anbieter einen Teil des Marktes dominiert und sein Absatz steigt, sinken seine Stückkosten schneller als die der Konkurrenten. In diesem Szenario hat der dominierende Anbieter zwei

[15] Vgl. Akerlof, G.A. 1978, 237-251.
[16] Vgl. Meisner 2017, 30f.
[17] Meisner 2017, 48.
[18] Vgl. Meisner 2017, 48.
[19] Peters 2010, 6.
[20] Vgl. Peters 2010, 6.

Möglichkeiten: Einerseits könnte er höhere Gewinne generieren und andererseits könnte er den Absatzpreis senken, was zu einer Erhöhung seines Marktanteils führt.[21]

Wenn man sich digitale Güter noch zusätzlich in Netzwerken vorstellt, kommt ein Faktor, der die Monopolbildung verstärkt, hinzu. Unabhängig von Kostenerwägungen entstehen durch die Nutzung von Netzwerken Rückkopplungseffekte. Ein positiver Netzwerkeffekt besteht darin, dass der Wert des digitalen Gutes bzw. des Netzwerks selbst mit zunehmender Nutzerzahl steigt.[22] Diesen Zusammenhang kann man sich gut anhand des Beispiels Facebook vor Augen führen. Je mehr Nutzer die Plattform hat, desto wertvoller wird sie für den einzelnen Nutzer.

Ein möglicher Ansatz bei der Beurteilung der Digitalisierung und der damit einhergehenden Dynamiken, ist die traditionelle Wohlfahrtsökonomik. Danach ist es möglich individuellen Nutzen zu summieren und so Aussagen über die Wohlfahrt einer Gesellschaft zu tätigen. Dabei wird der Nutzen von Individuen mit dem Indikator der Konsumentenrente dargestellt. Die Konsumentenrente ist derjenige Betrag, den der Konsument weniger ausgibt, als er beriet wäre auszugeben.[23] Vor dem Hintergrund dieses Ansatzes kann man die Bildung von Monopolen als nicht wünschenswert bezeichnen, da im Vergleich zur vollständigen Konkurrenz ein Wohlfahrtsverlust eintritt. Wie bereits dargestellt kann ein Monopolist in diesem Szenario den Preis erhöhen. Damit sinkt die Konsumentenrente und damit geht wiederum ein Wohlfahrtsverlust einher.[24]

Unabhängig vom Thema der Monopolbildungen durch veränderte Produktionskosten, ergeben sich aus der Betrachtung des Internets und der Digitalisierung auch positive wohlfahrtökonomische Effekte. Da Produkte im Internet preiswerter sind und es Angebote gibt, die teilweise kostenlos sind, kann man in diesem Kontext von einer hohen Konsumentenrente ausgehen. Würde man beispielsweise ein Kosten-Nutzen-Kalkül ausschließlich auf Grundlage des BIPs vornehmen, würden

---

21 Vgl. Meisner 2017, 51.
22 Vgl. Peters 2010, 35.
23 Vgl. Kleinewefers 2008, 199.
24 Vgl. Peters 2010, 16.

billigere bis kostenlose Produkte womöglich einen negativen Einfluss auf die Bewertung der Digitalisierung haben.[25]

3.3 Big Data und Datenschutz

Durch den technologischen Wandel verbessern sich die Möglichkeiten Produkte zu differenzieren und der Neukundengewinnung. Anhand verschiedener Daten können Profile generiert werden, die Verhaltensanalysen oder Data Mining ermöglichen. Data Mining „bezeichnet die gezielte Aufbereitung von Daten, die dem Nutzerverhalten entspringen (Telefonierverhalten, Surfverhalten, Kaufverhalten im Netz) und werden über Fragebögen, Gewinnspiele, Registrierdaten etc. eingeholt."[26] Die so generierten Daten werden ebenfalls zum Verkauf angeboten, wodurch ein zusätzlicher, potentieller Erlös für Unternehmen entsteht.[27]

Die Grundlage für diese Tätigkeit findet sich im Schlagwort „Big Data". Damit ist die „Echtzeitverarbeitung sehr großer Datenmengen für analytische Aufgaben"[28] gemeint. Dabei sind die Quellen für die Datensammlung lediglich von den technischen Möglichkeiten begrenzt. Neben „Sensor- als auch Logdaten"[29], können auch Bewegungsdaten miteinbezogen werden. Die Motivation, die Daten auf diese Weise zu nutzen, liegt im Grunde in einer Optimierung bezüglich des Risikos und der Schnelligkeit von Entscheidungsprozessen.[30] Dabei gilt, dass „Big Data in allen Stadien der Wertschöpfungskette einsetzbar ist [...]"[31]. Aus den soeben dargestellten Zusammenhängen wird klar, dass das Gewinninteresse eines Unternehmens, die Kundenzufriedenheit, Big Data und das Thema „Datenschutz" eng zusammenhängen.

Das Thema „Datenschutz" sollte sich allerdings nicht nur auf Kunden beschränken. Unter dem Stichwort „Informationssicherheit" werden ebenfalls Aspekte hinsichtlich der Datensicherheit besprochen, die auch für Unternehmen relevant sind.

---

25 Vgl. Clement & Schreiber 2013, 37.
26 Meisner 2017, 39.
27 Vgl. Meisner 2017, 39.
28 Gadatsch 2013, 26.
29 Gadatsch 2013, 23.
30 Vgl. Dorschel 2015, 18.
31 King 2014, 145.

Für Unternehmen ist die Integrität sensibler Daten zentral und vor allem in Bezug auf Wettbewerbsvorteile relevant. Wenn man das Thema „Big Data" vor dem Hintergrund zukünftiger Entwicklungen betrachtet, wird erkennbar, dass es sich dabei um einen Baustein bei der Entwicklung von künstlicher Intelligenz handelt.[32]

[32] Vgl. Kersting & Meyer 2018, 5.

4 Digitalisierung in der Finanzindustrie

4.1 Rahmenbedingungen der Digitalisierung

Nachdem durch die Betrachtung der Implikationen eines Digitalisierungsprozesses ein tieferes Verständnis für die Auswirkungen auf wirtschaftliche Zusammenhänge entwickelt wurde, soll der Blick im Folgenden auf Deutschland und die Finanzindustrie gerichtet werden. Unabhängig davon, ob man den FDP-Slogan als Zustandsbeschreibung oder als Handlungsempfehlung interpretiert, ist eine Darstellung des Status Quo in Sachen Digitalisierung in Deutschland unerlässlich. Dazu wird zunächst betrachten, wie Deutschland im internationalen Vergleich hinsichtlich der Digitalisierung abschneidet. Anschließend wird der Blick auf die Finanzindustrie und Fintechs fokussiert.

Mithilfe des Digital Economy Monitoring Report 2018 ist es möglich einen Blick auf die Rahmenbedingung der Digitalisierung zu werfen. Zur Bestimmung des digitalen Standortindexes wurden die Länder USA, China, Deutschland, Finnland, Frankreich, das Vereinigte Königreich, Indien, Japan, Spanien, und Süd-Korea unter den folgenden Hauptkategorien verglichen: Marktstärke, Infrastruktur und andere Rahmenbedingungen sowie der Einsatz digitaler Technologien und Anwendungen. Insgesamt verteilen sich auf diese drei Hauptkategorien 45 Indikatoren. Im Bericht rangiert Deutschland in der Gesamtwertung hinter den USA, Süd-Korea, dem Vereinigten Königreich und Finnland auf Platz fünf.[33]

Betrachtet man die Hauptkategorien einzeln, zeigt sich in welchem Bereich Deutschland Schwächen und Stärken aufweist. In der Kategorie „Marktstärke“ erreicht Deutschland die niedrigste Bewertung der Kategorien. Darunter fallen Indikatoren wie IT-Umsatzwachstum, Bruttowertschöpfung, Einnahmen aus der Online-Wirtschaft, Umsatzwachstum in der Telekommunikation und Telekommunikationsausgaben etc. In den beiden letzt genannten Bereichen schneidet Deutschland unterdurchschnittlich ab.[34]

---

33 Vgl. Federal Ministry for Economic Affairs and Energy 2018, 3.
34 Vgl. Federal Ministry for Economic Affairs and Energy 2018, 15.

In der Hauptkategorie „Infrastruktur“ belegt Deutschland Platz vier und tut sich besonders durch eine gute Bewertung in den Bereichen „Innovationsfähigkeit“, „Computerdurchdringung“ und „Beschaffung von Spitzentechnologien durch die öffentliche Hand“ hervor. Was die Bereitschaft der Unternehmen eine digitale Transformation vorzunehmen angeht, erzielt Deutschland nur unterdurchschnittliche Ergebnisse.[35]

In dem Kontext ist es wichtig die digitale Transformation von Geschäftsmodellen und den Prozess der Digitalisierung zu differenzieren. Während er Zweck der Digitalisierung von Prozessen in einer Steigerung der Produktivität liegt, zielt die Digitalisierung von Geschäftsmodellen auf die Zukunftsfähigkeit von Unternehmen ab. Die Umwandlung von Geschäftsmodellen verlangt im Gegensatz zur bloßen Digitalisierung von Prozessen die Entwicklung und Implementierung neuer Produkte und Dienstleistungen in das Geschäftsmodell.[36] Der Grund für das Zögern der Unternehmen liegt darin, dass sie Sorge haben ihre Kundenbasis zu gefährden.[37] Neben dem Digital Economy Monitor gib es zusätzlich andere Indizes wie z.B. den Networked Readiness Index des Weltwirtschaftsforums. Dieser wurde im Zeitraum von 2012 bis 2016 erhoben und misst die Bereitschaft zu Informations- und Kommunikationstechnologie von mehr als 130 Ländern, die mithilfe von mehr als 100 Indikatoren untersucht werden. So gibt es z.B. auch einen Indikator für die Sicherheit der Internetserver. Dabei hat sich Deutschland von Platz 17 im Jahre 2012 auf Platz 13 im Jahre 2016 verbessert. Teilweise fließen in den Index aber auch Indikatoren ein, bei denen nicht unbedingt nachvollziehbar ist, ob sie etwas mit dem zu tun haben, was gemessen werden soll. So fließen beispielsweise Größen wie der „Grad der Unabhängigkeit des nationalen Justizsystems“ oder die „Elektrizitätsproduktion je Einwohner“ ein.[38] Was die Netzabdeckung angeht, so steht Deutschland im internationalen Vergleich relativ schlecht da. So belegte es 2012 Platz 49 und rutschte über die Jahre bis 2016 auf Platz 67. Insgesamt wird Deutschland auch

35 Vgl. Federal Ministry for Economic Affairs and Energy 2018, 16.

36 Vgl. Tata Consultancy Services & Bitkom Research 2018, 56.

37 Vgl. Nicoletti 2017, 84.

38 Vgl. IW Consult 2018, 70.

in diesem Index im Jahr 2016 auf Rang 15 platziert und bewegt sich damit im oberen Mittelfeld der Industrienationen.[39]

Vor dem Hintergrund, dass Deutschland im Gegensatz zum Vereinigten Königreich und den USA schon länger großen Wert auf Datenschutz legt, ist die relativ hohe Performance bei der Digitalisierung um so erfreulicher.[40]

Mit der Diagnose der unterdurchschnittlichen Performance hinsichtlich der Bereitschaft deutscher Unternehmen zur digitalen Transformation, stellt sich die Frage, wie sich dies im Finanzsektor verhält. Im Rahmen einer Befragung von Führungskräften, die für die Digitalisierung im Unternehmen zuständig sind, lassen sich Aussagen über Branchenunterschiede tätigen. Es zeigt sich, dass die Finanzbranche im Vergleich zu anderen Branchen in Deutschland seltener ein Konzept der Digitalisierung in ihre Strategie implementiert, sodass man sagen kann, dass die Branche gegenüber der Digitalisierung weniger offen ist. Dies zeigt sich ebenfalls in der Kooperationsbereitschaft von Banken und Versicherungen. Davon kooperieren lediglich 4% mit Start-ups, obwohl solche Arrangements das Potential bergen, Geschäftsmodelle digital zu transformieren und „die Branche gemeinsam in die Zukunft [zu] führen."[41] Betrachtet man die Gründerszene im Finanz- und Versicherungssektor, so fällt auf, dass die Gründungsrate gemessen am Gesamtbestand der Branche der zweithöchste in Deutschland ist.[42] Zu den am stärksten genutzten Technologien im Rahmen der Digitalisierung zählt Big Data, während Blockchain und KI eher weniger eingesetzt werden. Auch im branchenübergreifenden Vergleich fällt der Finanzsektor bezüglich der Nutzung dieser Technologien zurück. Aus Unternehmenssicht ist ein erheblicher Mangel an Fachkräften vorhanden. Dies betrifft vor allem den Bereich IT-Sicherheit.[43]

---

39 Vgl. World Economic Forum, online: http://reports.weforum.org/global-information-technology-report-2016/downloads/, Stand: 12.07.2019.

40 Vgl. Privacy International 2007.

41 Tata Consultancy Services & Bitkom Research, 52.

42 Vgl. Federal Ministry for Economic Affairs and Energy 2018, 10.

43 Vgl. Tata Consultancy Services & Bitkom Research, 52 u. 56.

Insgesamt macht die Informations- und Kommunikationstechnologiebranche „3% der Bruttoanlageinvestitionen aus“[44]. Verglichen mit anderen Branchen in Deutschland rangiert sie damit auf dem vierten Platz nach Transport und Logistik, Handel und Fahrzeugbau. Seit 2010 zeigt sich, dass der „Wert der produzierten Waren und Dienstleistungen abzüglich der Vorleistungen“[45], um 1,5Mrd Euro angestiegen ist. Allerdings verbesserten sich nicht alle wichtigen Wirtschaftsdaten. Vor allem die Investitionen im Bereich der Produktion reduzierten sich von 2016 auf 2017 um 15%.[46]

Die Einnahmen der Online-Wirtschaft machen bezogen auf das Bruttoinlandsprodukt 3,7% aller Einnahmen in Deutschland aus. Im internationalen Vergleich zeigt sich, dass Deutschland zwischen Japan und Frankreich im Mittelfeld auf dem sechsten Platzt rangiert.[47]

Auch im Hinblick auf die Exporte im Bereich der Informations- und Kommunikationstechnologie schneidet Deutschland gut ab. Im Vergleich mit anderen Nationen belegt Deutschland platzt drei, auch wenn die Exporte in der genannten Branche bezogen auf den Gesamtexport Deutschlands gering sind.

4.2 Fintechs

Die Abkürzung „Fintech“ setzt sich aus Financial Services und Technology zusammen.[48] Dabei haben viele Fintech-Unternehmen einen „Demokratisierungsanspruch“.[49] Damit ist die Möglichkeit der Kunden gemeint sich, ohne weitere Dienstleistungen in Anspruch nehmen zu müssen, mit Finanzmitteln zu versorgen. Insofern könnte man von einer Machtverschiebung hin zum Kunden und weg von den Finanzintermediären sprechen.[50] In diesem Sinne kann man von einer „Disintermediation“[51] sprechen. Dabei sind Finanzintermediäre

44 Federal Ministry for Economic Affairs and Energy 2018, 6.
45 Federal Ministry for Economic Affairs and Energy 2018, 11.
46 Vgl. Federal Ministry for Economic Affairs and Energy 2018, 5.
47 Vgl. Federal Ministry for Economic Affairs and Energy 2018, 11.
48 Vgl. Oehler 2016, 4.
49 Tiberius & Rasche 2017, 12.
50 Vgl. Tiberius & Rasche 2017, 12.
51 Bundesfinanzministerium 2019, 6.

„Institutionen oder Personen, die auf den Geld- und Kreditmärkten zwischen der Angebots- und der Nachfrageseite von Kapital vermittelnd tätig werden."[52]

Dadurch, dass sich Fintechs unter anderem durch Innovationskraft im Dienstleistungssektor hervortun, verschaffen sie sich so, im Vergleich zu traditionellen Finanzdienstleistern, einen Vorteil hinsichtlich der Kundenzufriedenheit. Für diesen Vorgang ist die Nutzung bzw. Generierung „digitaler Identitäten"[53] nötig. Damit ist das Sammeln und Zusammenführen von nutzerspezifischen Tätigkeiten wie z.B. von „herkömmlichen Kundendaten (Vertriebs- und Logistikdaten), Daten aus den Sozialen Netzwerken, Daten aus mobilen Anwendungen, die mit den ersten beiden verknüpft werden sowie Geo- und Lokalisierungsdaten (für das Geotagging)"[54] gemeint. Tätigkeitsfelder von Fintechs können in folgende Bereiche unterschieden werden:[55]

- Versicherung
- Vermögensverwaltung
- Zahlungen
- Kreditvergabe
- Crowdfunding[56]

Um ein besseres Bild von der Lage zu bekommen, in der sich Deutschland hinsichtlich der Digitalisierung der Finanzindustrie befindet, wird ein Vergleich zwischen verschiedener Fintechstandorten herangezogen.

Ernst&Young untersuchten Fintech-Ökosysteme von Deutschland, New York, Kanada und vom Vereinigten Königreichs. Dabei wurden in der Studie die vier folgenden Indikatoren festgelegt, welche ein Fintech-Ökosystem konstituieren, während Nicoletti diese um die Dimension der „Lösung" erweiterte:

52 Vgl. Oehler 2016, 12.
53 Privacy International 2017, 20.
54 Meisner 2017, 54.
55 Vgl. Nicoletti 2017, 46f.
56 Nicoletti 2017, 46.

- Nachfrage: Die Kundennachfrage bei Verbrauchern, Unternehmen und Finanzinstituten.
- Talent: die Verfügbarkeit von technologischen, finanziellen und unternehmerischen Fachkräften.
- Kapital: die Verfügbarkeit finanzieller Mittel für Neugründungen und internationale Initiativen.
- Politik: die Politik der Regierung in Bezug auf Vorschriften, Steuern und Innovationsinitiativen.[57]
- Lösungen: die Einführung neuer Technologien, Produkte, Dienstleistungen und Prozesse.[58]

Tabelle 1: Fintech Evaluation

	Talent	Solutions	Capital	Policy	Demand	Total
UK	4	3	3	4	4	18
California	4	4	4	2	3	17
New York	3	2	4	1	4	14
Singapore	2	1	1	4	2	10
Germany	2	3	3	2	2	12
Australia	2	2	2	3	1	10
Hong Kong	1	2	2	3	3	11

Quelle: Nach Bernardo, 2017, S.22.

Dabei galt: Je ausgeprägter die Indikatoren, desto besser ist das Fintech-Ökosystem. Bei der Betrachtung der Ergebnisse kann man feststellen, dass das Vereinigte Königreich, gemessen an den Indikatoren eine führende Rolle einnimmt, da es im Vergleich zu den anderen Standorten fast in jedem Bereich hohe Ergebnisse erzielt. Kanada und New York stechen durch ihre hohe Performance im Bereich „Kapital" hervor. Dort scheint es eine hohe Bereitschaft zu geben in Fintechs zu investieren. Deutschland steht im Vergleich dieser Dimensionen verhältnismäßig schlecht da. Vor allem in den Bereichen „Politik", „Nachfrage" und „Talent". Die schlechten Ergebnisse im

57 Ernst&Young 2016, 4.
58 Nicoletti 2017, 19.

Bereich der Fachkräfte decken sich mit den Einschätzungen deutscher Führungskräfte.[59]

59 Vgl. Tata Consultancy Services & Bitkom Research 2018, 52.

5 Fazit

Angesichts des immer schnelleren voranschreitenden Wandels und der Herausforderung der Digitalisierung, stellt sich die Frage, ob der FDP-Slogan nun einen ernst zu nehmenden Vorschlag darstellt. Nach einer Differenzierung der Interpretationsmöglichkeiten des Slogans wurde eine Untersuchung vorgenommen, in der der Stand der Digitalisierung Deutschlands im Allgemeinen und der Stand der Digitalisierung der Finanzindustrie im Speziellen in einem internationalen Kontext beurteilt wurde.

Als überstürzt kann man die Digitalisierung angesichts der Entwicklungen der letzten Jahre nicht bezeichnen. Insofern könnte man im Vergleich zu anderen Industrienationen ein eher vorsichtiges Vorgehen attestieren, was sich mit einer Beschreibung von „Bedenken FIRST, Digitalisierung SECOND" deckt. Deutschland übernimmt, unter Berücksichtigung verschiedener Dimensionen der Digitalisierung, keine führende Rolle. Im internationalen Vergleich ist Deutschland allerdings im oberen Mittelfeld vertreten.

Vor allem was die Bereitschaft der Unternehmen eine digitale Transformation ihrer Geschäftsmodelle vorzunehmen angeht, besteht Nachholbedarf. Diese Tatsache verschärft sich im Bereich der Finanzindustrie zusätzlich. Ein genauerer Blick auf Fintechs hat gezeigt, dass Deutschland im Vergleich mit anderen Standorten schlechtere Rahmenbedingungen für Fintechs aufweist. Dies scheint die Gründerszene für deutsche Verhältnisse allerdings nicht abzuschrecken. Denn im Bereich der Finanzindustrie gibt es eine hohe Gründungsrate von Start-ups.

Im Finanzsektor sollte sich mehr Offenheit für die digitale Transformation von Geschäftsmodellen durchsetzen, was durch eine stärkere Einbindung von Fintechs erreicht werden könnte. Ähnlich wie andere Branchen sollte in der Finanzindustrie mehr Wert auf Schlüsseltechnologien wie KI und Blockchain gelegt werden. Um die Branche im Zuge der Digitalisierung zu unterstützten, ist es sinnvoll Anreize zu schaffen, um Fachkräfte im IT-Bereich zu mobilisieren. Insofern kann man für die Finanzindustrie eine Handlungsempfehlung für mehr Offenheit gegenüber Start-ups und neunen

Technologien sowie mehr Bereitschaft für eine digitale Transformation der Geschäftsmodelle aussprechen.

Literaturverzeichnis

Akerlof, G.A. (1978). The Market for Lemons: Quality Uncertainty and the Market Mechanism. In: Uncertainty in Economics, 237-251.

Alt, Rainer; Puschmann, Thoma (2016). Digitalisierung der Finanzindustrie, 1. Auflage, Springer Gabler, Berlin/Heidelberg.

Bundesfinanzministerium (2019). Stellungnahme des FinTechRat zur Blockchain-Strategie der Bundesregierung im Rahmen der öffentlichen Konsultation, online: https://www.bundesfinanzministerium.de/Content/DE/Downloads/Finanzmarktpolitik/2019-04-17-stellungnahme-fintech-rat.pdf?__blob=publicationFile&v=7, zuletzt abgerufen am: 01.07.2019.

Bruhn, Manfred; Hardwich, Karsten (Hrsg.) (2017). Dienstleistungen 4.0, Springer, Wiesbaden.

Clement, Reiner; Schreiber, Dirk (2010/2013). Internet-Ökonomie, 3. Auflage, Springer Gabler, Berlin/Heidelberg.

Dorschel, Joachim (2015). Praxishandbuch Big Data, 1. Auflage, Springer Gabler, Wiesbaden.

Ernst&Young (2016). UK FinTech on the Cutting Edge, online: https://fintechauscensus.ey.com/2018/Documents/EY-UK-FinTech-On-the-cutting-edge.pdf, zuletzt abgerufen am: 02.07.2019.

Federal Ministry for Economic Affairs and Energy (2018). Digital Economy Monitoring Report, online: https://www.bmwi.de/Redaktion/EN/Publikationen/monitoring-report-digital-economy-2018.pdf?__blob=publicationFile&v=2, zuletzt abgerufen am: 01.07.2019.

Gabler Wirtschaftslexikon, online: https://wirtschaftslexikon.gabler.de/definition/internetoekonomie-38731, zuletzt abgerufen am: 27.10.2019.

Gadatsch, Andreas (2013). Big Data: Ein neues Thema – nicht nur für Controller, in: Controller Magazin, Ausgabe Juli 2013.

IW Consult (2018) Digitalisierung von Wirtschaft und Gesellschaft in Deutschland, online: https://www.iwconsult.de/fileadmin/user_upload/projekte/2018/Digital_Atlas/Digitalisierung_von_Wirtschaft_und_Gesellschaft_-_UEberblick.pdf, zuletzt abgerufen am: 01.07.2019.

Kleinewefers, Henner (2008). Einführung in die Wohlfahrtsökonomie, 1. Auflage, Kohlhammer, Stuttgart.

Harari, Yuval N. (2015). „Wir werden gewaltige Ungleichheiten erleben". Interview in: SZ, 9.2.

Kersting, Kristian; Meyer, Ulrich (2018). From Big Data to Big Artificial Intelligence? In: KI - Künstliche Intelligenz, 32, 3-8.

King, Stefanie (2014). Big Data Potential und Barrieren der Nutzung im Unternehmenskontext, 1. Auflage, Springer VS, Wiesbaden.

Meisner, Harald (2017). Finanzwirtschaft in der Internetökonomie, 2. Auflage, Springer VS, Wiesbaden.

Nicoletti, Bernardo (2017). The Future of Fintechs, 1. Auflage, Palgrave Macmillan, Rom.

Peters, Ralf (2010). Internetökonomie, 1. Auflage, Springer-Verlag, Berlin/Heidelberg.

Privacy International (2017). Fintech: Privacy and Identity in the New Data-Intensive Financial Sector, online: https://privacyinternational.org/sites/default/files/2017-12/Fintech%20report.pdf, zuletzt abgerufen am: 01.07.2019.

Privacy International (2007). National Privacy Ranking, online: http://observatoriodeseguranca.org/files/phrcomp_sort.pdf, zuletzt abgerufen am: 01.07.2019.

Stengel, Oliver; Looy, Alexander; Wallaschkowski, Stephan (Hrsg.) (2017). Digitalzeitalter – Digitalgesellschaft, 1. Auflage, Springer VS, Wiesbaden.

Tata Consultancy Services, Bitkom Research (2018). Unterwegs zu digitalen Welten, online: https://downloads.studie-digitalisierung.de/2018/de/Trendstudie_TCS_2018_Bericht_DE.pdf, zuletzt abgerufen am: 01.07.2019.

Thomas Hess: Digitalisierung. Enzyklopädie der Wirtschaftsinformatik, 1. Auflage, Springer Gabler, Wiesbaden.

Tiberius, Victor; Rasche, Chrisoph (2017). Fintechs, 1. Auflage, Springer Gabler, Wiesbaden.

Oehler, Andreas (2016). Digitale Welt und Finanzen. Ergebnisse und Handlungsempfehlungen, Veröffentlichungen des Sachverständigenrats für Verbraucherfragen, online: https://www.uni-bamberg.de/fileadmin/uni/fakultaeten/sowi_lehrstuehle/finanzwirtschaft/Forschung/Andreas_Oehler_Digitale_Welt_und_Finanzen_Zahlungsdienste_Finanzberatung_unter_einer_Digitalen_Agenda_20161802.pdf, zuletzt abgerufen am: 01.07.2019.

Williamson, E. Oliver (1985). The Economic Institutions of Capitalism, online: https://pdfs.semanticscholar.org/a4d6/1a75c4b99d414084cc84f404e5dd259b903b.pdf, zuletzt abgerufen am: 02.07.2019.

World Economic Forum, online: http://reports.weforum.org/global-information-technology-report-2016/downloads/, zuletzt abgerufen am: 12.07.2019.

FSC
www.fsc.org
MIX
Papier | Fördert gute Waldnutzung
FSC® C083411

Kolibri 360 GmbH
Ferdinand-Jühlke-Straße 7
99095 Erfurt, Deutschland
produktsicherheit@kolibri360.de